图解金融科技
法律实务操作要点与难点

GRAPHIC FINTECH
KEY POINTS AND DIFFICULTIES IN LEGAL PRACTICE

主　编

宛　俊

副主编

权　威　潘一驭

编　委

廖瞰曦　李　珣　李云洲

孙贇嘉　王佳玲　项　敏

夏雨荷　郑　博　郭尹捷

法律出版社　LAW PRESS·CHINA

宛 俊

汉坤律师事务所合伙人，律师。宛俊律师毕业于the College of William and Marry（USA）和南京大学，于2007年开始从事金融法律服务，在金融科技及区块链、银行信贷、结构性融资、资产管理、金融机构设立和投资、金融科技企业股权投资、重组和海外上市领域有丰富的执业经验。在加入汉坤之前，宛律师曾在金杜律师事务所以及摩根大通银行（中国）有限公司上海分行工作。宛律师对于金融科技领域有自己深刻和独到的见解，参与和主办了许多知名金融科技企业的产品设计以及投融资、上市项目。2019年，宛律师在金融科技领域获得Legal 500的领先律师（Leading Individuals）第一级别（Tier 1）推荐。

权 威

汉坤律师事务所金融资管部律师，毕业于华东政法大学。目前主要从事金融科技、银行金融以及财富管理领域的法律咨询工作。权威律师曾经手多起金融行业、金融科技行业的投资、并购以及境外上市项目，并为市场中数量众多的金融科技公司以及各类金融机构针对日常业务的开展以及创新金融产品的研发和设计提供法律咨询，对金融科技行业的发展及前沿趋势有深厚理解。

潘一飒

顺丰集团金融事业部法务专家，具有8年以上金融科技法律服务经验。潘一飒于2012年毕业于复旦大学并于同年入职金杜律师事务所，开始从事金融相关的法律服务，在金融科技、资产管理、跨境融资、房地产融资、结构性融资等方面具有丰富的实务经验。潘一飒自2012年起参与了众多金融科技产品的结构设计和法律论证，包括互联网支付、网络借贷、互联网资产管理、互联网消费信托、互联网保险和基金销售等等。潘一飒写作多篇金融科技的实务文章，通过新媒体平台发表，著有《助贷与联合贷款，141号文后的井喷与宿命》《四张图拆解BATJ的金融科技业务》。

Preface 序 言

质疑声一刻未曾停歇。

在质疑中诞生，在质疑中成长，在质疑中走到风口浪尖，在质疑中摸索成长和前进的方向。“互联网金融”在中国发展至今十年有余，如果需要用一个词来描绘走过的路，“被质疑”或许可以算得上是未曾改变的底色。“金融科技”披着金灿灿的外衣，一侧是“金融”，另一侧是“科技”，乍看之下分明是两个孕育了无数财富与奇迹的行业的强强联手与珠联璧合，可当我们仔细地翻看金融科技在中国的发展史时，看到的却是一部革命历史。

故事的上卷，叫作“入侵”。

彼时的“金融科技”还被称作“互联网金融”，与绝大多数交叉行业的新兴与发展一样，其过程绝非两个行业的相互吸引与相互成就，而纯粹是一个行业对另一个行业的野蛮攻打。其中一方往往是坐拥既得利益的“老国王”，轻视甚至排斥新技术可能带来的变革与颠覆，冷漠消极、行动迟缓；而另一方则通常是笃信变革的“入侵军”，因为相信未来所以看见未来，全副武装、伺机而动。

而侵略，就在这一刻发生。

彼时中国的金融行业，尽是持牌机构的天下。银行、信托、券商、保险坐拥牌照资源，享受着垄断带来的超额利润，全然没有任何动力点燃变革与颠覆的火种。而在互联网人的眼中，这样的金融行业恰是一片辽阔无边的干枯草原，燧石擦响，星火迸发，互联网的烈火便可熊熊燃烧。

一时间，互联网技术无孔不入地开始了对所有类型金融业态的入侵与攻占。源于电商平台业务的互联网支付技术首先击破了金融机构对支付业务的垄断；以此为支点，互联网流量与货币基金的组合更是爆炸性地改写了中国个人理财业务的理念与生态;紧随其后,网络借贷、互联网众筹、互联网资管、互联网保险等一拥而上,在金融王国的每一寸土壤之上,都竖起了互联网的旗帜,互联网金融行业彼时一片蓬勃。

而风险,也在这一刻酝酿。

互联网行业主宰世界经济三十年,至高的信条便是“流量”。而金融王国煌煌千年历史,不变的主题却是“风险”。理念上的不可调和为互联网金融行业设下了原罪,无论如何攻城略地猛进高歌,或许也只是蒙古铁骑踏入儒教昌明的泱泱古国,虽可征服一时,却难以统治一世。

看看行业的现状,巨额的备付金为第三方支付机构埋下了巨额的风险;疯狂的网贷在“虚假标”、“资金池”的泛滥之下“暴雷”、“跑路”不断,几近一地鸡毛;毫无项目真实性和资金监管可言的互联网资管渐渐退出历史舞台;曾经作为“利润收割机”的“现金贷”也在“714 高炮”、“暴力催收”的质疑声中声名狼藉。不难看出,科技带来的新鲜能量无疑已经改变了金融、赋能了金融,但丧失金融内核的科技或许很难真正将传统的金融行业完全取代。

所以故事的下卷,叫做“变革”。

市场最先展示了变化。集齐“全牌照”虽然仍然是行业巨头共同追逐的目标,但专注“大数据”、“底层构架”、“人工智能”、“风控输出”成为了新的行业增长点。与之相伴,“互联网金融”开始逐渐被称作“金融科技”,科技行业的从业者们已经不再苛求于创造“基于互联网的金融”,而更务实地转而关注“金融所需的科技”。

监管层同样给出了回答。第三方支付机构成为由人民银行直管的金融类牌照,网贷行业在经过了长达三年的备案整改后也将迎来最全面规范的准金融机构式监管,数字货币在兴盛伊始便被叫停,互联网基金和保险的导流与代销也将受限于更为清晰与严格的划分和监管……

让金融的归金融,让科技的归科技。

读完汉坤律师事务所合伙人宛俊律师主编的《图解金融科技》,这句话时时在耳边回响。宛俊律师作为目前国内专业和杰出的金融科技律师,兼具扎实的理论功底和丰富的实操经验。他凭借多年来对行业的深度参与和观察,在书中详尽完整地勾勒了金融科技行业在中国的历史与现状,也极具预见性地在阐释了对行业发展方向的期待和思考。我与宛律师虽然相识时间不长,但我们在近期的业务往来中有深入的接触,宛律师对金融科技、普惠金融的深刻理解,连同他扎实的法律专业基本功,让我印象深刻。特别是他的沉稳内敛,对人和事的谦卑练达,讨论问题时不说则已,张口便言之有物,入木三分。从他一言一行,我感受到了这个行业沉淀积累的成果并让我对普惠金融的市场前景充满信心。宛俊还很年轻,相信他一定会在这个领域有所作为,衷心祝福他有远大的职业前景!

是为序。

解植春*[*]

* 解植春,中国富强金融集团董事会主席,曾任中央汇金公司执行董事、总经理,中国投资公司副总经理。

目　　录

第一编　金融科技的概念与发展

第四编 金融科技热点专项分析

第一编　金融科技的概念与发展

CHAPTER 1

第一章

金融科技的界定与历史沿革

金融科技(Financial Technology,Fin Tech)近几年成了备受瞩目的热点。根据Google Trend的统计数据,自2014年开始,金融科技的热度便开始了大幅攀升,一直到2018年4月,其搜索热度值仍然维持在70以上(见图1-1-1)。那么,金融科技究竟是"何方神圣",何时开始出现在大众视野中,又是何时站在聚光灯下的?且看下文慢慢道来。

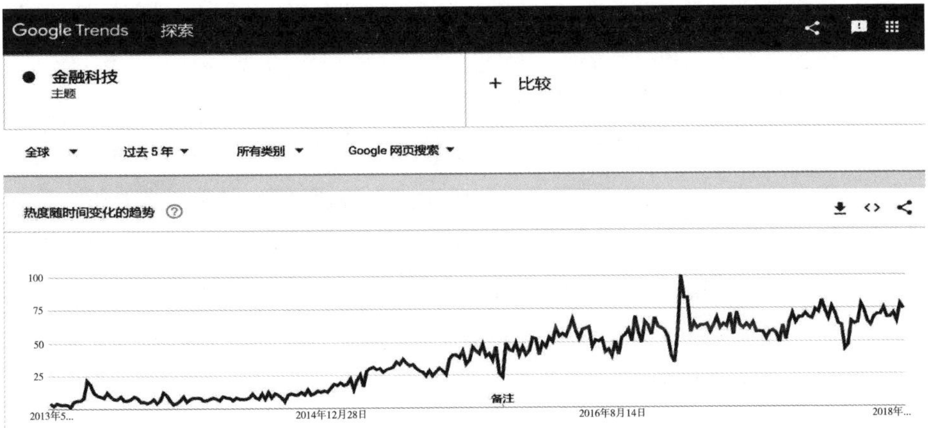

图片来源:Google Trend.①

图1-1-1　"金融科技"搜索热度值

第一节　什么是金融科技?

一、金融科技的概念

关于金融科技的概念,由于并没有全球统一性的权威定义,市场上对于该概念可谓是众说纷纭。

---

① 载Google Trend网:https://trends.google.com/trends/explore?date=today%205-y&q=%2Fm%2F012c1cfr,最后访问日期:2018年5月8日。

- 根据金融稳定理事会[①](2016)提出的定义,金融科技是一项由技术驱动的金融创新,其能够创造新的业务模式、应用、流程或产品,从而对金融市场、金融机构或金融服务的提供方式产生重大影响。[②]
- 英国政府首席科学顾问(2015)认为,金融科技即企业运用科技手段创新金融服务,其包含诸多子行业,如众筹、网络借贷、电子货币等,可归纳为新的金融商业模式以及颠覆性的创新。[③]
- 英国金融行为监管局(2016)则将金融科技当作金融服务的创新,包括新产品的开发和现有产品和模式对于新的科技手段的应用。[④]
- IMF课题组则在分析金融科技对跨境支付业务影响的同时,将金融科技的本质定义为一项技术创新,其借助个人和企业数据实现爆炸式增长,在人工智能、计算水平、加密技术以及互联网层面获得进步。[⑤]
- 在学术界,对金融科技定义还包括:在大数据时代,通过大数据的挖掘与利用,让科技与金融融合,或将科技应用到金融业,以此来提升金融服务的效率及创造出更多的金融服务的需求与价值,其是在大数据背景下对信用的风险定价;[⑥]金融科技公司利用云计算、大数据、移动互联等新兴技术开展的低门槛金融服务,这些服务和银行所提供的金融产品和服务,不是颠覆的关系,而是互为补充。[⑦]

除上述提及的之外,还有许多国际组织、主权国家的职能部门对金融科技作出了定义,此处不再一一列举。

---

① 摘自维基百科:金融稳定理事会(Financial Stability Board,FSB),成立于2009年4月,系一个专门性的国际组织,负责对全球金融体系进行监管并提出建议。作为2009年20国集团伦敦峰会所设立之金融稳定论坛的继承者,其成员自然包括20多个国家的央行、财政部与金融监管机构,以及各主要国际金融机构与各专业委员会。

② 载FSB网:http://www. fsb. org/what - we - do/policy - development/additional - policy - areas/monitoring - of - fintech/,最后访问日期:2018年5月8日。

③ See UK Government Chief Scientific Adviser,"FinTech Futures:The UK as a World Leader in Financial Technologies",*London:Government Office for Science*,2015,p. 4,转引自蔡元庆、黄海燕:《监管沙盒:兼容金融科技与金融监管的长效机制》,载《科技与法律》2017年第1期。

④ See UK Financial Conduct Authority, "Feedback Statement: Call for input on supporting the development and adopters of Reg Tech",2016,p. 15.

⑤ 参见IMF课题组、李丽丽:《金融科技、监管框架与金融服务业的变革》,载《新金融》2017年第10期。

⑥ 参见易宪容:《金融科技的内涵、实质及未来发展——基于金融理论的一般性分析》,载《江海学刊》2017年第2期。

⑦ 参见韩梅:《Fin Tech的创新与变革分析》,载《创新科技》2016年第6期。

目前，最广泛被认可的当属金融稳定理事会（FSB）提出的金融科技的定义，即“金融科技是一项技术驱动的金融创新，其能够创造新的业务模式、应用、流程或产品”。根据这一定义，金融科技可以理解为是金融与科技的结合，即 Finance + Technology，其本质是将创新科技运用于金融行业，创造出新的产品或服务模式，或是改进、提升现行的产品或服务模式。

二、金融科技的业态划分

以 FSB 提出的定义为基础，结合巴塞尔委员会监管和实施委员会（SIG）金融科技课题组（TFFT）对金融科技相关的创新产品与服务进行的分类，并参考我国相关市场与行业发展现状，可以大致将金融科技的相关业态体系作以下分类（见表 1－1－1）。

表 1－1－1　金融科技业态体系分类

<table>
<tr><th>支付、清算与结算</th><th>存款、贷款与融资</th><th>投资管理</th><th>市场配置服务</th></tr>
<tr><td>第三方支付</td><td>互联网银行</td><td>互联网资产管理</td><td>门户和数据聚合器</td></tr>
<tr><td>网联清算</td><td>网络借贷信息中介（P2P）</td><td>互联网证券</td><td>数据应用（大数据分析、机器学习、预测建模）</td></tr>
<tr><td>数字货币</td><td>互联网贷款（消费金融、小额贷款等）</td><td>互联网保险</td><td>分布式账户技术（数据区块链、智能合约）</td></tr>
<tr><td rowspan="4">—</td><td>众筹</td><td>互联网基金</td><td>安全（客户识别和认证）</td></tr>
<tr><td>信用评分（征信）</td><td>智能投顾</td><td>云计算</td></tr>
<tr><td rowspan="2">—</td><td rowspan="2">—</td><td>物联网/移动技术</td></tr>
<tr><td>人工智能（机器人、金融自动化、算法）</td></tr>
</table>

总体来说，就我国的金融科技市场而言，其主要包括支付、清算与结算，存款、贷款与融资，投资管理以及相关的市场配置服务，从中我们也可以看到最近大热的概念如“网络借贷”“智能投顾”“人工智能”“区块链”等。可以看出，金融科技正在逐渐渗透到我们的日常生活之中，希望读者在读完本书以后，可以更真切地感受到金融科技其实离我们并不遥远。

三、金融科技和互联网金融是一回事吗？

金融科技的发展与互联网技术的应用密不可分，而互联网金融的字面意义，似乎也是“互联网＋金融”，两者的概念虽然相近，但却并非完全相同。

根据中国人民银行、工业和信息化部、公安部、财政部、国家工商总局（现已更名为“国家市场监督管理总局”）、国务院法制办、中国银行业监督管理委员会、中国证券监督管理委员会、中国保险监督管理委员会（现已与银监会合并）、国家互联网信息办公室十部委于2015年7月18日联合印发的《关于促进互联网金融健康发展的指导意见》（以下简称《指导意见》）的定义，互联网金融是传统金融机构与互联网企业利用互联网技术和信息通信技术实现资金融通、支付、投资和信息中介服务的新型金融业务模式。国内的互联网金融，既包括传统金融机构运用互联网技术进行现有业务模式的创新、积极开发基于互联网技术的新产品和新服务，也包括互联网企业运用互联网技术进行金融运作。从类别上来讲，互联网金融主要包括金融机构建设的创新型互联网平台开展网络银行、网络证券、网络保险、网络基金销售和网络消费金融等业务；同时也包括一般企业依法合规开展互联网支付、网络借贷、股权众筹融资、互联网基金销售、互联网保险、互联网信托和互联网消费金融等业务（根据《指导意见》的界定，实际上互联网金融业务范围要大于《指导意见》中列举的种类）。从中不难看出，互联网金融本质仍属于金融，很多只是将传统金融机构的产品和购买方式从线下搬到了线上，并优化了用户体验，但互联网技术的运用并没有改变金融风险隐蔽性、传染性、广泛性和突发性的特点。互联网金融实质上是在现有金融行业形态的基础上，引入互联网技术，从而创新出与互联网技术相结合的产品和业务模式。

而在金融科技的概念项下，除囊括了上述互联网金融所涵盖的业务模式外，还更进一步地运用科学技术对金融行业进行了内生性的改变，比如运用大数据、云计算、深度学习等技术提供更加准确的风控服务或研发创新型的金融产品等，此外金融科技还涉及区块链、云计算等与金融领域并不直接相关的底层技术。因此，不能单纯地将“金融科技”和“互联网金融”混为一谈。

第二节　金融科技的前世今生

金融科技并非花果山上的石猴，在其成为脍炙人口的概念之前，必定经过了时间的洗礼。

一、金融科技的诞生与发展

相信很多读者都是从接触到手机支付的那一刻起对金融科技产生了相对直观的感受,但其实,这并不是科技行业的创新第一次对金融行业的发展产生影响。早在此之前,印刷机的发明使各国印刷出流动性更强、更便于流通的纸币;1866 年,电报的出现以及第一条跨大西洋电缆建成,直接加速了金融全球化进程的开展;1918 年,电报成为 Fedwire Funds Service 的基础,Fedwire Funds Service 是由联邦储备银行建设的专有通信系统,用于处理 12 家储备银行之间的资金转账,该系统利用电报进行银行转账,并一直被沿用至 20 世纪 70 年代初;1966 年,全球电传网络建立,为金融技术的发展提供框架;随后银行间结算系统出现,至 20 世纪 80 年代,银行开始利用大型计算机进行数据的获取、记录和保存。1982 年,电子贸易公司为个人投资者提供了电子交易系统。也正是在这一时期,"金融科技"一词已经悄然出现在华尔街精英们的交谈中。随着互联网在 20 世纪 90 年代的发展,投资者通过股票经纪商的网站进行在线交易成为可能,第一批真正意义上的金融科技公司随之出现。

相信一定有读者会觉得,上面提到的诸如"电报""印刷机""跨大西洋电缆"等概念似乎和我们平时谈论的"金融科技"并没有太多直接的关联。事实上,任何科技行业的发展对金融行业的改变都可以理解为广义上的金融科技。我们不妨将上面这些所谓的"金融科技"理解为金融科技的"上古时代"。而现代意义上的金融科技,根据当前被普遍接受的理论,一般认为是从 20 世纪 80 年代才开始。总体来说,现代意义上的金融科技的发展又可以分为 3 个阶段(见表 1-1-2)。

表 1-1-2 金融科技发展阶段①

阶段	表现	评价
萌芽期 (1980~1989 年)	➤ 银行间结算系统及股票在线交易系统出现 ➤ 开发者多为金融机构、金融公司内部设立的 IT 部门,专注于提升金融机构、金融公司内部的运营效率,降低运营成本 20 世纪 90 年代末期,直销银行在欧洲和北美国家出现	此时金融科技的主要作用范围为金融机构及金融公司内部运营、交易、结算系统,与普通大众并无太多直接联系,是金融科技默默发展的时代

① 参考京东金融研究院《2017 金融科技报告·行业发展与法律前沿》。

续表

阶段	表现	评价
起步期 (1990~2015年)	➢ 各类新型业务出现:移动支付(PayPal),互联网经纪商(Etrade),互联网银行(SFNB);互联网拍卖与购物网站(eBay);电子支付与货币基金对接(余额宝);保险公司网络直销(平安保险);第三方比价平台(OK车险);互联网众筹(天使汇);P2P贷款平台(Zopa) ➢ 开发者不再拘泥于金融机构与金融公司内部人员,专注于服务更多的普通人群	科技与金融的融合更加深入,涉及人群更加广泛,覆盖业务种类更加多样,互联网金融出现
发展期 (2015年至今)	➢ 纳斯达克交易所发布了全球首个区块链的平台Linq;①巴克莱银行完成首个基于区块链技术的贸易 ➢ 长尾客户②一改之前被金融行业忽视的地位,成为金融服务的主要对象之一	互联网不再是金融科技发展的最主要推动力,而是作为新兴底层技术的基础存在

二、我国金融科技的发展与现状

“不早,但优秀”,这句话可以很好地形容我国金融科技的发展与现状。从一开始的“追赶者”,到现在的领军者,金融科技在我国的发展速度之快令人咂舌。目前来说,我国已经借助金融科技发展的态势成为全球金融交易最活跃、支付最便利、成本最低、效率最高的国家之一。金融科技的快速发展,与我国政府的鼓励、支持与引导密不可分,与金融人才、科技人才的努力和创新密不可分,与当下我国企业和居民经济条件趋好、可分配资产较多、互联网(尤其是移动互联网)广泛普及、金融交易日趋活跃的社会环境密不可分。时至今日,金融科技已经融入了大众的生活,虽然发展过程中不断有新的问题出现,但我们依旧相信,道路是曲折的,前途是美

① Linq是首个由已建立的金融服务公司推出的,是用于说明资产交易如何可通过区块链平台进行数字化管理的产品。就私有公司的股份而言,它就是一个管理工具,它也是纳斯达克私募股权市场,为创业者和风险投资者提供的部分服务,拟在改变现有市场以表格形式展现融资情况的方法,为用户提供透明度和可审计性。

② “长尾”(The Long Tail)是指,以 x 轴为客户资源、y 轴为利润画出的曲线中,利润低但客户群数量大的部分,呈现出来的态势如同又长又矮的尾巴,这一概念是由《连线》杂志主编Chris Anderson在2004年10月的“长尾”一文中最早提出,多为银行业用于诠释“二八法则”,即20%的客户贡献80%的利润,剩余仅贡献20%利润的80%的用户群则被称为“长尾用户”。

好的，路漫漫其修远兮，吾将上下而求索。

（一）我国金融科技的发展历程①

总体来说，我国金融科技发展的前期主要在传统金融机构内部进行，多由政府支持和主导，稳步推进；后期市场活力爆发，互联网企业和传统大中型民营企业及互联网企业主体涌入，陆续对金融科技进行探索，金融科技随之进入快速发展期。回顾过往，我国金融科技的发展主要经历了如下阶段。

1. 金融电子化

电子技术的发展催生了国外金融行业的电子化革新，不甘落后的我国也积极追赶这股电子化浪潮。1993 年，国务院在《有关金融体制改革的决定》中明确要求，要"加快金融电子化建设。要加快人民银行卫星通讯网络的建设，推广计算机的运用和开发，实现联行清算、信贷储蓄、信息统计、业务处理和办公的自动化。金融电子化要统一规划，统一标准，分别实施"。在国务院的统一部署下，中国人民银行牵头探索行业电子化建设之路，通过持续运用现代通讯技术、计算机技术等开展金融业务和管理，提升服务的工作效率，降低经营成本，实现金融业务处理的自动化、业务管理的信息化和金融决策的科学化，给客户提供更加便捷的服务，提高市场竞争力。金融电子化主要包括：（1）设立金融电子化管理机构，主要由中国人民银行科技司负责全国金融电子化的管理工作；（2）制定金融电子化发展规划；（3）建立金融信息系统，层次上包括金融业务（事务）处理系统、金融管理信息系统、金融决策支持系统，业务上分为柜台业务与自动服务系统、跨行业务与资金清算系统、金融管理信息系统、办公自动化系统等；（4）制定金融电子化标准与管理制度；（5）进行金融电子化人才的培养。

2. 金融信息化

2000 年，由中国人民银行主办，中国工商银行、中国农业银行、中国建设银行、交通银行和中国人民保险公司协办，中国金融电子化公司和中国长城电子展览公司负责承办的 2000 年中国国际金融（银行）技术暨设备展览会暨 21 世纪中国金融信息化发展论坛于 2000 年 9 月 4 日至 7 日在中国国际展览中心举行，接下来的几年里，我国开始了金融信息化的建设进程。金融信息化是指在金融领域应用现代信息技术，将具备智能交换和增值服务的多种以计算机为主的金融信息系统互联

---

① 参考多处公开资料。

在一起,创造金融经营、管理、服务新模式的系统工程。起初,金融信息化是我国金融机构的“任务”,各金融机构在利用现代信息技术、互联网技术的基础上,更加注重数据库技术的应用,从而将银行业务数据逐步集中汇总,以提升服务水平和管理水平;时至今日,除了银行等金融机构外,我国金融行业的其他机构也都致力于对于金融信息化进程的推动,不断提高信息技术的应用水平,以实现金融行业与 IT 行业的“友好握手”。

3. 互联网金融

2003 年后,随着中国电子商务的高速发展,以支付宝为代表的移动支付机构现身中国市场;2006 年前后,移动互联网技术与金融行业开始了系统性融合,P2P 网贷平台(如人人贷)等典型的互联网金融企业陆续涌现。互联网技术的运用给金融行业的运营带来了不可忽视的影响,其渗透到金融业务的方方面面,对金融行业提出了系统整合、业务流程再造、金融系统互联和信息共享、信息安全保障体系和风险防控体系建设、标准化体系建立等要求。

同时,移动互联网技术的发展催生出大量的业务模式、新的载体和业态。2013 年支付宝推出的“余额宝”功能,更是将互联网金融的发展推向了又一波高潮。目前看来,我国的互联网金融主要存在以下几种形式:一是互联网公司进入金融领域,如阿里巴巴、腾讯、百度等进入互联网金融领域,即互联网 + 金融; 二是传统金融机构拓展网上业务的,比如传统银行发展的电子商务,即金融 + 互联网。互联网向来是“速度”和“效率”的代名词,借助互联网技术的金融行业发展迅速,但随之而来的问题也让人应接不暇。在第三方支付行业崛起后,2010 年 9 月,中国人民银行发布了《非金融机构支付服务管理办法》;在 P2P 网贷平台持续升温且风险逐渐显现时,2015 年,《指导意见》出台,正所谓是“下有问题,上有监管”。虽然监管机构不断地对现有的互联网金融企业提出更多的监管措施和要求,但潜在地也表明了其对互联网金融价值的认可。为了促进互联网金融的可持续发展,成为经济发展的动力而非阻力,监管机构也越来越重视互联网金融的规范和合规。

4. 金融科技

随着科学技术的发展,我国在大数据、云计算、区块链、人工智能等新一代信息技术方面更加重视,新兴底层技术的应用给金融行业带来了新一轮的发展,“金融科技”一词越来越广为人知,金融科技逐渐成为我国金融行业发展的重要推力,在提升金融效率、改善金融服务方面的影响日渐显著,如大数据的运用改善了金融产品和服务的设计,更为金融行业风险控制降低了成本、提高了效率;人工智能技术的运用使反欺诈水平更上了一个台阶，也使智能投顾为更多的客户群体带来便捷的投资顾问服务。

金融科技在金融行业“圈粉”的同时，我国政府等监管机构也对其十分重视。以区块链技术为例，从2015年底，中国证券投资基金业协会开始筹备区块链技术讲座，到2016年在工业和信息化部信息化和软件服务业司指导下，中国电子技术标准化研究院组织国内区块链领域的优势企业成立了中国区块链技术和产业发展论坛，论坛下设标准工作组，积极开展区块链和分布式记账技术领域的标准化工作，先后研制并发布了《区块链参考架构》和《区块链数据格式规范》两项团体标准，并在团体标准研制成果基础上积极推动行业标准、国家标准的立项工作，再到2018年工信部电子工业标准化研究院区块链研究室表示，我国已着手建立区块链国家标准，拟从顶层设计推动区块链标准体系建设，预计最快将于2019年底完成。目前有关区块链国家标准计划已经公布，包括基础标准、业务和应用标准、过程和方法标准、可信和互操作标准、信息安全标准等方面，并将进一步扩大标准的适用性，相关部门也将组建全国区块链和分布式记账技术标准化委员会，这些都标志着我国对于区块链技术的重视。此外，在我国以区块链技术为基础提供信息服务的企业不断增多的背景下，国家互联网信息办公室于2019年1月10日发布了《区块链信息服务管理规定》，并将于2月15日起施行，这标志着我国正在加强对于该类企业的管理，促使区块链技术及以该技术作为服务基础的企业合规有序地发展。区块链技术得到重视，只是我国金融科技发展步伐加快的一个缩影，能够应用于金融行业的大数据、人工智能、云计算等信息技术也从未停下自己前进的脚步。

（二）我国金融科技的发展现状

我国金融科技与国外相比起步较晚，但后劲十足，颇有百花齐放之势。直到互联网、移动技术的普及，市场上开始出现了大量的创新业态，如第三方支付、网络借贷、线上理财、互联网保险、众筹等，真正服务了更多层次的金融需求，与个人用户及新实体企业的结合更为紧密，对传统金融似乎有了颠覆的可能。从某种意义上来说，我国金融科技的发展也与互联网金融相辅相成，如运用大数据进行风险识别、辅助信贷审批，运用互联网线上平台开发新的业务模式等，这是我国金融科技发展的独特之处。如今，我国金融科技已经能在全球占有一席之地。2018年底，毕马威与H2 Ventures联合发布了2018年全球金融科技100强企业排名，其中提到，2017年中国企业在排名前10的金融科技企业中占据5席，2018年这一趋势仍在延续，中国企业正在支付、保险等领域继续发力。毕马威和 H2 Ventures 对全球金融科技企业从募集资本总额、募集资本频率、地域多样性、行业多样性以及 X 因素(产品、服务和商业模式创新水平①)5 个方面进行评价并排名,具体数据如表 1-1-3 所示。②

表 1-1-3　前 10 大金融科技企业排名

排名	企业名称	总部所在地	企业评价
1	蚂蚁金服(Ant Financial)	中国	全球最大的第三方支付平台
2	京东金融(JD Finance)	中国	使用其电子商务技术在诸多细分领域为消费者提供金融服务,包括消费金融、众筹和支付
3	Grab	新加坡	运用数据和技术,改善这个拥有 6.2 亿人口的地区从交通到支付的方方面面
4	度小满金融(Bai Du Xiaoman Financial)	中国	提供短期贷款和投资服务
5	Sofi	美国	为早期精英人群提供一系列贷款和财富管理服务
6	Oscar Health	美国	正在努力运用技术从根本上变革健康保险市场
7	Nubank	巴西	为巴西用户提供金融服务
8	Robinhood	美国	是一款零佣金的股票交易应用,它使用户能够购买和出售美国股票和 ETF
9	Atom Bank	英国	英国第一家纯线上数字零售银行
10	陆金所(Lufax)	中国	互联网金融资产交易平台,使用大数据分析风险

从以上数据不难看出,前 10 大金融科技企业中,有 4 家是中国企业,且蚂蚁金服、京东金融和度小满金融更是位列前 5;此外,该 4 家企业涵盖了第三方支付、消费金融、互联网金融资产交易等领域,我国金融科技繁荣发展的态势从中可见一斑。接下来,我们将对上榜前 10 的 4 家中国企业进行较为具体的介绍。

---

① 新兴金融科技企业中应用的主观指标。

② 表中数据参考 KPMG&H2 VENTURES:2017 FINTECH 100, Leading Global Fintech Innovators。

1. 蚂蚁金服

蚂蚁金服全称为蚂蚁金融服务集团,起步于2004年成立的支付宝,2014年10月,蚂蚁金服集团正式成立。发展至今,蚂蚁金服参与或主导的各类业务已经渗透至我国人民生活的方方面面:出门埋单用支付宝,理财要考虑余额宝(货币基金),享受超前消费的快感就用花呗,每月按时还花呗、借呗来提高自己在芝麻信用中的“芝麻分”,等等,从第三方支付到消费金融再到征信,蚂蚁金服始终走在行业的前沿。目前,蚂蚁金服的地域布局已经从国内延伸到我国港澳台地区、日本、韩国、挪威、巴基斯坦等地。2015年,蚂蚁金服完成A轮融资,总额接近18.5亿美元;2016年,蚂蚁金服的B轮融资金额高达45亿美元,创下了全球业内单笔融资金额的纪录;蚂蚁金服同时宣布将国际、农村、绿色金融作为三大战略方向;2018年,蚂蚁金服的pre-IPO融资金额据传高达100亿美元,并且吸引了众多国际知名投资机构,蚂蚁金服拟首次公开募股的消息一出,也一跃成为最受期待的IPO之一。注重国内布局发展的同时,蚂蚁金服也在不断完成国际化的道路,2017年7月24日,蚂蚁金服宣布与马来西亚联昌国际银行(CIMB)旗下的Touch'n Go(TNG)公司签署协议,将组建一家合资公司,为当地用户提供电子钱包解决方案和其他相关金融服务;2018年6月,基于蚂蚁金服的区块链技术,AlipayHK联合菲律宾电子钱包GCash上线全球首个区块链跨境汇款服务,为我国香港特别行政区和菲律宾居民提供便捷、安全、透明、低成本的汇款服务。①

2. 京东金融

京东金融分拆之后成了京东集团旗下的一家金融科技公司。历史上,京东金融曾经进行了数轮融资。2016年1月,京东金融启动A轮融资,宣布获得来自红杉资本、嘉实投资和中国太平领投总金额66.5亿元人民币的融资,融资完成后的估值为466.6亿元人民币;2017年初,京东金融启动了A+轮融资,总金额达143亿元人民币,融资后估值接近600亿元人民币,相较于A轮融资后的估值差别不大,此轮融资的主要目的是进行股权激励;2017年6月30日,京东金融重组完成,京东金融的财务数据将不再纳入京东集团的合并财务报表;2018年4月,有消息称京东金融已接近完成拆分后首轮融资,融资金额超20亿美元,由中信建投领投,融资后估值达200亿美元。目前,京东金融拥有“小金库”等货币基金理财产品、“白条”等消费金融产品、“金条”等现金借贷产品,同时具有专为中小企业开发的“企业金融”板

① 载蚂蚁金服官网:https://www.antfin.com/history.htm,最后访问日期:2019年3月8日。

块,为中小企业提供融资服务。京东金融将传统金融业务与互联网技术相结合,同时运用大数据等底层技术对产品和服务进行优化。据悉,京东金融于2017年已实现了单季盈利。

京东金融品牌于2018年11月20日正式升级为“京东数科”(JD Digits),京东数科将包括京东金融、京东城市、京东农牧、京东钼媒、京东少东家五大子品牌,京东金融将作为京东数科的核心业务之一,继续深耕个人金融、企业金融、金融科技等业务,同时,京东数科将进入更多实体产业领域。①

3. 度小满金融

度小满金融,原百度金融。2018年4月,百度宣布旗下金融服务事业群组完成拆分融资协议签署,拆分后百度金融启用全新品牌“度小满金融”,实现独立运营。百度金融业务始于2013年,2015年12月整合组成金融服务事业群组(FSG),并上升至百度战略级位置,由百度高级副总裁朱光全面负责,利用AI技术在金融领域布局。度小满旗下主要包括度小满理财、有钱花、度小满钱包等产品和服务。度小满金融涵盖了第三方支付、消费金融、理财等金融科技业务领域,并开发了云帆平台与银行等传统金融机构进行合作,其提供的金科产品与解决方案为众多传统金融机构提供了反欺诈与风控服务。目前,已有南京银行、温州银行等金融机构与度小满金融达成了合作,度小满也在不断迭代产品,推出了“云帆2.0”等产品并提供更加完善的服务。②

4. 陆金所

上海陆家嘴国际金融资产交易市场股份有限公司(以下简称陆金所)是中国平安旗下的金融资产交易服务平台,陆金所的官网介绍称其“致力于结合金融全球化发展与信息技术创新,以健全的风险管控体系为基础,为广大机构、企业与合格投资者等提供专业、高效、安全的综合性金融资产交易信息及咨询相关服务”。2014年12月,陆金所完成首轮融资,但陆金所对外并未披露更多的交易细节;2015年3月,陆金所完成了一轮4.85亿美元的融资,融资后估值近100亿美元;2016年1月,陆金所对外宣布将完成12.16亿美元融资,融资完成后,陆金所估值将达到185亿美元。2018年12月,陆金所完成了最新一轮的融资,融资金额为13.3亿美元,估值

---

① 参考京东数科官网:https://www.jddglobal.com/aboutus.html#introduce,最后访问日期:2019年3月8日。

② 参考布谷新金融:《度小满金融首秀,全面开放亿级用户与核心能力》,载http://www.bugutime.com/news/7390.html,最后访问日期:2019年3月9日。

约 380 亿美元。根据平安 2017 年年报披露的数据,陆金所 2017 年管理贷款规模 2884.34 亿元,2017 年全年资产管理规模增幅为 4616.99 亿元;而平安 2018 年半年报显示,截至 2018 年 6 月末,陆金所平台注册用户数 3684 万人,同比增长 18.0%,管理贷款余额 3137.47 亿元,较 2018 年初增长 8.8%,资产管理规模为 3852.12 亿元,较年初下降 16.6%,据财报显示,资产管理规模下降主要受资产管理结构调整、产品主动清理的影响。①

小 结

将金融行业与科学技术相结合,不仅促进了科学技术的发展,更是对金融行业的业态发展造成了巨大的影响。随着区块链、大数据、云计算及人工智能等底层技术的不断进步,相信在不远的将来,金融与科技的碰撞将会带来更多的商业价值,用户也能体验到更加方便、快捷且人性化的金融服务。当然,投资有风险,上车需谨慎,希望各位读者在享受金融科技为我们的生活带来便捷的同时,也能够时刻保持警惕,注重风险的识别和防范。

① 参考蓝鲸财经:《陆金所 2018 年上半年资产管理规模为 3852 亿元,贷款余额较年初增长 8.8%》,载 https://baijiahao.baidu.com/s?id=1609474390660648291&wfr=spider&for=pc,最后访问日期:2019 年 3 月 9 日。

CHAPTER 2

第二章

世界主要国家金融科技发展概况（英、美、日、澳）

近年来,金融科技在各国蓬勃发展,并在支付创新、互联网借贷、人工智能、众筹、虚拟货币等领域悄然改变了传统金融业格局。目前,传统金融中心和世界主要经济体纷纷制定政策,推动金融科技的发展、挖掘金融科技所带来的经济增长红利;与此同时,各国也陆续出台相应的监管政策,将金融科技业务监管纳入其本国现有的监管体系。

在技术和资本的大力驱动下,全球金融科技行业实现快速发展,各国政府、商业银行、投资公司、金融科技公司均积极构建、完善本国金融科技市场体系,参与全球金融科技竞争。根据毕马威 2018 年 7 月 2 日发布的 The Pulse of FinTech 2018,全球金融科技公司的融资总额(包括 VC、PE 以及 M& A)已经从 2012 年的 89 亿美元激增至 2017 年的 381 亿美元,仅 2018 年上半年的融资总额就已高达 579 亿美元,强劲的资本投资驱动促进了第三方支付、互联网银行、互联网资管等金融科技细分领域的蓬勃发展,也在全球范围内孕育出各个金融科技细分领域的代表性企业(见图 1-2-1)。

图 1-2-1 国内外典型的金融科技企业

然而,由于各国现有金融结构、金融监管体系、金融基础设置等存在差异,金融科技行业的规模和发展程度根据不同国家的国情存在一定的差异(见图 1-2-2)。总体而言,英国、美国作为老牌的金融强国,在本轮金融科技的浪潮中依据引领浪潮;中国依托巨大的市场需求和日渐精进的移动支付技术,颇有后来居上的架势;澳大利亚作为金融科技领域的“后起之秀”也表现不俗;日本虽在金融科技领域处于落后的状态,但也在奋起直追,尤其是区块链的应用领域。

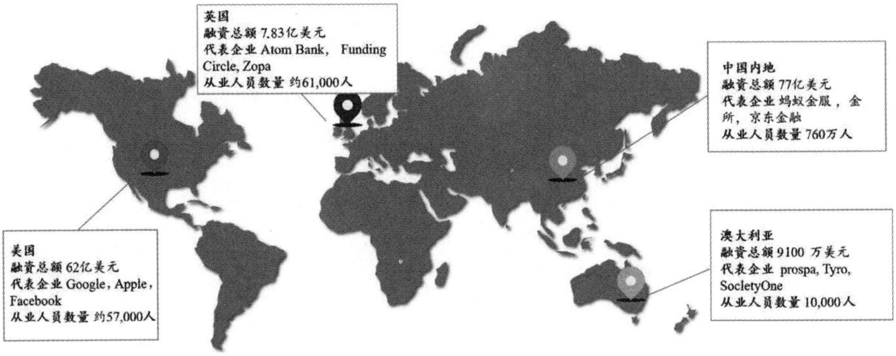

图 1-2-2　各国金融高科技行业发展概况①

第一节　英国金融科技发展概况

一、英国金融科技发展概述

自 2008 年以来,英国一直是全球金融科技的中心。近年来,英国金融科技产业呈现出快速发展的势头。根据安永 2016 年出具的报告,②英国金融科技产业发展迅速,在 2015 年一个年度里为英国创造了 66 亿英镑的 GDP 以及 61,000 个劳动岗位。从整个行业的角度,2015 年英国金融科技产业融资高达 5.24 亿英镑,占欧洲同产业融资总量的一半。其中,网络借贷信息中介(P2P)拔得头筹,融资总额占比 22%,互联网支付(含外汇转换)紧随其后,占比 19%,直销银行也颇受资本青睐,赢得 14% 的融资。

英国蓬勃的金融科技发展得益于其海量的金融人才储备、充足的投资资本、友好的监管政策以及巨大的金融创新需求。人才方面,英国拥有全球最多的金融从业人员(见图 1-2-3),同时剑桥、牛津、伦敦政经以及欧洲大陆其他高校等知名学府源源不断地输送金融和科技人才;资金方面,作为传统的金融中心,英国伦敦聚集着众多历史悠久的创投基金、关注金融科技的天使投资人、创投基金,这些都是金融新创公司早期阶段营运资金的重要来源;监管方面,近些年,受到"脱欧"的不利影响,为了巩固英国在金融领域的影响力,政府出台多项鼓励金融服务、科技革新的政策,形成监管利好;市场需求方面,集中、频繁的金融活动也进一步催化了金

① 本图参考京东金融,2017 年金融科技报告(行业发展与法律前沿)绘制。

② EY (2016), UK FinTech on the Cutting Edge: An evaluation of the international FinTech sector.

融科技的创新。

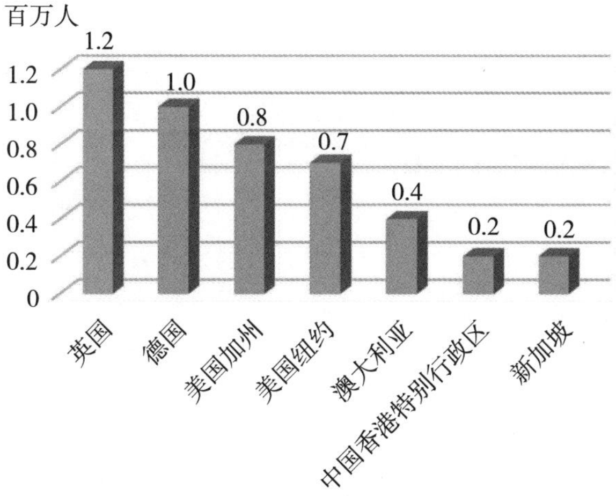

图 1-2-3 部分国家/地区金融领域从业人员数量①

二、英国金融科技的代表性企业

早在 2005 年,世界第一家 P2P 借款平台 Zopa 在英国成立,其主要提供个人消费贷款。作为 P2P 领域的先行者,Zopa 如今的业务已扩展至意大利、美国和日本,并累积在英国境内促成贷款 32.8 亿英镑。② 与国内的平台一样,Zopa 主要的收入来自向借款人和出借人收取的服务费用。针对投资者,Zopa 收取投资者总出借金额 1% 的服务费,若用户在债权到期前要求回收资金,则收取 1% 的违约金;针对借款人,Zopa 根据借款期限及额度等确定不同的服务费。Zopa 与 Funding Circle、RateSetter、MarketInvoice 四家 P2P 企业目前瓜分了英国 P2P 市场近 70% 的份额,但四大 P2P 平台又侧重不同的市场,如个人贷款市场由 Zopa 和 RateSetter 主导,企业贷款市场以 Funding Circle 为主,MarketInvoice 则专注于票据融资市场。

Atom 作为英国第一家通过手机客户端 APP 运营的数字银行,创立于 2014 年 4 月。虽然创建时间很短,但其在 2016 年、2017 年毕马威发布的年度全球金融科技企业名单中均位列前十。Atom 没有物理网点和网页版的网上银行,而是致力于成为 100% 仅通过手机 APP 提供金融服务、在指尖实现所有银行服务的直销银行。传

① 该图数据来自 EY (2016), UK FinTech on the Cutting Edge: An evaluation of the international FinTech sector。

② 载 https://www.zopa.com/about。

统银行提供的客户身份识别与信息核实、开立账户、移动支付、办理银行抵押贷款、贷款管理等均可在 Atom 的手机 APP 上实现。

Crowdcube 作为英国最大的股权众筹平台,成立于 2011 年,2013 年获得金融行为管理局(Financial Conduct Authority)的授权①合法从事股权众筹活动,曾被苏格兰银行称为“银行业的颠覆者”,被评为 2013 年欧洲最火的金融科技公司。Crowdcube 在经营模式上采用“全或无”的模式,即如果在众筹期内,所筹得资金达到融资目标,则发起人获得筹款(平台将会对成功筹资的发起人收取 5% 的佣金);如果在众筹期内,所筹得资金无法达到融资目标,则发起人不能获得筹款,之前所筹款项将返还投资者。根据 Crowdcube 2017 年出具的年度报告,截至 2017 年底,Crowdcube 已成功促成 630 多起众筹项目,累计融资 3.9 亿英镑。②

三、英国金融科技监管简介

英国作为全球金融科技的先行者,一直对金融科技采取较为友好的监管态度。

2014 年 8 月,英国财政部提出金融科技振兴策略。一是资金融通优惠措施,通过英国企业银行(British Business Bank)③为金融科技企业提供 1 亿英镑的追加融资;二是采取税收优惠措施,对金融科技创新企业投资,给予税制上的优惠待遇,金融科技创新取得发明特许的所得收益之税率,调低至 10% 以下。

2017 年 4 月,英国财政部发布的 Regulatory Innovation Plan(《监管创新计划》)中指出,“当前政府政策的重要目标是确保对金融科技和新商业模式的支持,打破准入障碍、提高生产率,考虑到‘脱欧’、所带来的影响,鼓励金融服务业的创新应成为政府工作的重中之重,英国政府应当不余遗力地为金融科技企业创造良好的竞争和成长环境”。

英国金融科技监管的机构主要有:金融行为管理局(Financial Conduct Authority,FCA)、支付系统监管局(Payment Systems Regulator)、审慎监管局(Prudential Regulation Authority)、④英格兰银行(Bank of England)。与其他企业一样,金融科

---

① http://uk.reuters.com/article/2013/02/04/britain-crowdfunding-idUKL5N0B43AO20130204.

② https://www.crowdcube.com/explore/2018/01/19/our-2017-in-numbers.

③ 英国企业银行设立于 2013 年,为英国商业、创新及技术部所持有股份有限公司形态之法人,其此前已对金融科技公司的投资累计 1 亿英镑。

④ 自 2013 年起,英国金融服务管理局(FSA)的监管职责被金融行为监管局(FCA)和审慎监管局(PRA)所取代,其中,FCA 是 FSA 法律实体的延续,既负责银行、证券、保险公司等金融机构的行为监管,也负责不受 PRA 监管的金融服务公司的行为监管和审慎监管。支付系统监管局是 FCA 下属的独立部门。

技企业受限于相同的牌照准入和监管要求。为达到鼓励金融科技创新的目的,上述监管机构通过设立孵化中心(Fintech Accelerator)、创新中心(Innovation Hub)、监管沙盒(Regulatory Sandbox)等方式,在一定程度上放宽对金融科技企业的监管。

根据FCA推出的“项目革新计划”(Project Innovate),孵化中心在企业发展初期为其提供政策咨询,帮助初创企业获得业务许可;创新中心根据持牌企业的具体情况向其提出合规建议。监管沙盒作为2016年5月起金融行为管理局采用的一种创新监管手段,在确保消费者权益不受侵害的前提下,为金融科技初创企业提供一个更为宽松的监管环境和浓缩版的真实市场。“监管沙盒”允许经营新兴金融的企业,向监管机构提出申请,在一定的期限内获得监管机构豁免以开展营业。但是其经营规模受到限制,经营过程中的数据信息也需及时提交至监管机构备案审查。(见图1-2-4)

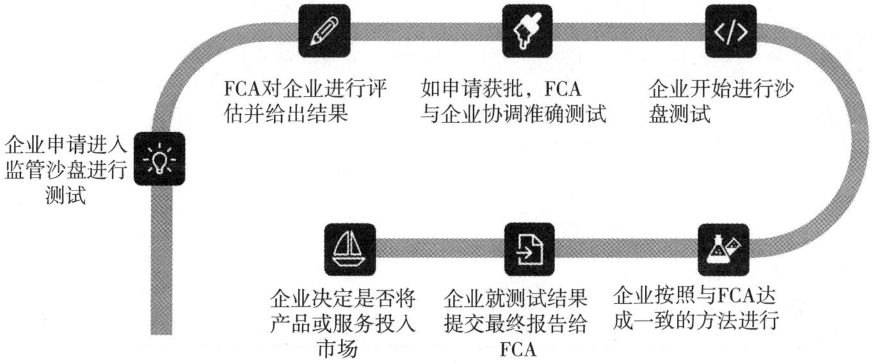

图1-2-4 金融科技企业监管沙盘测试流程

总体来说,英国通过一系列的政策和监管手段,助力金融科技企业,缩短创新金融产品的上市时间,降低成本,减少监管不确定性带来的公司估值影响,为金融科技企业创新提供了更好的融资渠道。

第二节 美国金融科技发展概况

一、美国金融科技发展概述

根据零壹财经·零壹智库发布的《2017全球金融科技发展指数(GFI)与投融资年报》,据不完全统计,2017年全球金融科技领域至少发生649笔融资事件,涉及资金总额约 1397 亿元人民币,其中美国的融资总笔数达到 101 笔,融资总额达 258 亿元人民币且 C 轮及以后轮融资占比较高,金融科技企业较其他国家成熟度高。依托着强大的人才、科技优势,雄厚的资本支持,美国,尤其是纽约和硅谷一直是金融科技企业的活跃地,其金融科技市场及融资规模均处于全球领先地位。

美国的金融科技从硅谷起源,硅谷拥有相对成熟的金融科技专才,金融科技生态系统内完善的互连结构,使创业企业能够从具备金融科技投资经验的大型风险投资基金中获益,众多的金融科技独角兽企业在此孵化而生;纽约是全球的金融中心,紧密依托华尔街庞大的资本基础和既有的金融市场专才,纽约涌现出一批金融科技机构。硅谷(加州)和纽约也在安永 2016 年的报告中被列为最有利于金融科技市场孕育的两大地方。部分国家/地区金融科技市场、融资额、人员数据比较如表 1-2-1 所示。

表 1-2-1 部分国家/地区金融科技市场、融资额、人员数据比较①

国家/地区	市场大小(百万美元)	融资额(百万美元)	人员(人)
美国加州	6500	5000	74,000
美国纽约	7800	1900	57,000
英国	9200	730	61,000
新加坡	834	61	7000
德国	2502	539	13,000
澳大利亚	973	275	10,000
中国香港特别行政区	834	64	8000

优越的环境造就了众多美国顶级的金融科技公司,比如专注网络借贷领域的 Lending Club、Prosper,其主要为介于优级信用和次级之间的人提供服务;又比如专注于互联网保险的 Oscar,以及专注于财富管理的 Wealthfront。美国金融科技的代表性企业如图 1-2-5 所示。

---

① 该图数据援引自 EY (2016), UK FinTech on the Cutting Edge: An evaluation of the international FinTech sector。

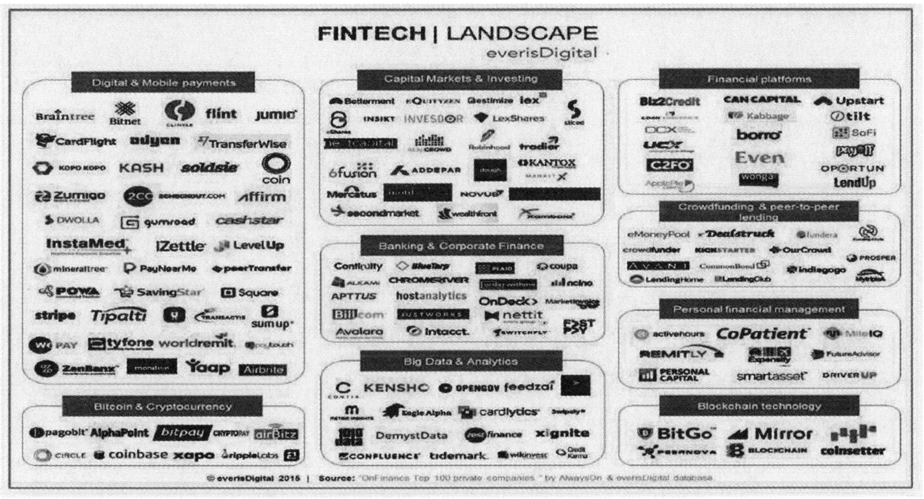

图 1-2-5　美国金融科技的代表性企业①

二、美国金融科技的代表性企业

Paypal,作为第三方支付平台的鼻祖,1998 年 12 月在美国加州成立。2002 年 Paypal 成功在纳斯达克上市,并随后被美国最大的拍卖电商平台 eBay 收购,并于 2014 年从 eBay 中分立出来。根据 Paypal 公布的 2017 年财务数据,截至 2017 年底,PayPal 活跃用户达 2.27 亿个,全年交易 76 亿笔,公司总支付额为 4510 亿美元。② 与现下在我国叱咤风云的支付宝相比,Paypal 广泛应用于欧美等国家。与支付宝主要通过手机号码进行用户识别不同的是,Paypal 更多地依赖电子邮件来标识用户身份,通过电子邮件进行用户间资金的转移,并对收款、提现等程序收取一定的费用。

Lending Club,美国 P2P 行业的一把手,2006 年成立于旧金山,2012 年获得世界经济论坛颁发的科技先锋奖,2014 年 12 月在纽交所上市并被称为当年最令人瞩目的科技股 IPO。Lending Club 在运营初期仅提供个人贷款中介服务,2014 年后公司开始为小企业提供商业贷款服务。此外,Lending Club 还是首个向美国证券交易委员会(SEC)注册发行证券的 P2P 平台,并在二级市场发行债权以进行流通、交易:2008 年 3 月,SEC 认定其部分业务为证券性质,Lending Club 准备申请注册为证券业务模式;在获得 SEC 批准转变为证券模式后,其业务蓬勃发展。据公开信息显

① 该图援引自 US Federal Reserve System, Fintech Innovation: An Overview, 19 October, 2016。
② http://finance.ifeng.com/a/20180307/16015069_0.shtml.

示,Lending Club 2015~2017 年的贷款规模分别为 84 亿美元、87 亿美元、90 亿美元,2018 年上半年贷款规模已达到49.6 亿美元。[①] Lending Club 之所以能够如此迅速地成长,与美国金融危机后银行业格局的重塑相关。据赛讯咨询公司(Celent)数据分析,从 1992 年到 2010 年,美国有 5967 家社区银行关闭。社区银行的消失和大银行惜贷行为,就小企业而言,意味着它们获得贷款的途径越来越少、成本越来越高,但也给了 Lending Club 这样的 P2P 平台一个巨大的发展空间。

Oscar,作为金融科技领域新进崛起的一只独角兽,成立于 2013 年,总部设在纽约,是新兴的个人健康管理公司和保险公司,预估市值为 32 亿美元。Oscar 的主要业务是向个人客户提供健康保险计划,与传统的保险模式注重事后理赔不同,Oscar 注重为个人客户提供全面的健康保险计划,通过让自己的客户变得更健康,以降低理赔的概率。例如,Oscar 为自己的会员免费提供可穿戴设备,如果他们每天步行的数字超过目标就会得到现金或者购物卡作为奖励。Oscar 利用科技的优势提高了用户看病效率,提高了用户体验。个人客户可以在网站和 APP 上了解医疗服务种类与保险报销范围,享受 24 小时免费电话问诊,免费基本诊断,免费非专利药品等各种服务。这种通过互联网将健康管理与保险相结合的保险模式,对美国的传统保险行业产生了不小的冲击。

Kickstarter, 于 2009 年 4 月由 Perry Chen、Yancey Strickler 及 Charles Adler 三人在美国纽约成立,是一个专为具有创意方案的企业筹资的众筹网站平台,亦为众筹平台的鼻祖。作为全球最大的众筹平台之一,Kickstarter 旨在为有创意、有想法,但缺乏资金的创造者(creators),配对有资金也愿意捐款支持的支持者(backers),把创新意念转化为真实产品。根据宾夕法尼亚大学的 Ethan Mollick 教授发表的有关 Kickstarter 对经济贡献的研究显示,Kickstarter 自 2009 年创立以来,已经孵化了大约 8800 个创业公司、非营利组织,间接创造了 29.6 万个全职就业机会,雇用了 28.3 万个兼职成员。[②] Kickstarter 并非首个网上众筹平台,其能脱颖而出取得巨大的成功和影响力全靠其低廉的入场门槛:创作者上传计划及集资目标,若在限期内集资不成,Kickstarter 并不收费,仅在集资成功后才收 5% 服务费及 3%~5% 交易费。对于创业者而言,Kickstarter 不仅是筹措资金的渠道或方式,更是扮演了创业者的市场调查平台的角色。假如产品或项目集资失败,在一定程度上便可预料该产品或项目推出市场后可能不会受到欢迎,而 Kickstarter 平台上大众对产品的评论更是市

---

① https://en.wikipedia.org/wiki/Lending_Club#cite_note-4.

② https://www.ifanr.com/694008, 最后访问日期:2018 年 10 月 3 日。

场给创业者最直接的意见,有助完善其创业方案和计划。

三、美国金融科技监管简介

2017年,美国国家经济委员会发布 *Framework for Fintech*(《金融科技监管框架》)白皮书,提出要促进金融服务的创新,在金融创新中追求强大的竞争优势,巩固美国金融体系在全球经济中的竞争力。

美国金融科技监管的部门主要有美国消费者金融保护局(CFPB)、货币监理署(OCC)、证券交易委员会、国家经济委员会(National Economic Council),以下通过不同主体的监管措施对美国的金融科技监管进行简单介绍。

(1)国会层面。早在2012年,为了解决金融危机后银行惜贷,小规模企业筹资不易的问题,美国国会通过 Jumpstart Our Business Startups Act(又称《布斯法案》)放宽企业运营相关规范,排除 Secur ities Act of 1933(又称《1933年证券法》)的适用,便利中小型成长企业筹措资金,开发股权众筹等新型网络融资渠道。

(2)SEC 监管。以 P2P 网络借贷为例,Lending Club 部分 P2P 业务涉及资产证券化,由 SEC 监管。Lending Club 向美国证券交易委员会注册发行证券以实现其在二级市场发行债权进行流通、交易的目的。

(3)货币监理署。货币监理署于2017年3月对外发布了 Fintech Charter(《金融科技企业申请评估章程》)。① 根据该章程,OCC 向金融科技公司发放特殊目的国家银行牌照的,将金融科技公司纳入监管范畴,以填补金融科技监管的空白,消除金融科技公司与金融机构之间的监管差异。

(4)美国消费者金融保护局。美国消费者金融保护局推出了"无异议函"的监管政策,在审查相关材料之后,向符合条件的金融科技公司出具"无异议函",声明该局目前没有针对金融科技公司推出的创新性产品和服务采取强制措施或监管行为的打算,以降低金融科技公司面临的监管不确定性风险,为金融科技公司创新发展提供适宜的环境。

总体而言,美国的监管政策趋向于鼓励金融科技,同时注重消费者等主体在金融科技的细分领域应当受到同传统金融领域一样的权益保护。

---

① 需要指出的是,近日《金融科技企业申请评估章程》的有效性受到国家银行监事协会(Conference of State Bank Supervisors)的质疑,认为 OCC 无权向金融科技企业发放全国性银行牌照。

第三节　日本金融科技发展概况

一、日本金融科技发展概述

日本的企业文化一直以传统守旧而闻名,金融服务行业也不例外。由于日本国民对金融科技依赖程度低(见图1－2－6)且金融企业素来注重安全性、高信赖性,以及日本境内银行、非金融企业已经提供了成熟便利的金融服务等种种原因,导致日本在这场全球的金融科技竞争中暂时处于落后的地位。

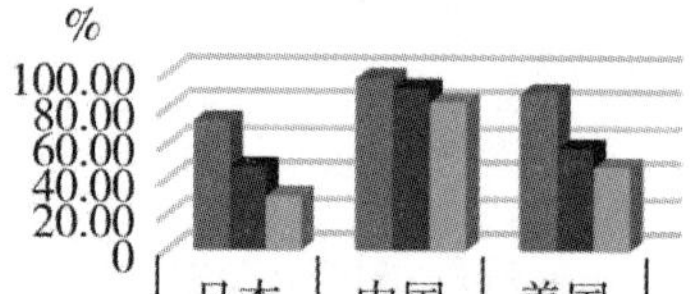

	日本	中国	美国
认知服务	73.00%	97.40%	88.80%
拟使用服务	46.70%	91.60%	57.90%
已使用服务	30.00%	83.50%	47.00%

(a)支付/转账

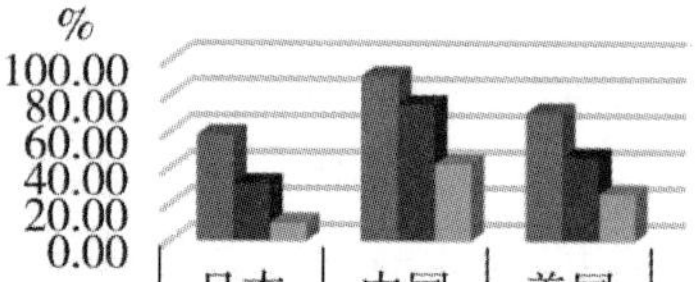

	日本	中国	美国
认知服务	58.20%	90.90%	70.30%
拟使用服务	31.40%	74.90%	45.90%
已使用服务	9.80%	42.10%	25.80%

(b)财富管理

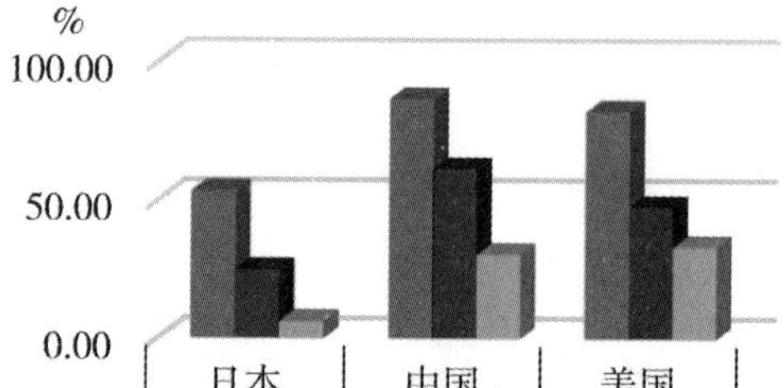

	日本	中国	美国
认知服务	53.30%	86.60%	82.10%
拟使用服务	24.90%	61.50%	47.70%
已使用服务	6.10%	30.30%	33.20%

(c)借贷

图1－2－6　中国、日本、美国民对金融科技依赖程度比较①

根据美国资讯公司埃森哲的统计,日本2015年金融科技融资总额仅为6500万

① 该图标数据援引自 Koichiro Ohira, FinTech in Japan, 2017 July。

美元,占同期中国融资总额的1/30,印度的1/20。[①] 目前,日本正在奋力追赶金融科技革命,传统金融机构和政府官员纷纷表示对金融科技领域的支持。埃森哲的统计数据显示,日本2016年达成金融科技融资总额为1.54亿美元,相比2014年的融资数量,增长超一倍。根据日本国际社会经济研究所Koichiro Ohira在2017年7月发布的FinTech in Japan的报告显示,目前无具体的统计数据证明日本金融科技企业的数量,但已知有72名金融科技企业加入金融科技协会,同比2016年数量增长了近一倍。

二、日本金融科技代表企业

以下主要的金融科技产品如表1-2-2所示。

表1-2-2 日本金融科技代表企业及产品[②]

部门	代表企业	部门	代表企业
支付	Coiney, Kyash, Link Processing, Liquid, paidy, Pay. JP, ROYAL GATE, SPIKE	资产管理、投资	NOWCAST, OFFICE LIFE, SPEEDA, ZUU online
转账	Bankur	管理辅助、商业辅助	A-SaaS, board, Crowdcast, freee, Makeleaps, MerryBiz, MF cloud, Misoca, SHARES
众筹	A-port, CAMP FIRE, Crowd Bank, first flight, GREEN FUNDING, JAPANGIVING, kibidango, Makuake, Readyfor	保险	DriveON
民间借贷	Crowd bank, Green Infra Lending, Lucky Bank, maneo, SBI social lending	虚拟货币、区块链	bitFlyer, BTCBOX, coincheck, mijin. Orb, Tech bureau
金融信息	NOWCAST, OFFICE LIFE, SPEEDA, ZUU online	安保	BankGuard, capy

以P2P行业为例,Maneo作为日本P2P行业的领头羊,成立于2007年8月,2008年开始运营P2P业务,截至2018年4月已经累计促成1170亿日元的贷款交易。[③] 此

① https://newsroom.accenture.com/news/blockbuster-deals-in-china-make-asia-pacific-the-leader-in-global-fintech-investments-accenture-analysis-finds.htm.

② 该图数据参考Koichiro Ohira, FinTech in Japan, 2017 July。

③ https://ja.m.wikipedia.org/wiki/Maneo.

外，Wealth Navi 作为资产管理领域的科技企业，为个人客户提供智能投顾服务，并收取管理资产 1% 的手续费。截至 2017 年 4 月，Wealth Navi 共管理 14，000 多个账户，超过 75 亿日元的资产。

三、日本金融科技监管概述

严格的监管环境以及高频率的现金使用习惯导致消费者对创新金融服务的低需求，使相对于其他发达国家，日本在金融科技领域落后于其他国家。目前，日本正在奋力追赶金融科技革命，近期的监管改革也预示着日本金融科技革新的曙光。

日本金融厅（Financial Services Agency）积极寻求促进金融科技行业发展的手段和办法，拟出台一系列与开放式 API、银行投资金融科技企业、众筹、数字货币等相关的法规。

2016 年 5 月 25 日，日本众议院通过《日本银行法》修正案，允许银行或者银行控股公司对科技公司的持股比例超过 5%。该修正案于 2017 年 4 月生效，使日本的银行与金融科技公司建立更加紧密的联系。与此同时，日本众议院通过《支付服务法》修正案，首次在官方层面上认可了比特币等虚拟货币，在《支付服务法》中加上了“虚拟货币”的定义。日本作为虚拟货币交易最为活跃的市场之一，此前法律均没有对虚拟货币做出任何定义，并且官方对待虚拟货币的立法态度也扑朔迷离。2017 年 4 月《支付服务法》修正案生效后，虚拟货币被视为一种结算手段及支付方式。为了规范虚拟货币市场，修正案同时规定，进行虚拟货币兑换业务，包括虚拟货币的购售以及虚拟货币的兑换，需要在日本金融厅进行登记。

此外，日本金融厅筹建金融科技支持组（FinTech Support Desk）以及金融科技相关委员会等机构，力争将日本打造成金融（科技）中心。随着日本金融市场上金融科技颠覆企业的孕育和成长，监管环境的改善，相信日本金融科技在不久的将来会再上一个台阶。

第四节　澳大利亚金融科技发展概况

一、澳大利亚金融科技发展概述

澳大利亚，作为金融科技的“后起之秀”，正在快速发展其金融科技行业。澳大利亚人均创收高,拥有先进的互联网银行和移动终端产业,政府大力支持金融科技行业,是金融科技企业成长的天堂。2016 年 4 月,澳大利亚财政部长 Scott Morrison 表示,澳大利亚政府金融科技顾问组和澳大利亚金融科技协会将共同努力,为本地金融科技行业提供支持。

根据 ACB News 的数据显示,2016 年澳大利亚的金融科技投资额大幅度上升,25 项交易共产生 6.56 亿美元投资。毕马威国际金融科技业务全球负责人兼毕马威澳洲银行业务主管 Ian Pollari 谈道:“从 2012 年到 2016 年短短的 5 年里,澳大利亚金融科技从融资 5100 万美元,到融资超过 6 亿美元,澳大利亚已经塑造了一个健康活跃的金融科技行业。”

澳大利亚有很多世界顶尖的金融科技公司,例如,P2P 借贷领域的 Prospa、SocietyOne,以及专注于支付领域的 Tyro Payment。

二、澳大利亚金融科技代表企业

Prospa 成立于 2011 年,总部位于悉尼,定位为中小企业供网络借贷平台。Prospa 于 2013 年 3 月获得 1300 万美元 A 轮融资,2015 年 9 月获得 6000 万美元 B 轮融资,2017 年 2 月获得 2500 万美元 C 轮融资。根据 Prospa 官网信息,截至 2017 年 11 月 9 日,Prospa 已向超过 12,000 个澳大利亚企业提供过贷款服务,共撮合完成 5 亿美元贷款。然而,虽然贵为澳大利亚第一 P2P 平台,相比于中国的 P2P 平台或美国的 Lending Club,Prospa 还仅初具规模。

Tyro Payment 于 2003 年在悉尼成立,主要经营信用卡服务,覆盖超过 14,000 家企业,年交易量达到 800 万澳元。Tyro Payment 在 2015 年取得银行业牌照,成为一家“授权的存款吸收机构”(authorized deposit taking institution)后,将业务拓展到了银行的借贷服务。Tyro 目前的业务范围与澳大利亚四大商业银行①基本趋同,但目前 Tyro 正整合自身的技术优势,将目标人群瞄准难以在传统商业银行取得融资,难以进行传统信审评估②的中小企业。Tyro Payment 同时也是世界上首家可以通过 Siri 进行付款的银行。

---

① Commonwealth Bank, Westpac, Australia and New Zealand Banking Group, and National Australia Bank.

② 澳大利亚目前四大银行对中小型公司的信贷业务,要求会计师们依靠大量的资产数据进行分析。这导致难以提供/没有财产证明的中小企业较难在四大银行借到钱。

三、澳大利亚金融科技监管概述

澳大利亚的金融科技监管环境比较宽松、友好,政府积极鼓励金融科技产业发展,致力于通过增加对创业企业和STEM(Science, Technology, Engineering and Mathematics)研究的投资力度、放宽监管政策、减少科技企业进入银行的准入障碍等措施将澳大利亚塑造成金融科技中心。①

其中,监管沙盒可作为澳大利亚政府大力支持金融科技发展的有力措施。2016年12月,澳大利亚证券与投资委员会(ASIC)推出了RG 257 Testing Fintech Products and Services without Holding an AFS or Credit Licence(《257号监管指南在不持有AFS或者信贷许可证的情况下测试金融科技产品和服务》,以下简称监管沙盒规定)。根据监管沙盒规定,符合条件的金融科技初创公司可以在更轻的监管负担下测试其产品和服务的可行性。

一般而言,满足如下要求的金融科技初创公司可申请监管沙盒:包括但不限于没有被禁止提供金融服务并且未持有澳大利亚金融服务许可证或者澳大利亚信贷许可证;持有至少100万澳元的公共利益保险;已经设置符合要求的争端解决机制;已采取一定的客户保护措施等。②

申请通过后,初创公司只需向ASIC告知其欲在沙盒规则内提供产品和服务的意图,即可利用该沙盒。虽然在沙盒规则内,初创企业能够提供的金融服务金额以及服务的客户数量规模受限(例如,业务经营限于100个零售客户,并且每个零售客户的金融服务及信贷合同金额分别不得超过1万澳元和2.5万澳元),但相较其他监管方式而言,沙盒规则在宽松初创公司快速地测试和改善其产品,为金融科技领域的创新方面提供了便利。

此外,澳大利亚在众筹领域的立法也令人瞩目。澳大利亚国会已在2017年3月通过了The Corporations Amendment (Crowd – Sourced Funding) Bill 2016[《公司法2016年修正案(众筹法案)》],允许一定数量的公司从2017年9月28日开始进行众筹。该法案允许总资产或年营业额不超过2500万澳元的非上市公众公司在经授权的众筹平台网站上广告其商业计划,最多可筹集500万澳元/年来实施其计划;同时个人投资者也可以通过经授权的众筹平台购买一家公司的1万澳元的股权。

---

① Baker & McKenzie, Fintech – regulation – comparison, 2017 June.

② 载https://asic.gov.au/regulatory – resources/find – a – document/regulatory – guides/rg – 257 – testing – fintech – products – and – services – without – holding – an – afs – or – credit – licence/。

这对金融科技初创企业和中小企业通过众筹的途径获得资金注入具有重要的意义。此外,2018 年 9 月 12 日,澳大利亚国会批准了 The Corporations Amendment (Crowd-Sourced Funding for Proprietary Companies) Bill 2017[《2017 年公司法修正案(私人公司众筹资金)法案》],该法案将新的股权众筹制度扩大到澳大利亚私营公司,①允许初创企业和其他企业从“人群”中筹集资金。

① 此前,公司被要求在筹集资金之前先转为非上市公众公司(unlisted public companies),许多初创公司表示这一限制过于苛刻。澳大利亚私营公司通常限于最多有 50 名非雇员股东,但根据《2017 年公司法修正案(私人公司众筹资金)法案》,通过众筹融资获得股份的投资者不受这一上限要求,这允许私营公司从潜在的成百上千名投资者那里筹集资金。

CHAPTER 3

第三章

我国金融科技的发展与监管

从1993年国务院在《有关金融体制改革的决定》中明确要求“加快金融电子化建设，推广计算机的运用和开发”，到2011年国务院国有资产监督管理委员会、国家税务总局、中国银行业监督管理委员会、中国证券监督管理委员会、中国保险监督管理委员会（现已与银监会合并）、科学技术部、财政部以及中国人民银行联合发布的《关于促进科技和金融结合加快实施自主创新战略的若干意见》中提出，要“充分认识科技和金融结合的重要意义”，我国对于金融科技一直是积极、支持与鼓励的态度。然而，鼓励不等于放任，金融科技在我国发展的过程中，受到了陆续出台的监管政策的制约，也正是因为这些监管政策的出台，金融科技在我国才能维持旺盛的生命力。

第一节　我国金融科技的发展

政府政策的支持、引导，经济的发展、金融服务需求的增加，科学技术的快速进步，都为金融科技在我国的发展创造了条件。我们将国内的金融科技进一步细分为四个领域[①]，以便更好地梳理其发展脉络。

一、支付、清算与结算领域

支付行业作为金融服务必不可少的纽带，在自身迅速发展的同时，也对清算、结算的业务水平提出了更高的要求。金融科技的发展不仅给支付行业的业态带来了革新，也使清算、结算业务的效率大大提高。

（一）支付领域

1998年4月16日，一位名叫彭千的人通过招商银行“一网通”网上支付系统，向某公司购买了一批价值300元的VCD光碟。[②] 这个交易对于今天的我们来说再

① 如本书第一章“金融科技的界定与历史沿革”所述，金融科技的细分领域将包括支付、清算与结算，存款、贷款与融资，投资管理，市场配置服务。

② 参见《金融科技简史：从大航海时代到大融通时代》，载盒饭财经：http://www.jiemian.com/article/2181260.html，最后访问日期：2018年5月29日。

日常不过,但对于我国支付领域来说,却代表着一次巨大的变革,从此支付逐渐与互联网密不可分。在电子支付的初期,更多的是由银行等金融机构主导,虽然技术成熟、程序稳定,但是银行的处理能力似乎并不能满足越来越多中小商户对于电子支付的需求。此时,非银行支付机构应运而生,中小商户、普通个人用户都成了这类机构服务的对象,科技对于支付领域的影响开始扩展到我们日常生活的方方面面。

2000 年后,中国电子支付迅速发展,在 2010 年随着银行、银联与第三方支付三足鼎立局面的形成,我国全面进入了移动支付时代。[①] 中国支付清算协会发布了 2011 ~ 2017 年的支付体系运行总体情况报告,从中我们发现:(1) 2013 年的报告中,相较于 2012 年增加了"电子支付"[②]的数据统计子项,且本年度支付机构累计发生互联网支付业务 153.38 亿笔,金额 9.22 万亿元,同比分别增长 56.06% 和 48.57%,电子支付进入了爆发式增长的前期,从而获得了中国支付清算协会的关注;(2) 2014 年的报告中,明确提出"电子支付业务保持增长态势,移动支付业务快速增长",移动支付正在改变传统的支付习惯;(3) 2015 年的报告中,首次将"电子支付"分为"银行业金融机构"的电子支付业务及"非银行支付机构"发生的网络支付业务,且从后续几年报告的数据中可以看出,非银行支付机构业务的增长可谓"来势汹汹"。图 1 – 3 – 1 和图 1 – 3 – 2 可以直观地反映出短短几年电子支付的发展趋势。[③]

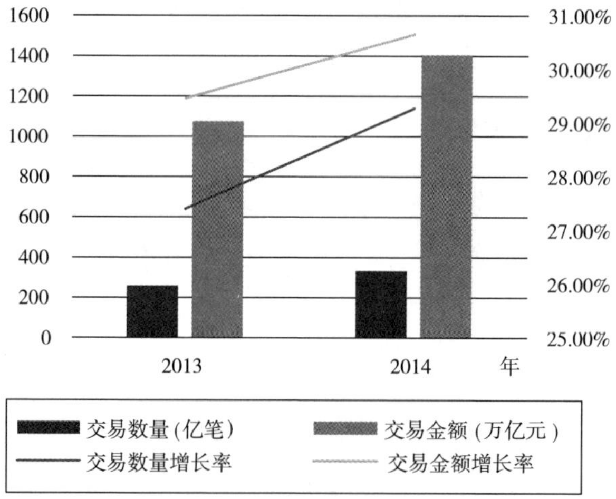

图 1 – 3 – 1　电子支付发展(2013 ~ 2014 年)

---

① 苏宁金融研究院:《2018 年 1 季度互联网金融行业报告》。

② 根据中国支付清算协会《2013 年支付体系运行总体情况》,报告中的"电子支付"是指客户通过网上银行、电话银行和手机银行等电子渠道发起的支付业务,包括网上支付、电话支付和移动支付三种业务类型。

③ 资料来源:中国支付清算协会 2011 ~ 2017 年支付体系运行总体情况。

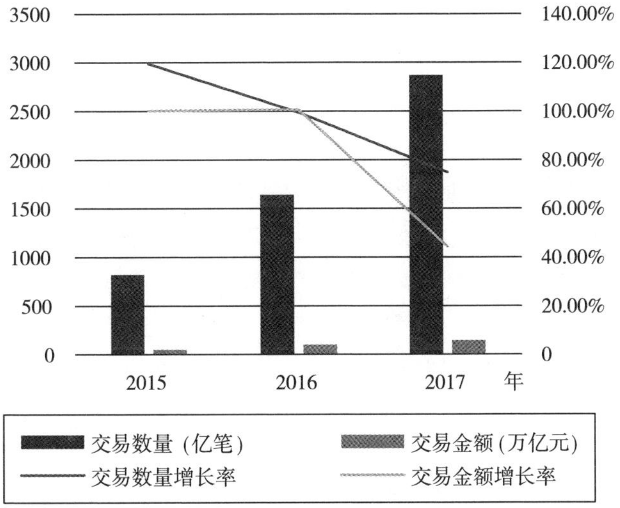

图 1-3-2 非银行支付机构发展（2015～2017 年）

不难看出，相较于整个电子支付业务（含银行业金融机构的支付业务）的发展来看，非银行支付机构的支付业务有“交易数量大、单笔金额小”的特点，支付业务不再仅仅面向大额交易，支付创新给普通大众的支付行为带来了便捷，满足了市场的需求。现如今，“出门只带手机”已经成为人们新的习惯。据中商产业研究院发布的《2018～2023 年中国第三方移动支付行业市场前景及投资机会研究报告》，2016 年中国第三方移动支付交易规模达到 58.8 万亿元，同比增长率达 381.9%。随着智能手机的普及和二维码支付市场的爆发，消费者从 PC 端向移动端的迁移速度加快。根据中国支付清算协会最新发布的《中国支付清算行业运行报告（2018）》：2017 年，国内商业银行共处理移动支付业务约 375 亿笔，金额约 202 万亿元，同比分别增长 46.06% 和 28.80%。非银行支付机构共处理移动支付业务约 2390 亿笔，金额约 105 万亿元，同比分别增长 146.53% 和 106.06%。[①] 从市场格局看，根据易观于 2018 年 9 月 26 日发布的《中国第三方支付行业专题研究 2018》中的数据，截至 2018 年第 1 季度，支付宝和财付通（或“微信支付”）在移动支付领域合计市场份额约占 92.71%；在互联网支付领域，支付宝与财付通则共同占据

---

① 参见《中国支付清算行业运行报告（2018）》，载中国支付清算协会网：http://www.pcac.org.cn/index.php/dongtai/list_details/ids/722/id/55/topicid/4.html，最后访问日期：2018 年 4 月 26 日。

33.97%的市场份额。[1] 支付宝、财付通、Apple Pay、京东支付等,都是金融科技与支付行业结合的缩影。

(二)清算结算领域

支付行业迅速发展给清算结算提出了更高的要求。2010年8月30日,网上支付跨行清算系统上线运行,全国相继有120家银行业金融机构接入该系统办理业务。根据中国支付清算协会发布的《2012年支付体系运行总体情况》,截至2012年,网上支付跨行清算系统共处理支付业务2.66亿笔,金额3.56万亿元,日均处理业务79.11万笔,金额106.04亿元。此后每年,网上支付跨行清算系统业务均取得了大幅增长,具体如图1-3-3所示。[2]

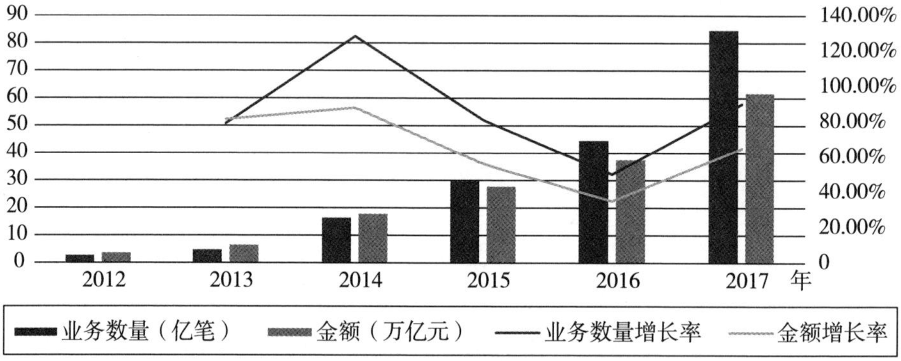

图1-3-3 网上支付跨行清算系统业务发展(2012~2017年)

随着银行业金融机构网上跨行清算系统的逐渐稳定,非银行支付机构的支付清算也亟待统一。2017年8月,网联清算有限公司(NetsUnion Clearing Corporation,NUCC)在北京成立。NUCC是经中国人民银行批准成立的非银行支付机构网络支付清算平台的运营机构,作为全国统一的清算系统,NUCC主要处理非银行支付机构发起的涉及银行账户的网络支付业务,实现非银行支付机构及商业银行的一点接入,提供公共、安全、高效、经济的交易信息转接和资金清算服务,组织制定并推行平台系统及网络支付市场相关的统一标准规范,协调和仲裁业务纠纷,并将提供风险防控等专业化的配套及延展服务。非银行支付机构网络支付清算平台作为

① 参见易观:《中国第三方支付行业专题分析2018》,载https://www.analysys.cn/article/analysis/detail/20018904,最后访问日期:2018年10月7日。

② 资料来源:中国支付清算协会2011~2017年支付体系运行总体情况。

国家级重要金融基础设施，采用先进的分布式云架构体系，在北京、上海、深圳 3 地建设 6 个数据中心，实现了平台系统高性能、高可用、高安全、高扩展、高可控、高一致性等全面的高标准。NUCC 及非银行支付机构网络支付清算平台的建立，实现了网络支付资金清算的集中化、规范化、透明化运作，节约连接成本，提高清算效率，支撑行业创新，促进公平竞争，助力资金流向的有效监控，保障客户资金安全，并推动行业机构资源共享和价值共赢，实现市场的长远健康发展。①

根据网联清算有限公司在 4 月 16 日发布的《关于非银行支付机构网络支付清算平台渠道接入工作情况通告的函》(网联函〔2018〕049 号)，截至 2018 年 4 月 13 日，共有 462 家商业银行和 115 家支付机构接入了非银行支付机构网络支付清算平台。根据中国人民银行的要求，自 2018 年 6 月 30 日起，支付机构受理的涉及银行账户的网络支付业务会全部通过非银行支付机构网络支付清算平台来处理。2018 年 11 月底，中国人民银行支付结算司发布《关于支付机构撤销人民币客户备付金账户有关工作的通知》(银支付〔2018〕238 号)，要求支付机构能够依托银联和网联清算平台实现收、付款等相关业务的，应于 2019 年 1 月 14 日前撤销开立在商业银行的人民币客户备付金账户。2018 年 11 月，支付机构和商业银行合作开展的网络支付业务中，已有超过 90% 的跨机构业务通过网联处理，这意味着"断直连"已经基本完成。据了解，目前包括支付宝、财付通、快钱、拉卡拉、平安付等第三方支付机构均已完成备付金 100% 集中交存、断直连等重要工作。②

除了上述由央行主导的清算系统之外，金融科技在清算结算领域也存在其他应用。例如，某知名民营银行设计了基于区块链的机构间对账平台，利用区块链技术将资金信息和交易信息等旁路上链，建立起公开透明的信任机制，优化了与合作行的对账流程，降低了合作行的人力和时间成本，提升了对账的时效性与准确度。通过基于区块链的机构间对账平台，机构间可共建透明互信的区块链账本，交易数据只需秒级即可完成同步，能快速生成准确可信的账目数据。③ 相信在不远的将来，金融科技将会给清算结算领域带来更大的技术性变革。

---

① 内容引用自网联清算有限公司官网：https://www.nucc.com/about.html，最后访问日期：2018 年 5 月 30 日。

② 参见《承德晚报》：《多家支付机构宣布完成"断直连"等工作》，载 http://epaper.hehechengde.cn/cdwb/news/2256/23430/120573-1.shtml，最后访问日期：2019 年 3 月 9 日。

③ 工业和信息化部信息中心：《2018 年中国区块链产业白皮书》，2018 年 5 月。

二、存款、贷款与融资领域

存款、贷款与融资是金融领域永远的主题,金融科技的浪潮自然也使这些领域发生了变革。

(一)网络借贷信息中介(P2P)

相对于国外最初出现的 Zopa 以及后来的 Prosper、Lending Club 等平台,我国的线上 P2P 贷款起步较晚,直至 2007 年,第一家网络借贷信息中介平台“拍拍贷”上线。在后续短短几年的时间里,我国的 P2P 网贷平台获得了飞速的发展。从 2013 年年中起,国内各大银行开始收缩贷款,P2P 网贷平台开始得到资本热捧,之后 P2P 网贷平台便趁势展开了迅猛的市场推广,截至 2015 年底,我国 P2P 网贷平台的数量达到了 3858 家。[①] 但由于进入壁垒较低,风控能力较弱,P2P 网贷平台在经历短时间爆发式增长后开始问题频出。根据网贷之家《2017 年 P2P 行业年报简报》中的数据,截至 2017 年 12 月底,网贷行业正常运营平台数量为 1931 家,比 2016 年底减少了 517 家,全年停业及问题平台数量为 645 家,而在 2016 年停止及问题平台数量为 1713 家。与此同时,2017 年全年网贷行业成交量稳步上升,达到了 2,8048.49 亿元,比 2016 年全年网贷成交量增长 35.9%。[②] 进入 2018 年,行业“洗牌期”来临。根据网贷之家《2018 中国网络借贷行业年报》,P2P 网贷行业在 2018 年经历了备案延期到平台加速出清的过程,截至 2018 年底,行业正常运营平台数量下降至 1021 家,相比 2017 年底减少了 1219 家;总体贷款余额下降至 7889.65 亿元,同比 2017 年下降了 24.27%。2018 年 P2P 网贷行业成交量达到了 17,948.01 亿元,历史累计成交量突破 8 万亿元大关,2018 年行业综合收益率小幅回升,达到 9.81%。目前,问题平台仍然在不断暴露,P2P 网贷行业面临生存与盈利的双重挑战,在内部的“优胜劣汰”和外部的强监管环境中曲折前进。

(二)互联网贷款

顾名思义,互联网贷款就是通过互联网发放的贷款,发放主体包括持牌金融机

---

① 参见《P2P 发展的历史轨迹》,载 http://www.weiyangx.com/185911.html,最后访问日期:2018 年 6 月 4 日。

② 参见《引入第三方担保尚难规模化 网贷平台要靠金融科技壮大》,载 http://www.01caijing.com/article/20551.htm? ulu-rcmd=1_43df_art_1_86bd6c24dd7a4f5fbfb0664d3e09a8fe,最后访问日期:2018 年 2 月 12 日。

构以及具有发放贷款资质的企业，如银行、信托公司、消费金融公司、小额贷款公司、汽车金融公司等。随着长尾用户群金融需求的增加以及基于互联网和大数据风控技术的不断发展，互联网贷款成为市场追逐的热点。除了传统金融机构开始寻求互联网化以提高贷款的效率外，互联网小额贷款公司以其放贷没有地域限制①且无强监管的优势，受到了市场的追捧。由小额贷款公司通过网络发放的贷款占据了互联网贷款的"半边天"。根据公开渠道消息，截至 2018 年 8 月 19 日，市场上已发放的网络小贷牌照已达到突破 300 张，其中完成工商注册的网络小贷牌照为 279 张，金融办批复和已过公示期的共 21 张。② 有 22 家目前还在正常运营的 P2P 网贷平台通过其关联公司获得了网络小贷牌照，占发放总量的 7.3%。在持有网络小贷牌照的 22 家 P2P 网贷平台中，有 6 家为海外上市公司，占比 27%，另外 10 家间接持有网络小贷牌照，股东为国内或海外上市主体，占比 45%。此外，在已完成工商注册的网络小贷公司中，还有许多具有非 P2P 行业上市公司的背景。总体看来，拥有强劲背景实力的上市公司更加容易申请到网络小贷牌照。有观点认为，自 2017 年底暂停批设网络小贷牌照之后，监管部门或许逐渐有放宽网络小贷牌照发放标准的趋势。③

（三）众筹

众筹（crowdfunding），是个人或企业通过互联网向大众筹集资金的一种项目融资方式。

众筹在我国已经不再是新兴事物，无论是股权型众筹，还是具有公益性质的"水滴筹"等公益型众筹，再到影视众筹、商品众筹等权益和物权型众筹，均已在我国拥有一定的发展历史。《中国众筹行业发展报告 2018》④认为，2018 年以前，我国的众筹行业主要分为三个阶段：第一阶段为 2011～2013 年，是我国众筹行业的萌芽起步阶段；第二阶段为 2014～2015 年，是我国众筹行业的爆发增长阶段，2014 年

---

① 传统小额贷款公司经营存在地域限制，一般只能在注册地所在省内进行放贷。

② 参见《独家丨最新网络小贷牌照名单（附网络小贷牌照买卖情况）》，载 https://xueqiu.com/6111141092/112355339，最后访问日期：2019 年 3 月 9 日。

③ 参见《刚刚，深圳下发一张网络小贷牌照》，载 https://xueqiu.com/6111141092/107827673，最后访问日期：2019 年 3 月 9 日。

④ 袁毅：《中国众筹行业发展报告 2018》。

中，平均每周都会有新的平台出现；[①]第三阶段为2016～2017年，是我国众筹行业的“行业洗牌”阶段。行业洗牌阶段有两层含义，一是这个阶段中，股权型众筹（互联网非公开股权融资）融资金融及项目数急剧下滑，行业观望气氛浓重；二是权益和物权型众筹虽然项目数及融资额仍在上升，但是众筹平台的数量却急剧下降，市场集中度开始提高，经营不善的平台退出市场，而少量平台探索出适合自己的道路，开始大力扩张，从而迅速提高市场占有率。

虽然近两年，众筹热度下降，众筹项目也产生很多争议，但作为传统融资方式的补充，其还是具有融资成本低、筹资交易便捷等优势。我们相信，随着我国法律的不断完善，众筹仍然有机会找到属于自己的行业发展契机。

（四）征信

《左转·昭公八年》中有云：“君子之言，信而有征，故怨远于其身。”此处的“信而有征”可以理解为，可验其言真实可信。这大概是“征信”一词的起源。现在我们所说的征信，主要是指征信业务，即对企业、事业单位等组织（以下统称企业）的信用信息和个人的信用信息进行采集、整理、保存、加工，并向信息使用者提供的活动。市场经济的发展推动了交易数量、交易种类的增加，交易中因信息不对称而带来的风险越来越多，出于“知己知彼”、规避风险的需要，征信行业应运而生。发展初期，征信系统多用于银行内部风控，而随着大数据时代的到来，征信行业似乎迎来了“平民化”的春天，网络对人们行为数据的积累已经发生了飞跃，与征信相关的信息更加容易被获取，众多企业进入征信领域，为大众提供便捷、高效的征信服务。目前，我国的征信主体主要分为四类，即中国人民银行主管的人民银行征信中心、由各政府部门主管的各类“信息共享平台”、由行业协会主导建设的带有行业互助性质的信息共享平台以及市场化的征信机构，包括企业征信机构、个人征信机构以及为资本市场提供信用评级服务的各类评级机构。经过多年的发展，征信业务的覆盖人群不断下沉，不少机构正致力于对没有信贷记录或信贷记录较少的群体开展征信业务；同时，征信行业竞争加剧，适应市场需求的征信产品层出不穷，“全民征信”的景象已近在眼前。

---

① 参见《证监会拟推出试点，股权众筹再度迎来发展》，载https://mp.weixin.qq.com/s?src=11&timestamp=1528164502&ver=919&signature=ixvKp4G462f39h9Ht-bVKCSDQa04hcvBOrS0R77gmEQAmtRIxCklA4UVoqgPdjali-vL9Mm0IOTfjRX9W-bqcQaIOkvRpN5GbdHxG1r9sCjy831YspEhsWDKXGibeyrC&new=1，最后访问日期：2018年6月5日。

三、财富管理领域

传统的信托、保险、证券、基金投资等财富管理，对于大多数人来说，曾经有很高的门槛。传统的投资顾问基于其个人的专业知识对投资者的投资风险偏好和资金需求做出判断，帮助投资者规划符合其要求的投资组合，但这样产生的人工费用无形中提高了投资顾问服务对象的门槛，传统投资顾问在帮助高净值人群进行投资活动时，也将海量的、投资额相对较小的个人投资者排除在了服务对象之外。

金融科技的发展打破了这一局面，只需打开相应的移动客户端，即可看到各种互联网保险、基金、信托等产品，互联网资产管理的概念应运而生。大数据技术的发展使海量数据的获取变得更加轻松，投资顾问模型可以借此不断优化，同时人工智能技术的发展也使投资模型中对于投资组合与风险匹配的判断和分析成为可能，智能投顾应运而生。智能投顾主要运用计算机技术、大数据技术和量化金融模型，根据投资者的风险偏好、预期收益目标等，运用智能算法、投资组合优化等理论模型，通过自动化的资产管理服务，以最少量人工干预和人工投入的方式帮助投资者进行股票配置、债权配置、股票期权操作和房地产资产配置等多个种类的资产配置及管理。智能投顾平台弥补了传统财富管理覆盖用户有限、资源配置效率低、投资顾问能力参差不齐等缺陷，正在吸引着更多的用户。目前国内公开表示具有或正在研发智能投顾功能的互联网理财平台已超过20家，但目前中国绝大多数的智能投顾平台，都尚未达到真正意义上的智能投顾，其在投资过程中还不能脱离人工操作达到完全智能化的程度。如今，中国超过78%的智能投顾企业还处于A轮以前，整体行业存在巨大的发展空间。①

四、市场配置服务领域

金融科技作为金融与科学技术的融合，很大一个作用就是能够利用各种技术手段对传统金融行业所提供的产品和服务进行更新，从而提升金融服务的效率。在金融科技发展的萌芽期，产业发展的技术基础主要依靠于移动互联网技术，比如网上银行系统等。而金融科技的目光所及不再仅仅是移动互联网，大数据、人工智能、云计算和区块链等前沿技术都是金融科技的底层应用技术。这些技术的运用一方面成为金融科技相关行业开展的基础，另一方面又支持了金融产品的创新。

---

① 参见36氪研究院：《FinTech行业研究报告》，载https://zhuanlan.zhihu.com/p/30347434，最后访问日期：2017年9月1日。

(一)大数据技术

起初,大数据架构与信息整合帮助了众多互联网金融企业进行简单的初步分析与决策。随着大数据的数量、分析速度和数据种类的变化,大数据技术已经发展到帮助公司及第三方处理分析大量终端用户数据的阶段,为金融科技公司提供了良好的数据基础。无论是征信行业、互联网贷款行业,还是互联网保险行业等,都能够从大数据技术的发展中获益。例如,大数据可以助力互联网保险的发展,其对车险定价的影响不容小觑。现如今,车载智能硬件已经融合为汽车的一部分,而车载智能硬件使行车数据的获取变得简单且准确。在此基础上,根据车主日常行车路线、里程、行车习惯以及车主本身的属性比如年龄、职业、性别等数据,互联网保险公司可以为车主提供最合适的车险定价。大数据技术将是金融行业未来发展的核心方向之一。根据毕马威发布的《2018 年中国领先金融科技企业 50 强》报告,大数据与数据分析类企业就占据了 21 个席位。

(二)人工智能技术

人工智能技术,是智能投顾行业的核心技术之一。人工智能技术基于大数据、云计算以及智能硬件的发展,促成智能数据分析,通过大规模的量化而实现部分替代人力分析,提高了分析与决策的效率和成本。人工智能技术对于金融领域的影响不止于投资决策,其将对金融产品、服务渠道、服务方式、风险管理、授信融资等带来新一轮的变革。人工智能技术在前端可以用于服务客户,在中台支持授信、各类金融交易和金融分析中的决策,在后台用于风险防控和监督。基于人工智能技术,金融服务将会变得更加个性化与智能化。例如,通过面部识别实现远程身份认证,用户根据系统提示完成指定操作,从而实现解锁、支付和授权功能等。可以预测,不久的将来,“刷脸”支付的大范围、多场景应用将成为行业的主流。

(三)区块链技术

区块链(blockchain)作为比特币的底层技术,其实质是分布式加密记账技术。除了比特币外,区块链在金融领域还有很多广泛的应用。例如,区块链技术可以辅助简化原有的融资交易流程,利用分布式账本管理整个交易,从而替代原有的文书系统,以提高交易效率;再如,利用分布式账本系统记录、存储银行之间点对点传输的记录和信息;又如,区块链技术可以辅助简化跨境支付流程,消除目前行业所依赖的中间商等，其具体应用已经涵盖了银行等很多传统业务，包括保理、信用证、保函、福费廷、票据等，大大提高了金融机构处理相关业务的效率。①

第二节 我国金融科技产业的监管

一、我国金融科技产业发展向金融监管体系提出的挑战

金融科技的发展提高了金融服务的可获得性，将更多小微经济主体纳入了经济金融活动中，降低了风险的集中度，并通过大数据、人工智能等应用提高了风险定价与风险管理能力；但是，当金融科技提供跨市场、跨机构、跨地域的金融服务时，也会导致金融业固有的风险更易传染，且会以更快的速度波及更广的领域。因此，为了金融科技的健康和可持续发展，必然需要对其进行有效地监管。

我国传统金融产业采用机构监管模式，而随着金融科技产业的混业化发展，传统的机构监管模式遭到了挑战。金融产品的不断创新逐渐打破各金融机构之间的经营壁垒，从而使金融市场业务开始形成跨市场关联、跨行业联动的特征。这种联动关系主要体现在三个方面：一是金融业务的跨市场关联，二是产品的内生性全行业关联，三是金融机构经营的全行业关联。② 例如，蚂蚁金服通过支付宝实现其核心业务的同时，还有余额宝、蚂蚁聚宝、招财宝等理财平台，以及芝麻信用、网上银行和蚂蚁花呗/借呗等借贷平台，其通过 9 大品牌涵盖了支付、借贷和理财三个主要金融服务领域，从单纯的支付到理财、征信和消费金融等诸多功能的拓展，实现了从金融服务到生活服务的诸多应用场景的延伸。③ 传统的分业监管在这种环境下，难以对综合性经营平台进行有效监管，为跨市场套利的行为留下了“灰色地带”。

金融科技带来金融行业“混业化”发展的同时，也从技术角度给监管带来了难题。金融科技领域的很多问题都需要通过技术的应用或是以技术应用为背景的模式创新来实现突破性解决。金融科技建立在互联网通信网络和相关信息技术之上，技术创新和业务外包得到大量运用，比如以大数据为支持，通过对个人用户的多维度分析，多角度识别客户需求来进行精准营销；又或者结合生物识别技术，交

---

① 参见工业和信息化部信息中心：《2018 年中国区块链产业白皮书》，2018 年 5 月 20 日。

② 参见巴曙松：《如何把握金融监管新格局与中国银行业发展新趋势?》，载 https://www.leiphone.com/news/201805/XMDtyo5bUgDuDsLU.html，最后访问日期：2018 年 5 月 2 日。

③ 参见 36 氪研究院：《2016 年 Fintech 行业研究报告》。

叉验证用户信息真实性,防止盗用身份套取资金等欺诈行为等。这使信息技术风险和操作风险更加突出,随之而来的网络风险及信息泄露风险也对传统金融监管体制形成了挑战。传统金融监管模式应当通过自身的创新来填补现有监管的空白地带,更好应对实际的监管需求。

目前,监管部门已经意识到了金融科技发展对传统金融监管带来的挑战。2018年以来,监管部门对防范和化解金融风险做出明确部署,金融科技发展带来的问题已经引起了监管部门的重视。

二、我国金融科技监管模式

随着金融科技日新月异的发展,监管的重要性不断凸显。金融科技的智能和技术属性,都亟待相应的治理和配套机制,以确保"技术"、"互联网"与"金融"更好地融合在一起,进而提升金融服务效率。首先,无论金融科技的定义如何,其都没有改变现有金融的属性和本质。因此,根据具体的业态属性,基于金融监管框架对相应的金融科技活动进行归口监管,已是一个国际共识。绝大多数国家和地区都要求金融科技创新必须遵循的现有金融监管基本原则,以确保监管标准的一致性。[①]其次,金融科技的快速发展放大了监管的滞后性,紧跟其后对其制定成熟的监管规则还存在一定困难,此时行业自律便捷与精准的优势得以体现,从而可以在很大程度上填补监管的空白。外部监管与行业自律相结合的模式可以共同为金融科技营造更完善的监管与发展环境。

金融科技吸引人们眼球的同时,"监管科技"的概念也悄然出现。在金融科技普遍应用的今天,科技的采用提供了更多的有效管理手段,有利于进行严格且高质量的监管。2017 年 5 月中国人民银行成立了金融科技委员会,其提出强化监管科技的应用实践,积极利用大数据、人工智能、云计算等技术丰富金融监管手段,提升跨行业、跨市场交叉性金融风险的甄别、防范和化解能力。[②] 央行金融研究所所长孙国峰在 2017 年 6 月举行的金融科技发展与法律前沿国际论坛上表示,监管科技涉及的主体包括监管者、金融机构、金融科技公司及监管科技公司。中国监管科技的发展有自己独有的特色,例如,从需求角度与供给角度来看,大多数成熟经济体

---

① 参见廖岷:《全球金融科技监管的现状与未来》,载 http://www. sohu. com/a/146691687_151779,最后访问日期:2017 年 6 月 7 日。

② 参见刘志坚、李燕:《金融科技助力 RegTech 发展,清华金融评论》,载 https://mp. weixin. qq. com/s/rrKMgRya51jsAncSfvjUqw,最后访问日期:2018 年 5 月 4 日。

均是先由金融机构发起监管科技,而后监管部门再跟进,中国则不然,中国人民银行和监管机构相较于金融机构具有更强的动力去发展监管科技,成为监管科技的带头人。孙国峰还强调,人工智能技术对防范系统性金融风险非常重要,监管者重视风险预测,而人工智能技术恰好可以为风险预测提供可能。至于监管科技视角下宏观审慎管理框架的研究与开发,孙国峰认为,相应的研究与开发或由监管机构独立研究与开发,或由监管机构将其外包,也可由金融机构和金融科技公司按照监管当局的标准研发提供给监管当局使用。2018 年 10 月,在大连举行的"中国及全球衍生品市场发展论坛"上,中国证监会信息中心主任张野介绍了"监管科技 3.0"的内容,即建设一个运转高效的监管大数据平台,综合运用电子预警、统计分析、数据挖掘等技术,围绕资本市场主要生产和业务活动,进行全方位监控和历史数据分析,辅助监管人员及时发现市场主体涉嫌内幕交易、市场操纵等违法违规行为。证监会于 2017 年启动了监管科技 3.0 的相关工作,利用金融科技、监管科技,完善和提升监管手段。2018 年 8 月,证监会发布《中国证监会监管科技总体建设方案》,标志着证监会已完成监管科技建设工作的顶层设计,并进入了全面实施阶段。① 由此可见,在监管机构的努力下,我国监管科技也处在不断的发展过程之中,以更好地完成金融科技发展中潜在风险的监管,促使金融科技行业有序健康发展。

第三节 我国金融科技产业监管法规

目前,我国尚未出台明确针对"金融科技"的监管法规。然而,对于与金融科技较为相似的互联网金融产业,我国已有落地的监管法规。《指导意见》对我国互联网金融监管进行了基本规划。《指导意见》鼓励创新和加强监管并举,既提出了"鼓励创新、防范风险、趋利避害、健康发展"的总体要求,也明确了"依法监管、适度监管、分类监管、协同监管、创新监管"的监管原则。② 自《指导意见》起,我国建立了以《指导意见》为基础的监管规则体系,行政监管与行业自律相结合的行业管理体系。金融科技的监管与互联网金融的监管有异曲同工之妙。金融科技涉及的业态较多,依法监管在规范监管行为的同时,也能让被监管主体做到有法可依;适度监管

---

① 参见《"监管科技 3.0":大数据监管如此运作》,载 https://baijiahao.baidu.com/s?id=1614560589954534722&wfr=spider&for=pc,最后访问日期:2019 年 3 月 9 日。

② 参见朱太辉、陈璐:《Fintech 的潜在风险与监管应对研究》,载《金融监管研究》2016 年第 7 期。

能够在分类监管能够明确各监管机构职责的同时，避免责任划分不清带来的监管低效；协同监管能够更好地发挥各监管机构的优势，进一步提高监管的质量与效率；创新监管则能保证监管方式、监管理念的不断更新，对于新兴业态更加具有包容性的同时也能有更先进的监管措施落地。

国家金融与发展实验室副主任、中国社科院金融所所长助理杨涛在南都公众论坛上的讲话中提到，我国金融科技产业未来具体监管导向主要表现在以下几个方面：首先，关注金融业务本质，根据其业务属性，纳入现行金融监管框架，进行归口监管。其次，重点关注是否存在募集公众资金、公开发行证券、从事资产管理和债权拆分转让等行为。再次，根据匹配性监管原则，按照法律授权对小额、有限范围募资活动适度简化监管程序。最后，针对互联网的特点，更加注重信息披露和投资者保护。在大数据时代，监管者已经将复杂的网络技术用来研究系统性风险和防欺诈、金融稳定性和危机蔓延问题上。[①] 金融科技对监管科技的影响正在悄然发生。

一、支付、清算与结算领域

随着第三方支付机构的发展壮大和业务规模的持续增长，监管机构也采取了相应的措施以规范行业行为，保证支付行业健康、长久、有序的发展。在第三方移动支付领域，监管主要的侧重点包括牌照合规、备付金、实名制和反洗钱。与此同时，扫码支付、电子货币与跨境支付领域的规范化管理也在促进行业的持续发展。

在支付清算业务牌照方面，监管部门陆续出台了相关法规，不断完善支付清算业务的监管体系。2010 年，人民银行发布《非金融机构支付管理办法》，规定了非金融机构开展支付业务应取得《支付业务许可证》，并具体说明了支付业务涵盖的范围。2015 年，国务院发布《国务院关于实施银行卡清算机构准入管理的决定》，规定从事清算业务应取得银监会发放的《银行卡清算业务许可证》。2016 年 4 月，人民银行发布《非银行支付机构风险专项整治工作实施方案》，一方面整治无照经营企业，另一方面规定支付机构必须通过人民银行跨行清算系统或者具有合法资质的清算机构进行跨行支付业务，即第三方支付不得绕开银联与银行之间合作，并规定逐步取缔支付机构与银行直接连接处理业务的模式，确保客户备付金集中存管制度落地。2017 年 8 月，《关于将非银行支付机构网络支付业务由直连模式迁移至网联平台处理的通知》出台，其中规定从 2018 年 6 月 30 日起，支付机构受理的涉及银

---

① 《金融科技的创新与监管》，载《南方都市报》：https://m.sohu.com/a/229881214_161795/?pvid=000115_3w_a，最后访问日期：2018 年 4 月 29 日。

行账户的网络支付业务将全部通过网联平台处理,各银行和支付机构应于2017年10月15日前完成接入网联平台和业务迁移相关准备工作。2017年12月,《条码支付业务规范(试行)》发布,其中规定银行业金融机构、支付机构开展条码支付业务涉及跨行交易时,应当通过人们银行跨行清算系统或者具备合法资质的清算机构处理。

除了对支付清算业务进行总体性监管外,人民银行也在不断探索对于第三方支付业务的监管之道。近年来,人民银行一直在加强对第三方支付的管理,牌照申请、延展审核都在加严。人民银行早已明确表态称,一段时期内原则上不再批设新机构。这种情况下,第三方支付市场的洗牌和整合将不可避免,牌照价值也得到了更充分的体现。

除了法规层面的规制以外,监管部门亦在逐步规范市场运营。2018年4月1日,银联官网发布公告称,中国银联与财付通签署合作协议,正式开展微信支付条码支付业务合作。[①]2018年9月10日,中国银联与支付宝举行了内部签约仪式,就支付清算业务达成了相关合作。[②] 而根据公开渠道消息,目前"断直连"已基本完成。

二、存款、贷款与融资领域

(1)P2P行业在我国的发展缓解了小微企业融资难的状况,同时满足了个人消费需求以及民间资本投资需求。但是P2P平台的业务创新也逐渐使其偏离了信息中介定位和依托互联网经营的本质,"卷款""跑路"等非法集资风险乱象时有发生,[③]随之而来的问题引起了监管部门的高度重视,监管态度也从最开始的"观望""引导"变成后来的"监督""管理"。为了促进P2P行业的可持续、健康发展,监管部门出台了一系列法规以监督国内的P2P平台及其开展的相关业务。具体如表1-3-1所示。

---

① 《银联"牵手"微信支付:"断直连"迈出实质性步伐》,载 http://www.01caijing.com/article/21449.htm?ulu-rcmd=1_43df_art_0_4663a06988bf47098669b9f0b49d216a%E6%96%AD%E7%9B%B4%E8%BF%9E%E7%9A%84%E5%8F%91%E5%B1%95,最后访问日期:2018年4月2日。

② http://www.cs.com.cn/jg/08/201809/t20180914_5872961.html.

③ 参见朱太辉、陈璐:《Fintech的潜在风险与监管应对研究》,载《金融监管研究》2016年第7期。

表 1－3－1　P2P 网贷行业监管法规体系

类　别	发布时间	出台部门	文件名称
“互金宪法”	2015 年 7 月 14 日	中国人民银行等十部委	《关于促进互联网金融健康发展的指导意见》
“一个办法”	2016 年 8 月 17 日	银监会等四部委	《网络借贷信息中介机构业务活动管理暂行办法》
“三个指引”	2016 年 10 月 28 日	银监会办公厅、工信部办公厅、工商总局办公厅	《网络借贷信息中介机构备案登记管理指引》
	2017 年 2 月 22 日	银监会(已撤销，下同)	《网络借贷资金存管业务指引》
	2017 年 8 月 23 日	银监会	《网络借贷信息中介机构业务活动信息披露指引》
“专项文件”	2016 年 4 月 12 日	国务院办公厅	《互联网金融风险专项整治工作实施方案》
	2016 年 4 月 13 日	银监会	《P2P 网络借贷风险专项整治工作实施方案》
	2017 年 5 月 27 日	银监会、教育部、人力资源和社会保障部	《关于进一步加强校园贷规范管理工作的通知》
	2017 年 12 月 1 日	互联网金融风险专项整治办、网贷整治办	《关于规范整顿“现金贷”业务的通知》
	2017 年 12 月 8 日	网贷整治办	《关于做好 P2P 网络借贷风险专项整治整改验收工作的通知》
“整改细则”	2018 年 8 月 13 日	互联网金融风险专项整治办	《关于开展 P2P 网络借贷机构合规检查工作的通知》及《网络借贷信息中介机构合规检查问题清单》
“处置意见”	2018 年 12 月 19 日	互联网金融风险专项整治办、网贷整治办	《关于做好网贷机构分类处置和风险防范工作的意见》

除依靠上述监管法规进行监管之外，经国务院批准，由中国人民银行等国家有关部委组织牵头，中国互联网金融协会成立，作为我国首个国家级互联网金融行业的自律组织，其在 P2P 行业的监管中起到了不可忽视的作用。

(2)“校园贷”问题的持续发酵使得监管部门将目光移向了互联网贷款，“现金贷”“校园贷”都成了监管的重点，从停止互联网贷款机构开展校园贷业务到严格规范互联网贷款业务发展，政策也经历了逐渐从严的过程：2017 年 4 月 7 日，银监会颁布《关于银行业风险防控工作的指导意见》，要求各地监管部门清理整顿现金贷，并制定了现金贷相关平台排查名单，同时要求各地监管部门重点做好校园网贷的清理整顿工作;2017 年 5 月 27 日,银监会、教育部及人力资源和社会保障部等部委联合发布《关于进一步加强校园贷的规范管理工作的通知》,明确暂停网贷机构开展校园网贷业务,未经银行业监督管理部门批准设立的机构不得为大学生提供信贷服务,意在加强校园贷的规范管理;2017 年 11 月,《关于立即暂停批设网络小额贷款公司的通知》要求自即日起,各级小额贷款公司监管部门一律不得新批设网络(互联网)小额贷款公司,禁止新增批小额贷款公司跨省(区、市)开展小额贷款业务;2017 年 12 月,央行、银监会联合发布了《关于规范整顿“现金贷”业务的通知》,从准入牌照、年化利率、砍头息、贷款用途、融资渠道、助贷模式等多个方面向现金贷提出了明确的合规要求。互联网贷款行业的监管态度逐渐趋严,促使该行业逐步走上正规化发展的道路。

(3)众筹首次在我国法规体系中出现,当数证监会于 2014 年 12 月 18 日发布的《私募股权众筹融资管理办法(试行)(征求意见稿)》。该管理办法落脚于“私募股权众筹融资”,对于股权众筹平台的登记、准入、职责等进行了明确的规定,同时也对于融资者、投资者的准入、行为进行了限制,但之后一直未有正式稿出台。2015 年 8 月 7 日,证监会又发布了《关于对通过互联网开展股权融资活动的机构进行专项检查的通知》,指出“未经国务院股权监督管理机构批准,任何单位和个人不得开展股权众筹活动,严禁任何机构和个人以股权众筹名义开展发行股权活动”。2016 年 4 月 14 日,证监会牵头发布了《股权众筹风险专项整治工作实施方案》,各地纷纷按照相关要求对辖区内的平台进行排查整治。有人认为,监管政策的趋严影响了原有行业发展的活力,但也有人认为,明确监管政策对于行业长期发展来说未尝不是一件好事。众筹行业在我国的道路似乎历经坎坷,亟待有效而宽松的监管政策。

(4)征信行业在我国发展已久,但真正出现行业性的监管规范是在 2013 年。2013 年 3 月 15 日,国务院发布的《征信业管理条例》正式实施,其规定了征信机构的设立条件,明确了企业征信的备案制管理方法以及个人征信的牌照制管理方法,解决了我国征信业无法可依的问题,有利于加强对征信市场的管理,从而激发了市场活力,促进了征信业的健康发展。2015 年 1 月 5 日,人民银行发布《关于做好个人征信业务准备工作的通知》,要求芝麻信用管理有限公司、腾讯征信有限公司、深圳前海征信中心股份有限公司、鹏元征信有限公司、中诚信征信有限公司、中智诚征信有限公司、拉卡拉信用管理有限公司、北京华道征信有限公司 8 家机构开展个人征信试点,试点通过的公司才能拿到征信业务的牌照,然而这 8 家预备机构均未能满足人民银行的要求。直到2018年2月22日，人民银行向百行征信有限公司（筹）（以下简称百行征信）发放了个人征信业务许可；5月23日，百行征信挂牌，成为我国第一家，同时也是仅有的一家个人征信机构，个人征信领域牌照管理仍处于收紧状态。2015年6月24日，国务院发布《关于运用大数据加强对市场主体服务和监管的若干意见》，明确了支持征信机构依法采集市场交易和社会交往中的信息用信息，并鼓励各类社会机构整合和开放数据。2015年7月14日，人民银行发布《关于促进互联网金融健康发展的指导意见》，允许有条件的从业机构依法申请征信业务许可，同时支持具备资质的信用中介开展互联网企业信用评级。自此，我国征信行业的格局基本形成，无论是机构准入资格管理、业务管理，还是数据信息获取，均做到了有法可依。

三、财富管理领域

财富管理嫁接互联网以后，互联网资产管理便成为资产管理领域的热点，并且通过各种结构创新和设计，试图规避各分业领域监管部门对于资产管理业务的法律法规限制。在2016年4月14日，人民银行牵头发布了《通过互联网开展资产管理及跨界从事金融业务风险专项整治工作实施方案》，将具有资产管理相关业务资质，但开展业务不规范的各类互联网企业、跨界开展资产管理等金融业务的各类互联网企业以及具有多项金融业务资质、综合经营特征明显的互联网企业作为整治重点，分别进行检查与管理。2017年6月30日，互联网金融风险专项整治工作领导小组办公室发布了《关于对互联网平台与各类交易场所合作从事违法违规业务开展清理整顿的通知》，指出一些互联网平台与各类交易场所合作，将权益拆分面向不特定对象发行，或以“大拆小”“团购”“分期”等各种方式变相突破200人限制，一些产品无固定期限、资金和资产无法对应，存在资金池问题；一些产品未向投资者披露信息和提示风险，甚至将高风险资产进行包装粉饰，向不具备风险承受能力的中小投资者出售等问题，要求对于涉及上述情况的互联网平台进行严厉整治。2018年3月28日，互联网金融风险专项整治工作领导小组办公室发布了《关于加大通过互联网开展资产管理业务整治力度及开展验收工作的通知》，规定依托互联网公开发行、销售资产管理产品，须取得中央金融管理部门颁发的资产管理业务牌照或资产管理产品代销牌照，未经许可，不得依托互联网公开发行、销售自产管理产品；同时未经许可，依托互联网以发行销售各类资产管理产品等方式公开募集资金的行为，应当明确为非法金融活动；未经许可，依托互联网发行销售资产管理产品的行为，须立即停止，存量业务应当最迟于2018年6月底压缩至零。互联网平台不得为各类交易场所代销违规资产管理产品，对于网贷机构将互联网资产管理业务剥离、分立为不同实体的，应当将分立好的实体视为原网贷机构的组成部分，一并进行验收。可见，监管部门整治互联网资产管理违规乱象的决心十分坚定。

在互联网资产管理中，智能投顾也是金融科技的一个重要体现，但其在国内仍处于摸索阶段，目前监管部门也尚未出台明确针对智能投顾的监管政策。根据人民银行、银保监会、证监会、外汇管理局联合发布的《关于规范金融机构资产管理业务的指导意见》，运用人工智能技术开展投资顾问业务应当取得投资顾问资质，非金融机构不得借助智能投资顾问超范围经营或者变相开展资产管理业务。由此看出，监管部门已经注意到了智能投顾可能带来的法律问题，并且正在积极地从监管层面予以回应。

四、市场配置服务领域

在市场配置服务领域，我国的监管法律多从促进发展的角度出发，对相应的技术给予支持和引导。2015年1月6日，国务院颁布《关于促进云计算创新发展培育信息产业新业态的意见》，提出要加大对云计算产业的财税扶持力度。2015年7月，国务院办公厅发布《国务院办公厅关于运用大数据加强对市场主体服务和监管的若干意见》，指出首先要提高大数据的运用能力，推动简政放权和政府职能转变，其次要提高政府服务水平和监管效力，同时要注重政府监管和社会监管的有机结合。虽然我国尚未在立法层面对区块链技术企业及其业务进行管控，但工信部等国家部委已发布了《区块链产业白皮书》，凸显了国家对于该技术的重视，且囿于区块链技术多应用于金融行业且与互联网交易紧密相连，未来电信管理机构甚至银行业监督管理机构等必然会对区块链技术企业的经营资质、业务规范等方面采取必要的监管措施，也必将会出现针对该领域的新型立法。[①]在2018年5月28日举行的中国科学院第十九次院士大会中国工程院第十四次院士大会上，习近平总书记指出："以人工智能、量子信息、移动通信、物联网、区块链为代表的新一代信息技术加速突破应用……世界正在进入以信息产业为主导的经济发展时期。"这是"区块链"三字第一次出现在国家最高领导人的讲话中，肯定了区块链技术是新一代信息技术的发展方向，是科技强国战略的重要组成，标志着"区块链中国共识"的正式

---

① 参见《未来已来：区块链热潮下的法律思考》，载 http://www.sohu.com/a/214613945_115443，最后访问日期：2018年1月4日。

达成。

金融科技对金融体系的影响路径是演进式的,而非彻底革命式的。一方面,金融科技所对应的基础技术发展迅速,新产品和新服务持续涌现,业务模式也在不断转变,完善的监管规则难以一步到位;另一方面,金融科技对整个金融体系风险轮廓和结构的影响尚未完全暴露,监管部门必须对金融科技的发展进行持续的监测分析,根据其发展演进、影响范围和风险变化,实施“穿透式监管”,在监管层面引用新技术,不断调整优化每个阶段的监管框架①和监管手段,在金融科技的推动下实现监管科技(Reg tech)的发展,从而更好地应对金融科技带来的风险与挑战。

① 参见朱太辉、陈璐:《Fintech的潜在风险与监管应对研究》,载《金融监管研究》2016年第7期。

CHAPTER 4

第四章

金融科技的意义、趋势与挑战

第一节 金融科技的意义

这是一个科技高速发展的年代,科技的不断升级换代加速了金融的迭代。金融与科技的结合提高了金融服务的效率,刺激了金融创新,增加了金融服务的受众数量,从而扩大了整个金融服务市场的规模。金融科技的发展在一定程度上冲击了传统金融机构构筑的金融格局,一系列新兴金融科技企业应运而生,但金融科技得以发展的原生动力更多的是因为其满足了过去传统金融机构无法满足的金融需求,服务了传统金融机构无法服务的客户,渗透到了传统金融机构无法渗透到的场景。因此,在这一意义上,金融科技的发展更多地是降低了金融服务的门槛,扩展了金融服务的半径,使普惠金融真正成为可能。①

一、金融科技改变市场

金融科技的兴起给传统金融市场的格局带来一定冲击。在穆迪 2014 年发布的一份研究报告中,穆迪高级副总裁 Robard Williams 指出,金融科技公司的新技术和创新、新的消费者“千禧一代”以及银行自身面临的挑战,这些都使金融科技公司有更大的发展机会;并且与传统金融机构相比,金融科技公司无须建立庞大的分支机构,无须获得银行牌照并且云计算技术给公司带来了灵活性和良好的成本效益,这些都使金融科技公司的运行成本更低。由于我国传统金融体制的弊病使普惠金融供给不足,传统金融与互联网金融在监管上存在明显差异,以及互联网金融所具有的覆盖广、成本低、易获得等特点均符合普惠金融的发展需求,中国互联网金融获得了良好的发展机会,已超过很多发达国家,传统金融机构的各项普惠金融业务都受到了一定冲击。

金融科技将金融服务与科技领域进行了有效结合,对传统金融行业所提供的服务和产品进行了变革和创新,在传统金融行业发展不顺的领域,金融科技引发了突破和发展,给金融市场的格局带来了巨大的冲击。第三方支付平台的快速发展,高科技的支付流程、为支付提供便利的新型数字化应用和辅助性支付处理网络的兴起,以及电子转账设备使用的增多,现金与银行卡不再是出门消费的必备,第三

① 参见韩梅:《FinTech 的创新与变革分析》,载《创新科技》2016 年第 6 期。

方支付逐渐取代传统的金融支付方式,让支付行业历经了巨大的变革。在贷款领域,网络借贷平台的兴起为个人的借贷提供了便利,尤其在消费借贷领域更是成为了现下流行的超前消费手段,蚂蚁借呗/花呗、微粒贷、京东白条/金条的出现让网络借贷成为日常,改变了传统银行贷款和信用卡消费的垄断格局,以替代信用模型、快速贷款流程、低利率成本、强大的数据分析和风险定价的优势迅速抢占市场。

二、金融科技改变生活

金融科技对生活的影响渗透于每个方面,从传统货币到虚拟货币、从当面付款到第三方支付、从线下贷款到线上秒贷……金融科技利用技术手段提升金融服务的效率,我们的生活也就在科技金融的不断创新下慢慢发生着改变。

正如作为共享经济代表的 Airbnb 模式冲击着传统的旅馆服务行业、滴滴和 Uber 冲击着传统的计程车业、淘宝和京东冲击着线下商场模式一样,金融科技带来的生活改变更是让我们每个个体面对金融的巨大变革:比特币(Bitcoin)等虚拟"货币"为银行业和货币系统带来新的挑战。① 区块链技术的应用,银行以及金融机构将不再依赖于第三方,实现消费者和供应方的直接链接,并能自动结算、实现去中心化。新型金融科技企业利用互联网、大数据、云计算、区块链等新兴技术为消费者提供金融服数据分析在投资领域的兴起,使企业能够找准投资者,提供定制的产品和自动化的投资服务。此外,借贷与股权众筹的创新使得个人投资者得以接触以往无法触及的资产类别,如商业地产等。②

第二节　金融科技的发展趋势

一、强监管逻辑下,金融科技日趋规范

近年来,随着金融科技的进一步发展,我国政府已将其提升到了战略高度。在地方政府指导下金融科技研究院、产业园区、联盟遍地开花。中央政府也对金融科技发展提出了一系列要求:要完善金融信息基础设施,夯实金融服务基石,包括统筹推进支付清算、托管结算、金融市场交易、交易报告库、金融统计、征信、反洗钱、国

---

① 参见黄乃宽:《从共享经济和金融科技看监管沙盒》,载《证券服务》2016 年总第 653 期。

② 普华永道全球金融科技团队:《跨越行业界限:金融科技重塑金融服务新格局》。

库等全国性金融信息基础设施建设;健全网络安全防护体系,增强安全生产和安全管理能力,包括提高金融信息系统安全生产能力,落实网络安全法;推动新技术应用,促进金融创新发展;加强云计算、大数据、区块链及人工智能等技术研究应用,推进金融科技和监管科技发展;深化金融标准化战略,支持金融业健康发展,主要指建立健全金融业标准体系;优化金融信息技术治理体系,提升信息技术服务水平。

随着互联网金融的迅猛发展,我国的金融科技行业已走在世界前列,对金融市场产生了重大影响,渗透在社会生活的方方面面。但与此同时,各种披着互联网金融外衣的欺诈事件接连发生,也严重扰乱了金融市场秩序,损害了金融消费者权益。这些事件背后反映了金融科技行业发展超前而监管制度滞后的问题。市场发展倒逼监管创新,近两年来,监管部门逐渐加大对金融科技的监管力度,以强力的监管手段规范金融科技行业的发展。监管部门的强力关注,也迫使金融科技企业规范自己的运作和发展方式,在监管介入之前,开展自查模式,如是否依法获得了相应的金融牌照,或者是否超越牌照范围开展金融业务,是否遵循了相应的监管规则;是否实施了与所承担风险性质和水平相匹配的风险管控措施;新技术应用是否带来了新的金融风险和问题,如互联网企业的金融业务与非金融业务之间的"交叉补贴"、滥用客户信息、变相非法集资、从事非法证券活动、技术风险转化为流动性风险等问题。①

二、高市场需求下,金融科技不断创新

2016 年以来,以大数据、云计算、区块链、人工智能等为代表的金融科技逐渐成为金融行业的热门话题,金融创新迎来新的发展起点。无论是传统金融机构,还是新兴金融机构,都纷纷推进科技创新,以技术为核心驱动力,提高运营效率,降低运营成本,提升用户体验。随着用户规模的不断增加、市场需求的不断扩大,对金融科技行业的技术发展提出了更高的要求,驱使金融科技不断创新。

在大数据领域,数据采集与分析是新兴趋势远程数据访问和采集,通过远程实时(如需要)访问新数据源可生成深度的风险(与损失)分析。这种获取大量数据的能力必须与分析归纳能力相结合,才能获得有效的信息。这一趋势还包括了物联网的影响,如无人机远程访问并通过先进成像分析技术评估损失;以及一体化物联网平台解决方案,包括各类传感器,如车载资讯系统、可穿戴设备及其他用于生产

① 参见李文红:《金融科技(FinTech)发展与监管:一个监管者的视角》,载《金融监管研究》2017 年第 3 期。

现场、智能家居等任何其他设备的传感器。①

大数据发展到一定程度,云计算成为必然,只有对所掌握的海量数据进行深度挖掘和专业分析,通过不断完善的数据模型,得出需要的结果,并将结果用于实际,数据才能发挥它应有的价值。云计算基于互联网相关服务的增加、使用和交付模式,以其超大规模、高可靠性、强拓展性、低成本等优势特点被普遍接受。云计算的核心与效用计算和网格计算非常类似,这就对软件开发和技术的更新迭代拥有了更多的期待,此外,云计算涉及的数据隐私和安全问题也是需要进一步考虑和完善的方面。

在信息社会时代,新的金融模式,如共享金融、共享经济,形成了分布式、网络化的金融结构,呈现"去中心化"的趋势。区块链技术的发展也推动了互联网金融的发展。未来互联网金融的发展在区块链技术的推动下或许会呈现以下特点:一是智能化,金融交换载体由数据变为代码,传统金融成为可编程的智能金融;二是成为去中心化的组织结构,比如点对点、端到端、P2P;三是成为算法驱动的金融,摩擦系数接近于零;四是成为一体化的系统,身份识别、资产登记、交易交换、支付结算都在区块链一个系统上一账打通;五是成为实时化、场景化、全天候、现实世界与虚拟世界、物理世界与数字世界无缝衔接的金融体系。②

有了大数据、云计算和区块链技术的支撑,数据的使用范式会发生巨大的改变,利用效率会得到显著的提升,在此基础之上,人工智能将会得到进一步的发展。现在的人工智能发展正在从概念化上升到标准化,互联网金融在人工智能的改造下将从"互联网+金融"逐步向"互联网+金融+大数据+人工智能"转变。人工智能在互联网金融领域的发展或将主要经历数据标准化、算法自动化、风险模块化和思想透明化四个阶段。人工智能将通过对互联网、金融、大数据的串联,实现智能的精确计算。在风控领域,人工智能有望洞察数亿信用空白人群信用等级,并补充传统风控的尽调手段,提供更好的金融服务;而在资管领域,基于人工智能的人群画像,互联网金融可以为普通老百姓提供个性化的财富管理服务,很好地契合了互联网金融普惠金融的定位。从短期看,智能投顾是当前人工智能在互联网金融领域一个主要的发展趋势,智能投顾能克服传统投顾的局限性,将金融专家的知识和经验算法化,一套系统可以同时服务于成千上万名需求各异的用户,有着更高的效率。从长期看,人工智能将在机器人理财顾问、征信助手、智能风控系统、防范性金

① 普华永道全球金融科技团队:《跨越行业界限:金融科技重塑金融服务新格局》。

② 参见《金融科技蓝皮书:中国金融科技发展报告(2017)》,社会科学文献出版社2017年版。

融系统四个方面对金融进行深刻的改造,并且将汇集更多信息和数据,指导用户获取金融服务。①

三、新时代发展下,金融科技为传统金融赋能

面对新兴金融科技企业的冲击,近几年,传统银行等金融机构也在金融科技领域积极布局,积极投资于金融领域的数据分析、基础设施、另类贷款、个人金融管理等业务。

此外,传统金融机构也通过合资合作关系或制定成立初创公司的计划等各种方式对金融科技进行尝试摸索。例如,中国农业银行和百度宣布战略合作,双方除了共建"金融科技联合实验室"之外,还将共建金融大脑以及客户画像、精准营销、客户信用评价、风险监控、智能投顾、智能客服等方向的具体应用,并围绕金融产品和渠道用户等领域展开全面合作;2017 年 3 月 28 日,中国建设银行与阿里巴巴、蚂蚁金服宣布战略合作,共同探寻双方创新合作模式;6 月 16 日,中国工商银行与京东金融也正式启动全面业务合作,双方将在金融科技、零售银行、消费金融、企业信贷、校园生态、资产管理、个人联名账户等领域展开全面深入的合作。金融科技公司与国有大行争相结对的背后,是传统银行在金融脱媒、利率市场化等压力下,必须寻找新的利润增长点,如零售业务、消费金融业务,但场景化获客、通过技术手段来满足长尾客户的需求,是银行的掣肘,却恰恰是金融科技公司所擅长的。包括蚂蚁金服、京东金融在内,这些原本自己做业务的金融科技公司,纷纷宣布转型,更专注于"tech"(技术),为传统的金融机构赋能,输出技术。

通过新技术传统金融机构已经处在客户活动的中心,当创新改变市场时,金融机构将充分利用客户的信赖、品牌知名度、数据渠道以及对监管环境的了解来展开竞争,通过将新技术与自身架构的融合,传统金融机构将继续在全新的金融服务世界发挥核心作用。

四、快速市场发展下,金融科技与传统金融产品相结合

随着金融科技的不断发展与普及,互金供应链、互金房地产、互金资产证券化等成为市场热点,将金融科技与传统金融产品进行了有效结合。各类金融机构依托互联网技术,积极开发基于互联网技术的产品和新业务,实现业务的转型升级,

---

① 参见《金融科技蓝皮书:中国金融科技发展报告(2017)》,社会科学文献出版社 2017 年版。

建立多层次的金融服务体系以服务实体经济,进一步拓展普惠金融的深度和广度,真正发挥互联网金融最本质的作用。

互联网+供应链+金融的模式,简单地说,就是金融业通过互联网的手段,与基于供应链管理的实体产业之间,通过灵活的合作而协同发展的一种方式,包括在线融资交易、在线支付、电子商务、在线物流与供应链管理等多个环节,是集成交易性的金融创新产品,可实现通过提高风险控制能力基础上的低成本、高效率、高收益和集约化经营目标。通过互联网供应链金融的对接嵌入,核心企业及其相关联的上下游企业得以完整实现"商流——资金流——物流——信息流"的所有功能在线提供和在线使用。最开始,供应链金融是银行的专利,后来是大型核心企业,再后来是各种 B2C、B2B 网站、物流企业、SAAS 软件服务企业都切入了供应链金融领域。随着互联网技术、物联网技术以及区块链技术的引入,供应链金融在互金平台层面将获得更大的发展,加上国家政策的支持,成为了时下企业争相追逐的热点。

据网贷之家研究中心的不完全统计,截至 2017 年 7 月 12 日,以中国房地产业协会与中国房地产测评中心联合发布的《2017 中国房地产开发企业 500 强榜单》中排名前 25 名地产企业为样本,有 10 家布局了互联网理财、网络小贷、第三方支付等互联网金融领域,占样本总数的 40%。① 在地产大佬布局互联网金融行业、培育新的利润增长点中,互联网理财最受地产企业青睐。目前地产互联网理财平台的产品模式大同小异,多为企业贷,主要有供应链金融、金交所、担保贷、个人信用贷和基金等。该类产品出发点多数是为了给自己的企业集团或者上下游企业提供融资渠道,因此产品背后的融资"公允性"一直为市场所质疑。

随着互联网金融贷款资产规模的不断扩大以及资产证券化在我国的飞跃发展,互金资产证券化一度成为互联网金融企业争相开展的模式,在 2017 年交易所企业资产证券化的发行中,消费金融成为主流,互联网消费金融作为 ABS 基础资产的特点是积累速度快,资产池小额分散,大数据风控违约率低,发行连续性强,客户黏性大。从 2013 年阿里小贷与东方证券发行基于阿里小额贷款资产的证券化产品"东方资管—阿里巴巴专项资产管理计划",开启互联网金融贷款资产证券化的先河算起,京东、中腾信、唯品会、分期乐、小米、宜人贷等企业纷纷涉足企业资产证券化领域。虽然,2018 年在"现金贷"整顿的大背景下,部分互联网金融企业和互联网小额贷款公司通过资产证券化放大杠杆进行表外融资的方式已经受限,但互金资

① 资料来源:网贷之家。

产证券化依旧是金融科技与资本市场结合的典范,进一步推动了金融科技的发展。

第三节 金融科技的挑战

一、金融科技的技术要求在不断提升

首先,金融科技对数据收集和数据分析的依赖性强,并且普遍采用各种手段对个人或者企业数据或信息进行搜集处理及存储,如何保障数据的安全、个人隐私和商业秘密不被泄露等问题都需要技术的进一步提升。

其次,金融科技建立在互联网通信网络和相关信息技术之上,技术创新和业务外包得到大量运用,信息科技风险和操作风险更加突出。不论是在互联网业务运营的各个流程,还是在后台的网络维护、技术管理等环节,如果出现任何技术漏洞、管理缺陷、人为因素等,都会导致整个业务系统瘫痪,影响机构的正常运营。再者,金融科技更加注重网络效应和尾部效应,潜在的系统性风险更加突出。风险一旦爆发,这些效应可能会反过来放大风险的传染性和影响,跨业务、跨市场、跨区域传染过程更加复杂,传播速度更快,影响范围更大,涉及主体更多,风险控制与处置将更加困难。[①] 这些技术风险的存在和不良影响进一步要求金融科技的创新与完善。

二、金融科技带来的金融风险亟须应对

金融科技所依托的技术的开放性、扩散性和隐蔽性无形中放大了金融外部传染性风险,增加了金融市场的脆弱性,使传统的金融风险更为隐蔽,而黑客攻击、操作失误等所引发的负面影响会更加迅速地扩散至整个金融体系;传统的系统更新可能有助于减少某些领域的网络风险,但由于金融系统核心部分访问点的数量增加,其他领域的风险可能会相应增加。金融科技在降低门槛、放大金融市场功能的同时,容易引起"劣币驱逐良币"效应,使金融系统的抗风险能力降低,从而放大金融的顺周期性。[②]

三、监管尺度影响金融科技发展

金融科技驱动金融创新,当金融创新与现有运行的一般法律制度和规则相抵

---

① 参见朱太辉、陈璐:《Fintech 的潜在风险与监管应对研究》,载《金融监管研究》2016 年第 7 期。

② 参见李仁真、申晨:《Fintech 监管的制度创新与改革》,载《湖北社会科学》2017 年第 6 期。

触时,如果从严监管,则真正有价值的金融创新也会面临被阻遏的风险;反之,则可能造成无法控制潜在风险的后果。我国互联网金融发展的过去5年充分表现了这一规律。金融监管应当实现:鼓励金融机构考虑系统性风险 ;保护消费者信息 ;支持竞争、预防寡头垄断。在追求这些目标时,监管的边界应该灵活有弹性,以确保系统性风险得到控制,且监管的目标是可持续的。①在金融科技的监管理念方面,金融监管的强度要随着金融科技创新发展进行适应性调整,尽管金融科技会带来一系列金融风险和操作风险,但监管应当对症下药,而不是饮鸩止渴,通过限制创新发展来缓释风险。从某种角度来说,英国政府于2015年3月提出的监管沙盒(regulatory sandbox)的概念非常适合金融科技这种处在不断升级和迭代的事物的监管。(有关监管沙盒的进一步介绍,请参见此前的“世界主要国家金融科技发展概况”章节)目前,我国已经初步具备实施监管沙盒的基础条件,一方面,现有监管机制并不排斥监管沙盒,从某种角度来说,我国虽然未正式推出“监管沙盒”,但其实在对待创新产品和事物时,实际采用了“监管沙盒”的理念,弥补了现有金融监管在应对金融科技创新方面的不足;另一方面,我国已经陆续出台了一系列互联网金融监管规则,为实施监管沙盒积累了有益经验。我们明白,监管沙盒作为监管方式的一次大胆创新,需要面对现行监管规则与法律框架下监管权责的限制,并在某些领域暂时性允许与现有法律法规等的不一致,这会给现有监管带来较大挑战,也许我们可以参照“自贸区”的设计,在某些区域创设金融科技的“自贸区”。

① 参见IMF课题组:《金融科技、监管框架与金融服务业的变革》,载《新金融》2017年第10期。

第二编　金融科技的技术基础

CHAPTER 5

第五章

大数据

随着互联网的快速发展,信息技术与我们生活的融合不断加深,在与数据相关的存储技术、传输技术以及分析技术不断进步的大背景下,全球范围内各个门类的数据都呈现出指数增长、海量聚集的态势。在这个数据爆炸的时代,大数据相关的理念和技术将散见于各处且杂乱无章的数据进行分析整合,将碎片化信息进行集中处理,从而更深入地挖掘海量数据背后的信息和价值,使数据更好地为人所用。大数据并不仅仅是各类数据的集合,还强调对数据的整合与分析,它也被誉为“21世纪的钻石矿”。

目前,我国的大数据产业正处于一个政策环境、商业环境都十分友好的发展阶段,数据资源体量十分庞大,资源的积累为大数据的发展提供了良好的机遇与环境。随着我国信息产业对于信息化的不断钻研与推进,大数据产业的发展获得了源源不断的推动力。据资料显示,2017 年我国大数据产业规模为 4700 亿元人民币,同比增长 30%。中国信息通信研究院相关数据表明,2017 年我国数字经济总量达到 27.2 万亿元,同比增长超过 20.3%,占 GDP 比重高达 32.9%。①

一说到“大数据”,很多人便联想到“云计算”。诚然,从技术上看,大数据与云计算的关系就像是一枚硬币的正反面,但相较于“云计算”,“大数据”这一概念更侧重于对海量数据进行挖掘、整合和推演,而“云计算”这一概念则更侧重于与此相关的分布式处理、分布式数据库和云存储、虚拟化等技术。本书的下一章将重点对云计算及其涉及的技术进行分析,而本章内容则主要是介绍大数据的内涵及其应用。

第一节 “大数据”概述

一、大数据的含义与特征

大数据(big data)这一概念已经出现很久,1980 年阿尔文·托夫勒(Alvin Toffler)便在《第三次浪潮》一书中,将大数据热情地赞颂为“第三次浪潮的华彩乐章”。但直到近几年,大数据才真正成了中国互联网行业的流行词汇。由于“大数据”这

① 参见中国信息通信研究院发布的《大数据白皮书(2018)》,第 1 ~ 2 页。

一概念具有一定的抽象性,目前尚未有专门的或统一公认的定义。一般而言,大数据是指无法在一定时间内利用传统数据库软件工具对内容进行抓取、管理和处理的数据集合。[①] 根据业内的普遍观点,大数据主要有以下 4 个特征("4v")。[②]

1. 数据体量大(volume):大数据的首要特征是"大"——海量的数据规模。存储单位从过去的 GB 到 TB,直至 PB、EB。随着信息技术的高速发展,数据开始爆发性增长。淘宝网会员每天产生的商品交易数据,以及 Facebook 约 10 亿的用户每天产生的日志数据超过均达到 TB 级。因此迫切需要智能的算法、强大的数据处理平台和新的数据处理技术来统计、分析、预测和实时处理如此大规模的数据。

2. 数据类型多(variety):广泛的数据来源,决定了大数据形式的多样性。大数据大体可分为三类:一是结构化数据,如财务系统数据、信息管理系统数据、医疗系统数据等,其特点是数据间因果关系强;二是非结构化的数据,如视频、图片、音频等,其特点是数据间没有因果关系;三是半结构化数据,如 HTML 文档、邮件、网页等,其特点是数据间的因果关系弱。海量数据的危机并不单纯是数据量的爆炸性增长,它还牵涉到数据类型的改变。原来的数据都可以用二维表结构存储在数据库中,如常用的 Excel 软件所处理的数据,称为结构化数据。但是现在更多互联网多媒体应用的出现,使诸如图片、声音和视频等非结构化数据占到了很大比重。

3. 数据价值高(value):这也是大数据的核心特征。现实世界所产生的数据中,有价值的数据所占比例很小。相比于传统的小数据,大数据最大的价值在于通过从大量不相关的各种类型的数据,挖掘出对未来趋势与模式预测分析有价值的数据,并通过机器学习方法、人工智能方法或数据挖掘方法深度分析,发现新规律和新知识,并运用于农业、金融、医疗等各个领域,从而最终达到改善社会治理、提高生产效率、推进科学研究的效果。

4. 处理速度快(velocity):与以往的档案、广播、报纸等传统数据载体不同,大数据的交换和传播是通过互联网、云计算等方式实现的,远比传统媒介的信息交换和传播速度快捷。大数据与海量数据的重要区别,除了大数据的数据规模更大以外,

---

① 参见 McKinsey & Company:"Big data: The next frontier for innovation, competition, and productivity",第 1 页,载 https://www.mckinsey.com/business - functions/digital - mckinsey/our - insights/big - data - the - next - frontier - for - innovation。

② 大数据的特征究竟有几个"v",其实并无定论。2001 年麦塔集团(META Group)分析师莱尼在一份报告中对大数据提出了"3D 数据管理"的观点,提出了大数据的 3 个特性:高速性(velocity)、多样化(variety)、规模化(volume),统称 3v,后来业内在 3v 的基础上再加上了价值(value)的维度。随着大数据的不断发展,有人提出了大数据新的特征,如准确性(veracity)、动态性(vitality)、可视性(visualization)、合法性(validity)等。

大数据对处理数据的响应速度有更严格的要求。实时分析而非批量分析，数据输入、处理与丢弃立刻见效，几乎没有延迟。数据的增长速度和处理速度是大数据高速性的重要体现。大数据的 4 个特征如图 2－5－1 所示。

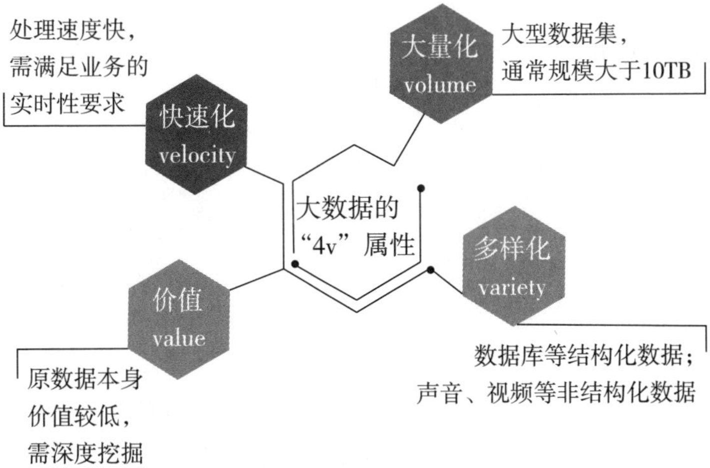

图 2－5－1　大数据的 4 个特征

二、大数据的发展阶段

从全球范围来看，大数据的发展历程大致可分为以下三个阶段：第一阶段是在 20 世纪 90 年代以后至 21 世纪早期，在科学技术方面有一定的大数据应用。如气象地图分析、物理模型分析和基因图谱分析。第二阶段是从 2003～2010 年，互联网与电子商务的崛起，要求对海量数据进行集中分析，如 Google、Yahoo、Facebook 等互联网公司基于分布式计算来解决海量数据处理问题，全球于 2010 年进入 ZB 时代。第三阶段则是 2010 年以后，在经济和社会各个领域都有大数据的广泛应用。如美国政府、联合国、世界经济组织以及各个经济和社会领域的企业和组织机构关注数据开放与大数据应用。① 当前，大数据已经成为全球经济的热门话题，并已提升为发达国家的政府发展战略。

---

① 参见赵刚：《大数据：技术与应用实践指南》（第 2 版），电子工业出版社 2016 年版，第 1 页。

第二节　“大数据”发展的政策环境

一、国际政策环境

美国是率先将大数据从商业概念上升至国家战略的国家,通过稳步实施“三步走”战略,在大数据技术研发、商业应用以及保障国家安全等方面已全面构筑起全球领先优势。具体而言,美国采用的“三步走”战略是:第一步,快速部署大数据核心技术研究,并在部分领域积极开发大数据应用。第二步,调整政策框架与法律规章,积极应对大数据发展带来的隐私保护等问题。2014 年 5 月,美国总统执行办公室发布 2014 年全球大数据白皮书——《大数据:把握机遇,守护价值》(*Big Data*: *Seize Opportunities*, *Preserving Values*),强调在重视大数据的同时也要高度警惕大数据应用所带来的隐私、公平等问题。第三步,强化数据驱动的体系和能力建设,为提升国家整体竞争力提供长远保障。2016 年美国国家科技委员会网络与信息技术研发分委员会发布《联邦大数据研发战略计划》(The Federal Big Data Research and Development Strategic Plan)①,形成 7 个维度的系统的顶层设计,打造面向未来的大数据创新生态。

英国在大数据发展初期除了借鉴美国经验外,还充分结合本国特点和需求,加大大数据研发投入、强化顶层设计,聚焦部分应用领域进行重点突破。近期英国特别重视大数据对经济增长的拉动作用,英国政府于 2017 年 3 月发布《数字战略 2017》(UK Digital Strategy 2017),英国商业、能源和工业战略部(BEIS)于 2017 年 11 月 27 日发布英国工业发展战略白皮书——《工业战略:建设适应未来的英国》(*Industrial Strategy*: *Building a Britain Fit for the Future*)等政策文件,希望到 2025 年数字经济对本国经济总量的贡献值可达 2000 亿英镑,积极应对脱欧可能带来的经济增速放缓的挑战。

在韩国,由于其智能终端普及率以及移动互联网接入速度多年来一直位居世界前列,其数据产出量也达到了世界先进水平。为充分利用这一天然优势,韩国很早就制定了大数据发展战略,并力促大数据担当经济增长的引擎。2013 年 12 月,

---

① 载 https://obamawhitehouse.archives.gov/blog/2016/05/23/administration - issues - strategic - plan - big - data - research - and - development。

韩国多部门联合发布“大数据产业发展战略”，将发展重点集中在大数据基础设施建设和大数据市场创造上。2016 年底，韩国发布以大数据等技术为基础的《应对第四次工业革命的智能信息社会中长期综合对策》，以积极应对第四次工业革命的挑战。

二、国内主要政策

2014 年，大数据首次写入政府工作报告，而这一年也成为实际意义上的“中国大数据政策元年”。在此之后，“大数据”逐渐成为各级政府关注的热点，政府数据开放共享、数据流通与交易、利用大数据保障和改善民生等概念也逐渐深入人心。

2015 年以来，中国国务院发布《“互联网 + ”行动指导意见》，提出推进“互联网 + ”战略，促进创业创新、协同制造、现代农业、智慧能源、普惠金融、公共服务、高效物流、电子商务、便捷交通、绿色生态、人工智能等若干能形成新产业模式的重点领域发展目标，成为中国“互联网 + ”的顶层设计。

中国政府先后出台《关于深入实施“互联网 + 流通”行动计划的意见》《国务院办公厅关于推进线上线下互动加快商贸流通创新发展转型升级的意见》《关于深化制造业与互联网融合发展的指导意见》《互联网 + 便捷交通促进智能交通发展的实施意见》《推进“互联网 + 政务服务”开展信息惠民试点的实施方案》《关于加快推进“互联网 + 政务服务”工作的指导意见》等系列举措，旨在充分发挥互联网及大数据在生产要素中的优化配置和集成作用。此外，国务院于 2015 年 8 月 31 日发布了《促进大数据发展行动纲要》，强调了大数据在电子商务、公共服务和中小微企业公共服务中的作用。

2016 年 10 月 8 日，国家发展改革委、工业和信息化部、中央网信办发函批复，在京津冀、珠江三角洲、上海市、河南省、重庆市、沈阳市、内蒙古 7 个区域推进国家大数据综合试验区建设，这是继贵州之后第二批获批建设的国家级大数据综合试验区。此外，《中华人民共和国国民经济和社会发展第十三个五年规划纲要》（以下简称《十三五规划》）正式公布，其第二十七章的题目为“实施国家大数据战略”。这也是“国家大数据战略”首次被公开提出。《十三五规划》对“国家大数据战略”的阐释，成为各级政府在制定大数据发展规划和配套措施时的重要指导，对我国大数据的发展具有深远意义。

2016 年底，工业和信息化部正式发布《大数据产业发展规划（2016 ~ 2020 年）》，明确了“十三五”时期大数据产业发展的指导思想，成为大数据产业发展的行动纲领。2017 年 10 月,党的十九大还提出“推动互联网、大数据、人工智能和实体经济深度融合”,这在推动大数据在工业研发、制造、产业链全流程各环节的应用,支持服务业利用大数据建立品牌、精准营销和定制服务等方面有重要意义。

2018 年的《政府工作报告》提及要“做大做强新兴产业集群,实施大数据发展行动,加强新一代人工智能研发应用,在医疗、养老、教育、文化、体育等多领域推进‘互联网 + ’”,并且要“注重用互联网、大数据等提升监管效能”。此外,在 2018 年出台的各项法律、法规中也可频繁见到“大数据”的身影,由此可见相关监管机构已经越来越重视大数据的作用。

第三节 “大数据”的应用场景

大数据无处不在。包括金融、汽车、餐饮、电信、能源、娱乐等在内的社会各行各业都可以看到大数据被广泛运用的实例。就理论的角度而言,我们平常看到的大数据应用,只是其在“垂直行业应用层”的具象化而已,而潜伏在这背后的,还有“基础服务层”和“通用应用层”两层应用。大数据的应用如表 2 – 5 – 1 所示。

表 2 –5 –1　大数据的应用

基础服务层	主要提供数据存储、计算、安全等基础设施服务以及数据采集和数据交易等数据源服务
通用应用层	不区分客户所在的行业,为其提供某种具体的数据服务,包括数据分析、数据可视化以及用户行为分析、广告监测、舆情监控与精准营销等
垂直行业应用层	数据与不同行业的结合,以解决特定行业中的某种业务需求,如金融领域的征信、反欺诈,医疗领域的个性化医疗等

一、大数据的常见应用流程

既然是大数据,其本质或基础仍然是数据相关,因为大数据的运用过程中也会涉及一般数据处理的流程,包括数据的产生、采集到数据的处理和存储。诚如上述,研究大数据的目的在于今后为大家提供更便捷的生活,解决各行各业面临的具体问题,但总的来说,利用大数据解决具体问题应当包括以下几个步骤(见图 2 – 5 – 2)。

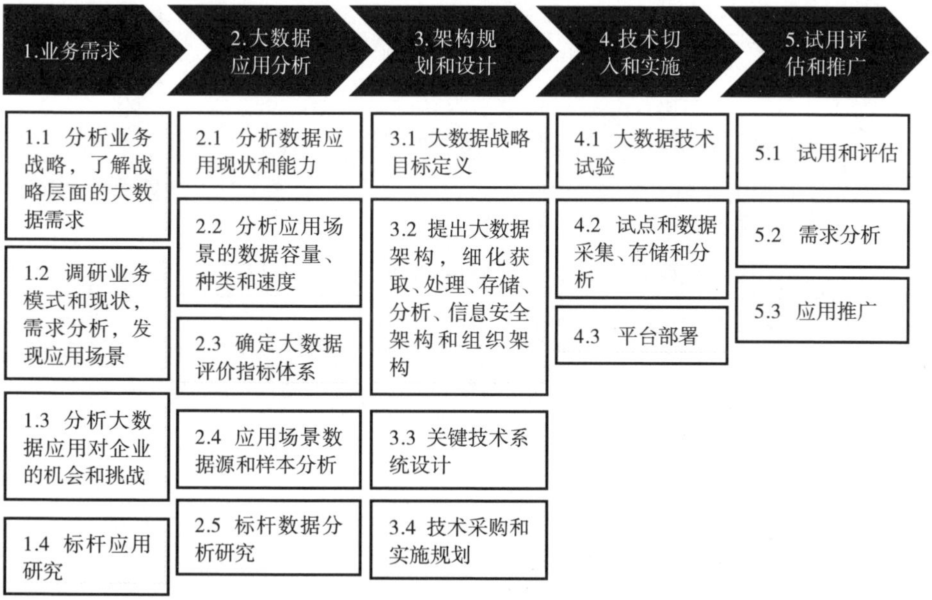

图 2－5－2 利用大数据解决具体问题的步骤

二、不同行业的大数据应用需求

当我们最初谈大数据的时候，谈的最多的可能是用户行为分析，即通过各种用户行为，包括浏览记录、消费记录、交往和购物娱乐、行动轨迹等各种用户行为产生的数据。由于这些数据本身符合海量、异构的特征，同时通过分析这些数据之间的关联性容易匹配某些结果现象，找寻到某种相关性，有利于我们调整后续的各种策略。而了解大数据的全景及其在不同行业的需求和应用，将有助于更好地做出大数据分析和预测。

就常见的行业而言，其依托大数据所进行的分析主要需求如表 2－5－2 所示。

表 2－5－2 依托大数据进行分析的主要需求

行业	应用需求
网络社交	用户数据分析、用户行为分析、推荐系统、数据管理平台、广告跟踪和优化、内容针对性投放、产品分析、病毒式传播、社交图谱关系分析、位置和邻近跟踪等
零售	货架商品关联性分析、产品推荐、市场营销等

续表

行业	应用需求
金融	基于客户行为分析的市场营销、产品创新、客户满意度分析、流失预测、金融欺诈行为监测和预防、金融风险分析与预测等
政府	政府信息开放、宏观经济形势分析和预测、民主选情分析、公共安全监测和分析、城市基础设施实时监测和分析等
医疗	基因组学测序分析、疫情和健康趋势分析、医疗电子健康档案分析等
能源	智能电网分析应用、石油企业大数据分析等
制造	产品需求分析、产品故障诊断与预测、供应链分析与优化、工业物联网分析等
电信	客户分析、话单分析、信令分析、网络分析与优化、安全智能等
交通	交通流量分析与预测、交通安全水平分析与预测、道路环境监测与分析等

三、大数据在金融业的应用场景

尽管上文对大数据在各个行业的应用需求及解决方案进行了初步列举,大数据深刻地影响了绝大部分人的生活,但更值得一提的是大数据在金融领域所带来的创新影响力,金融创新很大一部分原因在于大数据和金融之间的结合。数据维度越丰富,对用户粗颗粒的画像就会越清晰。在金融领域,企业对大数据掌握越全面,所能涉及的业务也会越丰富。Google、Facebook、阿里巴巴、百度、腾讯、京东等大型互联网平台数据丰富,在金融业务领域横亘支付、贷款、理财、保险、证券、征信、基金、众筹等各个领域。总体而言,大数据在金融行业的应用场景主要包括以下几个方面(见表2-5-3)。

表2-5-3　大数据在金融行业的应用场景

大数据征信
金融科技不同于传统金融行业,面对的是虚拟网络世界中大量的长尾用户。传统的各大门户网站,如以贯穿供应链金融和物流链的腾讯和京东为代表的社交网站和电商平台纷纷开展大数据征信业务
大数据风控
大数据风控技术,其底层技术包括大数据和人工智能。只有先积累丰富的大数据,运用机器学习等人工智能方法进行运算,才能确定用户的风险指数。大数据风控目前已在业界逐渐普及,国内市场对于大数据风控的尝试也比较积极

续表

大数据消费金融
与其说消费金融依赖大数据,毋宁说,消费金融依赖基于大数据的用户征信信息。消费贷、现金贷等面向长尾用户的网络借贷的产生,亟须用户的相关信息数据进行信用评估和欺诈风险防控。大数据技术能够通过其开发的风控模型完成这一任务。尤其是互联网集团通过其电商－社交－支付三大服务,获取用户数据,然后为其金融业务服务。在国内具有代表性的是“BATJ”,而国外具有代表性的是 Facebook,Apple 及其支付业务 Apple Pay
大数据供应链金融
由互联网供应链平台构建者主导,依据不同中小企业客户风险偏好实施有差别的金融服务。互联网电商平台通过差异化定位及自建物流体系等战略,形成一套以大数据驱动的供应链体,为上游供应商提供贷款和理财服务,为下游消费者提供赊销和分期付款服务
大数据财富管理
财富管理是传统金融企业的一项金融理财业务,意在为客户提供投资建议,合理配置资产。但因为技术问题,传统金融机构仅针对少量大额客户提供财富管理服务,未能普及更广泛的长尾客户。互联网公司则开始利用大数据计算并智能推荐给用户各类理财产品

第四节 “大数据”的挑战和未来趋势

在大数据应用日益重要的今天,数据资源的开放共享已经成为在数据大战中保持优势的关键。商业数据和个人数据的共享应用,不仅能促进相关产业的发展,也能给我们的生活带来巨大的便利。由于政府、企业和行业信息化系统建设往往缺少统一规划,系统之间缺乏统一的标准,形成了众多“信息孤岛”,而且受行政垄断和商业利益所限,数据开放程度较低,这给数据利用造成极大障碍。

另一个制约我国数据资源开放和共享的一个重要因素是政策法规不完善,大数据挖掘缺乏相应的立法,无法既保证共享又防止滥用。因此,建立一个良性发展的数据共享生态系统,是我国大数据发展需要迈过去的一道坎。同时,开放与隐私如何平衡,也是大数据开放过程中面临的最大难题。如何在推动数据全面开放、应用和共享的同时有效地保护公民、企业隐私,逐步加强隐私立法,将是大数据时代的一个重大挑战。本书将在第十章(网络安全)和第十一章(个人金融信息保护)中对大数据开放过程中的信息安全及信息保护做进一步的探讨。

但我们也看到了大数据在引导全新的经济社会发展形态,基于互联网思维,以网络领域带动社会实体经济,以互联网为平台为社会各行各业的创新、改革和发展注入了新的活力和生命力。特别是在金融领域,随着大数据、云计算、人工智能等技术的飞速发展,金融服务日益呈现出场景化、平台化、智能化的发展趋势,但如何把握金融科技发展趋势,将金融与科技有机结合,提升机构的运行效率,这也是目前金融机构面临的重要课题。"大数据"可以看作一种模式,即"互联网与各个行业"的模式,但这种模式并不仅仅是字面上的两者相加,而是借用互联网丰富的信息资源和广阔平台,使"大数据"与行业之间相互渗透、深度融合,从而创造出来的一种新的发展形式。我们看到,美国、英国、澳大利亚等国家的政府都在政府和公共事业上的数据开放做出努力,而国内的一些城市和部门也在逐渐开展数据开放的工作。在未来,数据会不断地开放与连结,对于不同的行业来说,数据共享越充分,其综合价值也越大,我们相信不同领域的数据联盟将出现,而数据也会呈现一种共享的趋势,为经济社会的发展注入新的动力。

CHAPTER 6

第六章

云计算

Fintech 公司在过去 20 年的快速发展和崛起，与其以云计算、大数据、AI 技术作为技术依托的架构密不可分。依靠三大技术，Fintech 公司所提供的金融科技服务不仅改变了金融机构的 IT 架构，也使其能够随时随地访问客户，为客户提供方便的服务，从而改变了金融行业服务模式和行业格局。本章将向读者介绍云计算的基本技术概念和应用，云计算在金融行业的发展和应用以及我国的云服务监管法律问题。

第一节　概　　述

一、云计算的定义及基本特征

对于云计算，目前通行的观点是采用美国国家标准与技术研究院（National Institute of Standard and Technology，NIST）的定义（见图 2－6－1）。

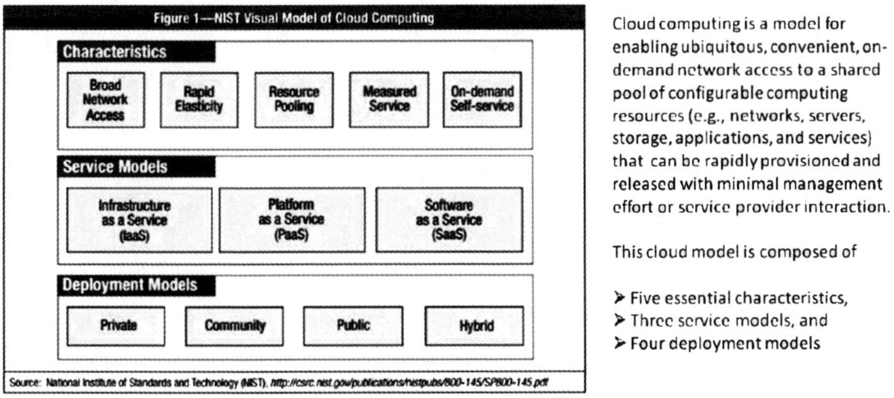

图 2－6－1　NIST 对云计算的定义

云计算是一种提供随时可用的、便捷的、按需的网络访问，可以进入可配置的计算资源共享池（资源包括网络、服务器、存储、应用软件、服务），这些资源只需投入很少的管理工作或与服务供应商进行很少的交互就能够被快速提供和发布。①

根据 NIST 对云计算的定义,云计算具有 5 大基本特征、3 大服务类型和 4 种部署模式。

在了解什么是“云计算”之前,我们需要先了解什么是“云”。

长久以来,程序员在画网络图(network diagrams)的时候,如果具体的网络设施对于他画的网络图而言并不重要,他们通常都会用一朵云的图形将整个网络设施简化为一个个输入点和输出点,而在这朵云里可能会有若干用于传输数据的数据线、路由器和交换器,也可能会包括用于处理数据的服务器(如图 2-6-2 所示)。

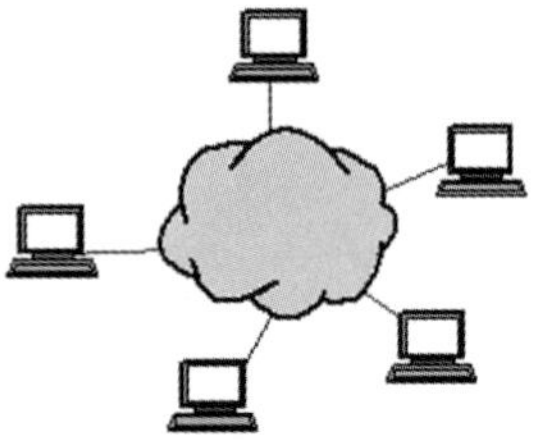

图 2-6-2 网络图

这朵云既可以是广域网(WAN),也可以是局域网(LAN),只要不需要或是不愿意披露网络中具体技术细节的时候就可以用这朵云将它们变成马赛克。

如此生动形象又简单易画,可以说是相当好用了。于是,“云”便成了通信网络的代名词,在如今互联网已深入社会生活各方各面的背景下,“云”更是常常用于指代互联网。②

那么,是否只要是“云”都可以用于“云计算”呢? 并不一定。会“计算”的“云”当然不会这么简单。

尽管几乎任何通过“云”进行的计算都可以贴上“云计算”的标签,但这一概念真正产生其实缘起于 20 世纪 90 年代末期产生的 SaaS(Software as a Service)服务。通过 SaaS 服务,用户可以通过互联网使用应用程序,这是有史以来第一次,可以让

① 参见 The NIST Definition of Cloud Computing (Special Publication 800-145) 原文为:Cloud computing is a model for enabling ubiquitous, convenient, on-demand network access to a shared pool of configurable computing resources (e.g., networks, servers, storage, applications, and services) that can be rapidly provisioned and released with minimal management effort or service provider interaction。

② 载 https://www.pcmag.com/encyclopedia/term/39847/cloudPC Magazine,美国著名的 IT 杂志,也是全世界第一大 IT 媒体 ZD 集团的旗舰刊物,以产品和技术评测著称。

某一组织内部的IT部门无须负责应用的维护。接着,像亚马逊和谷歌这样拥有大体量数据中心和众多互联网专家的公司开始租赁它们的基础结构,于是开始出现了IaaS(Infrastructure as a Service)服务和PaaS(Platform as a Service)服务。[①] 2006年8月9日,时任Google首席执行官的Eric Schmidt在搜索引擎大会(SES San Jose 2006)首次提出了云计算的概念。[②]

发展至今,云计算基本上始终就包括这三大类型,即IaaS、PaaS和SaaS。简单来说,IaaS是指提供商通过互联网以服务形式向用户交付虚拟化计算机环境,其基础结构可以包括服务器、网络设备和软件,因此也称硬件即服务(HaaS)。PaaS是指提供商通过互联网以服务形式提供的计算平台(操作系统和其他服务),如可以立即订购和使用的应用程序开发环境。SaaS是指提供商通过互联网向用户提供应用程序,也称托管应用程序,通过这种方式该应用程序无须在用户计算机上购买、安装或运行。SaaS提供商以前称为ASP(应用程序服务提供商)。[③]

可见,在"云计算"的语境下,"云"的存在是为了实现向用户交付服务,它并不是泛指的互联网,而是包含有一组或是若干组具有特定功能的服务器的网络。这一系列功能包括存储和管理数据、运行应用程序、交付内容/服务(如视频短片、Web邮件、办公软件或社交媒体)等。用户也并不是从本地或个人计算机访问文件和数据,而是通过任何支持互联网的设备在线访问,这样就可以实现用户随时随的可访问。[④]

云计算具有以下基本特征。

1. 按需自助式服务。在服务提供商许可的前提下,用户可以单方面地自行配置他所需要的计算功能,比如服务期限和网络存储,而无须和服务提供商的人员有任何互动。

2. 广义的网络访问。通过网络提供功能服务,并采用促进异构瘦客户端(一般指IE等浏览器作为客户端)或胖客户端平台(比如移动电话、平板电脑、笔记本电脑和工作站上另行安装的客户端、交互界面等)使用的标准访问机制。

3. 资源池。提供商采用多租户模式将计算资源集中为一个"资源池"服务于不同的用户,根据用户需求对不同的物理和虚拟资源进行动态的分配和再分配。它

---

① 载https://www.pcmag.com/encyclopedia/term/57964/cloud-computing。

② 载https://www.technologyreview.com/s/425970/who-coined-cloud-computing/。

③ 载https://azure.microsoft.com/zh-cn/overview/what-is-cloud-computing/。

④ 载https://azure.microsoft.com/zh-cn/overview/what-is-cloud-computing/。

具有位置的独立性,用户或许能够将提供资源的所在地定位到较高级别的地区(比如国家、州或数据中心),但总体而言用户对提供资源的具体所在地没有任务控制或了解。

4. 敏捷的弹性。可以灵活地提供和发布功能,在一些情形下还可以自动快速地衡量对内对外是否匹配需求。用户可用的功能及数量可以是无限的。

5. 可度量的服务。云系统利用适于不同服务类型(比如,存储、处理、带宽和活跃用户账户)的计量功能自动控制和优化资源的使用。资源的使用能够被监测、控制和报告,为提供商和使用服务的用户提供了透明度。①

二、云计算的三大类型及其应用

我们前文提到云计算有三大类型,即 SaaS、IaaS 和 PaaS,我们接下来看一下这三大类型具体可提供的服务范围(见图 2 - 6 - 3)及其常见的应用。②

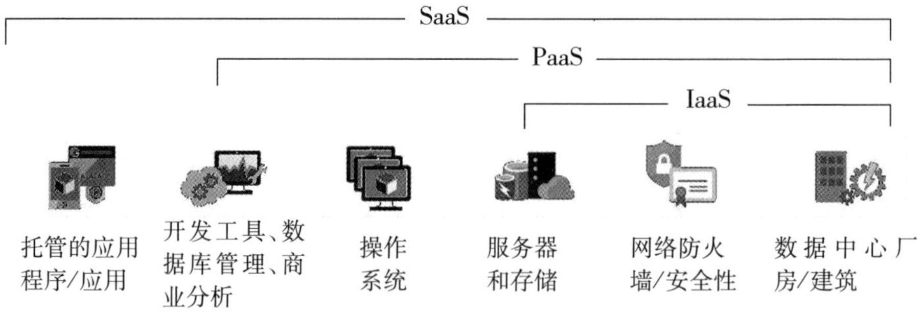

图 2 - 6 - 3　三大类型可提供的服务范围

1. IaaS 是通过互联网配置和管理的虚拟化的即时计算基础结构,用户使用 IaaS 服务无须购买和管理自己的实体服务器和其他数据中心基础结构,只需购买、安装、配置和管理自己的软件(操作系统、中间件和应用程序)。

常见的 IaaS 应用包括:测试和开发;网站托管;存储、备份和恢复;Web 应用;高性能计算;大数据分析。

2. PaaS 可以按需提供开发、测试、交付和管理软件应用程序所需的环境,类似 IaaS,PaaS 也包括服务器、存储空间和网络等基础结构,但它还包括中间件、开发工具、商业智能(BI)服务和数据库管理系统等。PaaS 旨在支持 Web 应用程序的完整

① 参见 The NIST Definition of Cloud Computing (Special Publication 800 - 145)。

② 载 https://azure. microsoft. com/zh - cn/overview/what - is - cloud - computing/。

生命周期——生成、测试、部署、管理和更新。因此,用户能够更轻松地快速创建Web 或移动应用,只需管理自己开发的应用程序和服务,而无须考虑对开发所必需的服务器、存储空间、网络和数据库基础结构进行设置或管理。

常见的 PaaS 应用包括:开发框架;分析或商业智能;用于增强应用程序的附加服务。

3. SaaS 通过互联网向用户交付软件应用程序,通常以订阅为基础按需提供。所有基础结构、中间件、应用软件和应用数据都位于服务提供商的数据中心内。服务提供商负责管理硬件和软件以及软件升级和安全修补等维护工作,并根据适当的服务协议确保应用和数据的可用性和安全性。用户只需通过互联网(通常使用电话、平板电脑或 PC 上的 Web 浏览器)连接到应用程序。

常见的 SaaS 应用包括:电子邮件;对音频和视频进行流传输;客户关系管理(CRM)、企业资源规划(ERP)和文件管理等商业应用程序。

由此可见,云计算在当今互联网环境中的应用非常之广泛,无论是个人、家庭、企业还是其他机构,但凡通过互联网在线交流、学习、娱乐、办公,很可能都是云计算实现了这一切。

三、云部署模式①

目前云部署的模式有四种,分别为:私有云、社区云、公有云和混合云。企业通常会采用这四种不同的方法部署云资源:部署私有云, 不进行共享且经由通常本地托管的私有内部网络提供服务;部署公有云,通过互联网共享资源并向公众提供服务;以及部署混合云,在公有云和私有云之间共享服务。

1. 私有云,其云设施提供给一个由多个用户组成的组织专用,私有云可以由该组织自己拥有、管理和运营,也可以交由第三方或和第三方共同拥有、管理和运营,并且可以在本地或非本地部署,即私有云可以实际位于该组织的现场数据中心之上,也可以由第三方服务提供商托管其私有云。

优势:和公有云相比较,私有云的优点在于安全性,它通过公司防火墙和内部托管提供更高级别的安全和隐私,确保第三方提供商无法访问操作和敏感数据。

劣势:其缺点在于成本更高,因为公司 IT 部门承担云设施的成本以及管理责任,需配备相应的人员、管理和维护费用。

---

① 载 https://azure. microsoft. com/zh - cn/overview/what - is - cloud - computing/。参见 The NIST Definition of Cloud Computing (Special Publication 800 - 145)。

2. 社区云,其云设施提供给一个特定社区专用,该社区由来自具有共同关注点(比如,任务、安全要求、政策和合规考虑)的不同组织的用户所组成,社区云可以由该社区中的一个或多个组织拥有、管理和运营,也可以交由第三方或和第三方共同拥有、管理和运营,并且可以在本地或非本地部署。

优势:在医疗保健、政府和安防领域,社区云可以提供无缝传输重要数据的安全通道。

劣势:需要协调云社区的各个成员在云服务提供商或其中心位置上达成一致。

3. 公有云,其云设施向一般公众开放使用,它可以由一个商业、学术或政府机构独自或共同拥有、管理和运营,但仅在云服务提供商本地部署。云服务提供商通过公共互联网面向希望使用或购买服务的任何人提供计算服务,它可能免费或按需出售,允许用户仅根据 CPU 周期、存储或带宽使用量支付费用。

优势:与私有云不同,系统的所有管理和维护均由云服务提供商负责,因此公有云可为企业节省购买、管理和维护本地硬件及应用程序基础结构的昂贵成本。相较于本地基础设施,公有云还可更快部署且附有一个几乎可无限缩放的平台,只要公司员工可访问互联网,他们就可在任何办公室或分支机构通过自选设备使用相同的应用程序。

劣势:公有云因其便利性具有前述优点,但也相应地具有安全性较低的缺点,公司的决策层可能会拒绝将关键的信息数据置于非本地或使关键的信息数据离开本公司 IT 部门的直接控制,也无法信任存储在和其他用户共用的服务器上的数据的安全性。

4. 混合云,其云设施是两个或两个以上不同的云设施(私有云、社区云或公有云)的组合,组成混合云的云设施依然维持其独立性,但会通过允许在它们之间共享数据和应用程序的技术将它们绑定到一起。

优势:兼备公有云的灵活度、低成本和私有云的安全性和数据保护。混合云让企业能够更灵活地进行扩展和收缩,并提供了更多部署选项。当计算和处理需求波动时,混合云计算使企业能够将其本地基础结构无缝扩展到公有云以处理任何溢出,而无须授予第三方数据中心访问其整个数据的权限。组织可获得公有云在基本和非敏感计算任务方面的灵活性和计算能力,同时配置公司防火墙以保护关键业务应用程序和本地数据的安全。

劣势:混合云是最为复杂的云计算解决方案,管理难度高,整合公有云和私有云需要该领域的特别专家。

第二节 云计算在金融行业的发展和应用

一、云计算市场发展现状[①]

全球云计算市场总体持续增长。2016 年以 IaaS、PaaS 和 SaaS 为代表的典型云服务市场规模达到 654.8 亿美元,增速 25.4%,预计 2020 年将达到 1435.3 亿美元,年复合增长率达 21.7%。全球云计算服务市场规模及预测如图 2-6-4 所示。

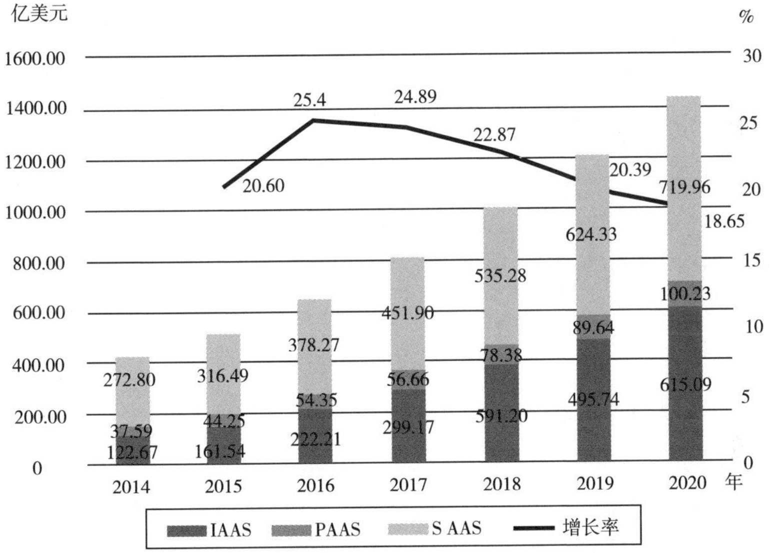

资料来源:Gartner。

图 2-6-4 全球云计算服务市场规模及预测

我国云计算市场总体保持高速增长趋势。2016 年我国云计算整体市场规模达 514.9 亿元,整体增速 35.9%,高于全球平均水平。预计到 2020 年,公有云服务市场整体规模将达到 603.6 亿元,私有云服务市场规模将达到 425 亿元。

目前国内金融云的市场格局大致可分为以下四类主体。

1. 传统 IT 服务商,如国外的亚马逊、谷歌、微软、IBM 以及国内的神州数码融信云。

① 资料来源:中国信息通信研究院:《中小银行上云白皮书》,2018 年 3 月。

2. 银行系子公司，如兴业银行、招商银行、平安集团各自设立的兴业数金、招银云创、平安金融壹账通。

3. 央行和地方区域银行联盟，如金融电子化公司、农信银、山东城商行联盟。

4. 国内互联网巨头，如阿里、腾讯、网易、华为、京东。[①]

二、国内金融云市场的政策环境

国内金融云服务商的发展契机可以追溯至2013年爆发的“棱镜门事件”，[②]该事件给各国政府和企业都敲响了信息安全的警钟。2014年7月，美国纽约南区联邦地区法院首席法官作出裁定，驳回了微软的上诉，确认微软有义务按照该法院法官签发的搜查令向FBI提供其用户存储于境外数据中心的元数据。[③] 中国工程院院士倪光南指出，“棱镜门事件”充分暴露了中国网络空间的软肋，为了消除这个软肋，从根本上提升中国网络空间的防护能力，一个关键举措就是用自主可控的国产软硬件和服务来替代进口。[④] 保障国家信息安全刻不容缓，政府和国内企业自此合力举起了“去IOE”[⑤]的大旗，利好政策频频出台，主要有：

(1)2014年12月30日，中央网络安全和信息化领导小组办公室发布《关于加强党政部门云计算服务网络安全管理的意见》(中网办发文〔2014〕14号)。[⑥]

(2)2015年1月30日，《国务院关于促进云计算创新发展培育信息产业新业态

---

① 根据网络信息整理。

② 棱镜计划(PRISM)，是一项由美国国家安全局自2007年起开始实施的绝密电子监听计划。该计划的正式名号为“US-984XN”。根据报道，泄露的文件中描述PRISM计划能够对即时通信和既存资料进行深度的监听。许可的监听对象包括任何在美国以外地区使用参与计划公司服务的客户，或是任何与国外人士通信的美国公民。国家安全局在PRISM计划中可以获得数据电子邮件、视频和语音交谈、影片、照片、VoIP交谈内容、档案传输、登录通知，以及社交网络细节。综合情报文件“总统每日简报”中在2012年在1477个计划使用了来自PRISM计划的资料。

③ 该案件最终于2017年10月上诉至美国联邦最高法院，2018年2月第一次开庭审理，但在其审理期间，美国国会签署生效了CLOUD Act，该法案允许美国执法部门获取美国公司储存在任何地方的数据，继续审理微软和FBI的争议已无必要，故联邦最高法院据此驳回了该案。载https://www.cnbeta.com/articles/tech/717977.htm。

④ 载http://www.hinews.cn/news/system/2013/07/06/015828071.shtml。

⑤ IOE是指以IBM小型机、Oracle数据库和EMC存储设备为代表的IT基础体系，这三个海外巨头从软硬件上垄断了商业数据库领域，中国企业尤其是大型企业如金融等命脉企业，大都采用IOE架构的数据库，高度依赖海外三巨头的设备。

⑥ 要求各相关工作机构充分认识加强党政部门云计算服务网络安全管理的必要性，强调各相关部门及其云服务商应遵守包括敏感信息不出境在内的各项基本要求。

的意见》(国发〔2015〕5 号)。①

(3)2015 年 7 月 4 日,《国务院关于积极推进“互联网 +”行动的指导意见》(国发〔2015〕40 号)。②

(4)2016 年 7 月 15 日,银监会发布《中国银行业信息科技“十三五”发展规划监管指导意见(征求意见稿)》。

(5)2017 年 3 月 30 日,工信部发布了《云计算发展三年行动计划(2017 ~ 2019 年)》(工信部信软〔2017〕49 号)。③

(6)2017 年 6 月 27 日,人民银行印发《中国金融业信息技术“十三五”发展规划》(银发〔2017〕140 号)④。

值得一提的是,银监会制定的《中国银行业信息科技“十三五”发展规划监管指导意见(征求意见稿)》,被认为是首次对银行业云计算发布了明确的监管意见,是中国金融云建设的里程碑事件。在这份关于银行业信息科技最为重要、全面、系统的监管办法中,云计算是最重要的内容之一。该意见有两点最为引人注意:一是确提出积极开展云计算架构规划并设立了具体的系统迁徙目标,规划实施时间为 2016 年至 2020 年,目标是到“十三五”末期,银行业面向互联网场景的重要信息系统全部迁移至云计算架构平台,其他系统迁移比例不低于 60%;二是首次提出“行业公共云”模型,支持建立符合法律法规要求、市场化运作、具备金融级安全等级的金融业行业云平台运营机制。业内评价:“银行业系统的未来是在云计算技术之上,这次监管意见的出台为银行业的全面云化吹响了号角。”⑤

2017 年 9 月,银监会更是亲自挂帅督导,牵头 16 家金融机构旗下公司共同出

---

① 明确指出发展云计算对稳增长、调结构、惠民生和建设创新型国家具有重要意义,并提出了明确的发展目标、主要任务和保障措施。

② 明确指出互联网 + 普惠金融是推进方向,鼓励金融机构利用云计算移动互联网大数据等技术手段加快金融产品和服务创新。

③ 该计划从产业规模、行业应用、绿色节能、标准制定、企业发展、安全保障等方面,提出未来三年的总体目标,要求推动政策性银行、产业投资机构和担保机构加大对云计算企业的支持力度,推出针对性的产品和服务,加大授信支持力度;借鉴首台套保险模式,探索利用保险加快重要信息系统向云计算平台迁移;支持云计算企业进入资本市场融资,开展并购、拓展市场。

④ 要求落实推动新技术应用,促进金融创新发展,稳步推进系统架构和云计算技术应用研究。

⑤ 微众银行科技事业部基础架构部副总经理在 2016 年 7 月 6 日腾讯云 + 未来峰会金融专场上的发言。

资成立了一家云服务公司。[①] 可见国家层面对金融行业云发展的高度重视和希望尽快实现云落地的坚定决心。

三、国内金融行业对云计算服务的内在需求

国家层面对保障金融信息安全的要求是促进国内金融云市场发展的推动力之一，但是，国内金融行业各金融机构，尤其是银行业，本身对云计算服务就存在巨大的内在需求。

近年来资产回报率走低，加之新兴金融业态冲击，银行业转型压力越来越大，且银行需要应对的互联网金融或者说金融互联网应用场景越来越多，小额交易频发，交易量不可预知，“秒杀”成为新常态。传统银行业金融机构应用云计算可以帮助其实现两大需求。

1. 降低成本，满足客户需求，提升运营效率。多变的客户需求和快速的金融产品创新也对 IT 资源的弹性供给和业务快速上线提出更高的要求，银行 IT 系统峰值处理能力需达到过去的数倍，如果单笔交易 IT 成本不变，总成本将大幅增长。而云计算作为新的 IT 建设、采购、使用模式，通过对标准且相对廉价的服务器、存储和网络等硬件资源进行虚拟化，提供便捷、按需获取、可配置和可度量的 IT 资源供应，在成本、灵活性上有较大优势。

2. 创新业务模式、实现跨行业合作。云平台可以很好地支撑“抢红包”“秒杀”等高流量、高并发的互联网应用场景，互联网核心与传统银行核心系统可以实现互联网渠道业务处理和后台会计核算的功能解耦，相互协作、互为补充，从而构成“双核”应用架构体系。

四、金融行业“上云”路线

金融行业按业务可以细分为银行业、证券业、保险业、互联网金融等，对于云计算服务的实际需求各有不同，但安全、合规是他们共同面对的首要命题，因此在云部署模型上主要都采用了私有云和行业云，[②]对公有云的接受度弱于其他行业。

1. 私有云主要用于运行重要的业务系统，存储敏感数据，一般采用自建基础设

---

① 该公司名称为融联易云金融信息服务（北京）有限公司。其股东包括 10 家银行旗下公司（含全资控股的子/孙公司，以及关联公司）、3 家信托及旗下公司、1 家财务公司旗下基金公司、2 家金控集团子公司。股权层层穿透后，16 个实际控制股东，可以理解为金融机构，即“银行 + 信托 + 金控集团 + 财务公司”的阵容；而每个股东均认缴出资 2000 万元，持股比例均为 6.25%，注册资本共计 3.2 亿元。

② 根据信通院对行业云的描述，笔者认为行业云符合社区云的特征。

施、购买硬件产品和解决方案的方式搭建，在生产过程中实施外包驻场运维、自主运维。

2. 行业云主要是通过金融机构之间的云计算领域的合作，通过资源方面的共享，在金融行业内形成公共基础设施、公共接口、公共应用等一批技术公共服务。金融机构部署行业云主要用于对金融机构外部客户的数据处理、服务，或为一定区域内金融机构及其垂直机构提供资源共享服务。①

目前国内金融行业云计算的应用情况呈现"辅助性业务系统优先"和"互联网金融系统优先"的特点，具体有以下几个。

1. 传统金融机构的 IT 系统应用具有历史包袱较重的特点，因此通常都采用从外围系统开始逐步迁徙的实施路线。

总体而言，银行业信息系统一般包括渠道服务、客户服务、产品服务、风险管理、管理信息、核心银行、内部支持和基础平台 8 个主要的业务系统。外围系统包括渠道类系统、客户营销系统和经营管理等辅助性业务系统，这些系统安全等级较低，系统问题也不会导致巨大的业务风险，应用云计算后可以提升系统管理的灵活性，降低运营成本，也大幅提升了用户体验。因此，目前银行的核心系统依旧留在自身机房/数据中心，进展最快的如招商银行也是自建私有云，并没有迁徙出体外到互联网公司建立的公/私有云上。② 中国信息通信研究院于 2018 年 3 月发布的《金融行业云计算技术调查报告》也显示，在参与调查的金融机构中，近 9 成已经或正在计划应用云计算技术，但在部署模式上，金融机构更倾向采用自建私有云模式。

2. 互联网金融主要由小贷、P2P、消费金融等业务组成，一方面这些系统需要新建，没有传统金融机构的历史包袱；另一方面其天然的"小额交易频发""高流量高并发"的互联网业务特性也更适用于云计算相关技术。

云计算在互联网金融领域的应用最为典型的莫过于微众银行。微众银行选择腾讯云作为其底层技术支撑，搭建了一个完全自主可控的基于开源技术的分布式 IT 架构，将腾讯云支撑微信、QQ 等海量级用户的技术体系引入微众银行的 IT 架构中，2015 年就上线了 56 个核心系统，204 个子系统，并引入了人脸识别、声纹识别、机器人客服等新技术。微众银行所有业务系统都是使用云计算技术构建，使系统具备了云计算的扩展能力、标准化、低成本以及海量数据处理能力，成为国内首个

---

① 参见中国信息通信研究院：《中小银行上云白皮书》。

② 载 http://server.zzidc.com/a/news/2018/0308/2337.html。

“去 IOE”的银行。①

3. 此外，即使是相同行业的金融机构，也可能因其具体情况不同而采取不同的上云路线。比如大型银行由于传统信息化基础设施投入大、有专职技术部门、安全要求更加谨慎等原因，一般选择沿用采购软硬件产品自行搭建私有云并独立运维的方式，而中小银行由于“缺钱少人”等原因一般不会选择私有云部署模型，更倾向于选择行业云。

比如，中国信息通信研究院发布的《中小银行上云白皮书》中提及的中小银行上云典型案例中的哈密银行和南阳村镇银行，都选择了兴业数金这一兴业银行旗下的金融行业云服务公司。后者目前累计签约超 330 家银行，累计上线超 200 家银行，客群覆盖城商行、民营银行、村镇银行。②

第三节　与云计算相关的监管法律问题

目前我国对于云服务经营行为监管的法律依据，主要包括：《中华人民共和国网络安全法》、《全国人民代表大会常务委员会关于加强网络信息保护的决定》、《中华人民共和国电信条例》、《电信业务经营许可管理办法》（工业和信息化部令第 5 号）、《关于进一步规范因特网数据中心业务和因特网接入服务业务市场准入工作的通告》（工信部电管函〔2012〕552 号）、《电信业务分类目录（2015 年版）》、《中国银行业信息科技“十三五”发展规划监管指导意见（征求意见稿）》、《关于规范云服务市场经营行为的通知（征求意见稿）》、《关于清理规范互联网网络接入服务市场的通知》（工信部信管函〔2017〕32 号）。

一、从事云计算服务应取得的电信证照

工信部于 2015 年发布并于 2016 年 3 月 1 日施行的《电信业务分类目录（2015 年版）》，在第一类增值电信业务项下 B11 互联网数据中心（IDC）业务中增加了一项“互联网资源协作业务”（IRCS）。该业务是指利用架设在数据中心之上的设备和资源，通过互联网或其他网络以随时获取、按需使用、随时扩展、协作共享等方式，为用户提供的数据存储、互联网应用开发环境、互联网应用部署和运行管理等服

① 载 http://www.chinaz.com/visit/2016/1213/626672.shtml。
② 载 http://www.cebnet.com.cn/20180323/102476220.html。

务。2016年11月24日，工信部发布了《关于规范云服务市场经营行为的通知（征求意见稿）》，进一步明确"云服务是指互联网数据中心业务（IDC）中的互联网资源协作服务业务"，并明确要求"在我国境内经营云服务业务，应严格遵守《电信业务经营许可管理办法》（工业和信息化部令第5号）以及《关于进一步规范因特网数据中心业务和因特网接入服务业务市场准入工作的通告》（工信部电管函〔2012〕552号）中有关资金、人员、场地、设施等要求，通过相关技术评测，并依法取得相应的增值电信业务经营许可证"。

需要注意的是，近年来由于云计算服务行业竞争加剧，多家云服务商选择进入内容分发网络（CDN）业务领域，欲开辟新大陆内容分发网络成了云服务厂商曲线救国的筹码。① 内容分发网络业务是指利用分布在不同区域的节点服务器群组成流量分配管理网络平台，为用户提供内容的分散存储和高速缓存，并根据网络动态流量和负载状况，将内容分发到快速、稳定的缓存服务器上，提高用户内容的访问响应速度和服务的可用性服务。"CDN与云计算是一对天生不可分割的孪生兄弟"，云计算解决的是一个应用和业务的交互过程，CDN解决的是如何帮助云计算业务及应用能够快速地被用户所访问到。② 业内认为未来的网络的发展趋势是：所有的存储、分发、加速、路由、处理都统一在"云计算＋SDN（软件定义网络）"的架构中。内容分发网络业务是《电信业务分类目录（2015年版）》新增的一项业务形态，CDN业务和IRCS业务同属于第一类增值电信业务，但不在IDC业务项下，而是单独纳入管理。因此，同时从事内容分发网络业务的云服务商也需取得相应的内容分发网络业务资质。

以阿里云为例，经查询，阿里云计算有限公司已取得IDC（含IRCS）业务经营许可以及内容分发网络业务经营许可，其经营范围包括：第一类增值电信业务中的互联网数据中心业务、互联网资源协作服务以及第一类增值电信业务中的内容分发网络业务。

二、外资准入问题

根据工信部《关于规范云服务市场经营行为的通知（征求意见稿）》，境外投资者在我国境内投资经营云服务，应严格按照《外商投资电信企业管理规定（2016年修改）》（国务院令第666号）等有关规定以及《内地与香港/澳门关于建立更紧密经

---

① 载 http://www.cloudconnectevent.cn/zh－cn/news－june－ten－five。

② 载 http://network.chinabyte.com/353/13787853.shtml。

贸关系的安排》服务贸易协议(CEPA)等有关IDC业务对外开放政策,申请设立外商投资电信企业并取得相应的增值电信业务经营许可证。根据《外商投资电信业务企业管理规定》《外商投资产业指导目录(2017年修订)》等相关法规,作为增值电信业务的互联网数据中心业务、互联网资源协作服务和内容分发网络业务,属于限制类投资产业,外资股权比例不得超过50%,且外方主要投资者应当具有经营增值电信业务的良好业绩和运营经验。

然而,虽然法律上允许外资以合资形式经营云服务,但实践中,获得云服务经营许可的合资企业寥寥无几。根据《关于督促互联网网络接入服务企业依法持证经营的通知》(工信管函〔2018〕84号),截至2017年12月31日,共104家企业已依法取得工信部或各通信管理局颁发的互联网资源协作服务业务经营许可证,但其中仅有两家台港澳与境内合资企业。其他台港澳以外的外国云服务商目前多以合作、联合运营的模式规避牌照问题。例如,微软AZURE、亚马逊AWS均是通过与国内云服务商合作的模式开展云服务业务,而实际持牌的均是与他们合作的内资公司。[①] 经查询,微软AZURE的合作方北京世纪互联宽带数据中心有限公司、亚马逊AWS的合作方北京光环新网科技股份有限公司,均已取得互联网资源协作服务业务经营许可证。

对于上述以合作、联合运营模式规避牌照监管的做法,工信部起草的《关于规范云服务市场经营行为的通知(征求意见稿)》中增加了合作事项报告制度,要求云服务经营者与有关单位开展技术合作,应向电信管理机构书面报告云服务合作事项,并明确禁止了包括变相租借电信业务经营许可证在内的五种合作行为,表明了工信部对国内持牌企业与境外云服务商合作的强监管态度。该征求意见稿一旦正式通过,当前的合作运营模式能否继续存续,不无疑虑。

三、对云服务经营者及其经营行为的其他合规要求

首先,《关于规范云服务市场经营行为的通知(征求意见稿)》规定了若干云服务经营者应建立的合规体系和制度,对云服务经营者的内部制度建设提出了更高的合规性要求。该等合规体系和制度包括:服务质量保障体系、用户投诉处理机制、数据管理制度、运行安全管理制度、网络信息安全制度、新技术新业务安全评估制度、重大事件应急处置制度。

---

① 载https://docs.microsoft.com/zh-cn/azure/china/china-welcome。载http://www.doit.com.cn/p/252336.html。

其次，征求意见稿还要求云服务经营者对其上下游企业承担一定的审查义务，包括，对其上游企业，云服务经营者应使用具备相应许可资质的电信业务经营者所提供的网络基础设施和 IP 地址、带宽等接入资源；对其下游企业/用户，云服务经营者应对其接入用户（接入网站和第三方应用开发者）切实履行管理责任，主要包括接入网站备案登记、监督资源使用、管理发布信息，如发现违规应及时报告相关部门。

再次，云服务商可在全球范围内动态迁移虚拟机镜像，包括云平台上的各类数据，数据的跨境流动不仅会引发跨国司法问题，而且如果涉及国家机密信息，还可能对国家安全造成威胁。因此数据境外流动始终是相关部门重点关注的棘手问题。《网络安全法》第 37 条规定："关键信息基础设施的运营者在中华人民共和国境内运营中收集和产生的个人信息和重要数据应当在境内存储。因业务需要，确需向境外提供的，应当按照国家网信部门会同国务院有关部门制定的办法进行安全评估；法律、行政法规另有规定的，依照其规定。"工信部发布的征求意见稿则重申了对数据境外流动的严格限制，明确要求云服务经营者应在境内建设云服务平台，相关服务器与境外联网时，应通过工信部批准的互联网国际业务出入口进行连接，不得通过专线、虚拟专用网络（VPN）等其他方式自行建立或使用其他信道进行国际联网。2017 年 1 月工信部发布的《关于清理规范互联网网络接入服务市场的通知》（工信部信管函〔2017〕32 号），再次强调整改违规开展跨境业务的问题："基础电信企业向用户出租的国际专线，应集中建立用户档案，向用户明确使用用途仅供其内部办公专用，不得用于连接境内外的数据中心或业务平台开展电信业务经营活动。"

最后，根据《工业和信息化部关于清理规范互联网网络接入服务市场的通知》（工信部信管函〔2017〕32 号），除了上述提及的合规要求外，云服务经营者在经营过程中还应当重点关注并杜绝以下非法经营行为和违规使用行为。

1. 超地域范围经营。即企业持有相应的电信业务经营许可证，业务覆盖地域不包括本地区，却在当地部署 IDC 机房及服务器，开展 ISP 接入服务等。①

2. 超业务范围经营。即企业持有电信业务经营许可证，但超出许可的业务种类在当地开展 IDC、ISP、CDN 等业务。

3. 转租转让经营许可证。即持有相应的电信业务经营许可证的企业，以技术合

① 不同于 ICP 许可证"单省办理、服务全国"的属性，IDC、ISP 许可有全网和地网之分。

作等名义向无证企业非法经营电信业务提供资质或资源等的违规行为。

4. 违规自建或使用非法资源问题。IDC、ISP、CDN 企业不得私自建设通信传输设施,不得使用无相应电信业务经营许可资质的单位或个人提供的网络基础设施和 IP 地址、带宽等网络接入资源。

5. 层层转租问题。IDC、ISP 企业不得将其获取的 IP 地址、带宽等网络接入资源转租给其他企业,用于经营 IDC、ISP 等业务。

小　结

从技术角度来看,云计算是大规模信息系统的革命化进步,而且已成为大数据、互联网、人工智能等技术的信息基础设施,为后者的长足发展提供了切实的技术保障。随着这些技术的创新、融合和应用,云计算已经逐渐向制造、金融、政务、医疗等多个传统领域延伸,成为传统行业向"互联网+"迈进的技术支撑。在金融领域,一方面为了使金融机构能够应对新兴金融业态冲击、提升自身竞争力,另一方面也为了落实我国"互联网+普惠金融"的战略方针,云计算在金融行业的全面深入的应用已是必然趋势。我国也在短期内相继出台了若干涉及云计算产业发展、行业推广、应用基础、安全管理等重要环节的宏观政策,为国内云计算产业的快速发展提供了良好的政策环境。基于旺盛的市场需求和在有利的政策支持下,国内云计算市场蓬勃发展,随之而来的是逐渐增多的违法违规经营现象,如何完善云计算市场环境同时又能规范管理并保障用户权益和信息安全,这对相关的法律和监管制度的制定者和实施者都提出了更高的要求。

CHAPTER 7

第七章

区块链

近年来，金融科技领域最火的概念，非“区块链”(blockchain)莫属。从 Google Trend 和百度指数(见图 2 -7 -1)上关于区块链的搜索频率来看，近两年国外和国内对于区块链技术的关注有了爆发式增长。达沃斯论坛创始人 Klaus Schwab 曾在评价 Don Tapscott 所著的《区块链革命》(*Blockchain Revolution*)一书时指出，区块链是继蒸汽机、电气化、计算机之后的第四次工业革命的重要成果。①《腾讯区块链方案白皮书——打造数字经济时代信任基石》中也提出，2025 年全球 GDP 总量的 10% 将利用区块链技术储存。

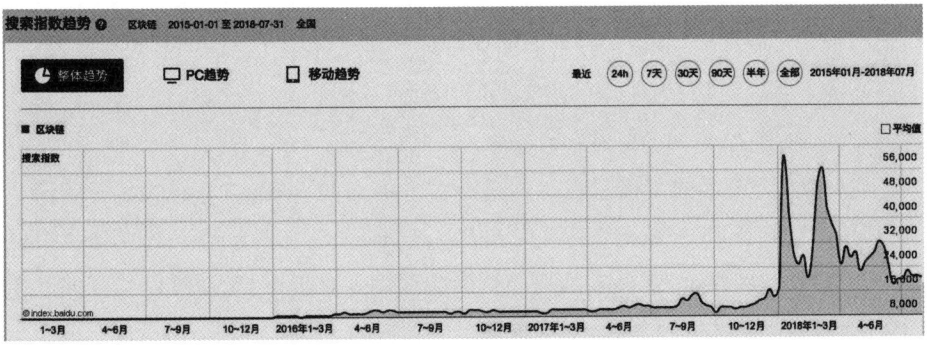

图 2 -7 -1 区块链搜索指数趋势(2015 年 1 月 ~ 2018 年 7 月)· 百度指数②

目前，对于区块链的应用和发展讨论极其广泛，各行各业都认为在自己所属的领域嫁接区块链技术可以形成爆发式的增长，但大众普遍认可区块链技术在金融领域有着极大的发展空间，而事实上金融业也恰恰是区块链技术落地应用的开端(比特币作为数字货币，即属于金融的范畴)。这一原因主要在于，对于金融行业，其需要解决的如下几个核心诉求，恰好与区块链的特性完美契合。

(1)数据安全性；

(2)信任问题；

(3)流程简化。

区块链本身是个宏大的技术话题，本章仅仅是对这项技术以及在金融领域运

① 载 http://dontapscott. com/books/blockchain – revolution/。

② 载 http://index. baidu. com/? tpl = trend&word = % C7% F8% BF% E9% C1% B4。

用的一个简单介绍。

第一节　区块链的概念

根据维京研究院和甲子智库于2018年2月26日发布的《区块链行业词典》中的定义,"区块链技术是指通过去中心化和去信任的方式计提维护一个可靠数据库的技术,并不是一种单一的、全新的技术,而是多种现有技术整合的结果,包括'区块+链'的数据结构、分布式存储、加密算法、共识机制四大核心技术"。我们可以发现,区块链不是一种单一的技术,而是多种技术整合的结果,包括密码学、数学、经济学和网络科学等。这些技术以特定方式组合在一起,形成了一种新的去中心化数据记录与存储体系,并给存储数据的区块打上时间戳使其形成一个连续的、前后关联的诚实数据记录存储结构,最终目的是建立一个保证诚实的数据系统,可将其称为能够保证系统诚实的分布式数据库。①

通俗地说,区块链可以看成是一套由多方参与的、可靠的分布式数据存储系统,其独特之处在于:一是记录行为的多方参与,即各方可参与记录;二是数据存储的多方参与、共同维护,即各方均参与数据的存储和维护;三是通过链式存储数据与合约,并且只能读取和写入,不可篡改。②

第二节　区块链的工作原理和特点

区块链的工作原理极其复杂,涉及多种技术,为了更容易了解区块链,我们至少需要分别了解加密算法、"区块+链"、分布式存储、共识机制等基本概念。

一、加密算法

加密简单而言就是通过一种算法手段将对原始信息进行转换,信息的接收者能够通过秘钥对密文进行解密从而得到原文的过程。在区块链中,信息的传播需要公钥、私钥这种非对称数字加密技术来解决各方信任问题。简单来说,公钥与私

---

① 参见长铗、韩锋等:《区块链:从数字货币到信用社会》,中信出版集团2016年版,第48页。

② 腾讯FiT、腾讯研究院:《腾讯区块链方案白皮书——打造数字经济时代信任基石》。

钥是通过一种算法得到的一个密钥对(一个公钥和一个私钥),公钥是密钥对中公开的部分,私钥则是非公开的部分。公钥通常用于加密会话密钥、验证数字签名,或加密可以用相应的私钥解密的数据。通过这种算法得到的密钥对能保证在世界范围内是唯一的。使用这个密钥对的时候,如果用其中一个密钥加密一段数据,必须用另一个密钥解密。比如用公钥加密数据就必须用私钥解密,如果用私钥加密也必须用公钥解密,否则解密将不会成功。

哈希算法目前是区块链中最普遍适用的加密算法。哈希算法并不是一个特定的算法而是一类算法的统称,也叫散列算法,一般来说满足这样的关系:Hash(任意大小的输入信息)=固定大小的输出信息,输入任意长度的数据,经过哈希算法处理后输出一个定长的数据信息。

哈希函数有三个明显的特点:(1)同样的输入信息用使用同一个哈希函数总能得到相同的输出信息;(2)输入信息任何微小的变化都会使输出信息发生巨大变化;(3)从输出信息无法逆向推导出输入信息。

举例来说,现在账本的记录人希望记录这样一条交易信息:“张三向李四借款1万元,利息10%/年,1年后一次性偿还本息……”很明显,在现实生活中这样的交易信息太过冗长且复杂,传输起来极为不便。那么,我们可以通过哈希函数来进行转换:

Hash(张三向李四借款1万元,利息10%/年,1年后一次性偿还本息……)=ABCD1234……

于是,账簿的记录人最终在账簿上记录了的信息仅仅为一串字符,如“AB-CD1234……”我们可以发现,哈希函数对信息的处理效果有3个特征,即简单化、匿名化以及可验证化。(1)简单化,这点很好理解,即通过哈希函数处理的交易信息被最大程度简化了,这样可以大幅度减少信息传递的成本;(2)匿名化,即除了交易双方外,其他主体无法仅仅通过字符串得知交易的具体内容;(3)可验证化,即交易双方未来发生争议,交易双方可通过哈希函数来验证原始交易信息与输出信息的匹配性。注意,目前使用最为广泛的哈希函数的输出数据为一串长达256个字符的二进制数字串。

二、区块+链

正如前文所述,区块链的本质是一种记账技术,区块结构有两个非常重要的特点。

(1)每个区块的块头包含了前一区块的交易信息的压缩值,因此从创始块到当前区块形成了链条。

(2)每个区块主体的交易记录是前一区块创建后,该区块创建前发生的所有价值交换活动。

绝大多数情况下,新区块创建成功被加入链中,该区块的数据记录则不可被改变或更改。①

为了便于理解区块+链的工作原理,我们假设,目前存在如下一笔交易信息需要记账:

账号	交易信息	交易时间
张三	向李四转账 100 元	×年×月×日
李四	接受张三转账 100 元	×年×月×日

在区块链的记账模式下,记账人会将区块的识别信息(如区块编号 1)和全部交易信息(包含交易信息和交易时间)作为原始输入信息通过哈希函数进行处理,从而得到一个输出信息。例如,Hash(区块编号 1、交易信息和交易时间) = ABCD1234。因此,区块的识别信息与生成的输出信息(哈希值)将组合成为第一个区块,如下表所示。

区块编号 1
交易信息和交易时间
哈希值(ABCD1234)

在下一个区块,会将上一个区块的哈希值与当前区块的信息一起作为输入信息进行哈希函数计算,即 Hash(上一个哈希值、区块编号 2、交易信息和交易时间) = EFGH5678。于是,接下来的每个区块都按照这样的计算方法推导产生,如下表所示。

上一个区块的哈希值(ABCD1234)+区块编号 2
交易信息和交易时间
哈希值(EFGH5678)

① 参见 36 氪研究院:《从一到 N,掘金区块——区块链行业研究报告》,2016 年 6 月。

我们可以发现,根据上述方法产生的区块,其内容不仅包含了本区块的交易信息,而且实际上还间接包含了上一个区块的交易信息,按照这种方法进行记账,最新的区块总是间接包含了所有之前的交易信息,考虑到哈希函数本身逆向不可推导的特性,我们无法将区块的前后顺序随意替换。最终,所有的区块前后连接就形成了一个链式结构,即区块链(见图2－7－2)。

图2－7－2　区块链结构①

三、分布式记账

如果说上文提到的“区块＋链”的结构是对于传统记账技术的一种改善,那么,分布式记账的设定则是完全改变了过去数百年来人类社会已经发展成型的中心化记账模式。值得注意的是,针对不同类型的区块链项目中“去中心化”程度的不同,在这些项目中分布式记账的程度均各有差异。

在比较中心化记账和分布式记账前,我们首先需要了解,对于记账技术而言,核心关键包含哪些?(1)谁可以在账簿上记录交易信息,即账簿的记账权掌握在谁手中;(2)谁可以阅读账簿;(3)谁来确保账簿安全,确保信息不会被随意修改。带着这样三个关键问题,我们来看中心化记账和分布式记账。

1. 中心化记账

如图2－7－3所示,在中心化记账模式下,仅仅会由中心化组织(如银行、政

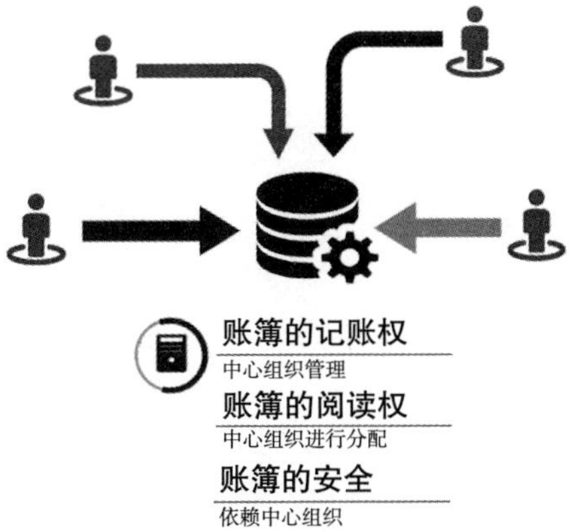

图2－7－3　中心化记账模式

① 参见36氪研究院:《从一到N,掘金区块——区块链行业研究报告》,2016年6月。

府等)保存一本账本,账本的记账权掌握在中心化组织手中,账本的阅读权限由其进行分配,账本的安全也由其来负责。

2. 分布式记账

如图 2 -7 -4 所示,分布式记账模式下,每一个参与数据交易的节点(简单来说,可以理解为服务器)都记录并保存下所有的数据信息。

(1)区块链中每一笔交易信息由单个节点发送给全网所有节点,另外采用非对称加密的数学原理,只有拥有该交易信息私钥才能打开信息读取内容,保证了信息安全性。

(2)参与记录的网络节点在参与记录数据的同时也参与验证其他节点记录结果的正确性,只有当全网超过一定比例的节点都确认记录的正确性时,该数据才会被写入区块。

(3)在区块链的分布式结构的网络系统中,参与记录的网络节点会时时更新并存放全网系统中的所有数据,因此即使部分节点遭到破坏,也不会影响这个数据的存储和更新。

图 2 -7 -4　分布式记账模式

四、共识机制

在了解完分布式记账后,我们发现在这样一种记账模式下,各个节点都需要进行记账，但是由于点对点网络下存在较长的网络延迟，各个节点所收的信息先后顺序不可能完全一致。因此，整个系统需要设计一种机制对在差不多时间内发生的信息进行确认，以确保最终记录的交易信息是正确且统一的。这种对一个时间窗口内的信息的先后顺序达成共识的算法被称为“共识机制”。在分布式记账的区块链中，没有一个像银行一样的中心化记账机构，保证每一笔交易在所有记账节点上的一致性，共识机制解决的就是这个问题。

目前，区块链领域最著名的共识机制就是比特币的工作量证明机制（proof of work），其他还包括权益证明机制（proof of stake）、股份授权证明机制（delegated proof of stake）等。共识机制比较见表 2－7－1。

表 2－7－1 共识机制比较①

比较	工作量证明机制	权益证明机制	股份授权证明机制
简介	比特币的证明机制，即通过挖矿来证明。通过与或运算，计算出一个满足规则的哈希值，即可获得本次记账权； 发出本轮需要记录的数据，全网其他节点验证后一起存储	工作量证明机制的一种升级共识机制；根据每个节点所占代币的比例和时间，等比例的降低挖矿难度，从而加快找随机数的速度	类似董事会投票，持币者投票决定出一定数量的节点，代理他们进行验证和记账
优点	完全去中心化，节点自由进出	在一定程度上缩短了共识达成的时间	大幅缩小参与验证和记账节点的数量，可以达到秒级的共识验证
缺点	目前比特币已经吸引全球大部分的算力，其他再用 Pow 共识机制的区块链应用很难获得相同的算力来保障自身的安全； 挖矿造成大量的资源浪费；共识达成的周期较长，不适合商业应用	还是需要挖矿，本质上没有解决商业应用的痛点	整个共识机制还是依赖于代币，但很多商业应用是不需要代币存在的

在比特币的情境下，其工作量证明机制的运作方式为：比特币社区共同制定一套计算标准，而所有的节点记录人（矿工）需要通过计算找出符合标准的答案。当矿工最终找出答案后，即会产生一个新的区块，新的区块的第一行会写上“该矿工获得×××枚比特币”作为回报。由于计算标准的特殊设定，平均每 10 分钟大约

① 参见 36 氪研究院：《从一到 N，掘金区块——区块链行业研究报告》，2016 年 6 月。

会有一人挖矿成功。矿工的回报除了该等收益外,每笔比特币转账交易都需要向矿工支付一定的比特币作为手续费。最后,比特币社区的最终共识为所有节点记录人(矿工)保留区块最长的链作为其信任的唯一账本。

对于区块链项目来说,一旦社区成员对共识机制发生分歧,即可能导致"链分叉"。最典型的例子就是比特币分叉产生的比特币现金,区块链在分叉前的所有区块信息完全相同,但由于社区成员意见的分歧,最终导致产生了一条拥有新的共识机制的区块链——比特币现金。

值得注意的是,共识机制在公有链项目中显得极为重要,而对于联盟链和私有链,其重要程度依次递减。很大程度上可以说,共识机制是一种希望通过所有人达成一致意见来取代中心化主体运行的一种体现,这也是整个区块链行业"去中心化"的一个核心体现。

五、特点

通过上述对于区块链的基本介绍,我们可以发现,区块链具有5大基本特点。

(1)匿名性:区块链各节点之间的数据交换遵循预先设定的规则,无须信任,可以基于地址而非个人身份而进行交换。

(2)自治性:区块链采用基于协商一致的机制和算法,即共识机制,任何人为干预都不起作用,无须任何中心化组织介入。

(3)开放性:区块链各节点拥有全网总账本,除了数据直接相关各方加密的私有信息以外,整个系统信息透明。

(4)可追溯性:区块链通过区块数据结构存储了创世区块后的所有历史数据,区块链上的任意一条数据可以通过链式结构追溯其本源。

(5)不可篡改性:交易信息通过共识机制被添加至区块链后,就被所有节点共同记录,并通过密码学保证前后互相关联,篡改的难度和成本非常高。

第三节　区块链的分类

根据区块链"去中心化"程度的不同,目前主流观点将区块链项目大致分为三类,即公有链、联盟链和私有链。

一、公有链

公有链是指任何人都可以发送交易信息、读取交易信息且确认交易信息，任何人都能参与共识规则缔造的区块链项目。公有链上所有区块的数据信息完全公开，所有人都可以查询交易记录或发送新的交易信息。目前，公有链的最典型代表为比特币、以太坊等。由于公有链是一套完全开源的系统，任何主体都能够参与，为了维护公有链本身的运行，所有的公有链都需要建立一定内在的公式机制和激励机制。以比特币为例，其激励机制就是上文提到的工作量证明机制（矿工奖励机制）。

二、联盟链

联盟链是指只针对部分群体开放的区块链。在联盟链中，仅事先指定的数个预选节点可以对区块链上的数据进行修改和确认，同时，区块链上信息的查询开放范围可以由各个节点共同选择确认，即"部分去中心化"。目前，国内联盟链的典型代表为中国分布式总账基础协议联盟（China Ledger）、中国区块链研究联盟（CBRA）。对比公有链，联盟链的优点在于节点数量可控，因此交易确认的速度更快，区块链的运行成本更低。但这也意味着在各节点达成共识的前提下，联盟链上的数据存在篡改的可能性。

三、私有链

私有链是指数据修改和确认权限完全在单一组织或机构控制下的区块链，所有参与到这个区块链中的节点都会被严格控制。简单来说，私有链可以作为特定组织或机构运用区块链技术改善自身原有记账技术的体现。由于私有链的写入权限仅在单一组织或机构的手中，因此，区块链上信息的可篡改性很大，对于第三方的保障力度也显著降低。因此，私有链更偏向于企业内部的应用。

总体而言，公有链、联盟链和私有链各有优点。公有链作为区块链"去中心化"理念的完美体现，存在维护成本过高的缺点。联盟链和私有链，作为"部分去中心化"的体现，对于部分机构间的合作加强和企业内部管理效率的提升有显著帮助。因此，在项目中具体使用何种方案，需要针对届时的实际需求进行相应匹配。

第四节 区块链与金融

区块链的应用金融服务业是全球经济发展的动力,正如开篇所述,由于区块链的种种特性,区块链技术的特性具备改变金融基础架构的潜力,各类金融资产,如股权、债券、票据、仓单、基金份额等均可以被整合进区块链账本中,成为链上的数字资产,在区块链上进行存储、转移、交易。① 区块链在金融领域的应用前景无比广阔,在数字货币、跨境支付、证券交易、票据、资产证券化和点对点借贷(P2P)等方面都有了典型的应用。

一、数字货币

尽管区块链技术的提倡者们竭力希望将区块链技术作为一种中性的独立技术从比特币中抽离出来,但不可否认的是,比特币是第一个初步成功并引起广泛关注的区块链应用,它在发行机制、分配机制、币值调节机制上有不少创新。中本聪将比特币定义为一种点对点的电子现金系统,“电子现金”一词表明他想要发明的不仅仅是一个支付系统,而且是一套有着独立货币哲学的货币系统。② 比特币作为区块链技术第一个成功落地的应用,自诞生至今已将近十年之久。在随后的时间里,各种类型的数字货币层出不穷,如莱特币、以太坊、Ripple 币、比特币现金等,这些数字货币很大程度都是在比特币的理论基础上,拓展了数字货币的理论基础和应用空间。

由于数字货币特殊的地位,本书将单独用一个章节的篇幅进行更加详细地论述。

二、跨境支付

目前,跨境支付普遍采用的 SWIFT(Society for Worldwide Interbank Financial Telecommunication,环球同业银行金融电讯协会)。SWIFT 成立于 1973 年,它是一家金融报文传送服务机构,总部位于比利时,目前其对接了全球超过 11,000 家银行、证券机构和企业用户,其致力于帮助用户安全地通信,以可靠的方式交换标准

---

① 参见腾讯 FiT、腾讯研究院:《腾讯区块链方案白皮书——打造数字经济时代信任基石》。
② 参见长铗、韩锋等:《区块链:从数字货币到信用社会》,中信出版集团 2016 年版,第 139 页。

化的金融报文。SWIFT 系统建立了统一的账户管理体系，每一个加入 SWIFT 系统的机构都拥有自己的身份代码（SWIFT CODE，相当于银行的“身份证号”）。一直以来，采用 SWIFT 进行跨境支付时，如果汇款银行和收款银行有业务往来，此二者可以直接通过 SWIFT 进行资讯传递，如果没有，则此二者要找一家既与自己有业务往来，又是 SWIFT 成员的银行来完成跨境支付。通过区块链技术进行跨境支付，使得跨境汇款的各参与方有了实时、可信的信息验证渠道，汇款有迹可循，更加安全。同时，因为在联盟链采用隐私保护模型，用户的信息能得到更全面的保障。区块链技术还能降低风险，使跨境汇款能实现更透明的监管和更高效的风控。典型案例有：2018 年 6 月 25 日，全球首个基于区块链的电子钱包跨境汇款服务在香港上线，港版支付宝 AlipayHK 的用户可以通过区块链技术向菲律宾钱包 Gcash 汇款。此次 AlipayHK 与 Gcash 合作，成为全球首个在跨境汇款全链路使用区块链的电子钱包，并由渣打银行负责日终的资金清算以及外汇兑换。Gcash 用户在到账后能即刻消费。跨境汇款也能像境内转账一样实时到账。

使用区块链体系进行跨境支付的好处显而易见：(1)速度更快。传统的跨境支付交易通常需要 24 小时才能完成，特别是对于金融体系不发达的国家而言，如果其采用人工对账的方式，时间可能耗费更久。而采用区块链技术将明显提升交易速度。例如，全球第一笔使用 Ripple 网络进行转账的跨境汇款仅耗时 8 秒，时间远远胜过传统转账体系。(2)成本更低。麦肯锡的报告《区块链：银行业游戏规则的颠覆者》中提出，区块链技术在 B2B 跨境支付与结算业务中的应用将使每笔交易成本从约 26 美元下降到 15 美元，其中约 75% 为中转银行的支付网络维护费用，25% 为合规、差错调查，以及外汇汇兑成本。(3)公平性。传统的跨境支付模式中，并不是所有银行都能加入 SWIFT。而基于区块链的跨境支付体系更加平等，无论大小银行均可以接入区块链系统，完成跨境支付。

三、证券交易

目前，大量的证券交易所对于区块链产生了浓厚的兴趣，希望通过分布式账本技术改变传统的技术运营机制。为满足证券交易的需求，证券交易所需要控制一套非常复杂且多层次的交易流程，包括前端下单、撮合交易、记录交易、后端托管等，这就对证券交易所本身的技术运营和内控管理提出了极高的要求。而区块链的分布式账本技术，可以极大减少结算时间，降低担保品要求和运营费用，最重要的是区块链技术更加安全，这一点完美契合金融行业的运营需要。当前证券体系结构最大的特点是有中心化的第三方信用或信息中介机构作为担保，帮助人们实现价值交换。作为一种信息技术的新型模式，区块链技术具有共识机制、不可篡改等特性，能够实现互联网从中心化信任到弱中心化的转变，这给证券行业带来了新的可能。私募股权管理、公募证券发行交易可以通过区块链技术被重新设计和优化。

实际上，证券行业也早就开始尝试区块链技术。例如，2015 年底，纳斯达克就推出了它的第一款基于区块链分布式账本技术的系统 Linq。Linq 是一个私人股权管理工具，能够展示如何在区块链技术上实现资产交易，客户可以查看证券历史发行记录，并且能够转让证券。

四、票据

区块链技术不可篡改的特性能够有效防范票据市场中常见的道德风险，诸如纸票“一票多卖”、电票“打款背书不同步”的现象能够有效缓解；区块链技术去中心化的特性能够促进票据价值去中心化传递，降低系统中心化带来的操作和运营风险。由于区块链不需要中心化的服务器，系统的优化或变更不需要通过多个环节的时间跨度，极大提高了整个票据市场的运作效率；基于区块链中智能合约的使用，利用其可编程的特点在票据流转的同时，通过编辑程序可以控制价值的限定和流转方向。区块链数据前后相连构成的不可篡改的时间戳，使监管的调阅成本大大降低，完全透明的数据管理体系也提供了可信任的追溯途径。①

五、资产证券化

传统模式下的 ABS 业务包括基础资产的转让出表及打包发行、为 ABS 提供财产担保等，该模式下涉及的资产包括基础资产、担保资产、ABS 份额等，种类较多，也因此面临着资产现金流管理有待完善、底层资产监管透明性和交易效率亟待提高等问题。在资产证券化领域，基于区块链技术支持的 ABS 具有以下优势：一是有利于改善 ABS 的现金流管理，其具有的自动账本同步与审计功能，能够有效缓解信息不对称；二是利用智能合约功能实现款项自动划拨、资产循环购买和自动收益分配等功能，降低人工成本与出错率，从而提升现金流的管理效率；三是区块链技术可助推 ABS 底层资产穿透。区块链技术应用于 ABS 领域，可以提升 ABS 底层资产的真实性，从而穿透底层资产。这样能更有效地监督金融机构适度使用金融杠杆，

---

① 工业和信息化部信息中心：《2018 年中国区块链产业白皮书》，2018 年 5 月。

合理地利用 ABS 手段。①

六、点对点借贷(P2P)

区块链技术对于点对点借贷行业有极大的帮助。互联网实现了信息传递,而区块链实现了价值传递。目前,尽管 P2P 平台名义上是提供网络借贷中介服务的第三方平台,实际上仍然是一个中心化机构,我们仍然无法避免可能发生的信用风险,而区块链技术使一个完全去中心化的 P2P 平台成为可能。首先,基于区块链技术的 P2P 平台无须建立可信第三方,节点上每一个账本都会记录每一次借贷,无法伪造,无法篡改。P2P 平台存在借款人多头借贷的问题,而这也导致平台的风控模型极易失效,而基于区块链技术的 P2P 行业,可以有效解决这一问题。其次,基于区块链技术的智能合约,可以满足借款信息发布、出借人转账、资金流转等所有关键节点的需求,无须建立可信的第三方,就能有效增强 P2P 平台的信息匹配效率。最后,区块链技术最大程度避免了平台的道德风险和运营风险,确保 P2P 平台恪守“不碰资金”的底线。

第五节 区块链监管

目前,区块链技术已经得到全球关注,各国家认识到区块链技术的应用前景,开始在国家层面思考区块链的发展道路,尤其是大型金融机构和金融监管部门,均考虑将区块链技术纳入金融体系中,用以提高和完善金融行业的运行效率。我国虽然否认了比特币数字货币的货币属性,并禁止在国内围绕数字货币进行的 ICO 等相关募资和交易行为,但对于区块链政策本身发展和研究总体上持支持态度,鼓励区块链应用于信息消费、供应链、制造业、网络零售、人工智能等诸多领域。

1. 2018 年 5 月 4 日,国务院发布的《关于印发进一步深化中国(广东)自由贸易试验区改革开放方案的通知》要求,中国(广东)自由贸易试验区应当对标国际先进规则,发展金融科技,在依法合规的前提下,加快区块链、大数据技术的研究。

2. 2018 年 3 月,工信部发布《2018 年信息化和软件服务业标准化工作要点》,提出推动组建全国信息化和工业化融合管理标准化技术委员会、全国区块链和分

① 工业和信息化部信息中心:《2018 年中国区块链产业白皮书》,2018 年 5 月。

布式记账技术标准化委员会。

3. 2017 年 12 月,国家发改委发布的《增强制造业核心竞争力三年行动计划(2018 ~ 2020 年)》中,明确提出要重点研发基于区块链的去中心化的安全通讯及认证授权技术。

4. 2017 年 11 月,商务部办公厅、国家标准委办公室联合印发的《网络零售标准化建设工作指引》指出,针对网络零售快速创新和跨界经营的特点,加强对区块链等新技术的前瞻性研究。

5. 2017 年 11 月,国务院发布的《关于深化“互联网 + 先进制造业”发展工业互联网的指导意见》中提出,要促进区块链等新兴前沿技术在工业互联网中的应用研究与探索。

6. 2017 年 10 月,国务院办公厅《关于积极推进供应链创新与应用的指导意见》提出,要研究利用区块链、人工智能等新兴技术,建立基于供应链的信用评价机制。

7. 2019 年 1 月,国家互联网信息办公室发布的《区块链信息服务管理规定》对于在我国境内从事区块链信息服务的区块链行业从业者提出了较多的合规义务,其中包括需要向监管部门进行备案等。

就全球领域而言,几乎所有发达国家对于区块链技术都极为重视。其中,日本政府对于区块链技术的态度最为积极。根据相关报道,日本政府已经将区块链技术投入在多个行业内开展应用,如房产存证、身份认证、供应链金融、清算结算等。其中最为值得关注的是,在房地产登记领域,日本正在着手一个用于统一城镇、农田和森林地区所有房地产登记到一个单一区块链账本的大规模项目。在将日本登记的大约 2.3 亿地块和 5000 万栋建筑纳入一起的过程中,这个账本还将包括附带的详细信息和房地产出售价格,这个登记将会在 2018 年选中的城市进行测试。如果项目成功,日本政府将在未来 5 年把所有的房地产登记都放到区块链上。对比目前日本国内复杂烦琐且各地规则不一的房地产登记体系给房屋资产抵押、登记、转移等方面带来的诸多高昂交易成本,可以想见该等房产登记公链对于日本房屋登记效率的巨大意义。[①] 此外,美国国家航空航天局正在进行一项研究,拟运用以太坊智能合约技术,帮助航天器避开空间碎片,[②]欧盟下属的金融稳定、金融服务与资

---

① 分布式资本研究报告:《日本区块链行业研究》。

② *NASA Researches Ethereum Blockchain Tech for Deep Space Exploration*, https://www.ccn.com/nasa-researches-ethereum-blockchain-tech-for-deep-space-exploration/.

本市场联盟署(Directorate – General for Financial Stability, Financial Services and Capital Markets Union)发布2018年《金融科技行动计划》,提出要重视并运用区块链技术以提高网络弹性,从而使更多消费者、投资者、银行等市场参与者受益。① 多数发达国家,均将区块链技术视为未来发展的关键风口,以免在接下来数年的区块链革命中被他国超越。

① *FinTech action plan: For a more competitive and innovative European financial sector*, https://ec.europa.eu/info/publications/180308 – action – plan – fintech_en.

CHAPTER 8

第八章

电子合同及电子签名

随着金融科技领域的爆发式增长，互联网金融依托线下平台和线上场景，为客户提供了快速、便捷、精准的服务。但是，基于互联网的特殊属性，用户更依赖于线上而非线下操作，具备互联网属性的操作方式正在渐渐成为主流，电子合同的不断普及即是一个明证。

但是，传统线下合同的用印，需经过一系列烦琐的程序以确保合同印章真实、签字人员经充分授权，以达到合同合法有效之目的。为实现上述目的，往往对于涉及重大交易、资金往来的事项，均需经过面签程序，由面签人员亲自至交易对手方的办公场所进行合同面签，根据所在机构内部规定的面签操作规程，见证合同、协议等法律文件的签署用印，获取相关资料并对上述过程进行记录以防范操作风险，确保在发生法律纠纷时可以充分举证该合同的有效签署。

然而，上述传统的面签程序却难以应用于互联网金融的场景。典型的互联网金融业务一般具备如下特征：运营网络化、经营信息化、交易平民化、操作便捷化，而前述特征决定了传统的线下面签难以应用在互联网金融业务中。那么，如何确认交易双方的法律关系，以及如何生成合法有效的法律文件成为互联网金融中亟待解决的问题。由此，电子合同与电子签名应运而生。

第一节　电子合同的组成

电子合同一般由合同条款和电子签名组成。其中，合同条款与一般的书面合同并无明显差别，其主要特征体现在电子签名上。那么何为“电子签名”呢？根据《中华人民共和国电子签名法》（以下简称《电子签名法》）的定义，电子签名，是指数据电文中以电子形式所含、所附用于识别签名人身份并表明签名人认可其中内容的数据。因此，就本质上而言，电子签名是一种数据。尽管《电子签名法》并未明确电子签名的组成形式，一般而言，在实践中认为电子签名主要由数字证书、可信时间戳和其他信息组成。（见图 2－8－1）

数字证书由第三方电子认证服务机构提供，一般称为“CA”机构。根据《电子签名法》第 16 条的规定，电子签名需要第三方认证的，由依法设立的电子认证服务

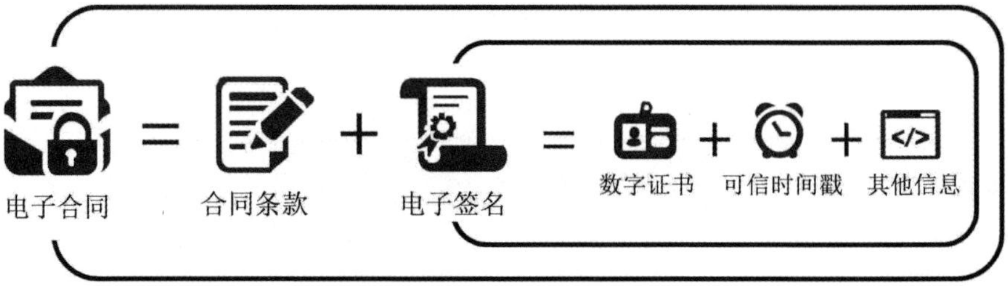

图 2-8-1　电子合同的组成

提供者提供认证服务。电子认证服务提供者应当具备国务院信息产业主管部门颁发的电子认证服务许可证书,保证电子签名认证证书内容在有效期内完整、准确,保证电子签名依赖方能够证实或者了解电子签名认证证书所载内容及其他有关事项。虽然《电子签名法》第 13 条对于电子签名的可靠性列出了具体的技术性要求而没有强制要求需要第三方机构认证,但考虑到判断电子签名是否符合技术性要求具有高度的技术性和专业性,因此实践中,大部分机构都依据上述由依法设立的电子认证服务提供者提供认证服务的规定,将电子签名交由经依法设立的电子认证服务提供者认证。附录一是目前获得行政许可的提供数字证书的机构名单(截至 2018 年 10 月)。

"可信时间戳"是由权威可信时间戳服务中心签发的一个能证明数据电文(电子文件)在一个时间点是已经存在的、完整的、可验证的,具备法律效力的电子凭证,可信时间戳主要用于电子文件防篡改和事后抵赖,确定电子文件产生的准确时间,其核心作用在于解决解决电子签名时间权威问题。在我国,电子签名中的时间戳服务由专业时间戳服务机构,即国家法定时间源——国家授时中心统一提供。根据 GB/T 25064 电子签名格式标准,电子签名可分为基本电子签名(Basic Electronic Signature,BES)格式和高级电子签名格式(分为"带时间戳的电子签名":Electronic Signature with Timestamp,ES-T;"带完全验证数据的电子签名:Electronic Signature with Complete Validation Data,ES-C 等)。高级电子签名 = 基本电子签名 + 可信时间戳。一般而言,只用数字证书产生的电子签名属于基本电子签名(BES)格式,适用于临时签名或短暂签名。如需适用长效电子签名,或防止电子签名证书失效,则需经可信时间戳认证的电子签名,如 ES-T、ES-C 等。(见图 2-8-2)

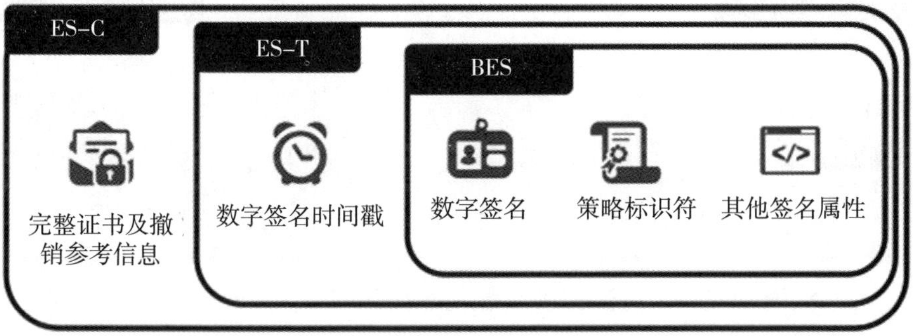

图 2-8-2　电子签名的组成

第二节　对电子合同真实性的要求

一、法律要件

我国《合同法》第 33 条规定，当事人采用信件、数据电文等形式订立合同的，可以在合同成立之前要求签订确认书。签订确认书时合同成立。同时，该法第 16 条规定："采用数据电文形式订立合同，收件人指定特定系统接收数据电文的，该数据电文进入该特定系统的时间，视为到达时间；未指定特定系统的，该数据电文进入收件人的任何系统的首次时间，视为到达时间。"

而根据《电子签名法》第 5 条、第 6 条、第 8 条、第 13 条的规定，电子合同需满足形式合法性、保存合法性、证据真实性、签名可靠性（以下简称"四要件"，具体见图 2-8-3）的要求。不过依据该法的规定，并不是所有的文书都可以采用数据电文的方式，2019 年修订的《电子签名法》通过除外条款规定下述几类文书不得使用数据电文的形式：

（1）涉及婚姻、收养、继承等人身关系的；

（2）涉及停止供水、供热、供气等公用事业服务的；

（3）法律、行政法规规定的不适用电子文书的其他情形。

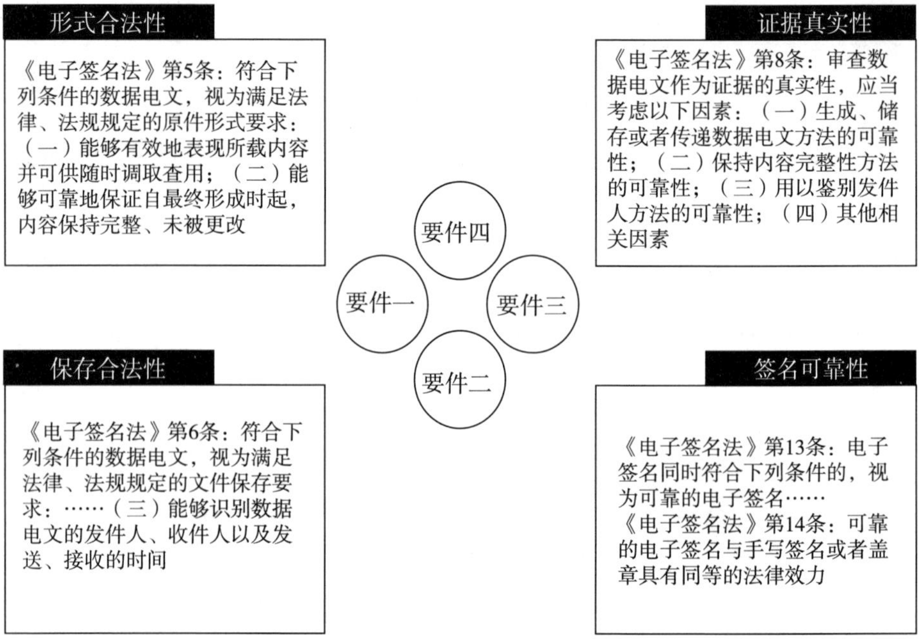

图 2－8－3　电子合同的“四要件”

二、技术要件

如上所述,CA 机构所提供的数字证书认证服务为电子签名的必要组成结构,一般而言,认证方式包括如下几种:(1)由 CA 向签名方颁发 USB－KEY 进行认证(“USB－KEY 认证”);(2)由 CA 向签名方颁发浏览器根证书进行认证(“浏览器根证书认证”);(3)由 CA 提供移动端 APP,签约方通过下载认证证书后的 APP 扫码进行认证(“APP 扫码认证”);(4)由 CA 提供网络接口,在签名方与签约平台签订委托协议后将认证证书存储于签约平台服务器,签约时签约平台通过向签约方发送动态短信码的方式完成验证后受托调取认证证书进行认证(“受托云认证”)。目前市场上机构主体较多采用上述 USB－KEY 的认证方式和受托云认证的方式。在司法实践中,鉴于 CA 机构是取得国务院信息产业主管部门行政许可的,因此由合法合规的 CA 机构提供认证服务的电子签名一般会被推定为符合法定要求,具体法定证明力,该观点与北京市高院在案例中的论述相符。相反,在电子签名未经有相关法律确认资格的电子认证服务提供者予以认证的情形下,电子签名可能被法院认定有效性存疑,深圳市中院在(2016)粤 03 行终 473 号案例中即持有前述观点。

相关案例中法院的主要观点如表2-8-1所示。

表2-8-1　相关案例中法院的主要观点

案例及案号	法院主要观点
宇瞻科技股份有限公司与中华人民共和国国家知识产权局受理通知书上诉案[(2015)高行终字第513号]	虽然《电子签名法》第13条对于电子签名的可靠性有具体的技术性要求,但考虑到判断电子签名是否符合技术性要求具有高度的技术性和专业性。在诉讼过程中,如果要求当事人必须提交直接证据证明电子认证服务提供者认证的电子签名符合技术要求,会给当事人施以不合理的举证负担。因此,如果当事人能够证明其采用的电子签名是经依法设立的电子认证服务提供者认证,即应推定相关电子签名符合法定要求,具有法定的证明力,除非对方当事人提交更有力的相反证据予以推翻
深圳市市场和质量监督管理委员会与汤某登记行为上诉案[(2016)粤03行终473号]	本案的公司设立登记经全流程网上申请,被告对公司法定代表人签署的真实性未现场核实,申请人提交的电子签名也未经有相关法律确认资格的电子政务电子认证服务机构予以认证。在原告已经就身份被盗用这一情形向被告举报并提出初步证据的情况下,被告也未主动向数字证书的出具单位予以核实,总体上未尽到审慎审查的义务

三、身份验证与识别

目前电子签名及电子合同相关法规并未对验证及识别的方式作具体规定,《中国人民银行公告(2015)第43号非银行支付机构网络支付业务管理办法》中对于客户的身份登记与识别提出了一些较为严格的要求。在实践中,部分机构在电子合同订立过程中也予以参考和采纳,验证身份的外部渠道包括但不限于:(1)政府部门(如公安、社保、民政、住建、交通、工商、教育、财税等)数据库;(2)商业银行信息系统;(3)商业化数据库;以及(4)保险公司、证券公司、征信机构、移动运营商、铁路公司、航空公司、电力公司、自来水公司、燃气公司等单位所运营的,能够切实有效验证客户身份基本信息的数据库或系统等。

就目前电子合同订立的实践操作而言,市场上通常会采用如下方式进行客户身份验证(见图2-8-4)。

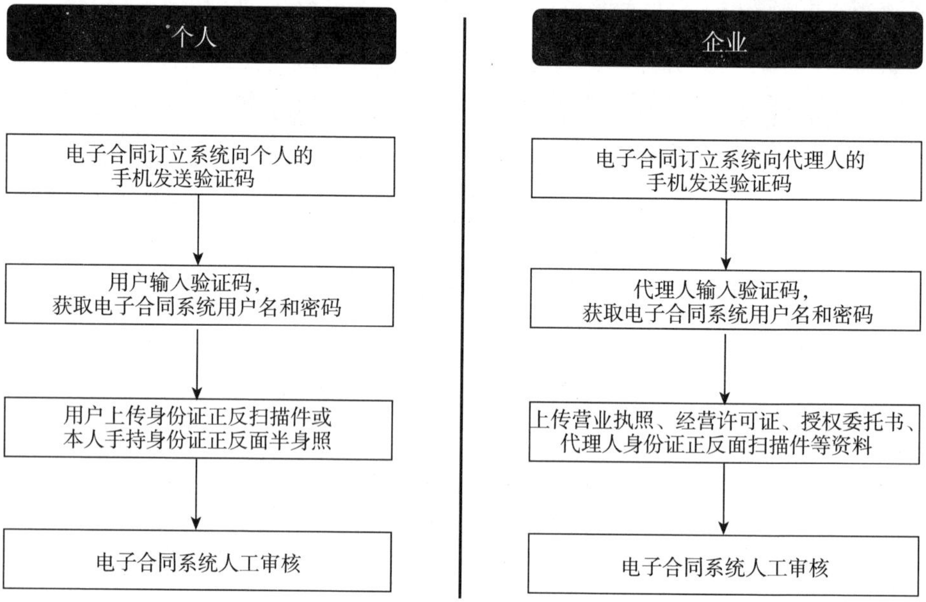

图2－8－4　客户身份验证方式

第三节　电子合同在司法实践中应关注的有关问题

人民法院报曾在《P2P网络贷款的九大司法诉讼问题》一文中指出："电子合同被广泛应用在网络贷款中，因电子数据自身可能被无痕篡改、容易灭失、原始性无法保障等给法律适用带来很多困扰。电子合同和电子证据的'原件形式'成为法律关注的热点，亟待权威机构进行可信时间戳认证，用于解决数据电文的真实存在性和内容完整性证明，以使其适用于法律效力的证明需要。"

一、电子数据的证据效力获得法院肯定

《民事诉讼法》第63条明确规定，电子数据属于法定证据种类之一。根据《最高人民法院关于适用〈中华人民共和国民事诉讼法〉的解释》第116条，电子数据是指通过电子邮件、电子数据交换、网上聊天记录、博客、微博客、手机短信、电子签名、域名等形成或者存储在电子介质中的信息。

在司法实践层面，对于电子合同的证据效力认定规则同传统证据并无二致，

主要从合法性、真实性、关联性三个方面进行考量，具体而言：

（1）符合《电子签名法》第4条、第5条、第6条以及第8条要求的数据电文，可以认定为符合证据合法性以及真实性要件。根据《最高人民法院公报》2018年第3期所载案例（2017）最高法民再134号，法院将结合生成、储存、传递方法的可靠性、保持内容完整的可靠性、鉴别发件人、收件人方法的可靠性等因素综合认定。同时，（2015）粤知法专民初字第244号案件判决书中也指出，图片电子证据分别储存在腾讯公司及中国移动的服务器上，上述两家公司是具有很高知名度互联网服务商，其网络系统较为稳定可靠，文件上传时间由系统自动生成，用户无法对时间及上传至服务器中的图片进行编辑修改，可信度高。

（2）能够与其他证据相互印证、形成完整证据链的数据电文，可以认定为符合关联性要求。最高人民法院在（2016）最高法民再179号中指出，由于电子邮件证据在产生及存储过程中的可靠性较低，在没有其他证据佐证的情况下，一审法院难以认定其真实性。广东省高级人民法院在（2017）粤民申9841号案中，法院论证业务提成表、合同书、银行转账凭证与出纳人员的QQ聊天记录可以相互印证形成证据链，浙江省高级人民法院在（2017）浙民终817号一案中亦做出了相同理解。

（3）公证机构出具的《公证书》可以作为证据使用，并具有较强证明力，同时法律并未规定数据电文作为证据使用需经公证程序。根据《民事诉讼法》第69条的规定，经过法定程序公证证明的法律事实和文书，人民法院应当作为认定事实的根据，但有相反证据足以推翻公证证明的除外。最高人民法院在（2017）最高法行申8622号案中指出，审查判断以公证书形式固定的电子邮件等相关电子证据的真实性与证明力时，在审查证据的基础上，如果确信现有证据能够证明待证事实的存在具有高度可能性，对方当事人对相应证据的质疑或者提供的反证不足以实质削弱相关证据的证明力，不能影响相关证据的证明力达到高度盖然性的证明标准的，应该认定待证事实存在。另外，公证机构出具的《公证书》或是司法鉴定机构出具的《司法鉴定报告》，能够达到前述合法性、真实性、关联性要求的，亦可作为证据使用。

二、签名可靠性认定标准司法实践和法律规定同中有异

在签名可靠性方面，满足何等条件的电子签名能被认定为是可靠的电子签名，从而起到《电子签名法》第14条所规定的“与手写签名或者盖章具有同等的法律效力”的效果，在法律规定和司法实践中存在细微的差别。

《电子签名法》第13条对于可靠的电子签名做出了具体的技术要求,可总结为三点:专有性、可控性与改动可发现性。然而,司法实践中采用的标准却有所不同。以浙江省高级人民法院(2008)浙民二终字第154号民事判决书与深圳市中级人民法院(2014)深中法商终字第249号民事判决书为例,两个案例相隔6年,且审级与审理法院都不尽相同,但在对电子签名的认定上都采取了"私有性、唯一性和秘密性"标准,认为在自动取款、网络银行等电子化交易服务中,私人密码具有私有性、唯一性和秘密性,具备对交易者身份进行鉴别的功能,从而起到电子签名的作用。上述两个案例的事实及判决如表2-8-2所示。

表2-8-2 相关案例的事实及判决

案号	事实	判决
(2008)浙民二终字第154号	(1)新华公司向杨国新提供电子化期货交易服务,约定杨国新必须自行更改、妥善保管并适时更换交易密码。 (2)在自动交易系统中,私人密码结合交易编码、资金账号等其他要素可识别出交易者身份	(1)具有私有性、唯一性和秘密性特征的私人密码具有对交易者身份进行鉴别即数字签名(电子签名)的功能。 (2)或许本人会无意将私人密码泄露,或许在操作时被窥视……无论是哪一种情形,均是本人的行为所致,与交易对方无关,应由本人承担私人密码使用的责任
(2014)深中法商终字第249号	(1)中行锦绣支行作为涉案借记卡的发卡银行,未能识别出伪卡。 (2)本案借记卡凭密码交易,涉案交易为在ATM上取现。仅有伪造的银行卡尚不足以导致持卡人的存款被盗刷,还必须具备持有交易密码这一条件	(1)银行卡密码具有私有性、唯一性和秘密性。正常情况下,银行卡信息尤其是密码为持卡人设定并仅为其掌握,同持卡人身份证、签名一样,具有身份识别功能,是持卡人进入电子交易系统的钥匙或身份凭证,从而起到电子签名的作用。 (2)实践中,就单个银行卡而言,个人用卡不当所致泄密是大概率事件,而银行系统问题导致密码泄露是小概率事件。因此,持卡人对密码应当负有比一般财产更加严格的保管和保密的义务,才符合银行卡领用法律关系的特征

如图 2－8－5 所示，法律规定与司法实践的要求同中有异。

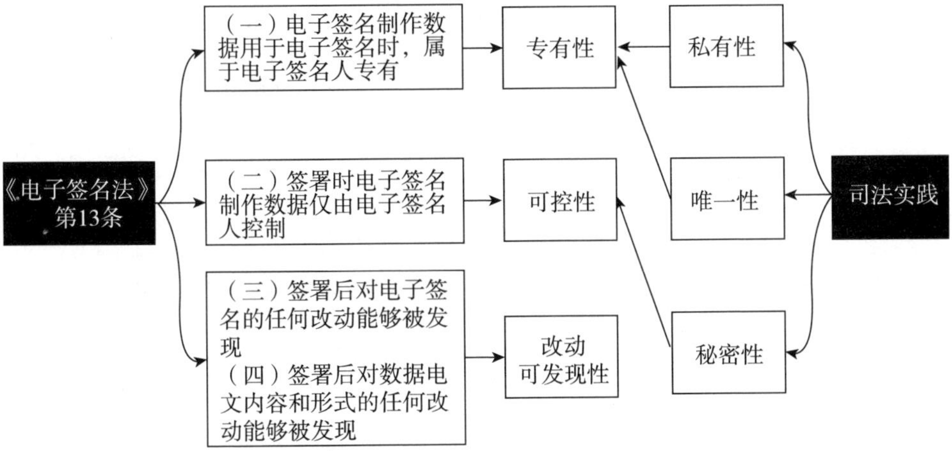

图 2－8－5　法律规定与司法实践要求的对比

表 2－8－3　可提供数字证书服务机构名单（截至 2018 年 10 月）

名　称	所在省份	名　称	所在省份	名　称	所在省份
山东省数字证书认证管理有限公司	山东	江苏省电子商务服务中心有限责任公司	江苏	江西省数字证书有限公司	江西
中金金融认证中心有限公司	北京	东方中讯数字证书认证有限公司	重庆	中网威信电子安全服务有限公司	北京
北京天威诚信电子商务服务有限公司	北京	浙江省数字安全证书管理有限公司	浙江	北京中认环宇信息安全技术有限公司	北京
陕西省数字证书认证中心有限责任公司	陕西	福建省数字安全证书管理有限公司	福建	湖南省数字认证服务中心有限公司	湖南
吉林省安信电子认证服务有限公司	吉林	新疆数字证书认证中心（有限公司）	新疆	中铁信弘远（北京）软件科技责任有限公司	北京
广东省电子商务认证有限公司	广东	华测电子认证有限责任公司	河南	卓望数码技术（深圳）有限公司	广东
数安时代科技股份有限公司	广东	北京国富安电子商务安全认证有限公司	北京	河南省信息化发展有限公司	河南

续表

名　称	所在省份	名　称	所在省份	名　称	所在省份
上海市数字证书认证中心有限公司	上海	安徽省电子认证管理中心有限责任公司	安徽	东方新诚信数字认证中心有限公司	湖南
北京数字认证股份有限公司	北京	河北省电子认证有限公司	河北	广西壮族自治区数字证书认证中心有限公司	广西
辽宁数字证书认证管理有限公司	辽宁	西部安全认证中心有限责任公司	宁夏	沃通电子认证服务有限公司	广东
湖北省数字证书认证管理中心有限公司	湖北	山西省数字证书认证中心(有限公司)	山西	贵州省电子证书有限公司	贵州
颐信科技有限公司	北京	深圳市电子商务安全证书管理有限公司	广东	云南省数字证书认证中心有限公司	云南
北京世纪速码信息科技有限公司	北京	山东云海安全认证服务有限公司	山东	内蒙古网信电子认证有限责任公司	内蒙古
苏博云科数字认证有限公司	湖南	四川省数字证书认证管理中心有限公司	四川	黑龙江省数字证书认证有限公司	黑龙江
天津市滨海数字认证有限公司	天津	—	—	—	—

CHAPTER 9

第九章

人工智能

随着新一轮科技革命和产业变革的萌发，科技渗入了金融行业的各项业务，正不断颠覆人们对金融服务的认知。人工智能，与大数据、云计算、区块链一起，共同作为智能金融的四大关键技术，进一步催化了科技与金融的有机结合，使智能化成为技术和产业发展的重要趋势。

理论算法的革新、计算能力的提升及网络设施的演进驱动人工智能领域发展进入新阶段，人工智能本身所具有的赋能属性，改变了包括人类起居、教育、医疗、金融和安防等各个领域。

第一节　人工智能的定义

回顾人工智能的发展历程，从1956年第一次在美国达特茅斯学院举行的人工智能夏季研讨会出现人工智能这个概念，在60年的历史中，人工智能的发展大致划分为三个阶段：①第一阶段，1956～1980年，人机交互开始成为可能，但是由于基础的数学模型和计算手段的限制，使初期的产品只能执行指定的工作；第二阶段，1980年后，各国基于计算机的投入和研究，设计出了一种比通用计算机执行效率更高的Lisp计算机，但是由于该计算机本身成本过高及普通的个人电脑的推广，使人工智能的硬件市场出现了明显的萎缩；第三阶段，大数据时代，人工智能所基于的物理和信息空间都不同程度上促进了人工智能新的发展，人工智能与互联网、大数据和云计算等新一代信息技术的互相结合，极大地推动了人工智能的发展。人工智能的各项技术已经无处不在，包括计算机视觉、自然语言处理、机器学习在实践中已经被利用于人类生活的各个场景，比如虚拟代理、身份分析、推荐系统和数据可视化等。人工智能的发展阶段如图2－9－1所示。

尽管人工智能这个词语本身已为世人所津津乐道，但对于什么是人工智能，尚没有一个为大众所普遍接受的定义。当提起什么是人工智能时，机器学习、电脑、系统化、大数据、程序、自动化等，通常都会被用来描述人工智能。

① 参见中国电子学会：《新一代人工智能发展白皮书》，2017年。

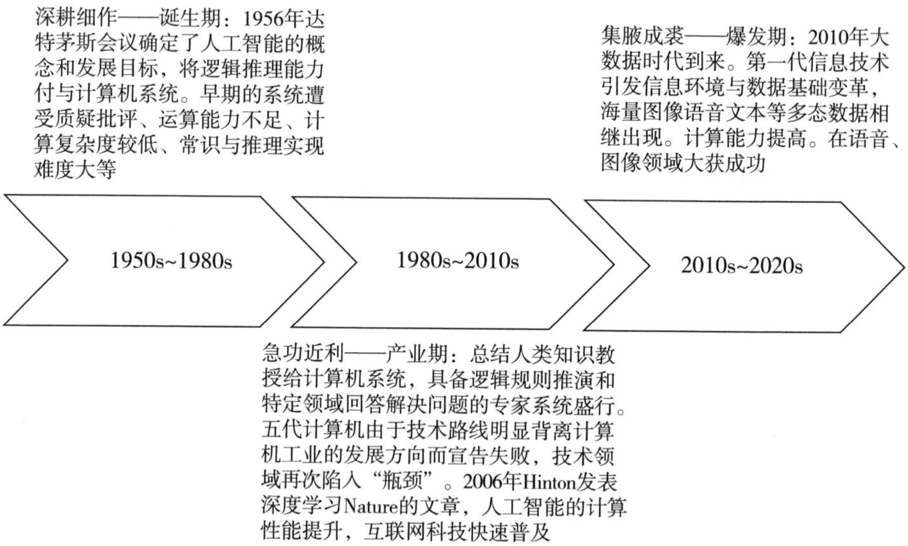

图 2－9－1　人工智能的发展阶段

英国上议院基于对人工智能行业的广泛调研，①总结出了目前人工智能领域内较为常见和通用的术语，我们将其中重要的几点列示表 2－9－1 中，以更好地帮助理解人工智能的内涵。

表 2－9－1　人工智能领域内常见和通用的术语

运算规则（algorithm） 通过计算机发出的一系列用以执行计算或解决问题的指令。由于指令是计算机可为一切事务的基础，因而也决定了运算规则是所有人工智能系统中的基础因素
机器学习（machine learning） 人工智能的一种特殊形式，以使计算机能够从经验中学习和提高而无须对计算机进行编程。基于一定数量的数据，一项机器学习的运算规则可以学习进行预测或是解决问题，比如识别图片中的物体或是赢得特定的比赛
神经网络（neural network） 神经网络同时也可称为人工神经网络，是通过人脑结构而激发的一种典型的机器学习。神经网络由简单的处理结点或“人工神经元”组成，并在不同层面上互相链接。每一个结点将从它上一层的无数结点中收取数据并传输给其下一层的结点。结点对其接收的数据赋予一个“权重”并附加数据的价值。如果某项数据没有通过一定的阈值，则该数据不会被传输到下一个结点。每一个结点的权重和阈值在进行运算规则时将被予以调整直至相似数据输入均产生一致的输出

① 参见 House of Lords Select Committee on Artificial Intelligence AI in the UK：ready，willing and able?

续表

深度学习(deep learning) 深度学习是神经网络最新的变革,适用多层人工神经来解决更加困难的问题。它经常被用来从图像、文本或声音中对不同的信息予以分类

结合上述内容,人工智能的内涵至少可以理解为是一项让机器模仿人类的智力活动,使机器能够展现出类似人类行为的特征,包括感知力、理解力、行动力和决策力的技术。

第二节 人工智能的技术要素

我国科技部在2017年公布了首批四家国家人工智能开放创新平台名单,分别为百度的自动驾驶,阿里云的城市大脑,腾讯的医疗影像和科大讯飞的智能语音,这些无一不是人工智能的具象化应用。任何一个产业链,必然是基于最根本的技术,到具体的产品,再构成实际的产业(见图2-9-2)。也正是由于人工智能发展所处的信息环境和数据基础发生了巨大的变化,因此也决定了数据、运算力和算法技术正成为推动人工智能发展的三大技术要素。

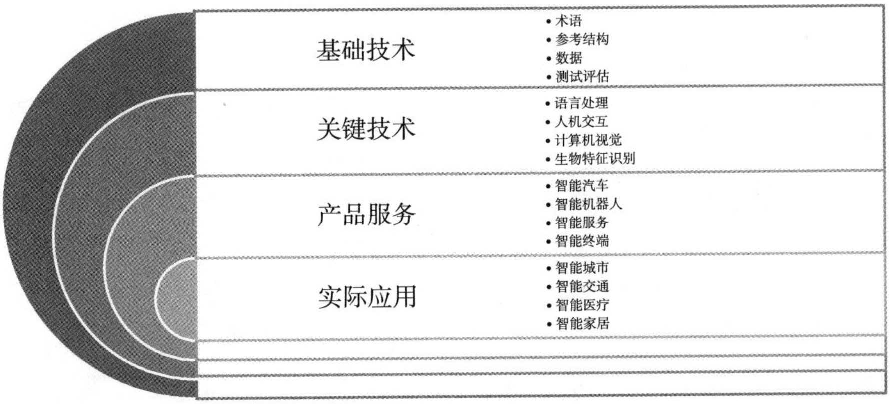

图2-9-2 人工智能的应用链

一、数据量

互联网在快速发展过程中提供了种类丰富的各类数据资源,根据中国电子学会2017年发布的《新一代人工智能白皮书》,预计在2020年这些数据将达到44万亿 GB,其中中国的数据量输出将占全球总量的 1/5。数据作为人工智能行业发展的燃料,毫无疑问是重要的基石。

实践过程中,人工智能行业并不能直接使用这些海量的数据,原因在于大部分数据是非结构化和非标准化的。因此为了实现原始数据的可适用性,产生了专门从事数据处理和标注的公司。这类专业数据标注公司根据不同的用户需求,收集数据资源并将相应的数据进行标注。以交通行业为例,数据标注公司可以提供如下数据标注服务(见表 2 -9 -2)。

表 2 -9 -2　交通行业数据标注公司提供的数据标注服务

标注类型	实际案例
线标注	车道线
边框标注	汽车/行人等
3D 边框标注	汽车
语义分割	汽车拍摄图像
跟踪标注	汽车运动轨迹

经过结构化处理后的数据,就可以进一步被其他人工智能的公司使用,用来进行算法模型的训练。

二、运算力

运算力可以理解为数据的处理速度,仅有大量数据并不能解决实际的问题,因此需要有效地处理和计算这些数据,以解决某项实际的需求或问题。相比于日常熟悉的电脑核心设备——CPU,大量专用芯片,如 GPU(Graphics Processing Unit)、NPU(Network Processing Units)和 FPGA(Field Programmable Gate Array)等在人工智能行业被予以广泛使用。这些芯片相较于 CPU,不但大大提升了对包括数据、图像等多样化数据的处理效率,同时还更为低耗能,使数据处理速度不再成为人工智能发展的“瓶颈”,各类芯片的特征及适用领域如表 2 -9 -3 所示。

表 2 -9 -3　各类芯片的特征及适用领域

种　类	特　征	领　域
CPU	通用计算(如逻辑控制、串行运算等)	云端
GPU	并行运算(如 3D 图像处理)	云端训练

续表

种　类	特　征	领　域
DSP	各种数字信号处理	端侧推理
FPGA	可编程芯片	云端
ASIC	可定制计算能力和效率	推理
类脑芯片	并行和分布式信息处理	端侧推理

三、算法技术

算法可以理解为在有限步骤内求解某一问题所使用的一组规则，在人工智能领域算法可以理解成计算机的运算规则。以 AlphaGo 和柯洁的围棋人机大战为例，AlphaGo 最终险胜的这一结果不仅取决于前期人类大量棋谱（数据）的大量输入和学习，更在于 AlphaGo 的算法技术。人工智能通过开源算法框架和创新，降低了传统算法和人类手动总结经验和特征的不全面或不完备性，从而获得了更为高效的输出结果。

如果说数据是人工智能行业的燃料，运算力是车轮，算法技术则是发动机，三者共同推动了整个人工智能行业的快速前进。

第三节　人工智能的政策环境

人工智能已成为数字经济发展最重要的驱动力，各国的人工智能发展战略也不只强调专业领域的突破和创新，而是更加关注人工智能给经济和社会发展带来的影响。我国在近年来也出台了支持人工智能发展的各项政策，以积极推进人工智能在各个细分领域的发展。我国近年来出台的相关政策如表 2－9－4 所示。

表 2－9－4　我国出台的相关政策

时　间	颁布主体	文　件	相关内容
2015 年 7 月	国务院	《国务院关于积极推进“互联网＋”行动的指导意见》	明确人工智能作为 11 个重点布局的领域之一
2016 年 8 月	国务院	《“十三五”国家科技创新规划》	智能制造和机器人成为重大工程之一

续表

时间	颁布主体	文件	相关内容
2016年5月	国家发展和改革委员会、科学技术部、工业和信息化部和中央网信办	《"互联网+"人工智能三年行动实施方案》	明确了要推进重点领域的智能产品创新,推动人工智能的规模化应用
2017年7月	国务院	《新一代人工智能发展规划》	确定"三步走"战略目标,第一步,到2020年人工智能总体技术和应用与世界先进水平同步;第二步,到2025年人工智能基础理论实现重大突破;第三步,到2030年人工智能理论、技术与应用总体达到世界领先水平
2017年12月	工业和信息化部	《促进新一代人工智能产业发展三年行动计划(2018~2020年)》	确定四大行动目标,即人工智能重点产品规模化发展,人工智能整体核心基础能力显著增强,智能制造深化发展,和人工智能产业支撑体系基本建立
2018年11月	工业和信息化部办公厅	《新一代人工智能产业创新重点任务揭榜工作方案》	配合《促进新一代人工智能产业发展三年行动计划(2018~2020年)》的具体落实,明确了智能产品、核心基础、智能制造关键技术装备和支撑体系四部分详细的揭榜任务和预期目标,并细化各环节落地的具体步骤

从中国现有的政策导向来看,对于目前人工智能的总体发展思路还是在于技术与产业的深度融合,并侧重于智能产品、智能核心基础和智能制造的培养、推动和建设,强调人工智能的发展要达到世界领先水平。

与此同时,世界其他主要国家也在加紧布局人工智能在各个领域的运用且各有侧重,美国作为人工智能领域的巨头,近几年的发展重点和政策导向尤其值得关注(见表2-9-5)。从奥巴马执政期间所颁布的人工智能白皮书到特朗普政府于2019年2月启动的《美国人工智能倡议》,无不体现出美国对人工智能发展的高度重视,在政府层面制订人工智能计划,在国家战略层面加紧人工智能的布局,以确保美国在人工智能全球化演变过程中享有一定的话语权。

表2-9-5　美国关于人工智能的相关政策

时　间	文　件	相关内容
2016年10月	《美国国家人工智能研究和发展战略计划》(The National Artificial Intelligence Research and Development Strategic Plan)	确定七大战略,包括了人工智能的基础研究战略;人机交互战略;人工智能的社会学战略;人工智能的安全战略;适用于人工智能发展的数据和环境战略;评估人工智能技术标准的战略;了解人工智能研发的人力战略
2016年10月	《为未来人工智能做好准备》(Preparation for the Future of Artificial Intelligence)	提出应加大对人工智能的研究和投入以提高政府长期应对挑战的能力,各界应该参与到人工智能的发展和实践过程,关注人工智能的发展潜力并管理它的风险
2016年12月	《人工智能、自动化和经济》(Artificial Intelligence, Automation, and the Economy)	评估了人工智能驱动的自动化对经济的预期影响,提出政府将会面临由人工智能所驱动的自动化经济带来的各方面挑战,因此应制定对应的政策来投资和开发人工智能的优势,同时确保转型期间的工人享有相应的权利并释放和挖掘劳动力市场自身的创造力
2018年9月	《机器崛起:人工智能及其对美国政策不断增加的影响》(Rise of the Machines Artificial Intelligence and Its Growing Impact on U. S. Policy)	提出人工智能的技术尚未成熟,在实践过程中对整个国家的经济发展和福利存在诸多不确定性,特别是在处理大量数据时涉及的隐私及恶意使用等问题,建议政府在政策制定过程中应谨慎地考虑人工智能对公众安全可能带来的风险
2019年2月	《维护美国人工智能领导地位的行政令》(Executive Order on Maintaining American Leadership in Artificial Intelligence)	强调美国在人工智能领域的持续领导对于维护美国的经济和国家安全的重要性,将基于五项原则,维持和巩固美国作为人工智能研发和部署的领导地位

整体来看,中美两国对人工智能发展前景的宏观方向基本一致,在政策工具的使用上也有许多相似之处,但美国更为关注人工智能对伦理、法律和社会的影响,注重开发对整个社会发展有正向和积极作用的人工智能,着眼于人工智能从技术向社会的扩展,促使人工智能产业变得越来越全球化。

第四节　人工智能的金融运用场景

人工智能的健康发展,首先必须要有场景驱动。为打破虚拟经济的泡沫,人工智能在应用过程中首要考虑的是它可以解决什么问题,降低了多少社会成本。而在追求效率的金融行业,人工智能通过人脸识别、智能客服、人机交互等技术,正在大幅度改变现有金融行业的格局,将智能化融入金融服务中,帮助金融业更为有效地锁定目标客户、筛选客户、获得客户、服务客户。

本节将主要通过解析人工智能在金融领域的场景运用,来探索金融科技时代,人工智能与大数据、云计算、区块链等新技术,是如何让金融行业更具有想象力。

一、智能客服

智能客户服务包含了两个重要的特征,一个是实现人机交互,即让客户在与计算机的交流过程中,计算机通过图像识别、语音识别和社交数据能够准确地理解客户的需求,并用人类自然化的语言与客户交流并提供服务;另一个则可视为机器学习的具体运用,就同一类型服务诉求的方式和内容,通过客户的反馈来进行自我学习的优化。

智能客户服务已经在不少传统的金融业务中投入使用,比如网上银行的7/24小时的网上客服咨询、对公客户的自助开户服务等,保险公司使用智能客服进行个性化销售对话、处理理赔解决方案等。传统金融行业,通过植入语音识别、语音合成、语义理解等人工智能技术,实现了智能问答、营销等传统由人工所提供的服务,进一步拓展了客服领域的深度和广度。在实践中,智能客服可以帮助节省出80%的人力,减少人工的重复性输入,大幅度地提升了金融领域的工作效率。

二、智能风控

大数据时代,金融机构可以通过多重技术手段,如人脸识别技术、语音识别技术、交易习惯画像等,搭建反欺诈、信用风险等模型,从获客到贷后监管实现对整个交易流程进行全方位的监督,识别出潜在的欺诈风险,控制金融机构的信用风险并提高整个交易的安全性,避免资产损失。

人工智能在个人信贷领域的全链条智能化体现在:第一,在获客阶段,通过对用户基本信息(如年龄、学历、职业、收入等)的数据采集,区分不同的客户群,产生特定的用户画像。同时通过关键词的设置(如贷款、房屋、养老金、车险等)进一步区分不同客户群的资金需求类型。在经过各类身份证件、银行卡等证件票据的OCR识别等技术手段,对用户身份等多层次的风险评估和验证,大幅降低核验成本。第二,放款阶段,会通过多种渠道进行验证。较为常见的一种模式是,由金融机构的人工客服,以电话形式主动并及时地与客户进行对接,并进一步进行相关信息的确认。第三,贷后监管阶段,金融机构可以基于对用户交易习惯的大数据,比如用户的登录时间、登录设备、登录类型和IP等,甚至于用户的资金关系和社交关系等,更为精准并实时地判断交易的安全性,避免资产的损失。人工智能在个人信贷领域的全智能化流程如图2-9-3所示。

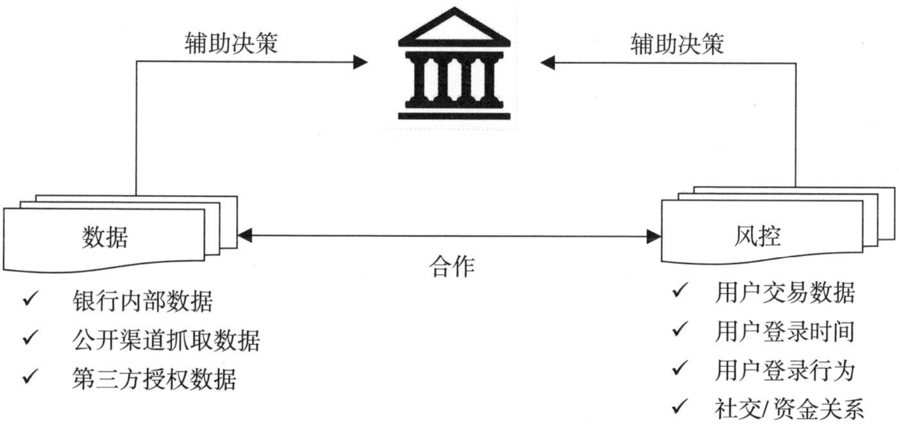

图2-9-3 人工智能在个人信贷领域的全智能化流程

三、智能投顾

智能投顾是指利用人工智能技术为客户提供不同资产投资的方案。具体而言,基于大数据和算法能力,综合客户的年龄、风险偏好、投资理财的经验,对用户进行标签化,同时通过数据模型分析金融资产的收益、风险及周期性等特征,向客户提供投资策略,以便将客户的投资需求和投资策略进行最优匹配。人工智能技术为客户提供投资方案的过程如图2-9-4所示。

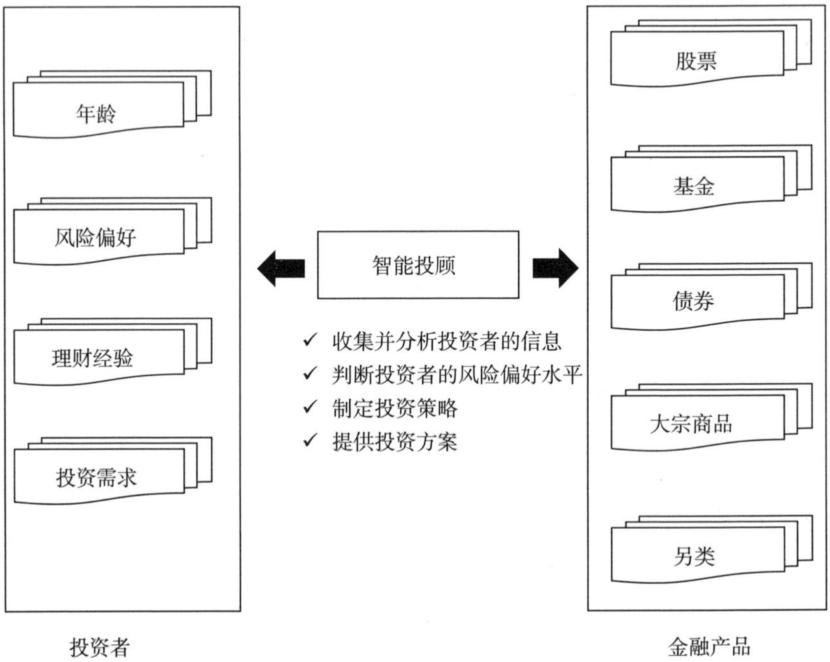

图 2-9-4　人工智能技术为客户提供投资方案的过程

在互联网金融日益深化发展的今天,在资产和资金的配给过程中,智能投顾相当于扮演了传统的高净值人士的私人财富管理经理的角色,将此前与客户面对面、深入及长时间的沟通转换成为更为高效和标准化的投资理财方案。但与此同时,也存在人机交互过程中信息的真实有效,宏观政策的实时把握不够全面等问题。传统投顾与智能投顾的比较如表 2-9-6 所示。

表 2-9-6　传统投顾与智能投顾的比较

项　目	传统投顾	智能投顾
目标群体	高净值人士	全民
媒介	人与人面对面	机器人顾问
模式	客户↔投资经理↔后台技术↔投资经理↔客户	客户⇆机器人顾问

我国的智能投顾业务和创业公司在 2014 年前后开始涌现,目前银行系、基金系、大型互联网公司系和第三方创业公司都在智能投顾上有所应用。需要注意的是,《关于规范金融机构资产管理业务的指导意见》的出台,明确将运用人工智能技

术开展投资顾问业务纳入监管范围。根据《关于规范金融机构资产管理业务的指导意见》第23条的规定,运用人工智能技术开展投资顾问业务应当取得投资顾问资质,非金融机构不得借助智能投资顾问超范围经营或者变相开展资产管理业务。简言之,智能投顾作为一项资产管理业务应取得相应的牌照方可进行,非金融机构不得以智能投顾的名义提供变相的资产管理服务,但目前对于非金融机构开展智能投顾业务需取得何种牌照及相应的资质要求尚未出台明确的规定。

值得一提的是,对于仅涉及证券投资的智能投顾业务,证监会在2011年已颁布了相关的牌照要求。根据《证券投资顾问业务暂行规定》,从事证券投资顾问应当具有证券投资咨询机构的资质。所谓的证券投资顾问业务是指向客户提供涉及证券及证券相关产品的投资建议服务,辅助客户做出投资决策。投资建议服务内容包括投资的品种选择、投资组合以及理财规划建议等。鉴于智能投顾所推荐的投资理财产品组合中涉及多个产品,而目前尚没有具体的法规对智能投顾业务进行细化规范,因此在判断开展智能投顾业务所需的资质要求时应从具体金融产品种类入手,分析提供智能投顾服务的机构应取得的对应资质,如证券投资咨询机构牌照等,以符合具体的合规要求。

综上而言,智能投顾通过人工智能的技术手段,把传统的投资理财的专业性服务,做成标准化、智能化和线上化的产品,将为更多的普通用户提供定制的财富管理服务,具有普惠金融的适用价值。但也正是考虑到智能投顾在降低金融服务的门槛的同时也在引入更多的高风险客户群体,因此监管机构更担心其可能引发的金融风险,因此对智能投顾的监管态度更为谨慎,其不仅需要严格遵守关于投资者适当性、投资范围、信息披露、风险隔离等规定外,还要对所适用的人工智能模型和参数进行报备。

四、智能核保和定损

继财富管理领域引入智能投顾之后,保险行业也在积极尝试利用人工智能技术服务,其中较为典型的应用即为智能核保和智能定损。

智能核保通过对大规模的数据的训练,进行智能分类并予以自动化评估,最终输出报告。以用户在投保过程中健康状况的调查为例,智能投保为投保人提供了更多的投保选择,而不再只有传统核保中承保和拒保两种结果。当被保险人有部分条件不符合时可以通过智能核保的流程进行进一步的智能结果筛选,得出被保险人是否可以获准投保的结论。

智能定损则主要运用于车险中,根据保险会的数据,2017 年财产险的保费收入中车险占比为 70% 左右,可见车险市场具有巨大的利润空间。在车险理赔中最重要的环节即为定损,人工智能技术加持的智能定损技术,通过物联网技术的运用,利用图像识别技术和深度学习技术,通过大量的理赔案例和算法模型,拦截理赔过程中的欺诈风险,结合科技手段评估事故损伤所对应的理赔方案。相较于人工定损,智能定损不仅加快了整个定损流程的效率,同时也降低了险企的综合成本。

人工智能,通过智能实现人类思维在社会、经济和生活上的成果并衍生人类的智慧,正在从点滴中改变着人类的生活和工作模式。从人工智能金融化应用的视角切入,人工智能对于金融机构和用户来说是一个双赢,就金融机构而言,从精准获客,到客户服务,再到实时风控,在大幅提升了工作的效率同时也增加了安全性;而就用户而言,人工智能进一步扩大了金融服务的覆盖面,让更多的大众享受到了智能化金融带来的快捷和便利。

CHAPTER 10
第十章
网络安全

截至2018年12月,我国网民规模达8.29亿人,手机网民规模达8.17亿人,互联网普及率达到59.6%,超过全球平均水平和亚洲平均水平。① 但随着互联网应用的深化、网络空间战略地位的日益提升,网络空间已经成为国家或地区安全博弈的新战场。我国面临的安全问题日益复杂,敲诈勒索病毒盛行,分布式拒绝服务攻击事件峰值流量持续突破新高,联网智能设备面临的安全威胁加剧,工业控制系统安全风险在加大,对我国实现建设成为网络强国目标不断提出新的挑战。②

在本章中,我们将从我国网络安全立法和监管、基本制度以及互联网金融领域的网络安全合规事宜等方面,对网络安全进行介绍和分析。

第一节 网络安全立法和监管概述

2017年6月1日,《网络安全法》正式实施。该法是我国第一部全面规范网络安全的基础性法律,在法律层面维护了我国国家网络空间主权和国家安全,保障了人民群众在网络空间的利益。

在《网络安全法》出台之前,关于网络安全保护的规则散落在各部门规章等规定中,关于网络安全保护的监管亦由多个执法机构进行。《网络安全法》的出台在一定程度上梳理了我国在网络安全保护与监管方面的立法,明确了各执法机构在网络安全保护与监管方面的职责和权限。

一、网络安全保护和监管部门

《网络安全法》明确规定,国家网信部门负责统筹协调网络安全工作和相关监督管理工作。国务院电信主管部门、公安部门和其他有关机关依照本法和有关法律、行政法规的规定,在各自职责范围内负责网络安全保护和监督管理工作。③ 具

① 参见中国互联网络信息中心:《第41次中国互联网络发展状况统计报告》。

② 参见国家计算机网络应急技术处理协调中心:《2017年我国互联网网络安全态势综述》,2018年4月,载 http://www.cac.gov.cn/wxb_pdf/2018year/situation.pdf。

③ 《网络安全法》第8条。

体内容如图 2 - 10 - 1 所示。

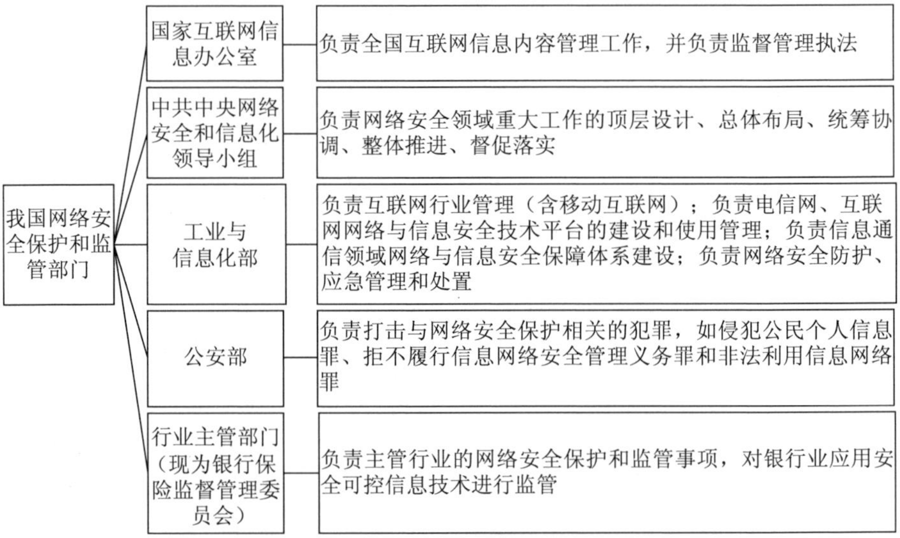

图 2 - 10 - 1　我国网络安全保护和监管部门及具体职责

二、网络安全主要立法概述

目前，我国在网络安全方面的主要立法情况如表 2 - 10 - 1 所示。

表 2 - 10 - 1　我国在网络安全方面的主要立法情况

主要法律法规	主要内容
《网络安全法》	《网络安全法》由全国人大常委会于 2016 年 11 月 7 日颁布，已于 2017 年 6 月 1 日生效，是我国第一部全面规范网络安全的基础性法律。其主要适用于中国境内建设、运营、维护和使用网络以及网络安全的监督管理，明确了网络空间主权原则，正式确立了网络安全等级保护制度，完善了个人信息保护的原则，建立了关键信息基础设施安全保护制度和关键信息基础设施重要数据跨境传输的规则
《国家网络安全事件应急预案》	《国家网络安全事件应急预案》由中央网络安全和信息化领导小组办公室于 2017 年 1 月 10 日发布并实行。其对网络安全事件的监测与预警、网络安全事件的应急处置、特别重大网络安全事件的调查与评估、网络安全事件的预防作了规定

续表

主要法律法规	主要内容
《网络产品和服务安全审查办法(试行)》	《网络产品和服务安全审查办法(试行)》由国家互联网信息办公室于2017年5月2日发布,已于2017年6月1日与《网络安全法》同步生效。其主要对关系国家安全的网络和信息系统采购的重要网络产品和服务的网络安全审查作了规定,主要对网络安全审查的审查体系、审查对象、审查内容等作了原则性规定
《网络关键设备和网络安全专用产品目录(第一批)》	《网络关键设备和网络安全专用产品目录(第一批)》由国家互联网信息办公室等四部门于2017年6月1日发布并实行。其公布了第一批列入《网络关键设备和网络安全专用产品目录》的设备和产品,要求这些设备和产品应当按照相关国家标准的强制性要求,由具备资格的机构安全认证合格或者安全检测符合要求后,方可销售或者提供
《网络安全等级保护条例(征求意见稿)》	《网络安全等级保护条例(征求意见稿)》由公安部于2018年6月27日发布并面向社会公开征求意见,截至目前暂未发布正式文本。其将网络分成五个安全保护等级,对网络实施分等级保护、分等级监管;对于涉密网络,其要求根据国家保密规定和标准,结合系统实际进行保密防护和保密监管。其要求网络运营者应当依法开展网络定级备案、安全建设整改、等级测评和自查等工作,采取管理和技术措施,保障网络基础设施安全、网络运行安全、数据安全和信息安全
《个人信息和重要数据出境安全评估办法(征求意见稿)》	《个人信息和重要数据出境安全评估办法(征求意见稿)》由国家互联网信息办公室于2017年4月11日发布并面向社会公开征求意见,截至目前暂未发布正式文本。其要求所有网络运营者在中国境内运营中收集和产生的个人信息和重要数据,应当在境内存储;因业务需要,确需向境外提供的,应当进行安全评估。同时,其对安全评估的内容、方式和数据不得出境的情形等内容作了规定
《关键信息基础设施安全保护条例(征求意见稿)》	《关键信息基础设施安全保护条例(征求意见稿)》由国家互联网信息办公室于2017年7月10日发布并面向社会公开征求意见,截至目前暂未发布正式文本。其主要对关键信息基础设施的范围、关键信息基础设施运营者的安全保护义务、关键信息基础设施运营者采购和使用产品和服务的安全义务作了规定

此外,国家互联网信息办公室作为互联网信息内容管理工作的监管部门,就互联网内容安全保护,亦先后发布了一系列互联网信息内容安全相关的规范性文件,如《互联网信息内容管理行政执法程序规定》《互联网新闻信息服务管理规定》《互联网新闻信息服务许可管理实施细则》等。全国信息安全标准化技术委员会作为网络安全标准的制定机构,亦发布了或正在积极制定网络安全相关的国家标准,如

《信息安全技术 个人信息安全规范》《关键信息基础设施安全检查评估指南(征求意见稿)》等。

第二节 网络安全监管的基本制度及主要要求

一、网络安全等级保护

(一)网络安全等级保护制度的界定

《网络安全法》明确规定,国家实行网络安全等级保护制度。为保障网络免受干扰、破坏或者未经授权的访问,防止网络数据泄露或者被窃取、篡改,网络运营者[①]应当按照网络安全等级保护制度的要求,从内部制度建设、人员设置以及技术措施等方面履行其安全保护义务,包括:第一,按照网络安全等级保护制度的要求,制定内部安全管理制度和操作规程,确定网络安全负责人,落实网络安全保护责任;第二,按照网络安全等级保护制度的要求,采取如下技术措施:(1)防范计算机病毒和网络攻击、网络侵入等危害网络安全行为的技术措施;(2)监测、记录网络运行状态、网络安全事件的技术措施;(3)数据分类、重要数据备份和加密等措施。[②]

这是我国第一次在法律层面上提出"网络安全等级保护制度"这一概念,但是《网络安全法》并未就该制度进行详细阐述,也未就"网络安全等级"的具体划分和确定作出说明。根据《网络安全等级保护条例(征求意见稿)》,网络安全等级保护根据网络在国家安全、经济建设、社会生活中的重要程度,以及其一旦遭到破坏、丧失功能或者数据被篡改、泄露、丢失、损毁后,对国家安全、社会秩序、公共利益以及相关公民、法人和其他组织的合法权益的危害程度等因素确定其安全等级,进而根据其网络安全等级履行相关安全保护义务。[③]

(二)违反网络安全等级保护制度要求的安全保护义务的法律责任

根据《网络安全法》,网络运营者未按照网络安全等级保护制度的要求履行相关安全保护义务的,将面临责令改正、警告、1 万元以上 10 万元以下等行政处罚;其

① 根据《网络安全法》第 76 条,网络运营者包括网络的所有者、管理者和网络服务提供者。
② 《网络安全法》第 21 条。
③ 《网络安全等级保护条例(征求意见稿)》第 5 条。

直接负责的主管人员将面临5000元以上5万元以下罚款的行政处罚。①

二、关键信息基础设施

（一）关键信息基础设施的界定

关键信息基础设施（Critical Information Infrastructure, CII）保护制度的目的是要确保涉及国家安全、国计民生、公共利益的信息系统和设施的安全，与等级保护制度相比所涉及的范围相对较小。从各国的情况看，要具体明确关键信息基础设施相当复杂，是一个在实践中不断完善、不断调整的过程。②

《网络安全法》明确规定，国家对于一旦遭到破坏、丧失功能或者数据泄露，可能严重危害国家安全、国计民生、公共利益的关键信息基础设施，在网络安全等级保护制度的基础上，实行重点保护，包括公共通信和信息服务、能源、交通、水利、金融、公共服务、电子政务等重要行业和领域的关键信息基础设施。③

2017年7月10日，国家互联网信息办公室发布《关键信息基础设施安全保护条例（征求意见稿）》，该征求意见稿进一步扩大了关键信息基础设施的范围，规定如下单位运行、管理的网络设施和信息系统应当纳入关键信息基础设施的保护范围：第一，政府机关和能源、金融、交通、水利、卫生医疗、教育、社保、环境保护、公用事业等行业领域的单位；第二，电信网、广播电视网、互联网等信息网络，以及提供云计算、大数据和其他大型公共信息网络服务的单位；第三，国防科工、大型装备、化工、食品药品等行业领域的科研生产单位；第四，广播电台、电视台、通讯社等新闻单位；第五，其他重点单位。与《网络安全法》相比，《关键信息基础设施安全保护条例（征求意见稿）》将卫生医疗、教育、社保、环境保护等行业领域的单位，国防科工、大型设备、化工、食品药品等行业领域的科研生产单位，广播电台等新闻单位运行和管理的网络设施和信息系统新增为关键信息基础设施。

但需要说明的是，截至目前，《关键信息基础设施安全保护条例（征求意见稿）》尚未生效，关于关键信息基础设施的认定仍应当以《网络安全法》为准，《关键信息基础设施安全保护条例（征求意见稿）》列举的范围应仅作为参考。

---

① 《网络安全法》第59条。

② 《〈网络安全法〉施行前夕国家互联网信息办公室网络安全协调局负责人答记者问》，载http://www.cac.gov.cn/2017-05/31/c_1121062481.htm，最后访问日期：2019年3月14日。

③ 《网络安全法》第31条。

(二)关键信息基础设施经营者的法定义务

《网络安全法》明确规定了关键信息基础设施的经营者应当履行如下义务。

第一,在关键信息基础设施建设方面,其应当确保具有支持业务稳定、持续运行的性能,并保证安全技术措施同步规划、同步建设、同步使用。①

第二,在安全保护义务方面,除按照网络安全等级保护制度的要求履行安全保护义务外,其在安全保护方面的义务更为严格,包括:其应当设置专门安全管理机构和安全管理负责人,并对该负责人和关键岗位的人员进行安全背景审查;定期对从业人员进行网络安全教育、技术培训和技能考核;对重要系统和数据库进行容灾备份;制定网络安全事件应急预案,并定期进行演练等。②

第三,在网络产品和服务采购方面,其应当按照规定与提供者签订安全保密协议,明确安全和保密义务与责任。③ 同时,对于采购的商品或服务可能影响国家安全的,应当通过国家网信部门会同国务院有关部门组织的国家安全审查。④

第四,在个人信息和重要数据存储方面,对于关键信息基础设施的运营者在中华人民共和国境内运营中收集和产生的个人信息和重要数据,其应将个人信息和重要数据存储在境内;因业务需要,确实需向境外提供的,应当进行安全评估,经过安全评估认为不会危害国家安全和社会公共利益的,可以出境。⑤ 另外,就个人信息,若其主体同意,该等个人信息亦可出境。特别要说明的是,拨打国际电话、发送国际电子邮件、通过互联网跨境购物以及其他个人主动行为,视为已经个人信息主体同意。⑥

第五,在安全性和风险检测评估方面,其应当自行或者委托网络安全服务机构对其网络的安全性和可能存在的风险每年至少进行一次检测评估,并将检测评估情况和改进措施报送相关负责关键信息基础设施安全保护工作的部门。⑦

---

① 《网络安全法》第 33 条。

② 《网络安全法》第 34 条。

③ 《网络安全法》第 36 条。

④ 《网络安全法》第 35 条。

⑤ 《网络安全法》第 37 条。

⑥ 《〈网络安全法〉施行前夕国家互联网信息办公室网络安全协调局负责人答记者问》,载 http://www.cac.gov.cn/2017-05/31/c_1121062481.htm,最后访问日期:2018 年 4 月 24 日。

⑦ 《网络安全法》第 38 条。

（三）关键信息基础设施经营者违反法定义务的法律责任

根据《网络安全法》，关键信息基础设施运营者违反网络安全保护法定义务的，将面临责令改正、警告、罚款、没收违法所得、责令暂停相关业务、停业整顿、关闭网站、吊销相关业务许可证或营业执照等行政处罚；其直接负责的主管人员和其他直接责任人员也将面临罚款。①

三、个人信息保护

（一）个人信息的界定

在《网络安全法》下，个人信息被界定为以电子或者其他方式记录的能够单独或者与其他信息结合识别自然人个人身份的各种信息，包括但不限于自然人的姓名、出生日期、身份证件号码、个人生物识别信息、住址、电话号码等。② 从中，我们不难发现，个人信息的一大特征便是身份的可识别性，即可以通过该信息与某一特定自然人联系起来。另外，即使某一信息单独不能识别特定自然人个人身份，但是其通过与其他信息相结合能够识别特定自然人个人身份的，其也应落入个人信息的范畴。

除了个人信息这一概念，《网络安全法》同时引入了“用户信息”这一概念，但是并未对该术语进行定义。《网络安全法》第22条第3款规定：“网络产品、服务具有收集用户信息功能的，其提供者应当向用户明示并取得同意；涉及用户个人信息的，还应当遵守本法和有关法律、行政法规关于个人信息保护的规定。”根据该条款上下文的解释，我们认为，用户信息为网络运营者在向用户提供网络产品或服务过程中经用户同意收集到的全部信息，如果其具备身份识别的功能，则其将构成用户的个人信息。③

（二）网络运营者个人信息保护的义务

《网络安全法》明确规定了网络运营者应当履行如下信息保护的义务。

第一，网络运营者收集、使用个人信息应当遵循合法、正当、必要的原则。合法

① 《网络安全法》第59条、第65条、第66条。

② 《网络安全法》第76条。

③ 参见陈际红：《解读〈网络安全法〉：八大角度面面观》，载 https://www.weixin765.com/doc/lnexdiqf.html，最后访问日期：2019年3月14日。

原则要求网络运营者不得违反法律、行政法规的规定收集、使用个人信息,在收集和使用个人信息时应当按照法律和行政法规的规定处理其保存的个人信息。正当和必要原则要求网络运营者不得收集与其提供的服务无关的个人信息。①

第二,网络运营者收集、使用公民个人信息应符合目的明确原则和知情同意原则。目的明确原则要求网络经营者在收集和使用个人信息之前应当公开收集、使用规则,明确收集、使用个人信息的目的、方式和范围。知情同意原则要求网络经营者在收集、使用个人信息时要经过被收集者同意,按照与被收集者的约定处理其保存的个人信息,未经被收集者同意,不得向他人提供被收集者的个人信息。②

第三,网络运营者应尊重公民个人信息的删除权和更正权。当个人发现网络运营者违反法律、行政法规的规定或者双方的约定收集、使用其个人信息,要求网络运营者删除其个人信息的,或者当个人发现网络运营者收集、存储的其个人信息存在错误,要求网络运营者予以更正时,网络运营者应当采取措施予以删除或者更正。③

第四,网络运营者应当对其收集的个人信息严格保密,不得泄露、篡改、毁损其收集的个人信息,不得未经被收集者同意向他人提供个人信息(但是经过去标识化处理且不能复原的除外)。同时,网络运营者应当采取技术措施和其他必要措施,确保其收集的个人信息安全,防止信息泄露、毁损、丢失。在发生或者可能发生个人信息泄露、毁损、丢失的情况时,应当立即采取补救措施,按照规定及时告知用户并向有关主管部门报告。④

(三)网络运营者违反个人信息保护义务的法律责任

根据《网络安全法》,网络运营者和网络产品或者服务的提供者违反个人信息保护的义务,侵害个人信息依法得到保护的权利的,将面临责令改正、警告、没收违法所得、处违法所得 1 倍以上 10 倍以下或者 100 万元以下罚款、责令暂停相关业务、停业整顿、关闭网站、吊销相关业务许可证或者吊销营业执照等行政处罚;其直接负责的主管人员和其他直接责任人员将面临 1 万元以上 10 万元以下罚款的行政处罚。⑤

---

① 《网络安全法》第 41 条。
② 《网络安全法》第 41 条、第 42 条。
③ 《网络安全法》第 43 条。
④ 《网络安全法》第 42 条。
⑤ 《网络安全法》第 64 条。

四、数据本地化和出境安全评估

(一)数据本地化和出境安全评估的一般要求

《网络安全法》明确规定,关键信息基础设施的运营者在中华人民共和国境内运营中收集和产生的个人信息和重要数据应当在境内存储。但是,关键信息基础设施的运营者因为业务需要,确需向境外提供其运营中收集和产生的个人信息和重要数据的,应当按照国家网信部门会同国务院有关部门制定的办法进行安全评估。[①] 经安全评估可以出境的,关键信息基础设施的运营者可以向境外提供该部分个人信息和重要数据。受限于其他法律法规的强制性规定,如果网络运营者(包括关键信息基础设施的运营者)在运营中收集或产生的信息非个人信息或重要数据,则其有权在境外存储或无须经出境安全评估直接向境外提供。

(二)违反数据本地化和出境安全评估要求的法律责任

根据《网络安全法》,关键信息基础设施的运营者违反相关规定,在境外存储个人信息或重要数据,或者向境外提供个人信息或重要数据的,其将面临有关主管部门责令改正、警告、没收违法所得、5 万元以上 50 万元以下罚款、责令暂停相关业务、停业整顿、关闭网站、吊销相关业务许可证或者吊销营业执照的行政处罚;其直接负责的主管人员和其他直接责任人员将面临 1 万元以上 10 万元以下罚款的行政处罚。[②]

五、网络产品和服务安全审查

(一)网络产品和服务安全审查的范围

《网络安全法》明确规定,关键信息基础设施的运营者采购网络产品和服务,可能影响国家安全的,应当通过国家网信部门会同国务院有关部门组织的国家安全审查。[③] 2017 年 5 月 2 日,国家互联网信息办公室发布《网络产品和服务安全审查办法(试行)》并于 2017 年 6 月 1 日生效,其主要对关系国家安全的网络和信息系统采购的重要网络产品和服务的网络安全审查进行了规定。[④] 同时,其进一步强调

---

① 《网络安全法》第 37 条。

② 《网络安全法》第 66 条。

③ 《网络安全法》第 35 条。

④ 《网络产品和服务安全审查办法(试行)》第 2 条。

公共通信和信息服务、能源、交通、水利、金融、公共服务、电子政务等重要行业和领域以及其他关键信息基础设施的运营者采购网络产品和服务,可能影响国家安全的,应当通过网络安全审查。①

(二)网络产品和服务安全审查的内容

《网络产品和服务安全审查办法(试行)》明确规定,网络安全审查重点审查网络产品和服务的安全性、可控性,主要包括:第一,产品和服务自身的安全风险,以及被非法控制、干扰和中断运行的风险;第二,产品及关键部件生产、测试、交付、技术支持过程中的供应链安全风险;第三,产品和服务提供者利用提供产品和服务的便利条件非法收集、存储、处理、使用用户相关信息的风险;第四,产品和服务提供者利用用户对产品和服务的依赖,损害网络安全和用户利益的风险;第五,其他可能危害国家安全的风险。②

同时,结合国家互联网信息办公室网络安全协调局负责人对《网络安全法》项下安全可信的解答,安全性和可控性至少应包含三层含义:第一,保障用户对数据可控,产品或服务提供者不应该利用提供产品或服务的便利条件非法获取用户重要数据,损害用户对自己数据的控制权;第二,保障用户对系统可控,产品或服务提供者不应通过网络非法控制和操纵用户设备,损害用户对自己所拥有、使用设备和系统的控制权;第三,保障用户的选择权,产品和服务提供者不应利用用户对其产品和服务的依赖性,限制用户选择使用其他产品和服务,或停止提供合理的安全技术支持,迫使用户更新换代,损害用户的网络安全和利益。③

另外,值得注意的是,《网络产品和服务安全审查办法(试行)》提出了对供应链安全风险的审查,从中可以窥见国家互联网信息办公室对网络产品和服务的审查倾向于实施全方位的过程控制,将审查范围扩展到网络产品和服务供应链的各个环节,而不仅是终端产品和服务及其直接提供者。④

---

① 《网络产品和服务安全审查办法(试行)》第10条。

② 《网络产品和服务安全审查办法(试行)》第4条。

③ 《〈网络安全法〉施行前夕国家互联网信息办公室网络安全协调局负责人答记者问》,载 http://www.cac.gov.cn/2017-05/31/c_1121062481.htm,最后访问日期:2018年4月24日。

④ 参见宁宣凤、吴涵、赵泱地、陈林林:《画龙画虎先画骨——解读〈网络产品和服务安全审查办法(试行)〉》,载 https://www.kwm.com/zh/cn/knowledge/insights/analysis-on-new-regulations-on-cyber-products-and-service-20170503,最后访问日期:2019年3月14日。

（三）网络产品和服务安全审查中的相关主体及其职责

目前，我国在网络产品和服务安全审查方面的主要部门及其具体职责如图2－10－2所示。

我国网络产品和服务安全审查部门	
网络安全审查委员会	负责审议网络安全审查的重要政策，统一组织网络安全审查工作，协调网络安全审查相关重要问题；聘请相关专家组成网络安全审查专家委员会对网络产品和服务的安全风险及其提供者的安全可信状况进行综合评估
网络安全审查办公室	具体组织实施网络安全审查；按程序确定审查对象，组织第三方机构、专家委员会对网络产品和服务进行网络安全审查；不定期发布网络产品和服务安全评估报告；接受相关举报等
网络安全审查专家委员会	在第三方评价基础上，对网络产品和服务的安全风险及其提供者的安全可信状况进行综合评估
第三方机构	按照国家有关规定，参照有关标准，重点从产品和服务及其供应链的安全性、可控性，安全机制和技术的透明性等方面进行评价，并对评价结果负责
行业主管部门	根据国家网络安全审查工作要求，组织开展本行业、本领域网络产品和服务安全审查工作
关键信息基础设施保护工作部门	确定重要行业和领域以及其他关键信息基础设施的运营者采购的网络产品和服务是否影响国家安全

图2－10－2　我国网络产品和服务安全审查部门及其具体职责

（四）违反网络产品和服务安全审查义务的法律责任

根据《网络安全法》，关键信息基础设施的运营者使用可能影响国家安全的且未经安全审查或者安全审查未通过的网络产品或者服务的，将面临责令停止使用、采购金额1倍以上10倍以下罚款的行政处罚；其直接负责的主管人员和其他直接责任人员将面临1万元以上10万元以下罚款的行政处罚。①

---

① 《网络安全法》第65条。

第三节　网络安全与互联网金融

根据《网络安全法》及相关法律法规的监管要求,互联网金融产品和服务提供者在通过互联网技术和信息通信技术提供资金融通、支付、投资和信息中介服务,应履行相关网络安全保护的义务。

第一,互联网金融产品和服务提供者应当按照网络安全等级保护制度的要求,制定内部安全管理制度和操作规程,采取防范危害网络安全行为的技术措施,采取监测、记录网络运行状态、网络安全事件的技术措施并按规定留存相关网络日志,采取数据分类、重要数据备份和加密等措施。自《网络安全法》生效以来,已有多家企事业单位因未按照网络安全登记保护制度履行安全保护义务而受到网络安全保护监管部门的行政处罚。如山西某事业单位因其网站存在 SQL 注入漏洞,严重威胁网站信息安全,当地公安机关网安部门依据《网络安全法》要求的"采取防范计算机病毒和网络攻击、网络侵入等危害网络安全行为的技术措施"的规定对其作出行政警告并责令改正的行政处罚。① 又如,重庆某公司因其在提供网络服务过程中未依法留存用户登录网络日志,当地公安机关网安部门依据《网络安全法》要求的"按照规定留存相关的网络日志不少于六个月"的规定对其作出警告并责令改正的行政处罚。②

第二,互联网金融产品和服务提供者在提供产品和服务时往往需要向用户收集相关信息。如第三方支付平台在提供第三方支付服务前需要用户提供个人身份信息、银行账户信息等;又如,P2P 网络借贷平台在为投资方和融资方提供信息交互、撮合、资信评估等中介服务时也需要投资方和融资方提供相关个人身份信息、财产信息等。因此,根据《网络安全法》,互联网金融产品和服务提供者应当建立健全用户信息保护制度,在向用户收集相关信息前,应向用户明示并取得其同意;在收集和使用客户的个人信息时,其应当严格遵循合法、正当和必要的原则;对于其收集到的用户信息,其应当严格保密。关于个人金融信息保护的具体内容,可以参

---

① 参见《沂州网警依法办理首例违反〈网络安全法〉行政案件》,载 https://weibo.com/ttarticle/p/show?id=2309404133545370116717,最后访问日期:2019 年 3 月 28 日。

② 参见《重庆一网络公司未留存用户登录日志被网安查处》,载 http://news.163.com/17/0801/22/CQPMM7H4000187VI.html,最后访问日期:2019 年 3 月 28 日。

见第十一章。

另外，截至目前，关键信息基础设施认定的相关配套措施并未出台，对于互联网金融产品和服务提供者是否会落入“关键信息基础设施运营者”的监管范围仍存在悬念，进而互联网金融产品和服务提供者是否应当遵循《网络安全法》项下要求关键信息基础设施经营者履行的相关义务，如数据本地化和出境安全评估的义务以及采购关键信息基础设施产品和服务的国家安全审查义务，仍存在不确定性。因此，互联网金融产品和服务提供者应积极关注关键信息基础设施相关配套措施的立法和监管动态，以确保其经营合法、合规。

CHAPTER 11

第十一章

个人金融信息保护

从网购、即时通信、外卖、出行再到扫码支付，互联网与科技的发展诚然给我们带来了诸多便利，但却带来了个人信息泄露的隐患。你的身份信息、财产信息、信用信息被不同的主体利用，然后无穷无尽的骚扰电话与骚扰短信接踵而至，一句“回复TD退订”却不能解决任何问题。虽然互联网金融领域在这几年发展迅猛，但是从业者在获取、使用个人的金融信息时往往忽视对个人金融信息的保护，甚至出现滥用个人金融信息的情形。如何让个人金融信息在安全、合规的前提下自由流动，充分释放信息流动所产生的红利，这是每一位金融从业者必须面对的问题，也是本章探讨的重点。

第一节 个人金融信息保护概述

一、个人金融信息的界定

个人金融信息是金融机构日常业务运作中获取、产生的重要基础数据，同时也是金融消费者个人隐私的重要内容。根据《中国人民银行关于银行业金融机构做好个人金融信息保护工作的通知》①以及《中国人民银行关于印发中国人民银行金融消费者权益保护实施办法的通知》②的相关规定，个人金融信息主要是指银行业金融机构等金融机构通过开展业务（包括个人及机构业务）或者其他渠道（如接入中国人民银行征信系统、支付系统以及其他系统）获取、加工和保存的反映特定个人某些情况的信息，具体内容如表2－11－1所示。

表2－11－1 个人金融信息的具体内容

分 类	具体内容
个人身份信息	包括个人姓名、性别、国籍、民族、身份证件种类号码及有效期限、职业、联系方式、婚姻状况、家庭状况、住所或工作单位地址及照片等

① 《中国人民银行关于银行业金融机构做好个人金融信息保护工作的通知》第1条。

② 《中国人民银行关于印发中国人民银行金融消费者权益保护实施办法的通知》第27条。

续表

分　类	具体内容
个人财产信息	包括个人收入状况、拥有的不动产状况、拥有的车辆状况、纳税额、公积金缴存金额等
个人账户信息	包括账号、账户开立时间、开户行、账户余额、账户交易情况等
个人信用信息	包括信用卡还款情况、贷款偿还情况以及个人在经济活动中形成的,能够反映其信用状况的其他信息
个人金融交易信息	包括银行业金融机构在支付结算、理财、保险箱等中间业务过程中获取、保存、留存的个人信息和客户在通过银行业金融机构与保险公司、证券公司、基金公司、期货公司等第三方机构发生业务关系时产生的个人信息等
衍生信息	包括个人消费习惯、投资意愿等对原始信息进行处理、分析所形成的反映特定个人某些情况的信息
其他个人信息	在与个人建立业务关系过程中获取、保存的其他个人信息

注:银行业金融机构与机构客户建立业务关系过程中获取的有关个人信息,如机构客户法定代表人的姓名、住所、联系方式等,属于个人金融信息的范畴。①

二、个人金融信息保护的义务主体

实际上,履行个人金融信息保护的主体不仅包括银行业金融机构等金融机构,还包括为消费者提供商品或服务的一般经营者,比如作为非金融机构的第三方支付机构。但我国并未就个人金融信息保护制定专门的法律,而是散见于不同的法规和规范性文件中,其调整对象也不尽相同(见表2-11-2)。

表2-11-2　个人信息保护的相关规定

法规名称	调整对象
《中国人民银行关于银行业金融机构做好个人金融信息保护工作的通知》	银行业金融机构
《中国人民银行关于印发中国人民银行金融消费者权益保护实施办法的通知》	包括银行业金融机构、其他金融机构以及非银行支付机构
《消费者权益保护法》	较为宽泛,为一般经营者

① 《中国人民银行上海分行关于银行业金融机构做好个人金融信息保护工作有关问题的通知》第1条。

同时,不同的法律法规对相关主体所须履行的义务规定虽有相同、相似之处,但也详略有别,存在诸多不同。因此,须履行个人金融信息保护义务的各个主体在个人金融信息保护方面所须遵循的原则、所须履行的各项义务以及未履行相关义务所须承担的法律责任也不尽相同,应当根据其适用的法律法规予以确定,具体法律法规见本章第三节。

三、个人金融信息保护的原则

一般经营者在收集和使用消费者个人信息时,须遵循合法、正当、必要的原则。① 金融机构在个人金融信息收集、保存、使用、对外提供等各方面,均须遵循合法、合理、必要的原则。该原则适用于从金融机构收集到使用个人金融信息的整个过程,具体表现如表 2－11－3 所示。

表 2－11－3 个人金融信息保护原则的具体表现

对应流程	具体表现
个人金融信息收集	金融机构应当按照法律法规的要求和自身的业务需要收集个人金融信息,不得收集与业务无关的信息或者采取不正当方式收集信息
个人金融信息存储	金融机构不得非法存储个人金融信息,应当采取符合国家档案管理和电子数据管理规定的措施,妥善保管所收集的个人金融信息,防止信息遗失、毁损、泄露或者篡改。在发生或者可能发生个人金融信息遗失、毁损、泄露或者篡改等情况时,应当立即采取补救措施,及时告知用户并向有关主管部门报告
个人金融信息使用和对外提供	金融机构及其相关工作人员应当对业务过程中知悉的个人金融信息予以保密,不得非法复制、非法使用、向他人出售或者以其他非法形式泄露个人金融信息②

四、金融机构及一般经营者及在个人金融信息保护中的义务和要求

在消费者个人信息收集和使用等方面,一般经营者应当履行如下义务或满足如下要求:第一,其应当向消费者公开其收集和使用消费者个人信息的规则以及其收集和使用信息的目的、方式和范围,取得消费者的同意,不得违反法律、法规的规

① 《中华人民共和国消费者权益保护法》第 29 条。

② 《中国人民银行关于印发中国人民银行金融消费者权益保护实施办法的通知》第 28 条、《中国人民银行关于银行业金融机构做好个人金融信息保护工作的通知》第 2 条。

定和双方的约定收集和使用信息。第二，其应当采取技术措施和其他必要措施，确保信息安全，防止消费者个人信息泄露、丢失。在发生或者可能发生信息泄露、丢失的情况时，其应当立即采取补救措施。第三，其及其工作人员应当严格保密收集到的消费者个人信息予，不泄露、出售或非法向他人提供该等信息。①

金融机构在个人金融信息的收集、保存、使用、对外提供等方面应当建立健全内部控制制度，完善信息安全技术防范措施，加强对从业人员的培训，强化从业人员个人金融信息安全意识。② 具体而言，金融机构应该履行如下义务或满足如下要求：

第一，在个人金融信息的收集方面，金融机构在收集前应采用书面提醒的方式，向个人信息主体明确告知和警示如下事项：收集和处理个人金融信息的目的、方式、类别、内容和留存时限；个人信息的使用范围和保护措施；个人信息管理者的名称、地址、联系方式等相关信息；个人信息主体的投诉渠道以及提供个人信息后可能存在的风险。同时，金融机构应收集能够达到已告知的最少信息并取得个人信息主体的事先同意。③

若金融机构通过格式条款取得个人金融信息使用的书面授权或者同意，则其应符合如下要求：首先，书面授权或同意的范围应具体、确定，即应当在相应授权条款中明确该授权或者同意所适用的向他人提供个人金融信息的范围和具体情形，不得以概括授权的方式，索取与其所提供的金融产品和服务无关的个人金融信息使用授权或者同意。其次，金融机构应显著提示授权或同意的潜在后果，即其应当在相关授权协议的醒目位置使用通俗易懂的语言明确向金融消费者提示该授权或者同意的可能后果。最后，金融机构不得将金融消费者授权或者同意其将个人金融信息用于营销、对外提供等作为与金融消费者建立业务关系的先决条件，但该业务关系的性质决定需要预先做出相关授权或者同意的除外。④

第二，在个人金融信息的保存方面，金融机构应当严格落实国家网络安全和信息技术安全有关规定，采取有效措施确保个人金融信息安全，至少每半年排查一次

---

① 《中华人民共和国消费者权益保护法》第 29 条。

② 《中国人民银行关于银行业金融机构做好个人金融信息保护工作的通知》第 3 条。

③ 《中国人民银行办公厅关于开展个人金融信息保护专项检查的通知》（银办发〔2013〕185 号）附件 1《中国人民银行个人金融信息保护专项检查内容》第 2 条。

④ 《中国人民银行关于印发中国人民银行金融消费者权益保护实施办法的通知》第 30 条、第 31 条，《中国人民银行关于银行业金融机构做好个人金融信息保护工作的通知》第 4 条。

个人金融信息安全隐患，[1]银行业金融机构应对易发生个人金融信息泄露的环节进行充分排查。[2] 具体而言，在信息安全技术防范措施方面，应当建立信息安全技术防范措施，对信息系统进行风险评估，及时更新信息系统安全程序，确保个人金融信息在收集、传输、加工、保存、使用、销毁等环节中不被泄露，建立个人金融信息系统数据库的备份和相关存储制度；在个人金额信息档案资料保存管理方面，应当确保专人、专柜保管相关信息档案，档案查阅履行审批程序，对超过留存期限的档案资料及时、集中销毁。[3]

第三，在个人金融信息的使用方面，在制度层面上，金融机构应当建立个人金融信息数据库分级授权管理机制和个人金融信息使用管理制度。个人金融信息数据库分级管理机制是指金融机构应当根据个人金融信息的重要性、敏感度及业务开展需要，在不影响其自身履行反洗钱等法定义务的前提下，合理确定本金融机构内员工调取相关个人金融信息的范围、权限及程序。[4] 个人金融信息使用管理制度应根据金融机构实际开展监管、审计、数据分析等过程中对使用个人金融信息数据的需求，确定严格的内部授权审批程序，采取有效技术措施，确保信息在内部使用及对外提供等流转环节的安全，防范信息泄露风险。[5] 银行业金融机构应加强个人金融信息管理的权限设置，形成相互监督、相互制约的管理机制，切实防止信息泄露或滥用事件的发生。

在个人金融信息具体使用过程中，银行业金融机构不得篡改、违法使用个人金融信息。其使用个人金融信息应符合收集该信息的目的，并不得有以下行为：(1)出售个人金融信息；(2)向本金融机构以外的其他机构和个人提供个人金融信息，但为个人办理相关业务所必需并经个人书面授权或同意的，以及法律法规和中国人民银行另有规定的除外；(3)在个人提出反对的情况下，将个人金融信息用于产生该信息以外的本金融机构其他营销活动。另外，银行业金融机构通过接入中国人民银行征信系统、支付系统以及其他系统获取的个人金融信息，应当严格按照系统规定的用途使用，不得违反规定查询和滥用。[6]

---

① 《中国人民银行关于印发中国人民银行金融消费者权益保护实施办法的通知》第 28 条。

② 《中国人民银行关于银行业金融机构做好个人金融信息保护工作的通知》第 3 条。

③ 《中国人民银行办公厅关于开展个人金融信息保护专项检查的通知》(银办发〔2013〕185 号)附件 1《中国人民银行个人金融信息保护专项检查内容》第 4 条。

④ 《中国人民银行关于印发中国人民银行金融消费者权益保护实施办法的通知》第 29 条。

⑤ 《中国人民银行关于印发中国人民银行金融消费者权益保护实施办法的通知》第 32 条。

⑥ 《中国人民银行关于银行业金融机构做好个人金融信息保护工作的通知》第 4 条、第 8 条。

第四,对个人金融信息保存和使用的地域限制。金融机构应当在中国境内存储、处理和分析在中国境内收集的个人金融信息;除法律法规及中国人民银行另有规定外,不得向境外提供境内个人金融信息。例如,在符合法律、行政法规和相关监管部门规定的前提下,境内金融机构为处理跨境业务且经当事人授权的,可以向境外机构(含总公司、母公司或者分公司、子公司及其他为完成该业务所必需的关联机构)传输境内收集的相关个人金融信息的,但是其应当通过采取有效措施确保境外机构为所获得的个人金融信息保密,如签订相关保密协议、进行现场核查等。①

第五,对业务外包中涉及的个人金融信息保护。当金融机构将相关业务活动外包给外包服务供应商时,其应当充分审查、评估外包服务供应商保护个人金融信息的能力,并在相关外包协议中明确外包服务供应商保护个人金融信息的职责和保密义务,并采取必要措施保证外包服务供应商履行上述职责和义务。但是,金融机构仍须履行保护金融消费者个人金融信息安全的义务,该项义务并不因其与外包服务供应商的合作而转移、减免。此外,在相关外包业务终止后,银行业金融机构应要求外包服务供应商及时销毁因外包业务而获得的个人金融信息。②

五、未履行个人金融信息保护义务的后果

(一)报告义务

银行业金融机构发生个人金融信息泄露事件的,或银行业金融机构的上级机构发现下级机构有违反规定对外提供个人金融信息及其他违反行为的,应当在事件发生之日或发现下级机构违规行为之日起 7 个工作日内将相关情况及初步处理意见报告中国人民银行当地分支机构。中国人民银行分支机构在收到银行业金融机构报告后,应视情况予以处理,并及时向中国人民银行报告。③

(二)民事责任

一般经营者侵害消费者个人信息依法得到保护的权利的,应当停止侵害、恢复名誉、消除影响、赔礼道歉,并赔偿损失。④ 银行业金融机构及其工作人员违反规定

① 《中国人民银行关于印发中国人民银行金融消费者权益保护实施办法的通知》第 33 条、《中国人民银行关于银行业金融机构做好个人金融信息保护工作的通知》第 6 条。

② 《中国人民银行关于印发中国人民银行金融消费者权益保护实施办法的通知》第 34 条、《中国人民银行关于银行业金融机构做好个人金融信息保护工作的通知》第 7 条。

③ 《中国人民银行关于银行业金融机构做好个人金融信息保护工作的通知》第 9 条。

④ 《中华人民共和国消费者权益保护法》第 50 条。

使用和对外提供个人金融信息，给金融消费者造成损害的，应当依法承担相应的法律责任。①

（三）行政及刑事责任

工商行政管理部门或者其他有关行政部门认定一般经营者存在侵害消费者个人信息依法得到保护的权利的，有权责令改正，并可以根据情节单处或者并处警告、没收违法所得、处以违法所得 1 倍以上 10 倍以下的罚款，没有违法所得的，处以 50 万元以下的罚款；情节严重的，可以责令停业整顿、吊销营业执照。②

中国人民银行及其分支机构作为监管金融机构履行个人金融信息保护义务的主管部门，在认定金融机构存在未履行个人金融信息保护义务情形时，有权采取如下处理措施：(1)约见其高管人员谈话，要求说明情况；(2)责令金融机构限期整改；(3)向其上级机构、行业监管部门、行业内部、社会通报相关信息；(4)建议银行业金融机构对直接负责的高级管理人员和其他直接责任人员依法给予处分；(5)依照《中华人民共和国消费者权益保护法》以及相关法律、行政法规、规章进行处罚，包括上述提及的责令改正、警告、没收违法所得、处以违法所得 1 倍以上 10 倍以下的罚款、处以五十万元以下的罚款(没有违法所得的)、责令停业整顿、吊销营业执照；(6)涉嫌犯罪的，依法移交司法机关处理。③

国家机关或者金融等单位的工作人员，违反法律、行政法规、部门规章有关公民个人信息保护的规定的，将本单位在履行职责或者提供服务过程中获得的公民个人信息，出售或者非法提供给他人，情节严重的，处 3 年以下有期徒刑或者拘役，并处或者单处罚金。单位犯前罪的，对单位判处罚金，并对其直接负责的主管人员和其他直接责任人员，依照上述规定处罚。④

---

① 《中国人民银行关于银行业金融机构做好个人金融信息保护工作的通知》第 12 条。

② 《中华人民共和国消费者权益保护法》第 56 条。

③ 《中国人民银行关于印发中国人民银行金融消费者权益保护实施办法的通知》第 47 条、《中国人民银行关于银行业金融机构做好个人金融信息保护工作的通知》第 10 条。

④ 《中华人民共和国刑法修正案(七)》第 235 条、《最高人民法院、最高人民检察院关于办理侵犯公民个人信息刑事案件适用法律若干问题的解释》。

第二节 个人金融信息保护与互联网金融

随着互联网和金融的不断融合和发展,越来越多的消费者选择通过互联网金融产品和服务提供者购买产品和接受服务。但是,因为个人金融信息保护立法不完善、行政监管执行不到位以及互联网金融产品和服务提供者在个人金融信息保护方面内部制度建设不全面和实践操作不规范,消费者个人金融信息受保护的权益经常受到不同形式和程度的侵害。

2018 年 10 月,上海市互联网信息办公室对上海本地最常用的 23 个 APP 在用户个人信息收集等权限申请情况开展安全抽查,并就其中发现的过度索取用户个人信息等问题约谈 APP 运营企业。此后,为切实治理个人信息保护方面存在的乱象,中央网络安全和信息化委员会办公室、工业和信息化部、公安部和国家市场监管总局于 2019 年 1 月 23 日发布《关于开展 APP 违法违规收集使用个人信息专项治理的公告》,决定自 2019 年 1 月至 12 月,在全国范围组织开展 APP 违法违规收集使用个人信息专项治理。该等安全抽查和专项整治工作无疑反映了当前互联网服务和产品提供者侵害用户个人信息权益现象的普遍性和严重性。

在个人金融信息的收集环节,部分互联网金融产品和服务提供者在具体销售和提供互联网金融产品和服务之前,往往要求消费者同意和确认相关内容冗长、语言晦涩的用户协议,通过用户协议中的语言宽泛的标准授权条款取得消费者同意其使用消费者提交的个人金融信息的一揽子授权,其中包括授权该产品和服务提供者将消费者提供的信息披露予其关联公司、供应商、合作伙伴等主体。此外,部分互联网金融产品和服务提供者在要求消费者提供个人信息时也未遵循必要原则,要求消费者提供的信息超出了其为销售商品或提供服务所必要知晓的范围。2018 年 3 月,某知名第三方支付机构因违反个人金融信息收集不符合最少、必需原则而受到监管机关的行政处罚。中国人民银行根据《非金融机构支付服务管理办法》和《消费者权益保护法》对该第三方支付机构予以警告并处罚款 5 万元。

在个人金融信息的保存和使用环节,部分互联网金融产品和服务提供者未有效采取信息安全技术防范措施,使其在销售商品和提供服务过程中收集到的消费者个人金融信息遭到泄露。同时,部分互联网金融产品和服务提供者未建立完善的个人金融信息数据库分级授权管理机制,未明确设置有权接触消费者个人金融信息的员工权限,使本不应有权接触相关数据的员工可以接触、导出并出售相关消费者个人金融信息。2017 年 11 月,相关媒体报道,某知名网贷平台的用户数据遭到泄露,在黑市上进行买卖。报道同时称该平台的离职员工证实该平台个人金融信息保护存在巨大安全隐患,大部分员工可以导出用户数据。

整体而言,从合规经营和保护用户合法权益的角度,互联网金融产品和服务提供者应对个人金融信息保护给予充分重视,建设和完善用户个人金融信息保护的内控制度,严格按照相关法律、法规及其内控制度收集、使用和保管用户个人金融信息,加强对其员工在用户个人金融信息保护方面的培训。同时,其应密切关注个人金融信息保护的立法发展和监管态势以确保其经营合法、合规。

第三节 个人金融信息保护相关法律概述

目前,我国并未就个人金融信息保护制定专门的法律。关于个人金融信息保护的规范主要规定于《商业银行法》《消费者权益保护法》《反洗钱法》等法律的相关条款中以及中国人民银行颁布的《中国人民银行关于银行业金融机构做好个人金融信息保护工作的通知》(银发〔2011〕17 号)、《中国人民银行关于印发中国人民银行金融消费者权益保护实施办法的通知》(银发〔2016〕314 号)等相关规范性文件中。

一、相关法律法规规章中涉及个人金融信息保护的条款(见表 2-11-4)

表 2-11-4 相关法律法规规章中涉及个人金融信息保护的条款

相关法律法规规章	个人金融信息保护条款
《民法总则》(主席令第 66 号)	第 111 条:自然人的个人信息受法律保护。任何组织和个人需要获取他人个人信息的,应当依法取得并确保信息安全,不得非法收集、使用、加工、传输他人个人信息,不得非法买卖、提供或者公开他人个人信息

续表

相关法律法规规章	个人金融信息保护条款
《消费者权益保护法》(主席令第7号,2013年修正)	第14条:消费者在购买、使用商品和接受服务时,享有人格尊严、民族风俗习惯得到尊重的权利,享有个人信息依法得到保护的权利。 第29条:经营者收集、使用消费者个人信息,应当遵循合法、正当、必要的原则,明示收集、使用信息的目的、方式和范围,并经消费者同意。经营者收集、使用消费者个人信息,应当公开其收集、使用规则,不得违反法律、法规的规定和双方的约定收集、使用信息。 经营者及其工作人员对收集的消费者个人信息必须严格保密,不得泄露、出售或者非法向他人提供。经营者应当采取技术措施和其他必要措施,确保信息安全,防止消费者个人信息泄露、丢失。在发生或者可能发生信息泄露、丢失的情况时,应当立即采取补救措施。 经营者未经消费者同意或者请求,或者消费者明确表示拒绝的,不得向其发送商业性信息。 第50条:经营者侵害消费者的人格尊严、侵犯消费者人身自由或者侵害消费者个人信息依法得到保护的权利的,应当停止侵害、恢复名誉、消除影响、赔礼道歉,并赔偿损失。 第56条:经营者有下列情形之一,除承担相应的民事责任外,其他有关法律、法规对处罚机关和处罚方式有规定的,依照法律、法规的规定执行;法律、法规未作规定的,由工商行政管理部门或者其他有关行政部门责令改正,可以根据情节单处或者并处警告、没收违法所得、处以违法所得一倍以上十倍以下的罚款,没有违法所得的,处以五十万元以下的罚款;情节严重的,责令停业整顿、吊销营业执照: …… (九)侵害消费者人格尊严、侵犯消费者人身自由或者侵害消费者个人信息依法得到保护的权利的; ……
《商业银行法》(主席令第34号,2015年修订)	第6条:商业银行应当保障存款人的合法权益不受任何单位和个人的侵犯。 第29条:商业银行办理个人储蓄存款业务,应当遵循存款自愿、取款自由、存款有息、为存款人保密的原则。 对个人储蓄存款,商业银行有权拒绝任何单位或者个人查询、冻结、扣划,但法律另有规定的除外
《反洗钱法》(主席令第56号,2007年1月1日施行)	第5条:对依法履行反洗钱职责或者义务获得的客户身份资料和交易信息,应当予以保密;非依法律规定,不得向任何单位和个人提供。 反洗钱行政主管部门和其他依法负有反洗钱监督管理职责的部门、机构履行反洗钱职责获得的客户身份资料和交易信息,只能用于反洗钱行政调查。 司法机关依照本法获得的客户身份资料和交易信息,只能用于反洗钱刑事诉讼

续表

相关法律法规规章	个人金融信息保护条款
《个人存款账户实名制规定》(中华人民共和国国务院令第 285 号,2004 年 4 月 1 日施行)	第 8 条:金融机构及其工作人员负有为个人存款账户的情况保守秘密的责任。 金融机构不得向任何单位或者个人提供有关个人存款账户的情况,并有权拒绝任何单位或者个人查询、冻结、扣划个人在金融机构的款项;但是,法律另有规定的除外
征信业管理条例(国务院令第 631 号,2013 年 3 月 15 日施行)	第 13 条:采集个人信息应当经信息主体本人同意,未经本人同意不得采集。但是,依照法律、行政法规规定公开的信息除外。 第 14 条:……征信机构不得采集个人的收入、存款、有价证券、商业保险、不动产的信息和纳税数额信息。但是,征信机构明确告知信息主体提供该信息可能产生的不利后果,并取得其书面同意的除外
《刑法修正案(七)》(主席令第 10 号,2009 年 2 月 28 日施行)	七、在刑法第二百五十三条后增加一条,作为第二百五十三条之一:“国家机关或者金融、电信、交通、教育、医疗等单位的工作人员,违反国家规定,将本单位在履行职责或者提供服务过程中获得的公民个人信息,出售或者非法提供给他人,情节严重的,处三年以下有期徒刑或者拘役,并处或者单处罚金。 “窃取或者以其他方法非法获取上述信息,情节严重的,依照前款的规定处罚。 “单位犯前两款罪的,对单位判处罚金,并对其直接负责的主管人员和其他直接责任人员,依照各该款的规定处罚。”
《非金融机构支付服务管理办法》(中国人民银行令〔2010〕第 2 号,2010 年 9 月 1 日施行)	第 31 条:支付机构应当按规定核对客户的有效身份证件或其他有效身份证明文件,并登记客户身份基本信息。…… 第 34 条:支付机构应当按规定妥善保管客户身份基本信息、支付业务信息、会计档案等资料

二、中国人民银行颁布的关于个人金融信息保护的相关规范性文件(见表 2－11－5)

表 2－11－5　中国人民银行颁布的个人金融信息保护的相关规范性文件及主要内容

相关规范性文件	主要内容
《个人信用信息基础数据库管理暂行办法》	该规范性文件主要旨在规范个人信用信息基础数据库建立和日常运行和管理,对(1)个人信用信息的界定,(2)个人信用信息的报送和整理,(3)个人信用信息的查询,(4)个人信用信息异议处理,以及(5)个人信用信息的安全管理,作了规定

续表

相关规范性文件	主要内容
《中国人民银行关于银行业金融机构做好个人金融信息保护工作的通知》(银发〔2011〕17号)	该规范性文件主要旨在规范银行业金融机构收集、使用和对外提供个人金融信息行为，对(1)个人金融信息的内涵和外延，(2)银行业金融机构在收集、保存、使用、对外提供个人金融信息所需遵守的一般性规定和禁止性规定，以及(3)银行业金融机构在个人金融信息方面对内部控制制度的建立和健全、信息安全技术防范措施的完善和从业人员的培训等，作了规定
《中国人民银行关于银行业金融机构进一步做好客户个人金融信息保护工作的通知》(银发〔2012〕80号)	该规范性文件是对《中国人民银行关于银行业金融机构做好个人金融信息保护工作的通知》进一步实施，明确了银行业金融机构应在制度、技术和员工教育上采取有效措施确保客户个人金融信息安全，同时要求各银行业金融机构对本机构贯彻落实个人金融信息保护相关法律、法规、规章和规范性文件的情况进行全面检查并向相应级别的中国人民银行上报自查报告
《中国人民银行上海分行关于银行业金融机构做好个人金融信息保护工作有关问题的通知》(上海银发〔2011〕110号)	该规范性文件是对《中国人民银行关于银行业金融机构做好个人金融信息保护工作的通知》相关问题的进一步厘清，对(1)存量客户授权或同意的问题，(2)机构客户业务中获取的个人信息的界定，(3)现有外包合同的处理问题，(4)银行业金融机构向境外提供个人金融信息的问题，以及(5)银行将业务系统置于境外的问题，作了细化
《中国人民银行关于印发中国人民银行金融消费者权益保护实施办法的通知》(银发〔2016〕314号)	该规范性文件是对国务院办公厅颁发的《国务院办公厅关于加强金融消费者权益保护工作的指导意见》(国办发〔2015〕81号)的贯彻落实，其调整对象为中国境内依法设立的为金融消费者提供金融产品和服务的银行业金融机构，提供跨市场、跨行业交叉性金融产品和服务的其他金融机构以及非银行支付机构，其主要内容为规范上述金融机构在业务运行中的行为以及金融消费者个人金融信息的保护

第三编　金融科技的业务板块

CHAPTER 12

第十二章

助　　贷

我国的“助贷”模式脱胎于“现金贷”①的兴起，市场上参与“现金贷”的主体一般自身并没有放贷资质，而是把自己界定为“利用金融科技手段为借款人解决资金需求的平台”。近年来，“助贷”平台作为一项新兴的互联网金融业务，已经拓展到“消费分期”、“汽车金融”和“供应链金融”等多个生态领域。根据目前市场中普遍的理解，助贷业务是指“由助贷平台与银行、消费金融公司、小额贷款公司、网贷平台等资金方合作，由助贷平台负责提供前端获客、产品设计、资信审核、风险定价、协议签署、贷后管理等服务，而银行、消费金融公司、小额贷款公司、网贷平台等资金方则作为实际的资金出借方负责提供资金并获得固定收益的金融模式”。

第一节 “助贷”模式概念解析

一、“助贷”模式的驱动力

在互联网技迅速发展、互联网金融日新月异的浪潮之下，“助贷”业务的出现并非偶然，而是各种因素共同促成的结果。

1. 技术背景

大数据、云计算、人工智能、机器学习、移动支付等金融科技领域技术近年来的迅猛发展是现金贷和助贷业务得以开展的重要前提，技术上的突破使得在“纯线上、无人工”的环境下完成资信审核和相应的风险定价成为了可能。

2. 商业背景

在资产端，助贷平台目前的核心服务对象主要是学生、蓝领等次级信用人群以及一些小微企业，此类对象有着巨大的金融服务需求，但在我国现有的征信体系以及银行传统的风控体系下却很难获得所需的金融服务。而在资金端，助贷平台对接的则主要是中小金融机构或网贷平台，此类资金方具有相应的牌照资质和资金来源，但是在前端获客，特别是线上获客的能力和经验上却又有所欠缺。因此助贷

① 关于“现金贷”可参见本书第二十二章“互联网消费金融”第二节内容。

平台凭借着自身的线上场景或渠道优势以及风险定价上的技术优势,促成了此类资金方和资产方的有效对接。

3. 政策背景

在“拉内需、促消费”的宏观政策背景下,“消费金融”“普惠金融”目前都属于国家重点扶持的行业领域,为助贷业务的发展提供了基本的政策环境。另外,国家对于互联网金融一直坚持“小额、分散”的定位,间接地促成了更多提供互联网贷款的平台与助贷平台进行合作的需求。

二、“助贷”和“P2P”的区分

实践中助贷平台是否应被认定为 P2P 平台并纳入国家对于 P2P 平台的整改也时常引起讨论。2017 年 12 月 1 日,互联网金融风险专项整治工作领导小组办公室、P2P 网贷风险专项整治工作领导小组办公室联合下发《关于规范整顿“现金贷”业务的通知》(整治办函〔2017〕141 号,以下简称 141 号文),在 141 号文正式发布前,这一问题在实践中存在一定的争议,但在 141 号文发布后,助贷平台被界定为“与银行业金融机构合作开展贷款业务的第三方机构”,正式被监管机构认定为有别于 P2P 平台的另一类业务主体,有关助贷平台是否属于 P2P 平台的争论也至此告一段落。助贷平台相比于 P2P 平台而言,在商业逻辑、资金来源、平台运营等方面存在显著的区别,具体如表 3-12-1 所示。

表 3-12-1　助贷平台与 P2P 平台的区别

区　别	P2P 平台	助贷平台
商业逻辑	为帮助出借人与借款人实现借贷而提供信息收集、信息公布、资信评估、信息交互、借贷撮合等服务的信息中介机构	单向地对接资金方以满足借款人的资金需求,与此同时向资金方输出风控技术和贷后管理等服务的金融科技公司
资金来源	资金全部来源于其向公众开放的线上渠道入口,且几乎全部为不特定的自然人投资者或者企业投资者,不包括金融机构	资金主要为持有放贷牌照的金融机构(城市商业银行、消费金融公司、信托公司)或类金融机构(小额贷款公司,保理公司、融资租赁公司、P2P 平台)
平台运营	在平台上通过存管银行体系完成借款人和出借人的直接对接	专注于资产端的垂直开发,资金方以和相关拥有放贷资质的机构进行合作为主,资金方提供资金往往通过其自身的端口而不通过助贷平台完成

三、“助贷”和“现金贷”的区分

如前所述,“助贷”模式起源于“现金贷”,当前市场中助贷业务大多以“现金贷”的形式开展,因此一定程度上形成了“助贷”等于“现金贷”的片面认识。但事实上,二者在业务形态上仅存在部分重叠。一方面,现金贷业务的参与主体并不限于助贷平台。除助贷平台之外,现金贷业务的开展主体还包括持牌金融机构,如微众银行的“微粒贷”、蚂蚁金服的“借呗”等。另一方面,助贷业务的开展形式也不仅限于“现金贷”。除无场景的“现金贷”形式的助贷业务外,也包括专注于特定场景(如消费分期、汽车金融)以及供应链金融的助贷业务。

第二节　“助贷”模式的交易结构及主要法律问题

就目前市场实践而言,助贷平台业务主要采用了以下几种模式:(1)保证金模式;(2)集合资金信托模式;(3)“外部增信 + 助贷”模式;以及(4)“超级放贷人 + 债权转让”模式。

一、保证金/担保模式(见图 3 - 12 - 1)

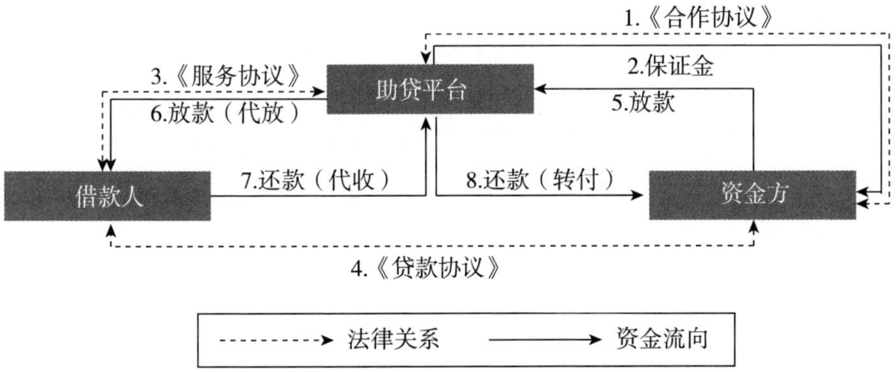

图 3 - 12 - 1　保证金/担保模式

上述模式为市场中最为主流的产品结构。因为资金方在与助贷平台进行合作时,一般会要求助贷平台对借款人的基本信息及贷款信息的真实性、准确性等进行风控审核,但其并不对助贷平台的风控技术完全信任,因此普遍要求助贷平台缴纳一定数量的保证金,并要求助贷平台对其推荐的借款人发生的逾期债务承担担保或回购义务。同时,为了优化用户体验或者按照一些资金方的需求,目前市场中的助贷平台也存在对资金方放款及用户还款进行资金代收代付的行为。这一模式主要存在以下两个核心法律问题:

(1)根据2017年10月1日生效的《融资担保公司监督管理条例》(以下简称《融担条例》),“融资担保”是指担保人为被担保人借款、发行债券等债务融资提供担保的行为。未经监督管理部门批准,任何单位和个人不得经营融资担保业务。因此,目标集团向资金方提供担保的行为可能被认定为无资质从事融资担保业务。根据《融担条例》,未经批准擅自经营融资担保业务的,由监督管理部门予以取缔或者责令停止经营,处50万元以上100万元以下的罚款,有违法所得的,没收违法所得;构成犯罪的,依法追究刑事责任。由于助贷平台提供保证金或者担保/回购是为了其主营业务的开展,并非偶发性的行为,虽然并没有额外向借款人进行收费,但还是可能会被界定为无资质从事融资担保业务。141号文也明确提及“助贷”业务应当回归本源,银行业金融机构不得接受无担保资质的第三方机构提供增信服务以及兜底承诺等变相增信服务。

(2)2010年9月1日生效的《非金融机构支付服务管理办法》第47条的规定:“任何非金融机构和个人未经中国人民银行批准擅自从事或变相从事支付业务的,中国人民银行及其分支机构责令其终止支付业务;涉嫌犯罪的,依法移送公安机关立案侦查;构成犯罪的,依法追究刑事责任。”在电商平台中大量出现的与助贷平台行为类似的“大商户结算”模式曾在2016年下半年开展的银行支付机构风险专项整治工作中被监管部门认定为典型的“无证经营支付业务”情形,并受到监管部门的处罚。虽然助贷平台的此类“代收代付”行为在实务中尚未被监管部门明确叫停,但考虑到该行为的实质,在极端情况下仍然存在被认定为非法经营罪的可能,进而存在承担刑事责任的理论风险。

二、集合资金信托模式

集合资金信托模式是助贷平台和信托公司进行合作,也是信托公司参与互联网金融的一种方式(见图3-12-2)。市场中大量的pre-ABS均采取该等结构,在前期通过集合资金信托形成资产后,后端通过ABS对接标准化市场在不断释放地存量。该模式未来是否会被穿透审查,进而受限于141号文第3条第2款的规定,[①]被认定为与无放贷业务资质的机构共同出资发放贷款,仍存在不确定性。如果未来监管采用较为严格的监管口径,则这一模式的合规性也可能会受到质疑。

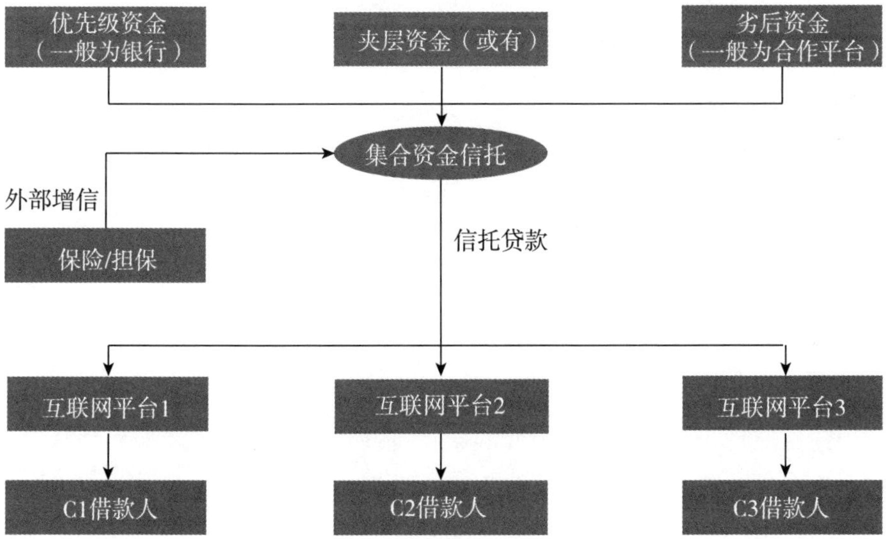

图3-12-2 集合资金信托模式

三、“外部增信+助贷”模式(见图3-12-3)

在141号文出台后,银行业金融机构已经无法再接受无担保资质的第三方机构提供增信服务。于是一些助贷平台的业务模式调整为引入保险公司或融资担保公司向银行业金融机构提供增信,再由现金贷或助贷平台向持牌增信机构提供反担保的模式。该种模式虽然不违反141号文的规定,但还是会违反《融担条例》的规定。由于保险公司在展业过程中相对较为谨慎,因此未来可能只会与市场中的头部平台合作。对于市场中的中小平台而言,如果希望能够合规地开展具备兜底属性的业务,取得融资担保牌照可能是最具可行性的模式。由此来看,融资担保牌照的价值未来很可能会有进一步提升的空间。

---

① 《关于规范整顿“现金贷”业务的通知》第3条第2款:银行业金融机构不得以任何形式为无放贷业务资质的机构提供资金发放贷款,不得与无放贷业务资质的机构共同出资发放贷款。

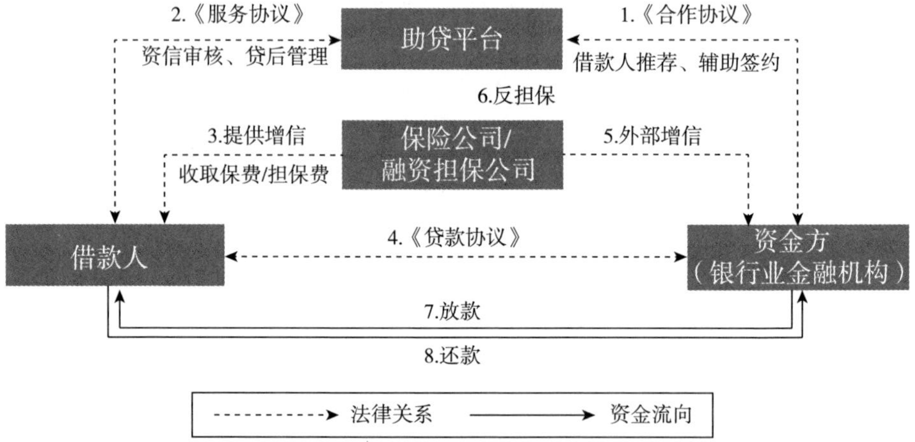

图3-12-3 “外部增信+助贷”模式

四、“超级放贷人+债权转让”模式(见图3-12-4)

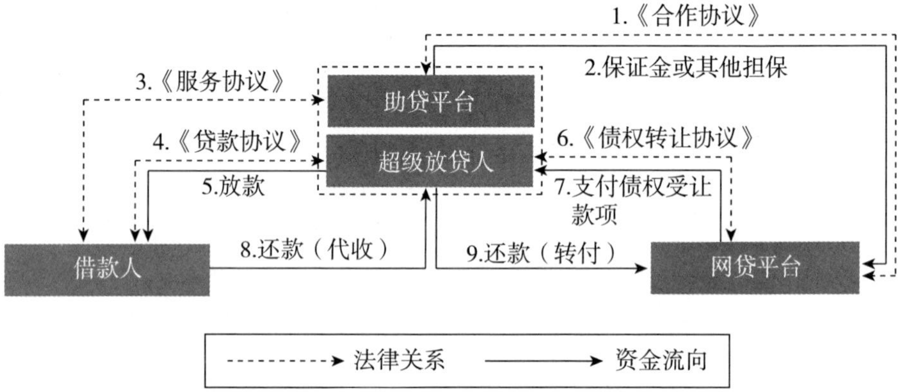

图3-12-4 “超级放贷人+债权转让”模式

超级放款人模式一直如同“幽灵”般存在于中国的互金行业,虽然很多公司在逐渐进入正轨后,大多会选择摒弃这一模式,但在公司赚取第一桶金的过程中,我们却总能看到超级借款人模式的身影。此种模式项下,超级放贷人(一般为助贷平台自身或无放贷资质关联方)会先向借款人发放贷款或垫资,而后再将通过放贷形成的债权向合作的资金方进行转让。这种模式下,由于超级放款人并无放款资质,该等行为存在较大风险被认定为未经许可从事贷款业务。根据《非法金融机构和非法金融业务活动取缔办法》(2011年修订),未经央行批准,擅自从事非法发放贷款的活动，将被定性为“非法金融业务活动”。此外，2018年4月16日中国银行保险监督委员会、中华人民共和国公安部、国家市场监督管理总局、中国人民银行发布的《关于规范民间借贷行为　维护经济金融秩序有关事项的通知》中再次强调，未经有权机关依法批准，任何单位和个人不得设立从事或者主要从事发放贷款业务的机构或以发放贷款为日常业务活动。根据《非法金融机构和非法金融业务活动取缔办法》(2011年修订)，对非法金融机构和非法金融业务活动，经央行调查认定后，作出取缔决定，宣布该金融机构和金融业务活动为非法，责令停止一切业务活动，并予公告。从事非法金融业务活动，构成犯罪的，依法追究刑事责任；尚不构成犯罪的，由中国人民银行没收非法所得，并处非法所得1倍以上5倍以下的罚款；没有非法所得的，处10万元以上50万元以下的罚款。

在助贷业务项下，借款人承担的综合息费问题也值得关注。就助贷平台与P2P平台的合作而言，由于资金最终来自P2P平台的出借人，其并非金融机构，因此借款人与出借人之间形成的借贷关系属于民间借贷的范畴，此等借款的息费应当符合最高人民法院关于民间借贷利率的规定。但就助贷平台与银行业金融机构的合作而言，借款人最终与银行业金融机构达成的借贷关系，属于金融借款而非民间借贷的范畴，其是否应当受限与民间借贷利率的规定，此前在理论和实务中存在一定争议。在141号文出台后，监管机构对于这一问题的看法相对清晰。根据141号文的规定，“各类机构以利率和各种费用形式对借款人收取的综合资金成本应符合最高人民法院关于民间借贷利率的规定，禁止发放或撮合违反法律有关利率规定的贷款”。其中“各类机构”就包含了P2P平台、银行业金融机构、小额贷款公司等在内的全部资金方和助贷平台本身，这对于助贷业务中的综合息费认定和处理提供了指引。

在当前市场中存在的种种乱象下，部分助贷平台实际上已经脱离了以渠道能力和风险定价能力为核心竞争力的商业模式，异变成了在资金端通过降低风控获客进而做大流量，在资产端靠提供担保/回购的方式获取资金，再靠超高息费和违法催收来弥补坏账损失的类“高利贷组织”。在监管政策落地后，助贷平台扮演“类信用中介”的角色的模式已被明令禁止。今后，助贷平台必须坚持其金融科技公司的本质特征，以渠道能力和风控定价能力作为核心竞争力，才能保证在监管落地、行业竞争加剧之后，依然具备长远的发展空间。

CHAPTER 13

第十三章

第三方支付

自2010年我国建立支付业务许可制度以来，支付服务市场快速发展。数据显示，支付机构处理的业务量从2013年的371亿笔增长到2017年的3193亿笔，金额也从18万亿元增长到169万亿元，年复合增长率分别达到71%和75%。[①] 通过业务及技术革新顺应消费转型升级趋势，第三方支付机构满足了社会公众多样化的支付需求，业务持续快速增长，在小额零售支付服务领域发挥了重要补充作用。对于消费者而言，第三方支付使付款变得越来越便捷，钱包中需要携带的现金、卡券则越来越少。第三方支付机构对餐饮、购物、出行等场景的拓展更是在深刻地改变着我们的消费习惯，应当说，第三方支付已经与我们的生活紧密相连。

在本章中，我们将从第三方支付机构的基本制度、业务类型及最新发展等方面，对第三方支付业务进行介绍和分析。

第一节　第三方支付的定义、业务类型及监管法规体系

第三方支付服务（非金融机构支付服务）是指第三方支付机构在收付款人之间作为中介机构提供的货币资金转移的服务。当前，我国第三方支付机构开展的支付业务共分为三种类型，即“网络支付”、“银行卡收单”以及“预付卡的发行与受理”。相应地，我国目前已基本形成了以《非金融机构支付服务管理办法》及其细则为核心，以《非银行支付机构网络支付业务管理办法》《银行卡收单业务管理办法》《支付机构预付卡业务管理办法》分别对三种具体业务类型进行专项监管的法规体系。（见图3－13－1）

① 《中国人民银行有关负责人就外商投资支付机构准入和监管政策有关问题答记者问》，2018年3月21日，载http://www.pbc.gov.cn/goutongjiaoliu/113456/113469/3503316/index.html。

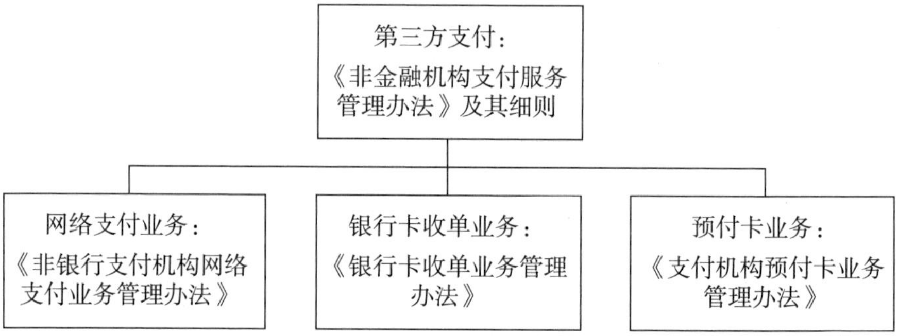

图 3－13－1　第三方支付业务三种业务类型的监管法规体系

一、网络支付

网络支付，系指依托公共网络或专用网络在收付款人之间转移货币资金的行为，其可以进一步细分为互联网支付、移动电话支付、固定电话支付和数字电视支付。在 2015 年颁布的《非银行支付机构网络支付业务管理办法》中，网络支付被定义为“收款人或付款人通过计算机、移动终端等电子设备，依托公共网络信息系统远程发起支付指令，且付款人电子设备不与收款人特定专属设备交互，由支付机构为收付款人提供货币资金转移服务的活动”。

我们生活场景中常用的支付宝/微信余额支付或转账等功能，就属于典型的网络支付业务。

二、银行卡收单

银行卡收单，系指通过销售点（POS）终端等为银行卡特约商户代收货币资金的行为。在 2013 年颁布的《银行卡收单业务管理办法》中，中国人民银行将银行卡收单定义为“收单机构与特约商户签订银行卡受理协议，在特约商户按约定受理银行卡并与持卡人达成交易后，为特约商户提供交易资金结算服务的行为”，并指出收单机构包括：（1）从事银行卡收单业务的银行业金融机构；（2）获得银行卡收单业务许可、为实体特约商户提供银行卡受理并完成资金结算服务的支付机构；以及（3）获得网络支付业务许可、为网络特约商户提供银行卡受理并完成资金结算服务的支付机构。这实际上是将银行卡收单的含义从单纯的线下收单扩张到了网络收单，从而与网络支付业务有所重叠。

三、预付卡的发行与受理

预付卡的发行与受理，系指发卡机构以特定载体和形式发行的、可在发卡机构之外购买商品或服务的预付价值的行为。具体而言，根据2012年颁布的《支付机构预付卡业务管理办法》的规定，预付卡是指发卡机构以特定载体和形式发行的、可在发卡机构之外购买商品或服务的预付价值。

值得注意的是，在广义上，预付卡可以分为“多用途预付卡”及“单用途预付卡”两类。单用途预付卡由商业企业发行，只能在本企业或同一品牌连锁企业内使用，该业务受我国商务部门监管；而第三方支付业务中所涉及的则是多用途预付卡，该类型预付卡最主要的特征是可以跨地区、跨行业、跨法人使用。下文的相关节集中讨论的也是多用途预付卡。

第二节 第三方支付机构的设立及牌照管理

一、设立条件

从事第三方支付业务需要取得相应类型的《支付业务许可证》，成为支付机构。申请《支付业务许可证》的机构，需经所在地中国人民银行分支机构审查后，报中国人民银行批准。

根据《非金融机构支付服务管理办法》，申请《支付业务许可证》的机构应当满足下列条件（见表3-13-1）。

表3-13-1 申请《支付业务许可证》应满足的条件

事宜	要求
注册资本	全国范围：1亿元；省级范围：3000万元。均为实缴货币资本
公司资质要求	（1）在中国境内依法设立的有限责任公司或股份有限公司，且为非金融机构法人； （2）有符合规定的注册资本最低限额； （3）有符合规定的出资人； （4）有5名以上熟悉支付业务的高级管理人员； （5）有符合要求的反洗钱措施； （6）有符合要求的支付业务设施； （7）有健全的组织机构、内部控制制度和风险管理措施； （8）有符合要求的营业场所和安全保障措施； （9）申请人及其高级管理人员最近3年内未因利用支付业务实施违法犯罪活动或为违法犯罪活动办理支付业务等受过处罚

续表

事宜	要求
主要出资人要求	(1)为依法设立的有限责任公司或股份有限公司; (2)截至申请日连续为金融机构提供信息处理支持服务2年以上,或连续为电子商务活动提供信息处理支持服务2年以上; (3)截至申请日连续盈利2年以上; (4)最近3年内未因利用支付业务实施违法犯罪活动或为违法犯罪活动办理支付业务等受过处罚

需要注意的是,支付牌照的获取严格受限于中国人民银行的审批,申请人即使满足了前述条件也并不完全意味着可以获得支付牌照。

二、支付牌照的续展与现状

《支付业务许可证》自颁发之日起,有效期5年。支付机构拟于《支付业务许可证》期满后继续从事支付业务的,应当在期满前6个月内向所在地中国人民银行分支机构提出续展申请。中国人民银行准予续展的,每次续展的有效期为5年。

2015年11月,中国人民银行发布了《关于〈支付业务许可证〉续展工作的通知》,列明了以下几种不予续展支付牌照的情形(见表3-13-2)。

表3-13-2 不予续展支付牌照的情形

不予续展支付牌照的情形	(1)截至申请日,累计亏损超过实缴货币资本的50%的; (2)已获许可部分或全部支付业务未实质开展过,或连续停止2年以上的; (3)发生占用、挪用、借用客户备付金行为的; (4)存在转让或变相转让、出租、出借《支付业务许可证》行为的; (5)超出核准范围从事支付业务的; (6)通过伪造、变造、隐匿数据等手段故意规避监管要求,或恶意拒绝、阻碍检查监督的; (7)以欺骗等不正当手段申请《支付业务许可证》的; (8)因利用支付业务实施违法犯罪活动,或为违法犯罪活动办理支付业务等行为,受到刑事处罚或较大金额行政处罚的; (9)在支付业务设施安全及风险监控方面存在重大缺陷,或存在较大规模的盗窃、出卖、泄露、丢失客户信息情形的; (10)违反反洗钱法律规定,情节特别严重的; (11)存在其他重大突发风险事件,或多次暴露重大风险隐患造成恶劣影响的

自2011年5月3日首批支付牌照下发至今,中国人民银行已发放了10批共计271张支付牌照。但是,中国人民银行在2016年8月对第一批支付业务资质续展

时表示，应坚持“总量控制、结构优化、提高质量、有序发展”的原则，一段时期内原则上不再批设新支付机构。因此，在此后较长一段时间内，支付机构的牌照申请都处于暂停状态。

就存量的支付牌照而言，目前已有7批支付牌照完成续展。有关支付牌照下发及续展的具体情况如表3－13－3所示。

表3－13－3　有关支付牌照的具体情况

单位：张

批次	发牌数量	业务类型			发牌时间	到期日	续展后到期日
		网络支付业务	银行卡收单业务	预付卡业务			
1	27	26	19	18	2011年5月3日	2016年5月2日	2021年5月2日
2	13	8	2	7	2011年8月29日	2016年8月28日	2021年8月28日
3	61	25	19	31	2011年12月22日	2016年12月21日	2021年12月21日
4	95	36	20	67	2012年6月27日	2017年6月26日	2022年6月26日
5	1	—	—	1	2012年7月20日	2017年7月19日	2022年7月19日
6	26	6	3	20	2013年1月6日	2018年1月5日	2023年1月5日
7	27	6	2	21	2013年7月6日	2018年7月5日	2023年7月5日
8	19	15	6	3	2014年7月10日	2019年7月9日	—
9	—	—	—	1	2015年3月26日	2020年3月25日	—
10	1	1	—	1	2015年12月8日	2020年12月7日	—
总计	270	123	71	170	—	—	—

然而，根据中国人民银行公布的数据，因支付牌照被吊销或注销、支付机构合并等原因，截至2019年1月，市场上已有33张支付牌照被注销，有效的支付牌照数量仅为238张。①

① 资料来源：《中国人民银行行政审批公示——〈支付业务许可证〉核发信息公告》：已获许可机构（支付机构）：http://www.pbc.gov.cn/zhengwugongkai/127924/128041/2951606/1923625/1923629/index.html；及已注销许可机构：http://www.pbc.gov.cn/zhengwugongkai/127924/128041/2951606/1923625/2942702/index.html。

三、外商投资支付机构准入限制和监管政策

对于外商投资支付机构相关事宜,2010 年颁布的《非金融机构支付服务管理办法》中的规定较为含糊。根据该管理办法,外商投资支付机构的业务范围、境外出资人的资格条件和出资比例等,由中国人民银行另行规定,报国务院批准。然而直至 2018 年初,中国人民银行始终都未就此正式出台相关规定。在此期间,虽有部分境外机构通过直接投资或 VIE 结构方式投资了境内支付机构,但外商投资支付机构能否获得支付牌照仍在很大程度上依赖于中国人民银行的自由裁量。

2018 年 3 月 21 日,中国人民银行发布《中国人民银行公告〔2018〕第 7 号》,正式明确了外商投资支付机构的准入条件和监管政策。根据该公告的规定,境外机构拟为境内主体的境内交易和跨境交易提供电子支付服务的,应具备相应的资质及准入条件,享受“国民待遇”,根据《非金融机构支付服务管理办法》规定的条件取得支付业务许可证。具体而言,外商投资支付机构应具备的条件主要包括:

(1)商业存在:境外机构应当在境内设立外商投资企业作为申请支付业务许可的主体。

(2)支付业务设施:外商投资支付机构应当在境内拥有安全、规范、能够独立完成支付业务处理的业务系统和灾备系统。

(3)信息存储要求:外商投资支付机构应遵守我国法律,在境内收集和产生的个人信息和金融信息应在境内存储。

除满足上述条件,外商投资支付机构还应符合《非金融机构支付服务管理办法》规定的资本实力、主要出资人、反洗钱措施等要求。①

下一步,中国人民银行将按程序受理外商投资支付机构的支付业务申请,鼓励外资机构参与中国支付服务市场的发展与竞争。

第三节 第三方支付业务的基本制度

第三方支付业务的基本制度主要包括分类评级制度、客户备付金存管制度等方面。

---

① 《中国人民银行有关负责人就外商投资支付机构准入和监管政策有关问题答记者问》,2018 年 3 月 21 日,载 http://www.pbc.gov.cn/goutongjiaoliu/113456/113469/3503316/index.html。

一、分类评级制度

2016 年 4 月，中国人民银行发布《非银行支付机构分类评级管理办法》，将评价支付机构运营过程中各项要素的工作制度化，从客户备付金管理、合规与风险防控、客户权益保护、系统安全性、反洗钱措施、持续发展能力 6 方面对支付机构进行考评，并按照考核结果将支付机构分为 A（AAA、AA、A）、B（BBB、BB、B）、C（CCC、CC、C）、D、E 共 5 类 11 级，进而根据分类评级结果决定嗣后对不同类别、级别的支付机构的监管方式及检查频率采取差异化、针对性的监管措施。

差异化管理的理念在支付机构的其他管理办法中也得到了体现。例如，2015 年颁布的《非银行支付机构网络支付业务管理办法》结合综合评级结果以及实名制落实情况，对不同的支付机构在从事网络支付业务时所对应的交易类型、限额、验证方式等要求实行了区别化管理，评级结果优秀的支付机构在业务上拥有更大的灵活性，在创新方面有了更多的自由度，并且在营运成本方面也能得到一定程度的降低。

二、客户备付金存管制度

客户备付金存管制度也是第三方支付业务的基本制度之一。备付金是指支付机构为办理客户委托的支付业务而实际收到的预收待付货币资金，不属于支付机构的自有财产。

在“账户支付模式”中，第三方支付机构帮助用户实现资金的划转都需要通过备付金账户来完成，而备付金账户里的资金就是备付金。具体而言，客户备付金包括：(1) 收款人或付款人委托支付机构保管的货币资金；(2) 收款人委托支付机构收取，且支付机构实际收到但尚未付出的货币资金；(3) 付款人委托支付机构支付、但支付机构尚未付出的货币资金；(4) 预付卡中未使用的预付价值对应的货币资金。

保障客户备付金安全一直是中国人民银行对支付机构监管的重中之重。2013 年 6 月，中国人民银行颁布了《支付机构客户备付金存管办法》，对备付金存管作出了基本要求，如支付机构可以在备付金存管银行/合作银行开立备付金存管账户/收付账户/汇缴账户等备付金专用存款账户。随着支付行业的快速发展，支付机构客户备付金规模迅速膨胀，人民银行的数据显示，2013 年第三方支付机构的备付金余额为 1226 亿元，但这一数值在 2016 年第三季度已迅速上升至 4600 多亿元；随着市场竞争的加剧，备付金领域也出现了一定程度的金融乱象。根据中国人民银行

2016年公布的数据,平均每家支付机构开立客户备付金账户13个,最多的开立客户备付金账户达70个。[①] 客户备付金的规模巨大、存放分散,存在一系列风险隐患,如备付金被支付机构挪用、占用并用于购买理财产品或其他高风险投资、支付机构通过各备付金账户办理跨行资金清算并变相行使跨行清算职能等。此外,许多支付机构通过扩大客户备付金规模赚取利息收入,偏离了提供支付服务的主业,一定程度上造成支付服务市场的无序和混乱,破坏了公平竞争的市场环境,也违背了中国人民银行许可其开展支付业务的初衷。

针对上述问题,国务院办公厅于2016年4月印发了《互联网金融风险专项整治工作实施方案》,提出了"人民银行或商业银行不向非银行支付机构备付金账户计付利息,防止支付机构以'吃利差'为主要盈利模式,理顺支付机构业务发展激励机制,引导非银行支付机构回归提供小额、快捷、便民小微支付服务的宗旨"的工作要求。2017年1月,中国人民银行发布《关于实施支付机构客户备付金集中存管有关事项的通知》,确定了将支付机构客户备付金集中存管的方案。根据该通知,2017年4月17日起,支付机构应将客户备付金按照一定比例交存至指定机构专用存款账户,该账户资金暂不计付利息。支付机构客户备付金的交存比例根据支付机构的业务类型和分类评级结果综合确定。一方面,根据支付机构开展的业务类型,对客户备付金利息收入的依赖程度越高,交存比例越高,以抑制支付机构扩张客户备付金规模的冲动;另一方面,中国人民银行每年对支付机构开展分类评级工作,综合反映支付机构的合规经营和风险控制等情况,支付机构的合规和风控能力及管理能力越差,评级结果越低,适用的交存比例越高。

2018年6月29日,中国人民银行办公厅下发了《关于支付机构客户备付金全部集中交存有关事宜的通知》,要求从2018年7月9日起,按月逐步提高支付机构客户备付金集中交存比例,到2019年1月14日实现第三方支付机构备付金的100%集中交存。此后,中国人民银行支付结算司又于2018年11月29日下发了《中国人民银行支付结算司关于支付机构撤销人民币客户备付金账户有关工作的通知》,要求支付机构能够依托银联和网联清算平台实现收、付款等相关业务的,应于2019年1月14日前撤销开立在备付金银行的人民币备付金账户,规定可以保留的账户除外。截至2018年12月,根据中国人民银行公布的数据,支付机构集中交

① 《中国人民银行有关负责人就非银行支付机构客户备付金集中存管有关问题答记者问》,2017年1月13日,载 http://www.pbc.gov.cn/goutongjiaoliu/113456/113469/3234880/index.html。

存至中国人民银行的客户备付金总规模已达到16,299.8亿元。[①] “备付金100%交存”要求的正式落地将进一步将倒逼第三方支付机构告别备付金利息收入的盈利模式,使其加快业务转型,对行业盈利尤其是中小型支付机构的经营与发展必将带来一定的压力。

第四节　第三方支付业务类型详述

在本节中,将对网络支付业务、银行卡收单业务及预付卡业务这三种第三方支付业务类型进行详细介绍。

一、网络支付业务

在网络支付中,根据第三方支付机构在交易过程中所扮演角色以及参与程度的不同,可以将第三方支付方式分为“网关支付模式”及“账户支付模式”两种支付方式。随着支付业务的发展,网关支付模式又包括:(1)传统的网关支付;(2)快捷支付。

(一)网关支付模式

1. 传统的网关支付

在传统的网关支付模式下,第三方支付平台为其用户开通了连接银行的支付网页的通道,并实现与银行之间的信息传递,并没有实际涉及交易验证以及银行的支付和清算。用户需要在经跳转的银行的网站界面上按照不同银行的操作要求完成付款。

在交易中,银行内部网(金融专用网)需要与Internet网进行交互,为了保证银行系统和支付活动的安全性,需要在银行内部网与Internet网之间建立一道安全屏障进行隔离,这道屏障称为支付网关。[②] 支付网关的作用包括:(1)解密从Internet传来的通信协议,并按银行内部网的协议标准重新打包数据,再传给银行内部网;(2)将从银行内部网传来的通讯协议按照Internet的协议标准重新打包数据,加密后在Internet网中传播。

---

① 资料来源:中国人民银行:2018年统计数据——《货币当局资产负债表》,载http://www.pbc.gov.cn/diaochatongjisi/resource/cms/2019/02/2019020115354431653.pdf。

② 参见白雕:《这可能是目前关于第三方支付最好的文章》,载https://mp.weixin.qq.com/s/c77aLffIGivuBe3hUuV_Jw。

传统网关支付模式下的交易流程(见图3-13-2)可以概述为:(1)支付机构只作为“支付通道”将消费者发出的支付指令传递给银行,银行完成转账后,支付机构进而与商户进行结算;支付机构并没有实际涉及银行的支付和清算,只是传递了支付指令;(2)由第三方支付网关集成不同银行的网银接口,其核心价值在于集成了各大银行的网关,商户平台只需要和一家第三方支付平台的接口相连,商户的用户便可使用绝大部分银行进行付款,大大为商户节省了一家家接入银行接口的成本。

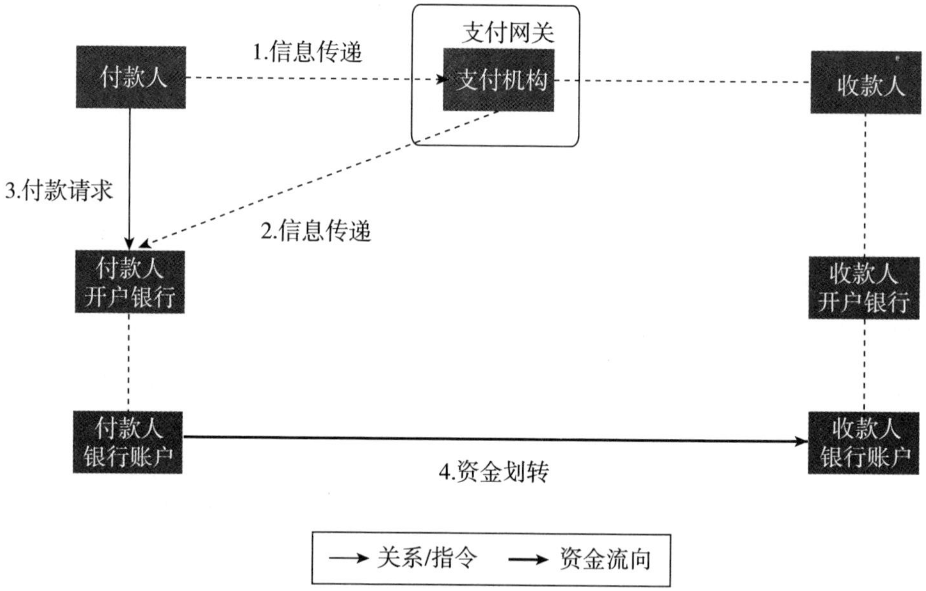

图3-13-2 传统的网关支付模式下的交易流程

2. 快捷支付

快捷支付实际上是网关支付的一种形式。我们常说的快捷支付,最初是由支付宝直连各大银行推出的一种全新的支付方式。相比较于传统的网关支付、账户余额支付等模式,快捷支付可以直接使用客户的银行卡余额进行支付,不受网络支付账户余额和交易限额的限制,交易成功率大大提升,也打消了传统客户对于网络支付账户安全性的担心。

要解释快捷支付原理,需要先理解各个银行接口的概念。银行接口即银行开放给第三方支付机构的接口,其作用是把资金从用户的银行卡中划转出来。支付网关是针对第三方支付机构而言的,而银行接口则是对银行而言的,任何一家支付机构后台都要接入众多银行来完成代收的操作,因此两者并不矛盾。

在以前的直连模式中，银行开放给第三方支付机构用于网络支付的接口主要有：(1)网银接口：用户需开通银行网银，并按照网银的要求进行操作；(2)快捷支付接口：由支付机构代用户向银行发送支付指令，直接扣划用户绑定的银行账户资金。快捷支付的优势在于用户无须开通银行网银，支付时也无须通过银行网银验证，极大地提升了交易便捷性；(3)代扣接口：银行代扣接口是银行开放给第三方机构的接口，用户只要一次性签约，第三方机构就可以将资金从用户的签约银行账户里划走，对于接银行代扣接口的第三方机构的资质要求是非常高的，其必须具备非常高的信用。一般这种接口会开放给水电公司，用于用户缴纳每个月的水费、电费、家庭网费等。代扣接口是一直都存在的，也是一种非常传统的银行支付接口，为了便民生活，而快捷支付接口是互联网产生并发展到一定阶段后，银行专门开放给第三方支付公司的接口，其实这两种接口对于银行来说，并无本质区别，因为二者都是在用户在完成签约之后，就可以通过第三方机构把资金从用户的签约银行账户中划走。但是银行为方便管理，于是给第三方支付公司专门开了一套与代扣接口功能一样的快捷支付接口给第三方支付公司。

在最初的快捷支付业务中，支付机构一方面接受客户的委托向客户的银行卡的发卡行发送支付指令，另一方面接受发卡行的委托向客户验证支付指令，在这过程中第三方支付机构并不承担资金收付职能。初期快捷支付模式下的交易结构如图 3－13－3 所示。

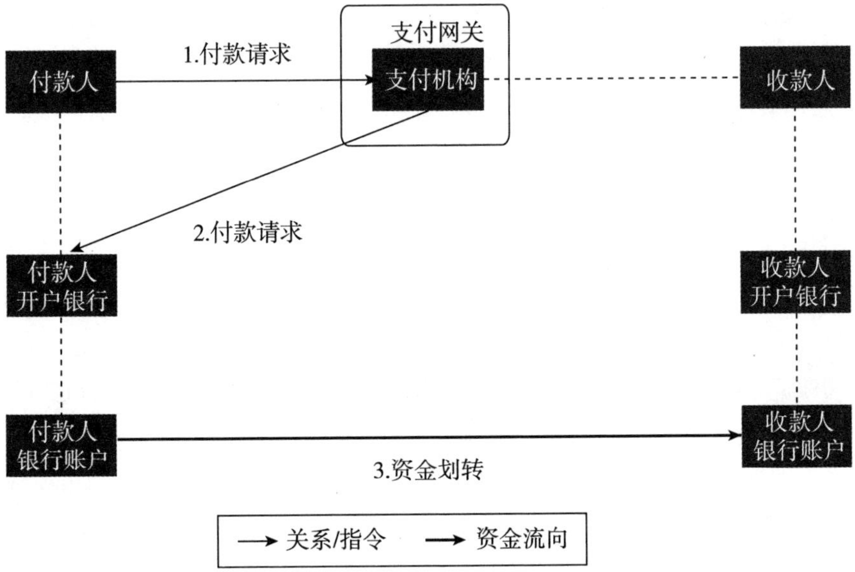

图 3－13－3　初期快捷支付的交易结构

值得一提的是,随着快捷支付业务的迅猛发展,从事快捷支付业务的支付机构开始介入资金转接清算服务,如约定发卡行将付款资金划入支付机构的备付金存管银行,备付金存管银行再完成跨行支付。对于部分资金划转业务量比较大的发卡行,支付机构通常会在该发卡行开设收付账户,完成跨行收款或者同行内付款,再借助备付金存管账户完成跨行支付。此时上述的交易结构中"3. 资金划转"的部分就会发生变化。

然而,随着央行近期"断直连"的要求,第三方支付机构直接接入银行的各种模式未来将难以为继。详见下文"断直连"部分的介绍。

(二)账户支付模式

1. 支付账户

支付账户是指支付机构为用户开立的电子簿记虚拟账户,用于记录预付交易资金余额、客户凭以发起支付指令、反映交易明细信息。不同的支付账户之间通过分账簿记的方式进行区隔。支付账户对应的实体账户为支付机构在备付金银行开立的备付金账户。

根据《非银行支付机构网络支付业务管理办法》的规定,支付机构为客户开立支付账户的,应在服务协议中以显著方式告知客户,并采取有效方式确认客户充分知晓并清晰理解下列内容:"支付账户所记录的资金余额不同于客户本人的银行存款,不受《存款保险条例》保护,其实质为客户委托支付机构保管的、所有权归属于客户的预付价值。该预付价值对应的货币资金虽然属于客户,但不以客户本人名义存放在银行,而是以支付机构名义存放在银行,并且由支付机构向银行发起资金调拨指令。"

《非银行支付机构网络支付业务管理办法》对个人支付账户进行分类管理,如表3-13-4所示,需要注意的是表格中所列的付款限额和功能限制仅针对支付账户的"余额支付"交易,用户使用银行网关支付、银行卡快捷支付的不受此类限制。

根据《非银行支付机构网络支付业务管理办法》的规定,人民银行根据支付机构分类评定结果落实情况,制定了差别化管理措施。就上述表格内的要求而言,人民银行适度提升了身份验证方式的灵活性:符合条件的支付机构在开立Ⅱ类、Ⅲ类支付账户时,除上述验证方式外,还可以运用各种安全、合法的技术手段灵活制定其他有效的身份核实方法,经评估认可后予以采用。

表 3-13-4 个人支付账户的分类管理

账户类型	Ⅰ类账户	Ⅱ类账户	Ⅲ类账户
身份验证	非面对面方式,通过至少一个外部渠道验证身份(如联网核查居民身份证信息)	面对面验证身份,或以非面对面方式通过至少三个外部渠道验证身份	面对面验证身份,或以非面对面方式通过至少五个外部渠道验证身份
余额付款限额	自账户开立起累计1000元(包括支付账户向客户本人同名银行账户转账)	年累计10万元(不包括支付账户向客户本人同名银行账户转账)	年累计20万元(不包括支付账户向客户本人同名银行账户转账)
余额付款功能	消费、转账	消费、转账	消费、转账、理财

2. 账户支付的交易结构(见图3-13-4)

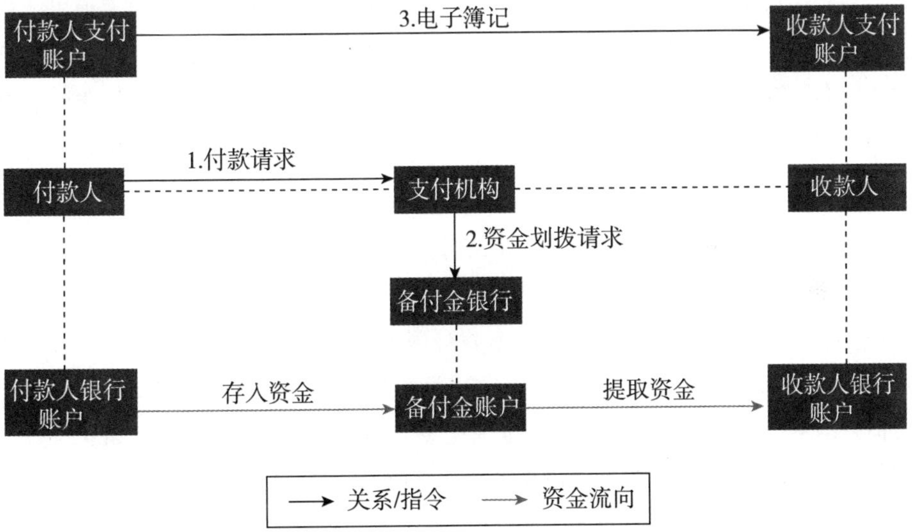

图 3-13-4 账户支付的交易结构

账户支付(余额支付)是指付款人和收款人必须先在第三方支付平台注册成为第三方支付平台的会员,用户向虚拟账户中进行充值(资金流:资金从用户的银行卡划转到第三方支付机构的备付金账户。实践中,该充值行为一般通过快捷支付模式完成);用户消费付款时,第三方支付机构从用户虚拟账户直接扣除,并在收款人的虚拟账户中增加相应金额(此处并不涉及资金的实际划转,只是支付机构通过电子簿记调整虚拟账户中的余额)。

(三)支付账户的合规问题

1. 账户开立

从第三方支付机构本身角度出发,只有获得互联网支付业务许可的支付机构方可为客户开立支付账户;仅获得移动电话支付、固定电话支付、数字电视支付业务许可的支付机构,不得为客户开立支付账户。从客户角度出发,法规要求支付机构不得为金融机构,以及从事信贷、融资、理财、担保、信托、货币兑换等金融业务的其他机构开立支付账户。这一限制的主要考虑是金融机构和从事网络借贷、互联网基金销售、互联网保险、互联网信托和互联网消费金融等机构本身存在金融业务经营风险,同时支付机构的资本实力、内控制度和风险管理体系普遍还不够完善,抵御外部风险冲击的能力较弱。

2. 账户划转

根据法律法规的要求,原则上,支付账户与非同名的银行账户之间不可以互相转账。但评定为A类且Ⅱ类、Ⅲ类支付账户实名比例超过95%的支付机构,对于已完成实名认证并达到实名管理要求的支付账户,也可以办理支付账户与非同名银行账户之间的转账业务,以适度提高监管灵活性并进一步满足客户支付需求。

3. 日交易限额

为引导支付机构提高交易验证方式的安全性,对于安全级别较高的支付账户的余额支付交易,支付机构可以与客户自主约定限额;但对于安全级别不足的支付账户的余额支付交易,法规规定了单日累计限额:5000元[支付机构采用不包括数字证书、电子签名在内的两类(含)以上有效要素进行验证的交易]或1000元(支付机构采用不足两类有效要素进行验证的交易)。但根据分类评定结果和支付账户实名比例,余额付款单日限额可以提高至2倍或1.5倍。

监管部门对非同名账户划转和日交易限额的规定再一次体现了支付机构差异化管理的理念。

二、银行卡收单业务

根据收单机构(第三方支付机构)是否与银联系统直接联接,银行卡收单业务可以分为直联模式及间联模式两种。

（一）直联模式

直联模式指收单机构放置的 POS 终端直接与银联系统相连接，交易信息先发送至银联系统，由银联系统自动判断后发送至相关的发卡银行，然后信息再沿路返回。直联模式的交易结构如图 3－13－5 所示。

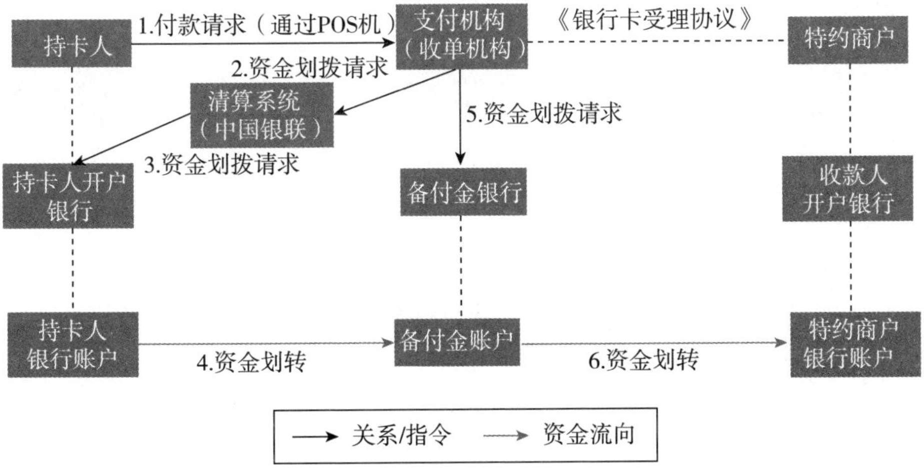

图 3－13－5　直联模式的交易结构

（1）持卡人通过 POS 机向支付机构发出付款请求；

（2）支付机构依照付款请求向中国银联发出资金划拨请求；

（3）中国银联依照支付机构资金划拨请求向开户银行发出资金划拨请求；

（4）开户银行依照中国银联资金划拨请求向备付金银行划入资金；

（5）支付机构向备付金银行发出资金划拨请求；

（6）备付金银行依照资金划拨请求向收款银行划入资金。

（二）间联模式

间联模式指 POS 终端可直接连接银行系统，当发生跨行交易时才将信息发送至银联系统，否则由银行系统直接处理，因此间联模式又称为“直连银行模式”。间联模式的交易结构如图 3－13－6 所示。

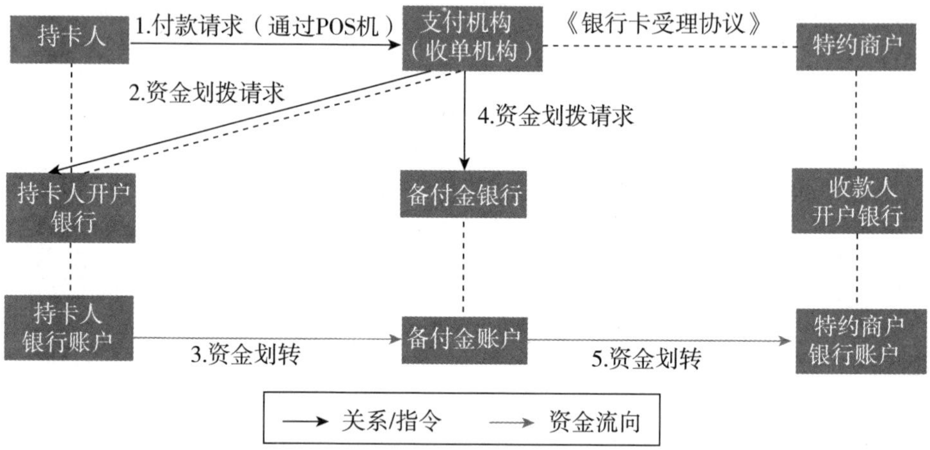

图 3-13-6　间联模式的交易结构

(1)持卡人通过网络向支付机构发出付款请求;

(2)支付机构依照付款请求直接向开户银行发出资金划拨请求;

(3)开户银行依照资金划拨请求向备付金银行划入资金;

(4)支付机构向备付金银行发出资金划拨请求;

(5)备付金银行依照资金划拨请求向收款银行划入资金。

同样地,随着网联清算平台的成立,各支付机构直接接入银行开展银行卡收单业务也不符合最新的监管要求,详见下文“断直连”部分的介绍。

(三)条码支付

条码支付是指第三方支付机构通过条码技术(如读取识别二维码)的方式将消费者的电子商务交易账单从商户的收银软件、网络受理终端或者线上 APP 推送到消费者的支付账户并完成支付的支付方式。

人民银行和银联对条码支付的认识也是随着市场接受程度和安全技术发展而不断深化的。最初,人民银行倾向于将二维码视为不成熟的信息识别技术,特别是在商户生成静态二维码供消费者条码支付的模式下,安全程度较差,因此人民银行于 2014 年 3 月暂时停止了二维码条码支付业务。但是支付机构通过反向扫码(商户扫消费者手机二维码)方式继续开展业务,同时对于支付机构自行拓展商户的受理终端进行改造,确保在封闭模式下读取和处理支付指令,进一步提高了安全性。2017 年 12 月,中国人民银行印发了《条码支付业务规范(试行)》及配套文件《条码支付安全技术规范(试行)》和《条码支付受理终端技术规范(试行)》,正式承认了条码支付的合法地位。

条码支付相关管理制度如表 3－13－5 所示。

表 3－13－5　条码支付相关管理制度

<table>
<tr><td>业务资质要求</td><td>· 支付机构向客户提供基于条码的付款服务时，应取得网络支付业务许可；
· 支付机构为实体特约商户和网络特约商户提供条码支付收单服务的，应当分别取得银行卡收单业务许可和网络支付业务许可</td></tr>
<tr><td>条码支付业务分类</td><td>· “付款扫码”：消费者扫商户二维码
· “收款扫码”：商户扫消费者二维码</td></tr>
<tr><td>交易验证方式</td><td>银行、支付机构开展条码支付业务，可以组合选用下列三种要素，对客户条码支付交易进行验证：
(1) 仅客户本人知悉的要素，如静态密码等；
(2) 仅客户本人持有并特有的，不可复制或者不可重复利用的要素，如经过安全认证的数字证书、电子签名，以及通过安全渠道生成和传输的一次性密码等；
(3) 客户本人生物特征要素，如指纹等</td></tr>
<tr><td>交易限额管理</td><td>· 使用动态条码进行支付的：
<table>
<tr><th rowspan="2">风险防范能力</th><th rowspan="2">交易验证方案</th><th colspan="2">交易限额（同一客户单日累计）</th></tr>
<tr><th>银行
（单个银行账户）</th><th>支付机构
（所有支付账户或快捷支付）</th></tr>
<tr><td>A 级</td><td>采用包括数字证书或电子签名在内的两类（含）以上有效要素进行验证</td><td>自主约定</td><td>自主约定</td></tr>
<tr><td>B 级</td><td>采用不包括数字证书、电子签名在内的两类（含）以上有效要素进行验证</td><td>5000 元</td><td>所有支付账户 5000 元
所有快捷支付 5000 元</td></tr>
<tr><td>C 级</td><td>采用不足两类有效要素进行验证</td><td>1000 元</td><td>所有支付账户 1000 元
所有快捷支付 1000 元</td></tr>
</table>
· 使用静态条码进行支付的：
风险防范能力为 D 级，无论使用何种交易验证方式，同一客户单个银行账户或所有支付账户、快捷支付单日累计交易金额应不超过 500 元</td></tr>
</table>

续表

信息管理和安全防护	· 银行、支付机构应落实客户、特约商户实名制管理规定; · 银行、支付机构应将客户用于生成条码的银行账户或支付账户、身份证件号码、手机号码进行关联管理; · 条码信息仅限包含当次支付相关信息,不应包含任何与客户及其账户相关的支付敏感信息;银行、支付机构需要根据收付款不同业务场景设置条码有效性和使用次数

(四)收单外包与"二清"

目前第三方支付机构已经占据银行卡收单市场半壁江山,这一现象与收单业务外包蓬勃发展密不可分。支付宝和微信支付均开设了开放式收单业务外包服务商接入平台,鼓励商业机构提供收单外包服务。从监管规定来看,除特约商户资质审核、受理协议签订、收单业务交易处理、资金结算、风险监测、受理终端主密钥生成和管理、差错和争议处理等核心业务活动应由收单机构自主完成以外,其余与银行卡收单业务相关的业务以协议约定的方式外包给第三方完成,但是收单机构作为收单业务主体的管理责任和风险承担责任不因外包关系而转移。

近年来,银行卡收单外包市场也滋生了诸多违规现象,主要表现为违规转让转包和商户资金二次清算(二清)。

(1)银行卡收单业务违规转让转包,是指银行收单业务外包服务机构违反与收单机构之前签署的外包服务协议约定,将外包服务全部转让或者转包给第三方机构。根据《关于加强银行卡收单业务外包管理的通知》的规定,收单机构应通过协议禁止并采取有效措施防止外包服务机构转让或转包业务,同时要求加入支付清算协会的会员机构加强收单外包业务的自律监管,建立并共享外包服务机构市场信息与评级管理信息。

(2)商户资金二次清算(二清),是指收单机构将银行卡交易处理接口向未获得银行卡收单业务许可的机构(二清机构)开放,或者将外包服务机构拓展为特约商户并接受其发送的银行卡交易信息,未自主将资金清算至特约商户收款账户,而是将大量特约商户的交易资金清算至二清机构账户,再由二清机构负责将资金清算至各特约账户。二清机构自行完成特约商户资质审查和入网接通手续,为其自行拓展的大量特约商户完成交易处理,并可在交易中随意控制、篡改或隐匿特约商户信息。在上述模式中,收单机构违反了《银行卡收单业务管理办法》第25条(真实完整反映交易信息)、第30条(资金结算至特约商户)、第35条(自主完成收单核心业务)规定,不但为信用卡套现、洗钱、伪卡盗刷等不法行为提供可乘之机,也导致商户资金面临巨大风险隐患,监管部门也披露了多起二清机构卷款跑路的风险事件。

2015 年 6 月人民银行颁布的《关于加强银行卡收单业务外包管理的通知》,除进一步重申了《银行卡收单业务管理办法》已有的银行卡收单业务外包的合规要求以外,还增加了三项合规义务:一是收单机构应当对于自行拓展和外包服务机构拓展的所有实体特约商户,每年独立开展至少一次现场核实;二是明确因外包服务机构原因导致特约商户、持卡人或发卡银行资金损失的,收单机构应全额承担先行赔付责任;三是从事银行卡收单业务的重点支付机构,应每年聘请独立、合格的外部审计机构对其银行卡收单业务和收单业务外包的合规性及风险管理机制的有效性、健全性进行全面审查,在年度监管报告中如实反映审查结果并附审查报告。

三、预付卡业务

近年来,随着信息技术的应用和小额支付服务市场的创新,多用途预付卡在经济社会生活中得到广泛应用,在减少现金使用、便利公众支付、促进消费等方面发挥了积极作用。目前在我国,多用途预付卡业务主要受《非金融机构支付服务管理办法》及配套制度《支付机构预付卡业务管理办法》监管。

(一)业务合规要求

1. 实名制度

《支付机构预付卡业务管理办法》从以下方面体现了实名制要求(见表 3 - 13 - 6)。

表 3 - 13 - 6 《支付机构预付卡业务管理办法》中的实名制要求

<table>
<tr><td rowspan="5">区分记名预付卡/不记名预付卡</td><td colspan="3">记名预付卡是指预付卡业务处理系统中记载持卡人身份信息的预付卡;不记名预付卡是指预付卡业务处理系统中不记载持卡人身份信息的预付卡。规章在许多方面对记名预付卡及不记名预付卡作出了区别性要求:</td></tr>
<tr><td>事项</td><td>记名预付卡</td><td>不记名预付卡</td></tr>
<tr><td>资金限额</td><td>单张不超过 5000 元</td><td>单张不超过 1000 元</td></tr>
<tr><td>挂失/赎回</td><td>可挂失,可赎回</td><td>不挂失,不赎回</td></tr>
<tr><td>有效期</td><td>不得设置有效期</td><td>有效期不得低于 3 年</td></tr>
</table>

续表

购卡实名制	个人或单位购买记名预付卡或一次性购买不记名预付卡 1 万元以上的,要求购卡人使用实名并提供有效身份证件。发卡机构应当识别购卡人身份,核对有效身份证件,登记身份基本信息,并留存有效身份证件的复印件或影印件
充值实名制	发卡机构办理记名预付卡或一次性金额 1 万元以上不记名预付卡充值业务的,应当参照购卡实名规定,落实实名制要求
非现金购卡/充值制	单位一次性购买预付卡 5000 元以上,个人一次性购买预付卡 5 万元以上,或办理一次性 5000 元以上预付卡充值业务的,应当通过银行转账等非现金结算方式,不得使用现金

2. 其他管理制度(见表 3－13－7)

表 3－13－7　其他管理制度

地域限制	发卡机构不得在未设立省级分支机构的省(自治区、直辖市、计划单列市)开展预付卡发行销售业务,并通过实体网点发行、销售预付卡。对于单张资金限额 200 元以下的预付卡,发卡机构可委托销售合作机构代理销售,但其作为预付卡发行主体的所有责任不因代理销售而发生转移
自行拓展特约商户	发卡机构应当为其发行的预付卡提供受理服务,其自行拓展、签约和管理的特约商户数不少于其全部受理商户数的 70%。此举是为了避免发卡机构单纯为了吸收预付资金而从事预付卡业务,敦促更多的支付机构开展商户拓展和受理网络建设工作
闭环运行	禁止发卡机构发行或代理销售采用或变相采用银行卡清算机构分配的发卡机构标识代码预付卡,禁止支付机构之间合作发行预付卡,禁止不同的发卡机构采用统一识别性的品牌标识,卡面上不得使用发卡机构委托的受理机构的品牌标识
禁止使用信用卡购买/充值预付卡	购卡人不得使用信用卡购买预付卡,也不得使用信用卡为预付卡充值

(二)交易结构

预付卡业务的交易结构如图 3－13－7 所示。

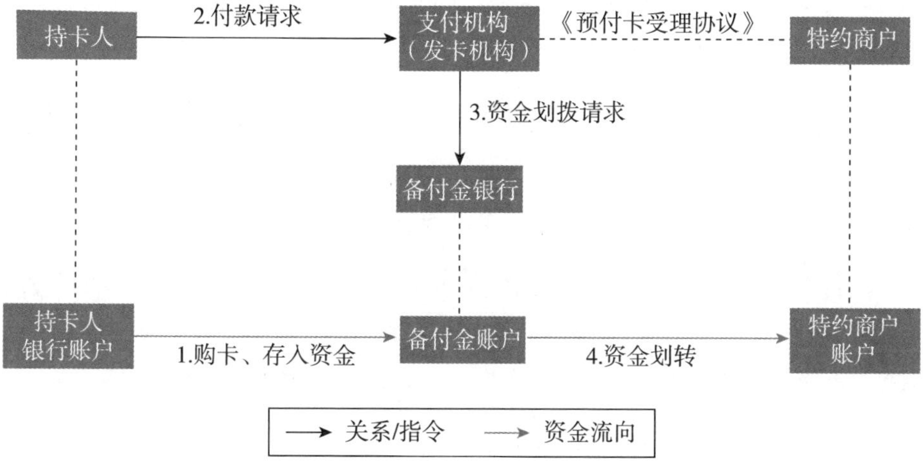

图 3－13－7　预付卡业务的交易结构

（1）预付卡发行前，特约商户与支付机构达成预付卡受理协议，明确预付卡对应的交易和资金结算规则；

（2）用户购卡存入资金时，对应的现金流实质是持卡人账户中的资金划转至支付机构的备付金账户；

（3）持卡人使用预付款消费时，即表明持卡人向支付机构发送付款请求，根据预付卡受理协议的约定，支付机构将相应的款项结算至特约商户的指定账户中。

第五节　第三方支付领域的新兴业态

第三方支付业务发展至今，市场上出现了许多与第三方支付领域相关的业务及商业模式。本节主要介绍跨境支付及聚合支付这两种新兴业态。

一、跨境支付

如今，越来越多的消费者选择在国际性的电子商务平台上“海淘”，也有越来越多的商家通过国际性的电子商务平台向境外买家出售商品。根据中国电子商务研究中心的监测数据，2017 上半年我国跨境电商交易规模达到 3.6 万亿元，同比增长

30.7%,其中出口跨境电商交易规模2.75万亿元,进口跨境电商交易规模8624亿元。① 而这一切,都不离开跨境支付业务的大力发展。

实际上,根据支付币种的不同,跨境支付业务又可以分为“跨境外汇支付业务”及“跨境人民币支付业务”两种。

(一)跨境外汇支付业务

支付机构跨境外汇支付业务是指支付机构通过银行为电子商务(货物贸易或服务贸易)交易双方提供跨境互联网支付所涉的外汇资金集中收付及相关结售汇服务。跨境外汇支付业务在我国经历了从试点阶段到全国推广阶段的过程。

1. 试点阶段(2013~2015年):审批制

2013年2月,国家外汇管理局发布《关于开展支付机构跨境电子商务外汇支付业务试点的通知》,决定在上海、北京、重庆、浙江、深圳等地区开展试点,允许参加试点的支付机构办理跨境电子商务外汇支付业务。根据该通知,取得人民银行颁发的《支付业务许可证》且许可业务范围中包含“互联网支付”的支付机构,可以制定试点申请方案报所在地国家外汇管理局(部)初审,并在国家外汇管理局核准后开展跨境电子商务外汇支付业务。2013年9月开始,部分支付机构陆续取得了国家外汇管理局下发的批复。

2. 推广至全国(2015年至今):登记制

2015年1月,国家外汇管理局发布《关于开展支付机构跨境外汇支付业务试点的通知》,将支付机构跨境外汇支付业务推广到全国。根据该通知,业务范围包含“互联网支付”且在近2年内无重大违反人民币及外汇管理规定行为的支付机构可以在办理“贸易外汇收支企业名录”登记后开展跨境外汇支付业务。

支付机构应向注册地外汇局提交申请材料,外汇局分局、外汇管理部应对支付机构的申请材料进行审核,在20个工作日内对符合条件的支付机构出具正式书面文件,同时抄报国家外汇管理局,并为开办货物贸易跨境外汇支付业务的支付机构办理“贸易外汇收支企业名录”登记。该通知实施前已开办试点业务的支付机构,无需再行申请,由注册地分局统一办理“贸易外汇收支企业名录”登记。

---

① 参见中国电子商务研究中心:《2017年(上)中国电子商务市场数据检测报告》,2017年9月19日。

截至2018年1月,全国共有33家试点支付机构开展跨境外汇支付业务,[①]包括支付宝、财付通、汇付天下及拉卡拉等知名支付机构。

跨境外汇支付业务的其他具体要求如表3-13-8所示。

表3-13-8　跨境外汇支付业务的其他具体要求

真实性审核	• 支付机构应严格审核参与跨境外汇支付业务客户身份信息的真实性,并留存相关信息5年备查。 • 跨境外汇支付业务应当具有真实合法的货物贸易、服务贸易交易背景。支付机构不得为以下交易活动提供跨境外汇支付服务: (1)不符合国家进出口管理规定的货物、服务贸易; (2)不具有市场普遍认可对价的商品交易,以及定价机制不清晰、存在风险隐患的无形商品交易; (3)可能危害国家、社会安全,损害社会公共利益的项目或经营活动; (4)法律法规及人民银行、外汇局规章制度明确禁止的项目
单笔业务限额	• 支付机构参与跨境外汇支付业务试点,除另有规定外单笔交易金额不得超过等值5万美元
收付汇/结售汇	• 支付机构可集中为客户办理收付汇和结售汇业务,并按照要求实现交易信息的逐笔还原。支付机构应在收到资金之日(T)后的第一个工作日(T+1)内完成结售汇业务办理。在满足交易信息逐笔还原要求的情况下,支付机构可以办理轧差结算。 • 支付机构在提供跨境外汇支付服务时,应允许客户用人民币或自有外汇进行支付。客户向支付机构划转外汇时,银行应要求其提供包含有交易金额、支付机构名称等信息的网上交易真实性证明材料,经核对支付机构账户名称和金额后办理,并在交易附言中注明"跨境外汇互联网支付划转"字样
账户管理	• 支付机构应在银行开立"外汇备付金账户"。支付机构为客户办理结售汇及跨境收付业务均应通过外汇备付金账户进行。备付金账户管理同时应符合中国人民银行备付金账户的管理规定

(二)跨境人民币支付业务

支付机构跨境人民币支付服务是指支付机构依托互联网为境内外收付款人之间,基于非自由贸易账户的真实交易需要转移人民币资金提供支付服务。该业务的法规要求及实践情况可以分为国家及地方两个层面进行探讨。

1. 国家层面

在国家层面,中国人民银行于2014年6月发布了《中国人民银行关于贯彻落实

① 参见张进:《跨境外汇支付业务监管》,载《中国金融》2018年第1期,第96~97页。

〈国务院办公厅关于支持外贸稳定增长的若干意见〉的指导意见》,支持银行业金融机构与支付机构合作开展跨境人民币结算业务。虽然目前在国家层面尚未出台针对上述指导意见的公开实施细则或其他详细规定,但国内已存在支付机构通过该指导意见实现跨境人民币支付的先例。

2. 地方层面

在地方层面,人民银行上海总部于 2014 年 2 月发布了《关于上海市支付机构开展跨境人民币支付业务的实施意见》及《中国人民银行上海总部关于支持中国(上海)自由贸易试验区扩大人民币跨境使用的通知》,对支付机构跨境人民币业务的开办主体、开办条件、备案要求、备付金管理和风险管理等作出了详细的规定。除上海市外,国内其他地区尚未对该业务进行较为详细的规定。因此,下文主要根据上海市的相关规定对支付机构跨境人民币业务进行介绍。

跨境人民币支付业务为双向支付,包括境内对境外的支付和境外对境内的支付,不得轧差支付。相比之下,跨境电子商务外汇支付业务则包括轧差收付汇以及轧差结售汇。此外,支付机构开展跨境人民币支付业务实行“备案制”管理,支付机构须在开展跨境人民币业务之日起 7 天内向人行上海总部进行备案。支付机构向备付金银行申请办理跨境人民币资金收付前,须与备付金银行签订《关于办理跨境人民币支付业务合作协议》。

跨境人民币支付业务的具体要求如表 3－13－9 所示。

表 3－13－9　跨境人民币支付业务的其他具体要求

开办业务主体	两类主体符合开展跨境人民币业务的资质要求: (1)上海市注册成立并有互联网支付业务许可的支付机构,包括在试验区内注册成立和试验区外、上海市内注册成立的支付机构; (2)上海市以外地区注册成立并有互联网支付业务许可的支付机构在试验区内设立的分公司。此类主体须按照《非金融机构支付服务管理办法》等制度规定向中国人民银行上海总部(上海分行)进行备案
开办业务条件	支付机构开展跨境人民币业务应符合以下条件: (1)支付业务许可范围包括互联网支付; (2)有健全的跨境人民币支付业务内部控制制度和风险管理措施; (3)有支持跨境人民币支付业务的互联网支付业务技术等基础设施; (4)有针对跨境人民币支付业务的反洗钱、反恐融资、反逃税等具体制度和措施; (5)获得《支付业务许可证》以来,合规经营,风险控制能力较强,最近两年未发生严重违规情况; (6)中国人民银行规定的其他条件

续表

禁止提供支付服务的活动	支付机构不得为以下交易活动或业务主体提供跨境人民币支付服务： (1)没有真实交易背景的商品或服务； (2)不符合国家进出口管理规定的货物、服务贸易； (3)货物贸易项下不具备进出口经营资格的企业； (4)被人民银行等六部委列入出口货物贸易人民币结算重点监管名单的企业； (5)服务贸易项下交易标的不具有市场普遍认可对价的商品，以及其他定价机制不清晰、存在风险隐患的无形商品； (6)资本项目下的交易； (7)可能危害国家、社会安全，损害社会公共利益的项目或经营活动； (8)法律法规及人民银行、外汇管理局规章制度明确禁止行为及未予许可项目

根据上海总部有关负责人就《关于上海市支付机构开展跨境人民币支付业务的实施意见》答记者问，支付机构开展跨境人民币支付的主要目标是"风险可控、尽快形成可复制、可推广的经验"。在稳步推进上海市支付机构开展跨境人民币支付业务的过程中，为总行尽快建立法治的、全国统一的跨境支付监管思路和规则提供实践经验，实现可复制、可推广。①

二、聚合支付

(一)概述

聚合支付服务是支付基础之上的多种衍生服务。第三方支付的碎片化及彼此不兼容，促使了聚合支付的产生。市场实践中，聚合技术服务商可以为特约商户提供融合多个支付渠道、一站式资金结算和对账的技术解决方案，满足了特约商户对降低系统投入和运营成本、提高资金结算和财务对账效率的实际需求。从本质上来说，聚合支付提供商是技术提供商，扮演介于第三方支付和商户之间的支付渠道，没有支付许可牌照的限制。聚合支付的业务模式如图3－13－8所示。

① http://shanghai.pbc.gov.cn/fzhshanghai/113577/114835/114973/2315350/index.html.

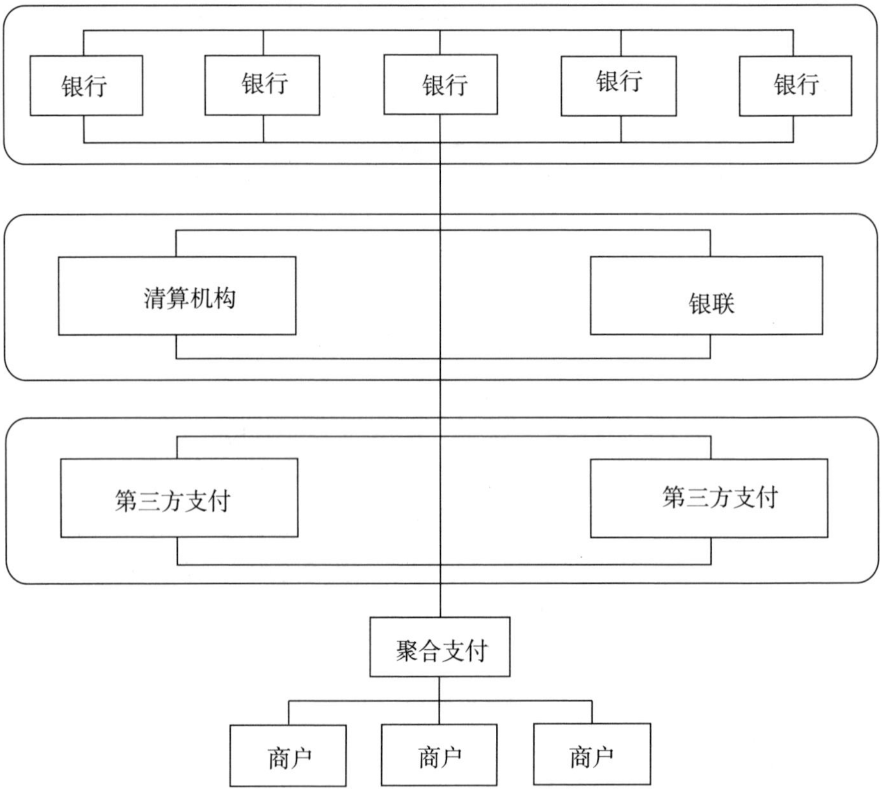

图 3-13-8　聚合支付的业务模式

(二)合规性要求

聚合支付在带来便捷的同时也滋生了新的合规问题。正常支付业务模式下，商户需要加入不同的收单机构的入网流程，程序较为烦琐和分散；部分聚合支付的服务机构采取“大商户”模式先行完成各收单机构的入网流程，再以“分商户”的模式集中为真正的商户提供接入。实质上，聚合支付变相开展了商户审核、协议签署、交易处理、风险监测等收单核心业务，真正的持牌支付机构却丧失了对商户交易风险监测的功能。

当前我国对聚合支付领域的规范性文件主要有：(1) 2017 年 1 月中国人民银行支付结算司下发的《关于开展违规“聚合支付”服务清理整治工作的通知》；(2)2017年 2 月中国人民银行下发的《关于持续提升收单服务水平、规范和促进收单服务市场发展的指导意见》；以及(3) 2017 年 11 月中国人民银行办公厅下发的《关于进一步加强无证经营支付业务整治工作的通知》。从聚合支付监管的历史沿革来看，监管部门关注的重点主要在于以下方面。

（1）聚合支付应定位为“收单外包机构”

聚合支付服务商应严格定位于“收单外包机构”，不得从事商户资质审核、受理协议签订、资金结算、收单业务交易处理、风险监测、受理终端（网络支付接口）主密钥生成和管理、差错和争议处理等核心业务。收单机构将聚合支付服务外包给聚合技术服务商，并经过其业务系统与特约商户相互传输交易信息的，应负责事先对其业务系统的安全性、稳定性、技术标准符合性等进行全面评估，确保其业务系统符合《非金融机构支付业务设施技术要求》的规定。

（2）不得涉及“资金沉淀”

聚合支付服务商不得以任何形式经手特约商户结算资金，从事或变相从事特约商户资金结算。严禁聚合技术服务商以任何形式截留特约商户结算资金，从事或者变相从事特约商户资金结算。实践中，开展聚合支付业务的服务机构通常以综合性资金服务作为服务卖点，也将此作为盈利来源，但是一旦涉及“资金聚合”，就是典型的“二清”，严重触碰监管要求的底线。

（3）不得涉及“客户敏感信息”

聚合支付提供商不得伪造、篡改或隐匿交易信息，也不得采集、留存特约商户和消费者的敏感信息。收单机构应严格落实《中国人民银行关于进一步加强银行卡风险管理的通知》的相关要求，通过协议禁止并采取有效技术措施防止聚合技术服务商采集、留存特约商户和消费者的敏感信息，防止泄露特约商户和消费者的身份、账户或交易信息；收单机构应持续强化风险监测，参照《网络支付报文结构及要素技术规范（V1.0）》，确保特约商户名称、编码、类别和交易类型等各项交易信息的真实性、完整性、可追溯性以及在支付全流程中的一致性，采取有效技术措施防止聚合技术服务商伪造、篡改或隐匿交易信息。

（三）无证经营支付业务整治工作

2017年11月13日，中国人民银行办公厅下发《关于进一步加强无证经营支付业务整治工作的通知》，全面检查持证机构违规为无证经营支付业务机构提供支付清算服务的行为。整治工作波及相关不合规的聚合支付服务商，并直接剑指违规源头——持证机构（银行、银联、第三方支付机构、各地方清算中心）。

除此之外，该文件还提出了无证经营支付业务的主要认定标准。

（1）银行卡收单业务：①以平台对接或“大商户”模式接入持证机构，留存商户结算资金,并自行开展商户资金清算,即再次明确不得“二清”的要求;②从事其他收单核心业务,重点关注特约商户资质审核,受理协议签订等业务活动。

(2)网络支付业务:①采取平台对接或“大商户”模式,即客户资金先划转至网络平台账户,再由网络平台结算给平台二级商户;②为客户开立的账户或提供的电子钱包等具有充值、消费、提现等支付功能。

实际上,早在2016年10月进行互金风险整治期间,央行在关于《非银行支付机构风险专项整治工作实施方案》(以下简称《支付机构风险整治方案》)的答记者问中就已列举过以上两种“无证经营支付业务”(当时还包括第三种——无证经营多用途预付卡发行与受理)。此次整治工作则以文件形式对无证经营支付业务的主要认定标准作出了明确规定。

2017年底的这轮检查促使多家银行下发通知对支付通道和商户进行整理整顿,部分银行已经关停支付通道,特别是聚合支付公司从银行对接的通道基本上将全部关停,“大商户”模式将全面退出市场。

第六节　第三方支付业务的最新监管要求:“断直连”

当前,第三方支付市场最主要的动作是“断直连”,即第三方支付机构必须断开与银行直连(银行关闭第三方支付机构直接代扣通道,包括代收代扣、快捷支付和网银支付)。

早在2016年4月,中国人民银行等十四部委即联合发布《支付机构风险整治方案》,要求逐步取缔支付机构与银行直接连接处理业务的模式,支付机构开展跨行支付业务必须通过人民银行跨行清算系统或者具有合法资质的清算机构进行,推动清算机构按照市场化原则共同建设网络支付清算平台。方案旨在改变支付机构与银行多头连接开展业务的情况,支持支付机构一点接入平台办理,以节约连接成本,提高清算效率,保障客户资金安全,同时也有利于监管部门对社会资金流向的实时监测。① 该文件所推动建立的网络支付清算平台于2017年3月31日开始试运行。4个月后,包括中国人民银行清算总中心、支付宝、财付通等在内的45家机构

① 参见《中国人民银行有关负责人就非银行支付机构风险专项整治工作答记者问》,2016年10月13日,载http://www.pbc.gov.cn/goutongjiaoliu/113456/113472/3159599/index.html。

和公司共同签署《网联清算有限公司设立协议书》，网联清算有限公司（"网联"）作为平台的运营机构正式成立。网联模式在国际范围内并无先例，业内人士表示，网联这一专为第三方支付机构服务的支付清算平台的成立，凸显了监管部门加强对第三方支付机构资金流向等监管的决心。

2017 年 8 月，人民银行支付结算司下发《关于将非银行支付机构网络支付业务由直连模式迁移至网联平台处理的通知》，要求自 2018 年 6 月 30 日起，非银行支付机构受理的涉及银行账户的网络支付业务全部通过网联平台处理。

网联平台作为第四方金融服务平台，在不直接对消费者提供金融服务，并且不碰触资金的情况下，通过统筹银行和第三方金融机构，间接为市场和消费者提供服务。网联平台可掌握具体商品交易信息和资金流向，防范洗钱、挪用备付金等行为，其建立也对第三方支付行业的风险进行了有效管控。[①] 通过网联进行的交易模式大致如图 3 – 13 – 9 所示。

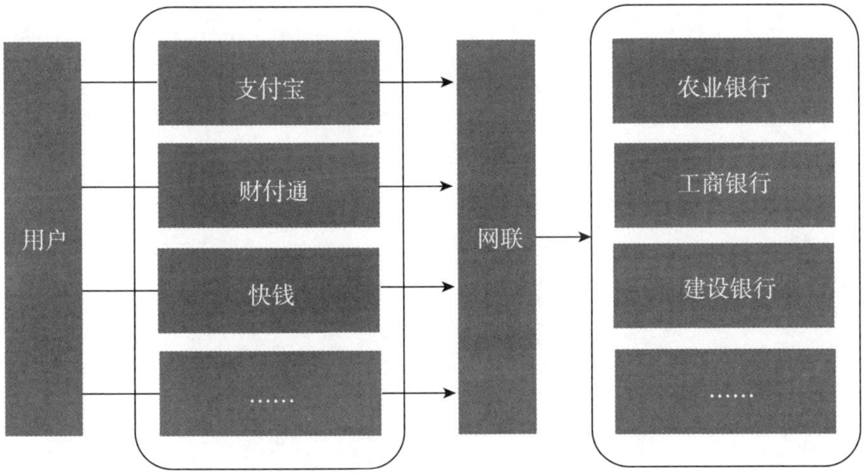

图 3 – 13 – 9　通过网联进行的交易模式

根据网联公布的数据，截至 2019 年 1 月 1 日，全部持网络支付牌照的 115 家支付机构以及 424 家银行已接入网联平台，99% 的市场存量跨机构业务已完成向网联

① 参见张莫：《央行：网络支付业务未来将全部通过网联》，载《经济参考报》：http://dz.jjckb.cn/www/pages/webpage2009/html/2017 – 08/07/content_34640.htm。

平台的业务迁移。[①] 从接入数据来看,网联的接入工作完成度已经相当高。

第三方支付的发展史可以说是一部创新与风险的平衡史。"断直连"并接入网联后,第三方支付机构的经营与发展也将面临新的挑战。

① 资料来源:网联清算有限公司:《新年献词 站在网络支付行业的新起点上——网联的行业观与价值观》,2019 年 1 月 1 日,载 https://mp.weixin.qq.com/s/NfPl0NjTcv4OAzWscJ9g6A。

CHAPTER 14

第十四章

P2P网络借贷

P2P(peer to peer)来自一个IT词汇“点对点技术”,是指网络参与者共享他们所拥有的一部分硬件资源(处理能力、存储能力、网络连接能力等),这些共享资源通过网络实现资源共享,能被其他对等节点(peer)直接访问而无须经过中间实体。而所谓P2P网络借贷(peer to peer lending),系指个体与个体之间通过网络形成的借贷,目前行业普遍认为P2P网络借贷最早起源于2005年的英国,从2006年起迅速在全球扩散,尤其是当美国的网贷平台如Prosper、Lending Club诞生后,其运营理念与商业模式被广泛认可,中国国内最早从事P2P网络借贷业务的宜信和拍拍贷也在2007年左右先后成立。

自2007年P2P网络借贷进入中国以来,这个行业的参与者在十余年间经历了从默默无闻到一夜暴富,但随着监管制度的不断完善,网贷行业也从最初的野蛮扩张演变到了现今的有序合规,并不断趋向成熟和理性。随着金融科技的不断发展,各网贷平台在业务开展过程中也更多地融入了诸如大数据风控、生物识别、人工智能审核、电子签名等新兴技术,将一项传统的金融信息服务与互联网和科技做了更深度和多元的融合。正因如此,现今凡提及“互联网金融”或者“金融科技”,相信很多人首先想到的便是P2P网络借贷。

回望网贷行业在中国发展的十余年,究竟衍生了多少种业务模式,又需要满足哪些合规监管要求,本章将对上述问题逐一进行介绍与解答。

第一节 P2P网络借贷业务概述

一、参与主体

一般而言,P2P网络借贷业务涉及的主体主要有网贷平台、借贷双方,在存在担保的情况下还会涉及担保方,各参与主体如表3-14-1所示。

表 3－14－1　P2P 网络借贷业务参与主体

参与主体	交易角色	典型范例
网贷平台	为借款方与出借方提供信息收集、展示与发布、借贷撮合、辅助结算等服务的第三方互联网平台，不直接参与借贷交易	一般为运营移动客户端 APP 和网页端的网络借贷平台，如陆金服、玖富普惠、翼龙贷、宜人贷、桔子理财等
借款方	为具有融资需求，且通过网贷平台发布其资金需求的用户	一般为网贷平台具有融资需求的实名注册客户，包括自然人客户与机构客户
出借方	以其自有资金通过网贷平台向借款方发放贷款的用户	一般为网贷平台具有资金出借需求的实名注册客户，包括自然人客户与机构客户
担保方（或有）	为借款方通过网贷平台向出借方借入的贷款提供保证担保或抵质押担保	若借款方自行提供担保则担保方即为借款方，且融资担保公司、保险公司也可作为网络借贷项下的担保方

二、理想化的 P2P 网络借贷交易模式

在最理想化的 P2P 网络借贷交易模式中，网贷平台负责发布借款人的借款需求和出借人的资金出借需求，并将资产端（借款人端）与资金端（出借人端）进行撮合匹配，以实现具有融资需求的个人、企业与拥有闲散资金投资的个人或机构达成借贷交易。网贷平台仅作为网络借贷业务的信息发布与撮合方，且在无论是贷款的放款还是还款的过程中，资金均在借贷双方之间直接完成划转，网贷平台并不会参与资金的归集，也不会使用自有资金参与贷款的发放或代垫任何款项。另外，网贷平台自身也不对借贷双方提供任何形式的兜底安排，其在性质上仅为“信息中介”，而非“信用中介”。P2P 网络借贷的典型模式如图 3－14－1 所示。

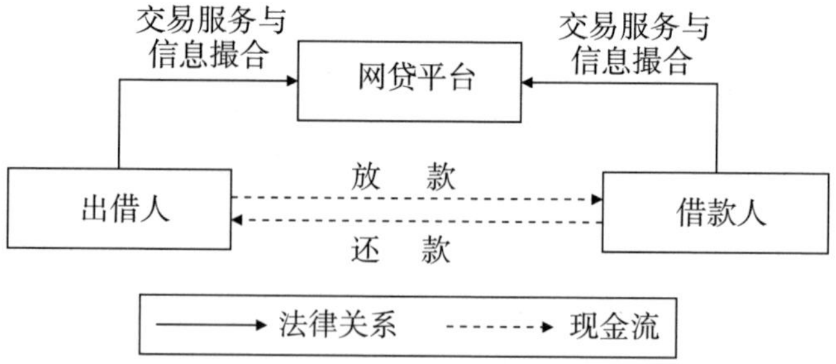

图 3－14－1　P2P 网络借贷的典型模式

三、Lending Club 的撮合证券交易模式

美国的 Lending Club 作为全球网贷行业的标杆，一直是很多中国网贷平台研究和模仿的对象。就美国对网贷行业的监管而言，2008 年美国证券交易委员会（SEC）认定网贷平台发布借贷项目涉及证券销售因此需要作为证券登记，并接受美国《1933 年证券法》的监管。2007 年起步的 Lending Club 顺应这一监管要求积极进行转型，并衍生出了其最具代表性的撮合证券交易模式。

在撮合证券交易模式下，网贷平台作为资金端与资产端的服务中介，以证券形式撮合双方的资金需求。资金端的个人或机构投资者在网贷平台上购买特定资产端客户的贷款凭证，依据资产端的定期还款收回本金和收益。资产端的借款人则向网贷平台申请贷款，在获得出借人的认购确认后，由合作的商业银行发放贷款并将债权转让给网贷平台，其后由借款人向网贷平台定期还款，以实现出借人的本息返还。需要注意的是，中美之间对于网贷行业的行为认定与监管要求存在很大的差异，中国的监管部门对于网贷平台的合规要求更接近于典型模式，并不接受 Lending Club 所采用的由商业银行共同参与的撮合证券交易模式。

Lending Club 模式如图 3－14－2 所示。

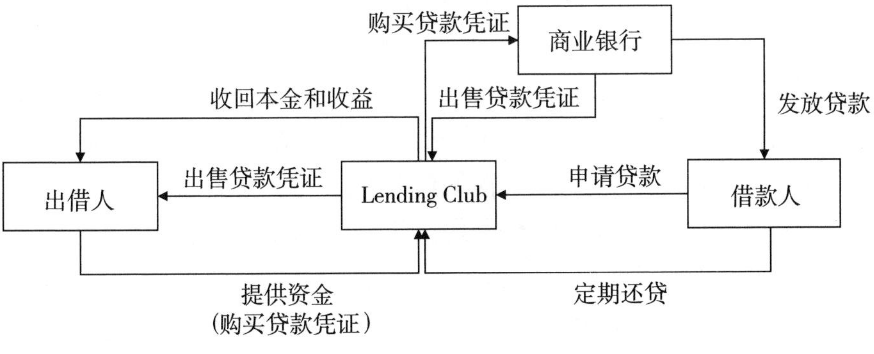

图 3－14－2 Lending Club 模式

第二节 P2P 网络借贷业务的发展历程

P2P 网络借贷在中国的发展历程大致可分为以下几个阶段。

一、初始发展阶段

国内 P2P 网贷的初始发展期一般认为是在 2007 年到 2012 年。在这个阶段,P2P 网贷主要以信用贷款为主,且行业内的从业者大多没有民间借贷或传统金融机构信贷业务的工作经验,处于行业的摸索期。据零壹数据的不完全统计,截至 2011 年末,我国网贷平台的数量在 60 家左右,活跃平台数量不足三成,成交金额也不大。

二、快速扩张阶段

2012 年至 2013 年,被业内认为是国内网贷行业的快速扩张期。在这一阶段,民间借贷与金融领域的从业经验开始受到重视,且网贷平台的创办者也大都具备相关背景经验。此外,互联网的发展与科学技术的进步为此时的 P2P 网络借贷注入了新的发展动力,平台风控能力得到同步提升。“余额宝”的出现引爆了全民理财的热情,网贷平台的数量从 2012 年的近百余家一跃增加到了 2013 年的近 700 家,成交金额和有效投资人数量也相应地有了巨大的提升。

三、政策调整阶段

从 2014 年开始,网贷行业相关的监管规范开始逐步出台,整个行业开始进入了一个根据监管政策进行调整优化的调整过渡期。

在这个阶段,国家首先明确表示鼓励和支持 P2P 网络借贷的发展,网贷行业因此得到了前所未有的重视,尤其是在 2015 年,互联网金融首次被写入国家“十三五”规划,足见彼时国家对这一新兴行业的重视与关切。然而,这也同时意味着网贷行业逐步成为一个国家重点监管和规范的行业,尤其是进入在业内被称为“互金监管元年”的 2015 年后,十部委①联合发布了《关于促进互联网金融健康发展的指导意见》,首次对网络借贷的发展和合规提出了原则性的要求。在这一阶段,监管原则和监管理念虽然初步成型,但监管细则却仍然缺位,市场中让然存在大量的网贷平台在利益驱动下发布虚假标的或者自融,在资金链断裂后“跑路”的现象,行业风险事件时有发生。

---

① 即中国人民银行、工业和信息化部、公安部、财政部、工商总局、法制办、银监会、证监会、保监会、国家互联网信息办公室。

四、合规整治阶段

随着互联网金融的蓬勃兴起以及监管细则的长期缺位，网贷平台在良莠不齐的状况下积聚了相当程度的行业风险，也爆发了一系列风险事件。为此，银监会等多部委于 2016 年 4 月联合发起互联网金融风险专项整治活动，对包括网贷行业在内的互联网金融领域进行了全面排查。此后，2016 年 8 月，银监会、工业和信息化部、公安部和国家互联网信息办公室联合出台了《网络借贷信息中介机构业务活动管理暂行办法》（以下简称《网贷管理暂行办法》），这也是网贷行业的首部监管实施细则，以该《网贷管理暂行办法》为总纲，此后监管机关又在 2017 年先后出台了多项网贷行业的相关监管细则，逐步形成了由《网贷管理暂行办法》配套《网络借贷信息中介机构备案登记管理指引》《网络借贷资金存管业务指引》《网络借贷信息中介机构业务活动信息披露指引》的“1 + 3”的监管制度体系。在这一阶段，监管部门加强了网贷行业的准入限制，明确了各参与主体不得开展的禁止事项以及监管部门的相应责任，市场中的 P2P 平台也普遍开始加强合规运营，部分违规 P2P 平台被迫出局，整个行业呈现出“优胜劣汰”的特征。特别是 2017 年底开始，互联网金融风险专项整治工作领导小组办公室（以下简称互联网金融风险专项整治办）和 P2P 网络借贷风险专项整治工作领导小组办公室（以下简称网贷整治办）陆续下发了一系列与网贷平台合规整改及备案验收有关的文件，不合规的网贷平台“加速出清”。

第三节 P2P 平台的业务模式演进

一、前监管时代

在《网贷管理暂行办法》出台之前，由于缺乏行之有效的监管规则，市场中许多网贷平台都有以“金融创新之名行监管套利之实”的嫌疑，网贷行业彼时长期处在一种“野蛮生长”的状态。在这个时期最具代表性的产品模式有如下几种。

1.“直接募集+担保+回购”模式(见图3-14-3)

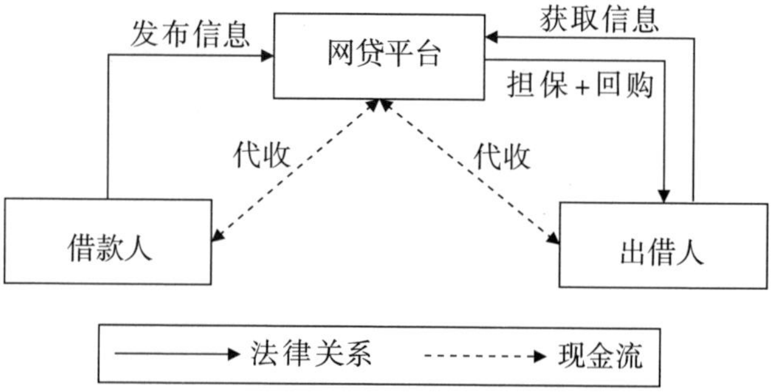

图3-14-3 “直接募集+担保+回购”模式

(1)模式说明

与此前提及的P2P借贷撮合的理想模式类似,在该模式项下,网贷平台主要承担的是信息收集与信息发布的信息中介职能,且从资金来源看,借贷交易的本金均出自平台出借人的自有资金。但在资金流上,网贷平台会以其自有的第三方支付账户或银行账户为借贷双方提供代收代付服务,具体为:①在放款环节,由出借人将其出借的资金转入网贷平台的自有账户,再由网贷平台的自有账户转入借款人的收款账户;②在还款环节,资金亦会经由网贷平台的账户偿付至出借人账户,且在上述资金划转的过程中,还可能存在网贷平台使用自有资金代垫部分款项的可能。此外,网贷平台会向出借人提供连带责任保证并承诺在借款人逾期时回购逾期债权。

(2)合规问题

①“资金池”与“期限错配”的问题。在该模式下,由于网贷平台以其自有账户代收放款本金及回款本息,容易产生资金沉淀。另外,由于每位借款人的借款期限不同,要求每位出借人的出借期限与每位借款人的借款期限完全匹配也非常困难,因此在该模式下网贷平台会将借款期限进行拆分,如将底层的长期借款拆分成线上的多个短期借款于平台进行发标,在线上短期借款到期时,此时底层借款人尚未还款,因此网贷平台会以其自有账户沉淀的资金向出借人垫付,每位出借人与其对应的借款人之间也无法一一匹配,一旦资金链断裂,很容易引发网贷平台的兑付危机。

②无证经营第三方支付业务的问题。在贷款资金通过网贷平台账户进行转付的模式下,网贷平台起到了代收代付的支付通道作用,该行为在性质上属于一项第

三方支付业务,需要第三方支付牌照才能够开展。同时,由于该模式下形成了资金池,也进一步加大了网贷平台发生兑付风险的可能。

③无证经营融资担保业务的问题。网贷平台承担债权回购义务或承担担保责任,可能会被认定为提供"融资担保",而开展该业务应以取得融资担保业务资质为前提。

2."先借后贷+担保+回购"模式(见图3-14-4)

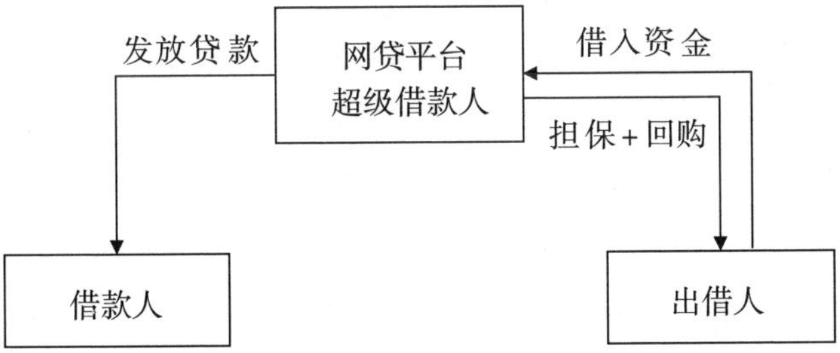

图3-14-4　"先借后贷+担保+回购"模式

(1)模式说明

在模式二中,网贷平台或其关联方以其自身名义通过网贷平台向不特定出借人借入资金后,再将募集资金以网贷平台或其关联方的名义发放给借款人,同时网贷平台或其关联方向出借人承担债权回购和担保责任。

(2)合规问题

①自营贷款业务的问题。在这一模式中,网贷平台的身份已经从"信息中介"异化为"信用中介",其在业务本质上,已经与商业银行无异,其以募集所得资金向借款人自行发放贷款的行为可能构成无证经营贷款业务。

②资金挪用与虚构项目的问题。由于网贷平台或其关联方先向出借人募集资金,再向借款人发放贷款,其在性质上是一种"先有资金后找资产"的模式。在此种模式中,网贷平台可能会将其向出借人募集所得的资金随时挪作他用而不受监管,是否有真实的借款项目存在疑问,存在非常大的资金挪用与虚构借款项目的风险,而出借人由于信息不对称也无法对网贷平台的资金使用行为进行进一步监管。

③资金池与无证经营融资担保业务的问题。与模式一类似,模式二中由于资金仍然经由网贷平台的账户且借款期限与出借期限较难匹配,因此仍然存在资金池的问题。此外,平台或其关联方提供担保和回购的兜底措施也同样存在被认定为无证经营融资担保业务的风险。

3.“先贷后转 + 担保 + 回购”模式(见图 3 – 14 –5)

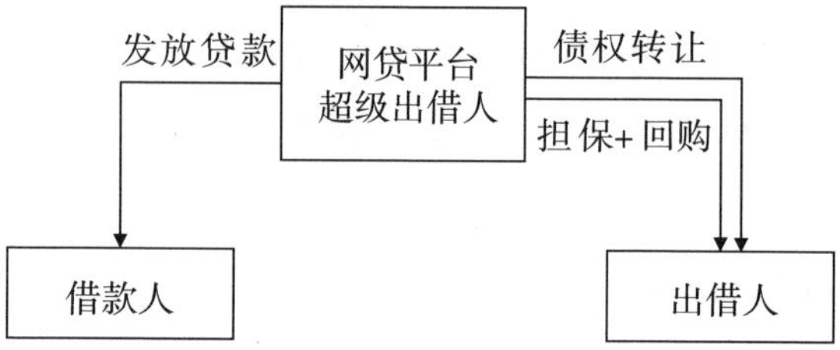

图 3 –14 –5 “先贷后转 + 担保 + 回购”模式

(1)模式说明

模式三与模式二非常相似,其主要的不同点在于网贷平台或其关联方会以其自有资金向借款人先行发放贷款,再将其持有的债权通过网贷平台向线上出借人进行转让并收取债权转让价款。在借款人还款时,由网贷平台以其自有账户进行资金转付或由网贷平台向银行发出划款指令,将资金从借款人账户划转至出借人账户。

这种模式最早由宜信在建立初期采用,宜信的股东作为出借人,将个人自有资金出借给有借款需求的用户,并签署《借款协议》;而后,宜信再把该债权进行金额和期限拆分,打包成类固定预期年化收益的组合产品销售给投资者。

(2)合规问题

在模式三中,仍然存在网贷平台自营贷款业务、无证经营融资担保业务的问题,具体分析可参考以上模式一和模式二的相关部分。

4.“双 SPV 线下债权线上转让”模式(见图 3 – 14 –6)

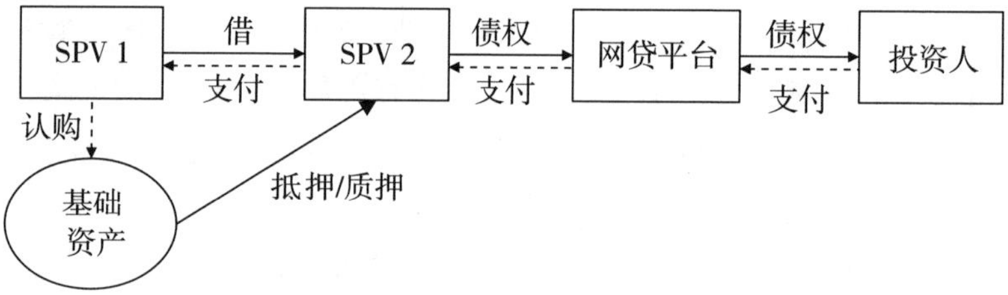

图 3 –14 –6 “双 SPV 线下债权线上转让”模式

(1)模式说明

此种模式下,SPV 1 作为底层项目公司认购基础资产后,将其持有的基础资产作为抵押物或质押物向 SPV 2 申请借款,SPV 2 发放贷款后将其持有的线下债权通过网贷平台转让给线上投资人,同时代投资人持有担保品,回款时由 SPV 1 通过 SPV 2 和网贷平台转付给投资人,或由 SPV 1 直接偿付本息给投资人。实际上SPV 1 和 SPV 2 一般为网贷平台实际控制方的关联公司,此种模式常见于房地产行业,其最终实现的商业效果是线下资产通过转让给线上投资人持有。

(2)合规问题

①虚构项目。由于网贷平台仅为 SPV 2 与投资人之间的债权转让提供信息撮合服务,很难对 SPV 1 及其底层借款项目的真实性进行审核,因此存在 SPV 2 虚构借款项目并向平台进行债权转让的可能。若网贷平台审核不严,则投资人支付的债权转让价款由 SPV 2 收取后,由于底层并不存在真实的借款项目,因此极易出现还款风险。

②自融。如前所述,由于 SPV 1 和 SPV 2 一般为网贷平台实际控制方的关联公司,但该等关联关系此前并不会向投资人进行披露,因此其通过网贷平台从投资人处融入的资金无论是由自身使用或最终由网贷平台使用,也有被监管部门认定为自融的风险。

二、后监管时代

随着监管规则的陆续出台,网贷平台的角色定位也越来越严格地限定在了"信息中介"的范畴之内,任何触碰资金或提供增信的业务模式都不被监管所允许。在这一大背景下,以下两种业务模式成为了仅有的目前监管机关所接受的业务模式。

1. 散标模式(见图 3 – 14 – 7)

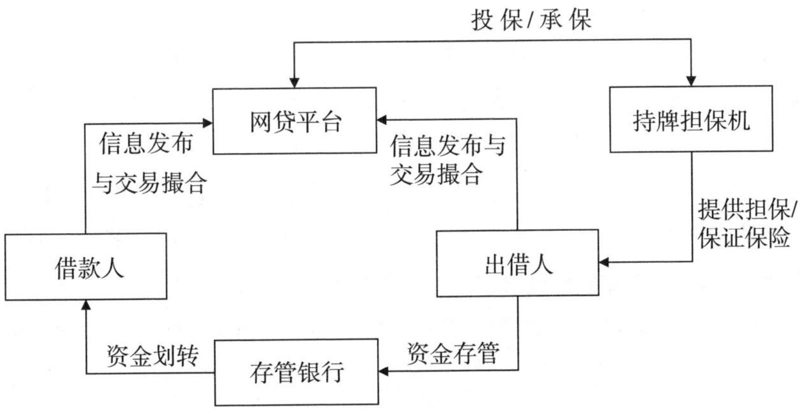

图 3 – 14 – 7　散标模式

所谓“散标”，是指独立借款人自主发布的单独借款需求，而“散标模式”，系指借款人与出借人“一对一”或者“一对多”的借贷撮合模式。在这一模式下，网贷平台回归信息中介定位，仅提供信息发布与交易撮合服务，不发放贷款，相应的资金划转全部通过存管银行系统进行，同时引入外部持牌的担保机构（如保险公司或融资担保公司）向出借人提供担保，而非由网贷平台自身承担担保或回购责任。需要注意的是，互联网金融风险专项整治办和网贷整治办于2018年12月底下发的《关于做好网贷机构分类处置和风险防范工作的意见》（整治办函〔2018〕175号）（以下简称175号文）规定，金融机构不准为网贷机构提供担保增信，未来保险公司与网贷平台的合作可能进一步受限。

2. 集合标模式（见图3－14－8）

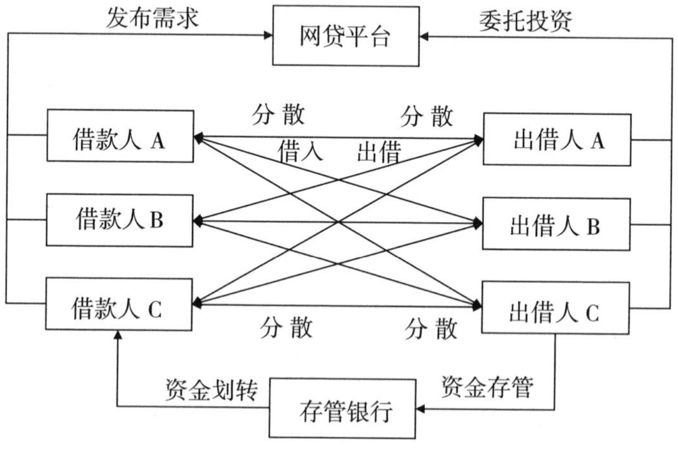

图3－14－8　集合标模式

集合标，是指机构将网贷平台的多个借款资产组合打包，再面向单个或多个出借人销售的一种投资标的。集合标在许多网贷平台都能见到，一些网贷平台推出的××月期、××计划产品其实就是集合标，在集合标中通常包含了多个债权，出借人只需给定投资金额，网贷平台便会自动将出借资金分散出借到多个借款标的中。但是从风险和监管的角度看，集合标的模式存在一定的风险，并且不利于网贷监管。集合标包含了多种不同的债权转让项目，这些项目的借款人、借款金额、信用情况各不相同，如果将这些情况差异较大的借款标打包发售，很可能会存在期限错配的风险。另外网贷平台在发布集合标的同时并不会将其所包含的借款项目进行逐个披露，因此集合标的信息披露通常并不充分。根据《关于开展P2P网络借贷机构合规检查工作的通知》(网贷整治办函〔2018〕63 号)的规定,网贷平台应当确保借款人的实际期限和出借人的出借期限相匹配,或者在产品名称中标明持有满一定时间方可转让,同时充分向出借人提示流动性风险并由出借人事先书面确认。此外,在出借人债权转让完成后,网贷平台还应当履行对债务人的告知义务。因此在目前的监管环境下,集合标模式应注意做到出借人与借款人的资金流、信息流一一对应,并向出借人和借款人充分披露相关信息,以降低合规风险。

第四节　网贷行业的监管环境演进及发展方向

一、监管演变及法规体系

2014 年 9 月 27 日,时任中国银监会创新监管部门的主任在 2014 年中国互联网金融创新与发展论坛上提出了 P2P 网贷行业监管的“十大原则”,这是监管部门针对网贷业务最早表露的官方态度,其中部分原则也一直沿袭至今,这“十大原则”为:

(1)P2P 的发展要坚持业务本质,不得建资金池。

(2)落实实名制原则,资金流向要清晰。

(3)P2P 要清晰业务边界,区别于其他法定金融业务,打击冒名非法经营。

(4)P2P 要有行业门槛。

(5)贷款人和投资人的资金要进行第三方托管,不能以存管代替托管。

(6)P2P 自身不担保,引入的担保机构要有资质,不能承担过多担保倍数。

(7)要有明确的收费机制,力求长期的发展,不能盲目追求高收益。

(8)应充分进行信息披露,既要披露自身和运营信息,也要进行风险提示。

(9)要加强行业自律组织的建设、推动行业标准化和信息共享,打击伪 P2P。

(10)坚持小额化、普惠金融、支持个人和小微企业。

2015 年 7 月 18 日,中国人民银行等十部委联合发布《关于促进互联网金融健康发展的指导意见》这一堪称“互联网金融行业宪法”的文件,其中第一次明确了网贷平台的信息中介的性质,并明确网贷平台不得提供增信,不得非法集资等最为基本和原则性的监管要求。

2016 年 4 月,互联网金融风险整治专项行动开始。同年 8 月 24 日,《网贷管理暂行办法》正式公布。作为网贷行业的首个具有可操作性的监管文件,《网贷管理暂行办法》对网贷平台进行了准入监管和行为监管,明确网贷平台应采用“备案制”,且第10条列举了网贷平台不得开展的十三项禁止性行为,称为“十三条禁令”。自此网贷行业开始走向有规可依的规范发展道路。

随后自2016年底至2017年下半年,银监会办公厅相继发布《网络借贷信息中介机构备案登记管理指引》、《网络借贷资金存管业务指引》和《网络借贷信息中介机构业务活动信息披露指引》,自此P2P网贷行业正式形成“1+3”的监管制度体系。

在2017年,相关监管部门进一步发布了《关于进一步加强校园贷规范管理工作的通知》《关于规范整顿“现金贷”业务的通知》《关于做好P2P网络借贷风险专项整治整改验收工作的通知》等通知,对网贷平台的专项工作进行了规范,强调运用“穿透式”监管方法,通过表面判定业务本质属性,根据业务实质执行相应的管要求。

另外,由于此前对于各地网贷平台如何进行整改验收与备案,适用的均是各地方自行制定的监管细则,监管口径不一也容易产生套利空间。就此,2018年8月13日,网贷整治办下发《关于开展P2P网络借贷机构合规检查工作的通知》及其附件《网络借贷信息中介机构合规检查问题清单》(以下合称108条),适用于全国范围的监管细则正式落地。网贷行业的法规体系如表3-14-2所示。网贷行业的主要监管要求如表3-14-3所示。

表3-14-2　网贷行业的法规体系

类　别	发布时间	出台部门	文件名称
“互金宪法”	2015年7月14日	中国人民银行等十部委	《关于促进互联网金融健康发展的指导意见》
“一个办法”	2016年8月17日	银监会等四部委	《网络借贷信息中介机构业务活动管理暂行办法》
“三个指引”	2016年10月28日	银监会办公厅、工信部办公厅、工商总局办公厅	《网络借贷信息中介机构备案登记管理指引》
	2017年2月22日	银监会(已撤销,下同)	《网络借贷资金存管业务指引》
	2017年8月23日	银监会	《网络借贷信息中介机构业务活动信息披露指引》

续表

类　别	发布时间	出台部门	文件名称
“专项文件”	2016 年 4 月 12 日	国务院办公厅	《互联网金融风险专项整治工作实施方案》
	2016 年 4 月 13 日	银监会	《P2P 网络借贷风险专项整治工作实施方案》
	2017 年 5 月 27 日	银监会、教育部、人力资源和社会保障部	《关于进一步加强校园贷规范管理工作的通知》
	2017 年 12 月 1 日	互联网金融风险专项整治办、网贷整治办	《关于规范整顿“现金贷”业务的通知》
	2017 年 12 月 8 日	网贷整治办	《关于做好 P2P 网络借贷风险专项整治整改验收工作的通知》
“整改细则”	2018 年 8 月 13 日	互联网金融风险专项整治办	《关于开展 P2P 网络借贷机构合规检查工作的通知》及《网络借贷信息中介机构合规检查问题清单》
“处置意见”	2018 年 12 月 19 日	互联网金融风险专项整治办、网贷整治办	《关于做好网贷机构分类处置和风险防范工作的意见》

表 3－14－3　网贷行业的主要监管要求

监管项目		主要监管要求
准入监管	完成平台备案	网贷平台应当在当地金融监督管理部门完成“网络借贷信息中介”的备案
	上线银行存管系统	网贷平台需要上线银行存管系统管理客户资金，且提供存管系统的银行需要通过中国互联网金融协会的“白名单”验收
	取得增值电信业务许可	网贷平台应当在完成网贷信息中介备案后，取得相应的增值电信业务许可证，但具体应取得何种证照类型尚不明确
	完成信息系统定级备案和等级测试	网贷平台应当按照国家网络安全相关规定和国家信息安全等级制度的要求进行信息安全等级保护测评，按照市场的普遍理解，网贷平台应取得信息安全等级保护三级认证

续表

监管项目		主要监管要求
行为监管	不得“自融”	网贷平台不得以自身名义在平台上融资，也不得通过关联方或虚构借款主体于平台上进行融资，最终将借款资金交由网贷平台或其关联方使用
	不得发放“大额标”	单一借款人借款余额不得超过 20 万元人民币，法人不得超过 100 万元人民币
	息费合计不得超限	向借款人收取的除利息外的其他费用应当与利息合并计算并受限于年化 36% 的上限
	不得投资禁止领域	网贷平台不得投资现金贷、校园贷、首付贷、证券市场等禁止投资的领域
	不得自营贷款业务	网贷平台不得使用自有资金发放贷款
	不得提供增信	网贷平台不得通过各种形式以其自身就其撮合的贷款提供增信
	不得线下宣传	网贷平台不得通过各类线下渠道进行宣传、营销活动
	不得进行资金池运作	网贷平台不得归集资金进行资金池运作
	不得类资产证券化	网贷平台不得通过打包资产、证券化资产的方式开展类资产证券化业务
	对出借人与借款人的信息进行审核	网贷平台应当对出借人和借款人的资格条件、信息的真实性、融资项目的真实性、合法性进行必要审核，采取措施防范欺诈行为
	遵循相关中后台运营要求	如网贷平台应建立健全客户身份识别及资料保存制度、网贷业务数据和资料（含借款合同）至少保存 5 年、至少每 2 年开展一次全面的安全评估、使用与其业务规模匹配的应用级灾备系统设施等
	遵循相关信息披露要求	网贷平台应当根据《网贷管理暂行办法》和《网络借贷信息中介机构业务活动信息披露指引》的要求，真实、准确、完整、及时地向公众披露信息，包括网贷平台基本信息、运营信息、项目信息、重大风险信息、消费者咨询投资渠道信息等
	严格执行“四不准”要求	根据 175 号文的要求，金融机构不准通过网贷平台融资、不准为网贷平台提供担保增信、不准接受网贷平台投资、不准销售网贷平台产品，前述规定虽然主要是针对金融机构而言的，但也进一步限制了网贷平台的业务操作模式

二、108条、175号文及其主要监管要求

(一)108条及其主要监管要求

2018年8月发布的108条是监管机关根据两年多以来的整改经验所出台的针对网贷平台的最新的监管细则,其集中反映了监管机构针对网贷平台的最新态度以及针对部门争议较大的合规问题的监管态度,具体如下。

1.宏观层面

(1)网贷行业"不说再见"

在网贷行业当前的整体环境下,108条出台的首要意义在于其就网贷行业"生死去留"问题给出了监管层的态度。在网贷平台"跑路"新闻不断,金融业务"持牌"要求不断加强的当下,监管机关对P2P业务的监管思路和定位并未发生实质性的改变,仍然以"合规经营,加强风险管控,回归信息中介本质定位"作为核心监管要求,并未否定网贷行业作为传统金融的补充和创新的基本定位。

(2)"备案制"继续沿用,时间安排待定

108条的出台同时澄清了此前有关网贷平台将不再采用"备案制"而改为"审批制"的传闻。在108条中明确规定"条件成熟的机构可按要求申请备案"。据此,无论未来网贷平台备案难易程度如何,"备案制"可能仍是网贷平台所适用的基本监管模式。值得注意的是,本次108条项下规制的内容性质上只属于一次"合规检查",通过该项检查并不意味着网贷平台必然可以取得相应的平台备案,网贷平台备案的具体标准及程序将另行规定。

(3)全国适用统一的合规检查标准

108条的出台统一了此前由各地金融监管部门分别制定的口径不一、详略各异的整改细则,使全国范围内的网贷平台整改工作有了要求一致的整改标准,尽可能避免发生"监管套利"的潜在可能。根据108条项下的说明,未来网贷平台的检查工作将《网贷管理暂行办法》及资金存管指引、信息披露指引等要求,结合108条严格执行。

(4)三类主体交叉核查

108条的出台明确了后续网贷平台的整改和验收工作的整体模式和进度要求。有别于此前由各地金融办牵头主导的验收模式。108条提出了"机构自查"+"自律检查"+"行政核查"压茬推进、交叉核验的核查及整改思路。

2. 微观层面

(1)"期限拆分"口径宽松

期限拆分/期限错配如何认定一直是围绕着网贷平台产品设计的核心问题,根据108条,我们发现监管机关针对"期限拆分"以及可能普遍存在"期限拆分"风险的定期类P2P产品采用了较为宽松的口径,而并未"一刀切"地否定全部此类产品的合规性。《关于做好P2P网络借贷风险专项整治整改验收工作的通知》(网贷整治办函〔2017〕57号)的"低频债转"要求在108条中也并未明确继续沿用,我们认为这可能是由于"低频"与"高频"难以量化,各地监管部门在整改验收过程中也普遍没有建立非常清晰可执行的标准。此外基于目前网贷平台的现实需求,以及市场上的流动性问题,监管部门在108条里对此类产品模式保留了一定的包容度。

(2)关联方融资仅需披露

针对关联方融资的问题,本次108条还综合借鉴了各地的P2P整改细则,没有禁止"核心关联方"[持有(控制)5%以上股份(表决权)的股东、实际控制人、董事、监事、高级管理人员及其近亲属,以及与P2P机构受同一实际控制人控制的关联方]在平台融资,而仅要求其在进行融资时应满足"信息披露"和"融资行为符合市场公平交易原则"的前提。因为由于存在金额门槛,此类关联方即使在平台融资,获得的金额也有限,只要做到相应信息披露,相关风险实际上是可控制的。

(3)"关联方担保"未严格受限

与此前各地出台的细则不同,108条未对平台关联方是否可以提供担保提出明确要求,而更多地关注网贷平台自身有无直接或变相提供担保(如设立风险准备金、备付金、质保金等)的行为,因此由平台的关联方为出借人提供担保、代偿逾期债权等方式在108条的口径下可能存在一定操作空间,但应注意其自身是否持有相应保险或融资担保牌照。

(二)175号文及其主要监管要求

175号文的发布时间虽然为2018年底,但直到2019年1月21日才通过互联网渠道流传开来,监管部门虽未主动公布全文,但可以确定的是:按照该文件传递的监管精神,整个P2P网贷行业将加速出清,平台数量将大幅减少。

1. 能退尽退,应关尽关

175号文整体上的口径是非常严格的,其在总体工作要求部分提出的"坚持以机构退出为主要工作方向,除部分严格合规的在营机构外,其余机构能退尽退,应关尽关,加大整治工作的力度和速度”也体现了监管部门对于 P2P 网贷行业限制规模、清退大部分机构的态度。此外,175 号文全文没有提及 P2P 备案,但鉴于此次发文后大部分的网贷平台将被清退,需要给该等平台的平稳有序清退预留充足的时间,因此 P2P 备案的启动和完成时间或许仍将延迟。

2. 分类处置,精准拆弹

根据 175 号文的行文表述,此次监管部门在合规备案前的“大清理”是以“能退尽退,应关尽关”为目标,以“分类处置,精准拆弹”为手段,175 号文的分类处置思路见图 3－14－9。为此,政府各部门将采取多重监测方式,加强网贷平台的处置工作。

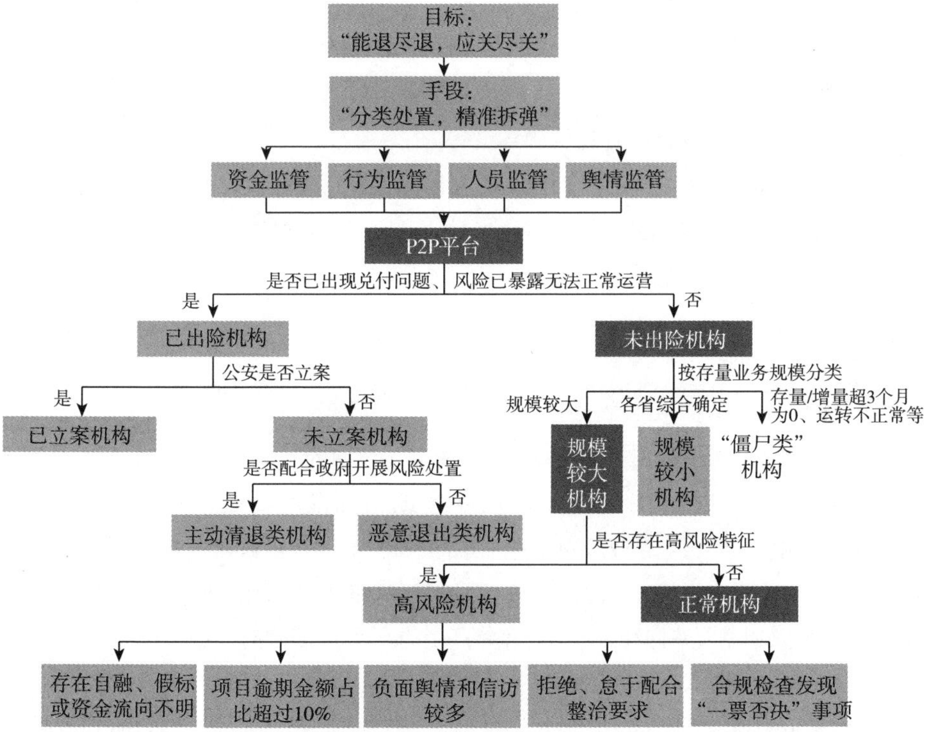

图 3－14－9　175 号文的分类处置思路

(1)资金监管:协调商业银行、第三方支付机构对网贷平台账户、实际控制人和高管个人账户的资金流向进行监测;

(2)行为监管:结合 108 条的规定,核查网贷平台是否存在自融、假标等情形,是否严格执行“双降”要求;

(3)人员监管:对于上访人员需要稳控在当地,对于平台的实际控制人和高管人员也要加强管控、重点盯防,防止“跑路”;

(4)舆情监管:对于负面舆情和信访较多的机构认定为高风险机构,设置高风险机构舆情检测关键词,做好网络舆情检测,避免自媒体散布不实言论。

3. 市场出清,引导转型

从图3-14-9来看,目前市场上网贷平台将面临以下几种结果:

(1)对于已明显暴露风险的网贷平台,无论公安部门是否立案,将被要求退出市场;

(2)对于“僵尸类”机构①,要求其限期办理工商登记注销手续,关闭平台;

(3)对于在营规模较小机构,坚决推动市场“出清”,引导无风险退出;

(4)对于在营高风险机构,稳妥推动市场出清,努力实现良性退出;

(5)对于正常运营机构,清理违法违规业务,引导部分机构转型为网络小贷公司、助贷机构或为持牌资产管理机构导流等。

概言之,网贷平台中只有同时满足“未出险”、“规模较大”和“无高风险特征”的正常机构,才有可能取得合规备案或者被引导转型,而对于其他机构特别是合规的小平台而言,最终可能仍将面临清退。

小　结

根据历次监管整顿的历史可以得出一个结论,凡是扭曲违背政策引导本意的所谓金融创新,最终都会引来监管部门疾风骤雨式的整顿。包括网贷行业在内的互联网金融行业从诞生伊始便始终在监管政策和经济环境的不断变动中风雨飘摇。不被理解、遭受质疑、被诋毁、被谩骂似乎成了行业发展路上的必修课。有怀揣技能、理想和经验的梦想家来到这里,尝试探索互联网和金融对撞可能产生的巨大价值;也有生性卑劣、贪婪甚至粗鄙的野蛮人混迹其中,试图披上“金融创新”的外衣在行业立足未稳之时巧取豪夺。

在金融监管以“维稳”作为主旋律的当下,尽管网贷行业负面新闻不断,但监管机构并未全盘否定整个行业的价值和意义,仍然坚定了“去粗取精”的监管思路,让“好”的网贷平台留下来,让“坏”的网贷平台退出去。对于那些笃信科技进步必将优化金融、升级金融的网贷行业从业者来说,这或许是最好的时代的开始!

---

① 指代偿余额或新业务发生额超过3个月为零,关闭发标、投标功能或者相应功能运转不正常等可实质性被认定为非正常运营的机构。

CHAPTER 15

第十五章

互联网众筹

众筹翻译自“crowdfunding”一词，即大众筹资或群众筹资，香港译作“群众集资”，台湾译作“群众募资”。一般的众筹由众筹方、投资方和众筹平台构成，具有低门槛、多样性、依靠大众力量、注重创意等特点，是一种向群众募资，以支持发起项目的个人或组织的行为。

在我国，虽然众筹至今尚无明确的法律定义，但是互联网众筹却已经经历了从爆发式增长到停滞衰落的整个过程，本章内容对于我国互联网众筹的主要模式及监管要求进行了重点介绍，并对于中国式互联网众筹的全貌进行了展示。

第一节　互联网众筹概述

根据国际证监会组织对众筹融资的定义，众筹融资是指通过互联网平台，从大量的个人或组织处获得较少的资金来满足项目、企业或个人资金需求的活动。在我国，“众筹”目前并无明确的法律定义，除从未生效的《私募股权众筹融资管理办法（试行）（征求意见稿）》（中证协发〔2014〕236号）［以下简称236号文（征求意见稿）］以外，仅有《关于对通过互联网开展股权融资活动的机构进行专项检查的通知》（证监办发〔2015〕44号）（以下简称44号文）对于私募股权众筹的定义进行了界定。互联网众筹的交易结构如图3－15－1所示，互联网众筹的参与主体如表3－15－1所示。

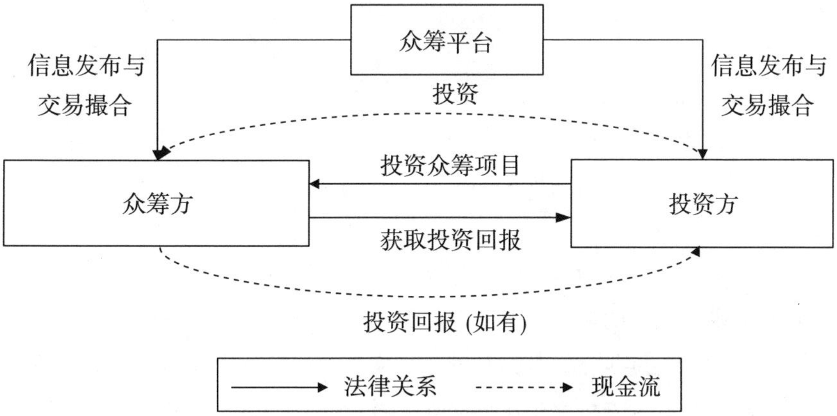

图3－15－1　互联网众筹的交易结构

表 3-15-1　互联网众筹的参与主体

参与主体	交易角色
众筹平台	为众筹方与投资方提供信息展示与发布、交易撮合、支付结算等服务的第三方平台,不直接参与交易
投资方	通过众筹平台,将资金投资于众筹方在众筹平台上发布的众筹项目,并在将来获得众筹项目产生的投资回报(如有)(不产生投资回报的众筹项目,如公益众筹除外),投资方是众筹项目的资金来源
众筹方	在众筹平台上发布众筹项目的融资方,即众筹资金的最终使用方,如果众筹方使用众筹资金产生投资回报的,应当向投资方进行分配(不产生投资回报的众筹项目,如公益众筹除外)

自 2011 年点名时间的出现,标志着互联网众筹从美国正式传入中国。中国式众筹经历了如下发展阶段: 2011 ~ 2013 年是中国萌芽起步阶段;2014 ~ 2015 年是爆发增长阶段;2016 ~ 2017 年是行业洗牌阶段。图 3-15-2 是众筹平台上线时间分布。

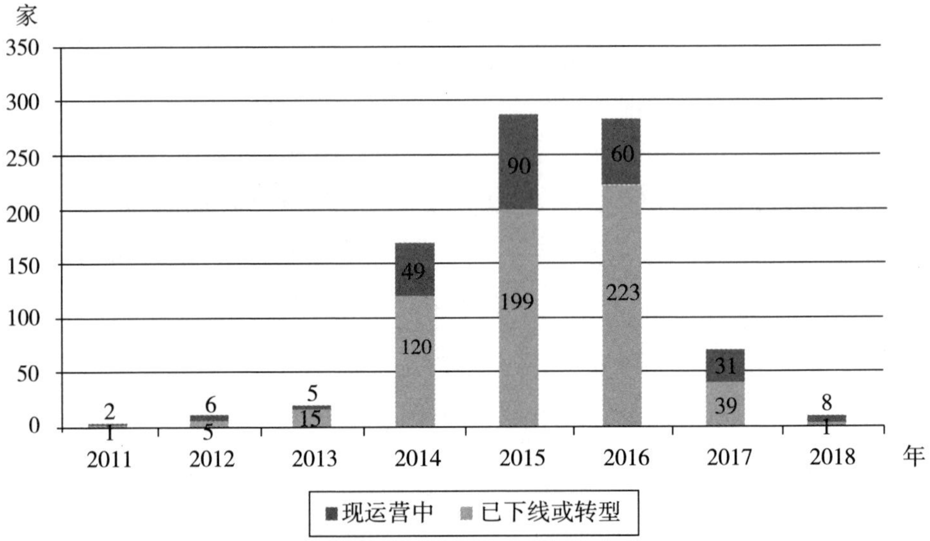

图 3-15-2　众筹平台上线时间分布

互联网众筹在我国的起步较晚,其发展壮大的主要背景在于为了满足普通大众的投资需求,发展普惠金融,鼓励行业创新发展,落实“大众创业、万众创新”的政府政策。互联网众筹对于拓宽中小微企业直接融资渠道、支持实体经济发展、完善多层次资本市场体系建设具有重要意义,也受到社会各界的高度关注。但由于缺乏必要的管理规范,互联网众筹融资活动在快速发展过程中积累了一些不容忽视的问题和风险:一是法律地位不明确,参与各方的合法权益得不到有效保障,众筹平台自身权责不统一;二是业务边界模糊,容易演化为非法集资等违法犯罪活动;三是众筹平台良莠不齐,潜在的资金欺诈等风险层出不穷。正因为这些问题,随着互联网金融风险专项整治工作的推进,整个行业发生了大洗牌。近两年股权型众筹(互联网非公开股权融资)融资金融及项目数急剧下滑,行业观望气氛浓重;权益和物权型众筹虽然项目数及融资额仍在大幅上升,但是众筹平台的数量却急剧下降,市场集中度开始提高,经营不善的平台退出市场,而少量平台探索出自己的路子,开始大力扩张,市场占有率迅速提高。①

第二节　互联网众筹的类型及典型交易结构

中国式互联网众筹平台按其回报模式,可分为商品/权益众筹、股权众筹、公益众筹和其他类。

一、商品/权益众筹

商品/权益众筹的交易结构如图 3 - 15 - 3 所示。

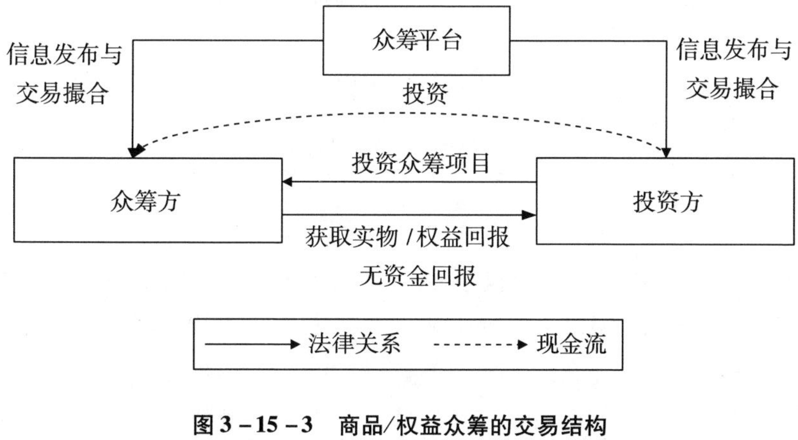

图 3 - 15 - 3　商品/权益众筹的交易结构

① 参见袁毅、陈亮:《中国众筹行业发展研究(2018)》,上海交通大学出版社 2018 年版。

商品/权益众筹是指以商品或权益作为众筹项目标的的众筹类型,投资方投入资金、参与众筹项目,并在众筹期届满后,获得相应的商品或者权益。商品/权益众筹是目前范围最广、规模最大的众筹类型,其最显著的特征在于,投资人所获得的投资回报并非直接的资金回报,而是众筹项目中约定的商品或服务。从法律性质上而言,其更类似于商品/服务的预售或团购,并不是一种新的业务模式及法律关系,因此,也并非互联网金融监管重点关注的领域,一旦出现争议,往往适用消费者权益保护相关法律法规来解决。例如,我们在互联网众筹平台上参与某新型产品的众筹,投资方为某一商品概念提前支付相关费用,众筹方用投资方支付的资金完成商品落地生产,并在完成后向投资方完成交货;再如,我们在互联网众筹平台上参与某影视项目的众筹,众筹期为该影视项目的拍摄期,在该影视项目上映后,我们可以获得首映门票、周边产品或与主演见面权益等。

二、股权众筹

股权众筹的交易结构如图 3 - 15 - 4 所示。

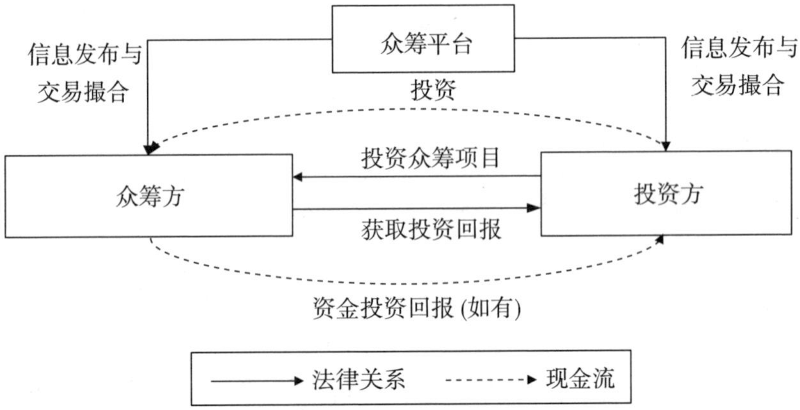

图 3 - 15 - 4　股权众筹的交易结构

股权众筹,是指以公司股权作为众筹项目标的的众筹类型,该模式是最为典型的互联网众筹模式,其最显著的特征在于,投资方以直接或间接方式,投资于众筹项目之股权(显名或隐名),并于将来获得众筹项目的股权收益。不难看出,股权众筹相较其他众筹业务模式,具有较高的风险,投资方可能因众筹项目生产经营不利,而无法获得回报甚至损失全部本金。股权众筹更加类似于汇集社会公众资金来源所开展的种子/天使投资项目。股权众筹因其业务模式所具有的创新性及风险性，是互联网金融监管关注的重点领域，其监管框架将于本章第三节加以重点介绍。

三、公益众筹

公益众筹的交易结构如图3－15－5所示。

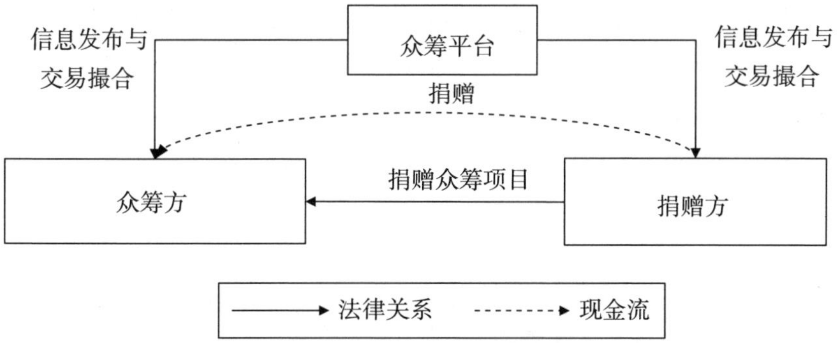

图3－15－5　公益众筹的交易结构

公益众筹，是指具有公益捐赠、非回报性质的众筹模式，其最显著的特征在于，在公益众筹中，投资人实际上相当于捐赠人的角色，其投资于众筹项目的资金实际上也是捐赠于众筹项目的资金，并不会获得任何回报，公益众筹的资金也不会用于生产经营活动，而是用于生病、贫困、教育等公益性质的活动。因此，从法律性质上而言，公益众筹更类似于通过互联网开展的公益捐赠活动，而不是一种新的业务模式及法律关系，同时，其也不涉及任何投资回报的问题。因此，公益众筹并非互联网金融监管重点关注的领域，受限于《中华人民共和国慈善法》的监管约束。

四、以众筹为名义的其他业务

除以上三种典型众筹类型之外，市场上还有众多以“互联网众筹”为名义，通过互联网平台开展的其他业务，如互联网资管、私募股权投资等。例如，曾经有一段时间颇为流行的所谓“房产众筹”，究其业务实质就是募集投资者资金，投向某个房地项目，并以项目产生的现金流向投资者进行分配的业务。就从业务性质上而言，其已经背离了众筹小额、分散的本质，而更类似于互联网资管业务（请参见本书的相应章节）。再如，一些以众筹名义，搭建私募股权投资基金，投资者实际上是线下投资于私募股权投资基金，而不属于众筹的范畴。对于这些以众筹名义开展的业务，我们并不在本章中展开介绍。

第三节　互联网股权众筹详解

一、中国式股权众筹的无奈

提到股权众筹,就不得不提起最具代表性的美国互联网众筹鼻祖 Kickstarter(网址:https://www.kickstarter.com/)。Kickstarter 于 2009 年 4 月在美国纽约成立,是一个专为具有创意方案的企业筹资的众筹网站平台。根据其网站上公开信息,整个平台一共为 151,438 项目完成了资金支持,目前活跃的项目有 3875 个。为了支持众筹的发展,打造具有区分度的资本市场体系,2015 年 10 月 30 日,美国证券交易委员会(SEC)发布了众筹规则最终稿,即市场所知的 JOBS 法案。SEC 发布的众筹规则共分为五大部分,[①]分别为:众筹发行豁免的一般性要求、发行人的规制要求、众筹中介机构、众筹平台、其他规则,共计 20 个条文。通过上述条文,可以看到美国众筹法律制度呈现的逻辑是,以小微企业融资成本和效率、投资者公平投资权和保护、众筹中介机构职责和众筹市场发展三对立法目标的平衡为基本理念,在此基础上对发行豁免要求、发行人信息披露、众筹中介机构反欺诈职责、众筹平台的安全港以及转售等重要制度进行专门规定,从而确立了美国众筹法律制度的体系结构和规范内容。2017 年 4 月 5 日,SEC 宣布,为适应通货膨胀,提高公司的众筹筹资额度上限,并调整 JOBS 法案中享受"发展阶段的成长型公司"福利待遇的公司门槛,将融资限额由 100 万美元提升至 107 万美元。除此之外,SEC 还通过了一些技术性修订,修改了 1933 年《证券法》和 1934 年《交易法》的规则。JOBS 法案的价值就是构造了一个真正股权众筹的体系。JOBS 法案下的众筹监管体系如图 3-15-6 所示。

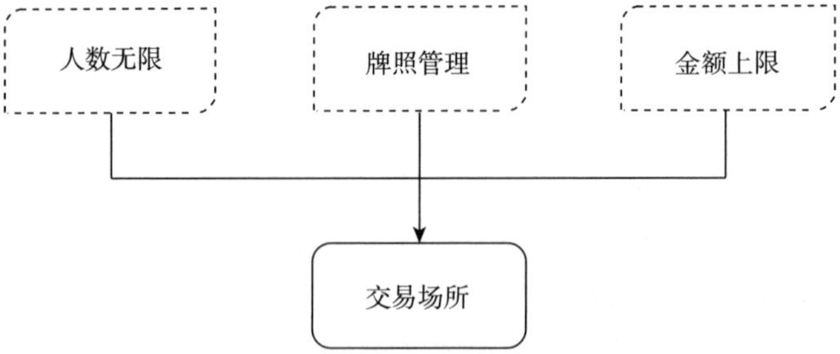

图 3-15-6　JOBS 法案下的众筹监管体系

① 具体内容可参见 https://www.sec.gov/rules/final/2015/33-9974.pdf。

受限于《证券法》中对于证券发行的限制，我国到目前为止并没有真正的股权众筹。早些时候曾有传言，我国政府将参考 JOBS 法案试点批准某些众筹平台开展互联网公募股权众筹，但最终受限于各方面条件的不成熟，没有最终落地。因此，我国目前并没有真正的公募股权众筹，而各股权众筹平台开展的业务仅能称为“私募股权众筹”。由于“私募股权众筹”天然的缺陷，如人数限制、平台责任不清晰、与私募基金监管体系如何协调、投资者教育缺失等使目前“私募股权众筹”业务在我国举步维艰。目前，私募股权众筹在我国较为合规的模式为“天使式众筹”，又被称为“Angel－list”模式。天使式众筹的交易模式如图 3－15－7 所示。

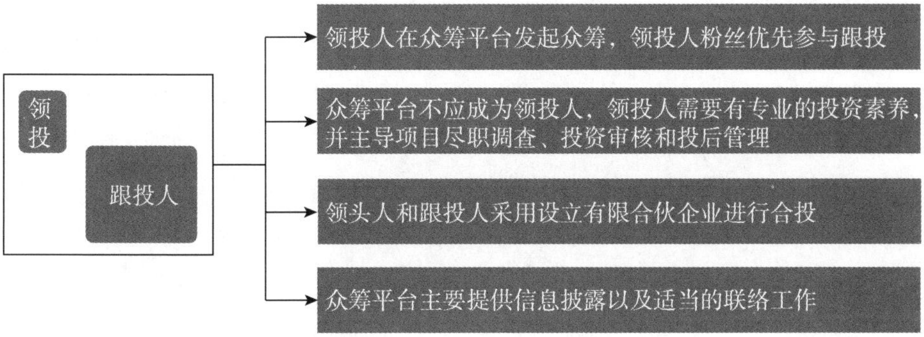

图 3－15－7　天使式众筹的交易模式

二、私募股权众筹监管框架

1. 私募股权众筹试点监管阶段

2014 年 12 月 18 日，中国证券业协会出台了 236 号文（征求意见稿），试图对于互联网私募股权众筹进行监管，然而截至本文成书之时，被长期搁置的 236 号文（征求意见稿）仍无“转正”的迹象。236 号文（征求意见稿）对于股权众筹业务进行了较为系统的规定，对我们理解监管对于互联网私募股权众筹监管思路具有一定的借鉴意义。

（1）股权众筹的定义

根据 236 号文（征求意见稿）第 2 条的规定，“本办法所称私募股权众筹融资是指融资者通过股权众筹融资互联网平台（以下简称股权众筹平台）以非公开发行方式进行的股权融资活动”。

（2）股权众筹融资的非公开发行性质

根据《证券法》的规定，公开发行证券必须依法报经国务院证券监督管理部门或者国务院授权的部门核准,未经核准,任何单位与个人不得公开发行证券。通常情况下,选择股权众筹进行融资的中小微企业或发起人不符合公开发行核准的条件,因此在现行法律法规框架下,股权众筹融资只能采取非公开发行。鉴于此,236号文(征求意见稿)明确规定股权众筹应当采取非公开发行方式,并通过一系列自律管理要求以满足《证券法》第10条对非公开发行的相关规定:一是投资者必须为特定对象,即经股权众筹平台核实的符合236号文(征求意见稿)规定的实名注册用户;二是投资者累计不得超过200人;三是股权众筹平台只能向实名注册用户推荐项目信息,股权众筹平台和融资者均不得进行公开宣传、推介或劝诱。

(3)股权众筹平台

236号文(征求意见稿)将股权众筹平台界定为"通过互联网平台(互联网网站或其他类似电子媒介)为股权众筹投融资双方提供信息发布、需求对接、协助资金划转等相关服务的中介机构"。对于从事私募股权众筹业务的股权众筹融资平台(以下简称股权众筹平台),主要定位服务于中小微企业,众筹项目不限定投融资额度,充分体现风险自担,平台的准入条件较为宽松,实行事后备案管理。在股权众筹平台的经营业务范围方面,为避免风险跨行业外溢,236号文(征求意见稿)规定股权众筹平台不得兼营P2P网络借贷或网络小额贷款业务。

(4)投资者

鉴于股权众筹融资的非公开发行性质,投资者应当为不超过200人的特定对象。236号文(征求意见稿)对合格投资者的具体标准设定主要参照了《私募投资基金监督管理暂行办法》的相关要求,同时投资者范围增加了"金融资产不低于300万元人民币或最近三年个人年均收入不低于50万元人民币的个人",一方面避免大众投资者承担与其风险承受能力不相匹配的投资风险,另一方面通过引入合格投资者尽可能满足中小微企业的合理融资需求。

(5)融资者

236号文(征求意见稿)仅要求融资者为中小微企业,不对融资额度作出限制。236号文(征求意见稿)规定了融资者在股权众筹融资活动中的职责,强调了适当程度的信息披露义务。根据众筹融资企业,尤其是中小微企业的经营特点,236号文(征求意见稿)未对财务信息提出很高的披露要求,但要求其发布真实的融资计划书,并通过股权众筹平台向投资者如实披露企业的经营管理、财务、资金使用情况等关键信息,及时披露影响或可能影响投资者权益的重大信息。

(6)投资者保护

大众投资者投资经验少,抗风险能力弱,通常不允许直接或间接参与高风险投资。然而众筹融资的本质特征决定了大众投资者也是此类投融资活动的重要募资对象,为此,236号文(征求意见稿)做了三个方面的制度安排:一是明确并非所有普通大众都可以参与股权众筹,要求涉众型平台必须充分了解,并有充分理由确定投资者具有必要的风险认知能力和风险承受能力;二是以平台为自律管理抓手,要求其有能力判定投资者识别风险和承担风险的能力,有能力承担可能出现的涉众风险,实现投资者资金和平台资金的有效隔离;三是要求融资者适当程度的信息披露。

2. 纳入互联网金融监管体系后的股权众筹

(1)《互金发展指导意见》及后续规定

如上文所述,236号文(征求意见稿)虽然已经对于股权众筹业务进行了较为系统的规定,但是其发布之后,长期未能“转正”,因此,互联网众筹的监管实际上仍然处于无序状态,直到2015年7月对于整个互联网金融行业进行规范的《互金发展指导意见》出台,“股权众筹”被纳入互联网金融7大领域,也算第一次获得了“正名”。

《互金发展指导意见》中并未给出股权众筹业务的直接定义,而是对于从事股权众筹的业务规范作出了相应的原则性要求,包括:①股权众筹融资必须通过股权众筹融资中介机构平台(互联网网站或其他类似的电子媒介)进行;②股权众筹融资方应为小微企业,应通过股权众筹融资中介机构向投资人如实披露企业的商业模式、经营管理、财务、资金使用等关键信息,不得误导或欺诈投资者;③投资者应当充分了解股权众筹融资活动风险,具备相应风险承受能力,进行小额投资;④股权众筹融资业务由证监会负责监管。

《互金发展指导意见》发布后不到一个月,2015年8月,证监会即发布了44号文,强调了“一些市场机构开展的冠以股权众筹名义的活动,是通过互联网形式进行的非公开股权融资或私募股权投资基金募集行为,不属于《指导意见》规定的股权众筹融资范围”。值得注意的是,44号文在《互金发展指导意见》的基础上,对于股权众筹的定义进行了界定,“股权众筹融资主要是指通过互联网形式进行公开小额股权融资的活动,具体而言,是指创新创业者或小微企业通过股权众筹融资中介机构互联网平台(互联网网站或其他类似的电子媒介)公开募集股本的活动”。但同时说明“未经国务院证券监督管理机构批准,任何单位和个人都不得向不特定对象发行证券、向特定对象发行证券累计不得超过200人”。市场当时理解未来将出台“公开股权众筹”的相关规定并获得国务院证券监督管理机构批准，但这一“理解”迟迟没有兑现。

同时，中国证券业协会于2015年8月10日根据44号文的精神，将《场外证券业务备案管理办法》第2条第10项“私募股权众筹”修改为“互联网非公开股权融资”。根据《场外证券业务备案管理办法》的规定，在上海、深圳证券交易所、期货交易所和全国中小企业股份转让系统以外开展的证券业务都属于场外证券业务，证券公司、证券投资基金公司、期货公司、证券投资咨询机构、私募基金管理人从事本办法第二条规定的场外证券业务的，以及证券监管机关或自律组织规定应当在协会备案的机构，应当按照《场外证券业务备案管理办法》对其场外证券业务备案。但因为该规定本来就是中国证券业协会的自律规定，只对会员有效，对于广大非会员的互联网众筹平台而言，强制力上还有所欠缺。因此我们也未看到市场主流的互联网众筹平台去完成了该备案。

（2）互联网金融专项整治工作

2016年4月，国务院办公厅出台了《关于印发互联网金融风险专项整治工作实施方案的通知》（以下简称《专项整治工作方案》），《专项工作整治方案》首次对股权众筹平台提出了资金存管的要求，并列明了股权众筹平台不得从事的一系列行为，如发布虚假标的、自筹，从事资产管理、债权或股权转让业务，从事“首付贷”等房地产金融业务等。

在《专项工作整治方案》出台后，专门针对互联网众筹领域，也相应出台了与之配套的《股权众筹风险专项整治工作实施方案》（以下简称《股权众筹整治工作方案》），该方案进一步细化了关于互联网众筹领域的整改重点及禁止从事的行为，主要包括以下内容，如表3－15－2所示。

表3－15－2 《股权众筹整治工作方案》中的整改重点及禁止从事的行为

整治重点	不得从事的行为
（1）互联网股权融资平台（以下简称平台）以“股权众筹”等名义从事股权融资业务。 （2）平台以“股权众筹”名义募集私募股权投资基金。 （3）平台上的融资者未经批准，擅自公开或者变相公开发行股票。 （4）平台通过虚构或夸大平台实	（1）擅自公开发行（向不特定对象发行股票或向特定对象发行股票后股东累计超过200人的）股票。 （2）变相公开发行股票。向特定对象发行股票后股东累计不超过200人的，为非公开发行。非公开发行股票及其股权转让，不得采用广告、公告、广播、电话、传真、信函、推介会、说明会、网络、短信、公开劝诱等公开方式或变相公开方式向社会公众发行，不得通过手机APP、微信公众号、QQ群和微信群等方式进行宣传推介。

续表

整治重点	不得从事的行为
力、融资项目信息和回报等方法，进行虚假宣传，误导投资者。 (5)平台上的融资者欺诈发行股票等金融产品。 (6)平台及其工作人员挪用或占用投资者资金。 (7)平台和房地产开发企业、房地产中介机构以"股权众筹"名义从事非法集资活动。 (8)证券公司、基金公司和期货公司等持牌金融机构与互联网企业合作，违法违规开展业务	(3)非法开展私募基金管理业务。私募基金管理人不得向合格投资者之外的单位和个人募集资金，不得变相乱集资，不得向不特定对象宣传推介，不得通过分拆、分期、与资产管理计划嵌套等方式变相增加投资者数量，合格投资者累计不得超过200人。 (4)非法经营证券业务。股票承销、经纪(代理买卖)、证券投资咨询等证券业务由证监会依法批准设立的证券机构经营，未经证监会批准，其他任何机构和个人不得经营证券业务，不得向投资人提供购买建议。 (5)挪用或占用投资者资金。应当严格落实客户资金第三方存管制度，对客户资金进行管理和监督，实现客户资金与自身资金分账管理，平台应严格落实客户资金第三方存管制度。 (6)对于证券公司、基金公司和期货公司等持牌金融机构与互联网企业合作开展业务的情况进行排查，持牌金融机构不得与未取得相应业务资质的互联网金融从业机构开展合作，持牌金融机构与互联网企业合作开展业务不得违反相关法律法规规定，不得通过互联网跨界开展金融活动进行监管套利

同时《股权众筹整治工作方案》也明确提出，对股权众筹融资试点，证监会会同有关部门继续做好试点各项准备工作，根据国务院统一部署，适时发布股权众筹融资试点监管规则，启动试点。

时至今日，曾经快速增长并获得资本市场青睐的互联网众筹，已经陷入了停滞和倒退的窘境，除商品/权益众筹和公益众筹这些更加类似于已有业务的互联网化的业务模式以外，互联网股权众筹，已经是深陷泥潭之中。在目前的监管模式之下，为了避免股权众筹在野蛮生长阶段产生的种种问题，监管采取的是提高投资门槛、限缩投资范围的思路，但是沿着这个思路走下去，我们会发现，股权众筹无可避免地面临着一个商业逻辑上的困境：和已经非常成熟的私募股权投资相比，股权众筹有何区别？有何优势？这个问题至少在现阶段还很难找到一个标准答案。因此，在没有立法创新的情况下，互联网众筹可能还有很长的路要走。

CHAPTER 16

第十六章

互联网银行

随着互联网、云计算、大数据、人工智能等金融科技在银行业的广泛运用，数字银行、直销银行、手机银行、网上银行、智慧银行、智能银行等概念层出不穷。一方面，一些互联网科技企业凭借本身在科技领域的研发优势，纷纷参与设立民营银行，开展互联网银行业务。另一方面，传统银行也正全面历经数字化转型，并在危机感的驱动下，引入第三方科技企业合作，加快布局互联网领域。

第一节　互联网银行概述

一、互联网银行的概念

目前对于互联网银行（Internet Bank），国际上主要有以下几种表达方式："E-lectronic banking"、"PC banking"、"Internet banking"、"Online banking"、"Cell phone banking" 以及"Virtual banking"。但对于何为"互联网银行"，我国尚未有任何官方文件对互联网银行的概念作出界定。巴塞尔银行监督委员将其界定为：通过电子渠道提供零售银行服务、小额银行产品和服务、大额电子支付和其他批发银行服务，包括取款、存款、账户管理、提供财务咨询、电子票据支付、提供电子支付工具和电子货币方面的服务等。行业内一般认为，互联网银行系指商业银行利用互联网技术和手段，通过网上银行、手机银行、直销银行（Direct Bank）、电话银行等渠道向客户提供信息服务和金融交易等业务。从服务提供主体上来看，互联网银行的提供主体既可以是具有分支机构的大型传统银行，也可以是不设任何网点、纯网络运营的新兴银行。在我国，互联网银行一般特指不设任何网点、纯网络运营的新兴银行。

二、互联网银行的历史沿革及在中国的发展现状

早在20世纪末，互联网银行已在欧美出现。20世纪80年代便有通过电话、ATM等为客户提供金融产品和服务的直销银行。最初直销银行推广的金融产品种类较为单一，但由于流程便捷、使用高效、目标人群定位准确，直销银行成功地实现差异化竞争，在银行业一片红海中开辟了自己的蓝海区域。其中，比较典型的有被称作银行业"沃尔玛"的ING Direct，其以低廉的价格出售简单的金融产品，为客户

提供低成本但便捷、公允的金融服务。ING Direct 的成立开始于荷兰国际集团拓展海外零售业务的需要，其于 1997 年在加拿大首先设立直销银行，在获得成功之后 ING Direct 迅速将其商业模式复制到美国、西班牙、法国、德国、英国等全球多个国家。[①] 随着互联网、智能手机、移动网络的普及,不少银行开始将部分线下业务搬到线上,开拓网上银行和手机银行业务。

1995 年 10 月 18 日,由美国三家银行 Area Bank 股份公司、Wachovia 银行公司、Hunting Bancshares 股份公司与 Secureware 和 Five Space 计算机公司联合成立了世界上第一家网络银行——美国第一安全银行(Security First Network Bank,SFNB)。SFNB 没有任何分支机构,所有前台业务均在互联网上进行,为客户提供信息查询、支票开立、储蓄存款、信用卡等多重业务。SFNB 在开业后的短短几个月,即有近千万人次上网浏览,给金融界带来了极大震撼。于是更有若干银行立即紧跟其后,在网上开设银行。

在手机银行方面,比较典型的有英国第一家完全基于手机 APP 的数字银行 Atom。Atom 创立于 2014 年,总部在英国杜伦市,其获得了英国审慎监督局授予的银行牌照。Atom 作为一家 100% 基于手机 APP 提供远程金融服务的指尖银行,提供客户身份识别、活期账户办理、抵押贷款、贷后管理以及移动支付等多项业务。

与国外互联网银行发展较早、模式较为成熟相比,我国目前从事互联网银行业务的主体主要分为传统商业银行和新兴互联网银行两大类。[②]第一种是传统商业银行从事互联网银行业务,更准确地说是传统银行通过设立直销银行事业部、运用手机银行、网上银行的方式,将部分业务互联化,作为线下业务的有益补充。例如,1996 年 2 月,中国银行建立了自己的网页,同年推出网上银行“一网通”,成为国内第一家开通网上银行的机构;2000 年左右,工商银行、中国银行先后推出手机银行业务;直到 2013 年,北京银行作为第一家“吃螃蟹”的银行与 ING 集团合作推出中国第一家直销银行。第二种是阿里、腾讯、百度等互联网巨头发起设立、依托股东强劲的金融科技技术的新兴互联网银行。该类新兴的互联网银行依托股东积聚的线上流量,抽取其中支付、理财、融资需求及场景,采用大数据技术塑造用户画像,为用户提供有针对性、便捷的金融服务。[③]目前,互联网银行已由传统网银的功能导向转

① 参见《金融专题之直销银行——银行业的沃尔玛? ING Direct 的成功经验和启示》,载 http://www.newone.com.cn/researchcontroller/detail? id=118571,最后访问日期:2018 年 6 月 30 日。

② 参见张税智、张凯:《互联网银行服务之法律规制对策研究》,载《辽宁大学学报》(哲学社会科学版)2015 年第 3 期。

③ 参见王永红:《中国网络银行发展模式》,载《中国金融》2014 年第 23 期。

变为客户核心需求导向，服务和营销成为其发展的核心。在这一阶段，移动互联技术将进入服务植入生活场景，更加注重与客户的交互方式及手段，建立全新的数据采集与分析体系，为客户提供随心随行的综合金融服务。

第二节　我国现行的互联网银行模式

一、纯线上模式的民营互联网银行

从2014年3月，国务院同意民营银行的试点方案以来，民营银行在我国已经走过了4个年头。截至目前，根据银监会公布的《银行业金融机构法人名单》，已经成立的民营银行共有17家，按照发展定位，主要分为互联网银行和非互联网银行。互联网银行共有8家，包括微众银行、网商银行、苏宁银行、新网银行、亿联银行、中关村银行、华通银行、众邦银行，前6家由大型互联网公司参股，[①]主要基于互联网技术、数据、平台来开展中小企业小额贷款业务以及消费金融业务。（见表3－16－1）

表3－16－1　17家民营银行情况的介绍

序号	名称	注册资本	开业时间	简介
1	深圳前海微众银行股份有限公司（微众银行）	42亿元人民币	2014年12月	腾讯系发起设立，主要从事线上业务，定位为互联网银行
2	上海华瑞银行股份有限公司	30亿元人民币	2015年5月	均瑶集团发起设立，侧重小微企业业务
3	温州民商银行股份有限公司	20亿元人民币	2015年5月	温州本土民营企业发起设立，以温商资金链为营销纽带，侧重小微企业业务
4	天津金城银行股份有限公司	30亿元人民币	2015年4月	天津本土民营企业发起设立，业务主要定位于“公存公贷”
5	浙江网商银行股份有限公司（网商银行）	40亿元人民币	2015年6月	阿里系发起设立，主要从事线上业务，定位为互联网银行

① 微众银行大股东是腾讯；网商银行最大股东是阿里旗下浙江蚂蚁小微金融服务集团；新网银行背后有小米的支持；吉林亿联银行第二大股东是美团点评；苏宁银行的第一大股东是苏宁云商。

续表

序号	名称	注册资本	开业时间	简介
6	重庆富民银行股份有限公司	30 亿元人民币	2016 年 8 月	天津本土民营企业发起设立,侧重小微企业、创业、金融弱势群体业务
7	四川新网银行股份有限公司(新网银行)	30 亿元人民币	2016 年 12 月	新希望集团、小米、红旗连锁等股东发起设立,主要从事线上业务,定位为互联网银行
8	湖南三湘银行股份有限公司	30 亿元人民币	2016 年 12 月	三一集团等发起设立,侧重于产业金融和消费金融
9	福建华通银行股份有限公司	24 亿元人民币	2017 年 1 月	闽籍民营企业发起设立,定位为互联网银行和金融科技企业
10	吉林亿联银行股份有限公司(亿联银行)	20 亿元人民币	2017 年 5 月	中发金控和吉林三快科技发起设立,定位为科技金融新型银行
11	武汉众邦银行股份有限公司	20 亿元人民币	2017 年 5 月	卓尔控股、当代集团等民营企业发起设立,定位为“互联网+供应链金融”银行
12	威海蓝海银行股份有限公司	20 亿元人民币	2017 年 6 月	威海本土民营企业发起设立,定位为服务蓝色经济区(海洋经济)的开发银行
13	北京中关村银行股份有限公司(中关村银行)	40 亿元人民币	2017 年 7 月	用友网络、碧水源发起设立,定位为服务创业企业的银行
14	安徽新安银行股份有限公司	40 亿元人民币	2017 年 11 月	安徽本土民营企业发起设立,以传统业务为抓手,推动向以客户为中心的商业模式发展
15	江苏苏宁银行股份有限公司(苏宁银行)	40 亿元人民币	2017 年 6 月	苏宁系发起设立,首家 O2O 银行
16	辽宁振兴银行股份有限公司	20 亿元人民币	2017 年 9 月	荣盛中天实业等发起设立,以助推辽宁老工业基地新一轮振兴为己任
17	梅州客商银行股份有限公司	20 亿元人民币	2017 年 6 月	广东本土民营企业发起设立,业务定位为“三农两小”

从表 3－16－1 中可以看出,各互联网巨头利用自身社交、电商、搜索等流量入口,相继布局互联网银行,但基于各自不同的客户定位,在业务上也有着不同的侧

重点。例如，微众银行的主要流量入口来自微信、QQ 等社交软件，微众银行利用腾讯的社交大数据，主要定位于个人消费者；网商银行则背靠阿里系电商平台，聚焦于小微企业与农村用户。以下以微众银行和网商银行为例简单介绍民营互联网银行的业务模式。

1. 微众银行

腾讯作为我国互联网巨头之一，早早地便开始布局金融领域，并在 2014 年成立首个获批的民营互联网银行——微众银行。微众银行注册资本 42 亿元人民币，控股股东为深圳市腾讯网域计算机网络有限公司（持有微众银行 30% 股权）。根据微众银行官网介绍，其旗下主要有微粒贷（个人消费贷款）、微车贷（汽车贷款）、直销银行等业务。作为一家无实体网点的互联网银行，微众银行在 2017 年交出了一份不错的成绩单。微众银行在 2016 年即开始扭亏为盈，实现营业收入 24.5 亿元（同比增长 984%），净利润为 4 亿元（同比增长 167%）；2017 年实现年营业收入 67.48 亿元（同比增长 176%）、净利润 14.48 亿元（同比增长 261%）。[①]从表 3－16－2 微众银行 2017 年利润表中可以看出，微众银行的收入主要来自利息和手续费，其中利息占了主要的收入比重。根据微众银行披露的 2017 年年度报告，截至 2017 年末，微众银行累计向近 1200 万人在线发放贷款达 8700 亿元，分别同比增长 1.7 倍和 3.27 倍，其中 92% 的贷款余额低于 5 万元。结合微众银行目前主要的业务模式，这大部分利息收入应当来自其“拳头产品”——微粒贷。

表 3－16－2　微众银行财务指标

单位：元

项目	2017 年度	2016 年度
一、营业收入		
利息收入	6,539,400,177	2,533,452,186
利息支出	(2,143,767,676)	(698,396,311)
二、利息净收入	4,395,632,501	1,835,055,875
手续费及佣金收入	3,136,143,576	624,176,393
手续费及佣金支出	(862,190,612)	(62,038,134)

① 数据来源于微众银行 2017 年年度报告。

续表

项目	2017 年度	2016 年度
三、手续费及佣金净收入	2,273,952,964	562,138,259
投资收益	40,887,073	52,158,375
其他业务收入	2,243,556	—
其他收益	35,366,755	—
四、营业收入合计	6,748,082,849	2,449,352,509

微粒贷作为微众银行的核心产品,2015 年 5 月上线手机 QQ,同年 9 月上线微信。微粒贷定位于小额信用循环贷款,500 元起借、最高额度 30 万元,具有“仅凭个人信用、无须担保;循环授信、随借随还”的特点。由于目前微众银行吸储能力有限,无法走传统银行的利差收入模式。因此微众银行在微粒贷产品上全国首创了与同业合作的联合贷款模式,共建“联合贷款平台”。根据微众银行 2017 年年报数据,其联合贷款合作机构已扩展到 50 家,分享了 75% 的业务,该联合贷款业务充分体现了微众银行充沛的客户流量。此外,为了降低贷款不良率、严格把控贷款风险,微粒贷目前仅针对部分用户开放,通过人行征信、公检法、教育等外部数据以及腾讯社交与支付数据,微众银行持续优化风控模型,精准刻画用户信用等级。2017 年,微众银行的资产不良率仅 0.64%,低于同行业的平均水平。微众银行的综合评分体系如图 3－16－1 所示。

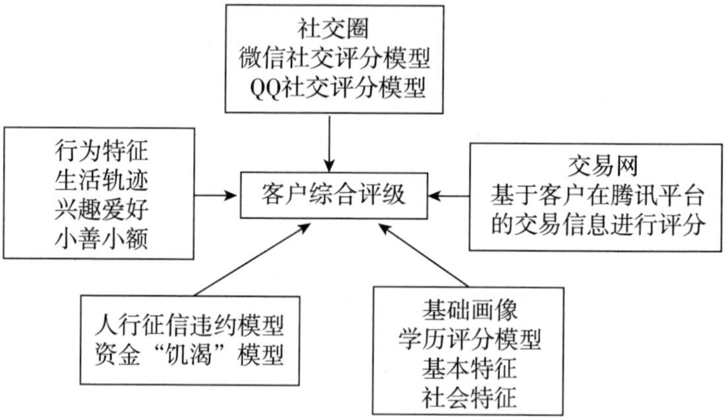

图 3－16－1　微众银行的综合评分体系①

① 参见张凯、李天一、刘杨:《当前互联网银行发展的思路及建议——以前海微众银行与浙江网商银行为例》,载《三峡大学学报》(人文社会科学版)2016 年第 2 期。

微众银行的长远规划是不仅做没有网点的银行，而且要做没有网点、没有存款、没有贷款的银行。立足于平台化思路，微众银行试图将有融资需求的个人用户和微型企业与提供资金的金融机构连接在一起，微众银行在此过程中提供风险控制与贷款管理服务。① 从目前微粒贷的模式上来看，微众银行已经部分实现了该目标，其75%贷款资金来自其他金融机构，25%来自微众银行承担部分信贷风险的资金。但这对于实现纯平台化的目标仍有部分距离，需要微众银行在风控能力上进一步提高。

2. 网商银行

网商银行属于蚂蚁金融集团的银行业务板块，与微众银行同属于银监会批准的中国首批民营银行之一，于2014年9月获批建立，2015年6月正式开业。网商银行注册资本为40亿元人民币，浙江蚂蚁小微金融服务集团有限公司为第一大股东，持股30%。与微众银行致力于个人消费贷款领域不同的是，网商银行侧重于小微企业融资、年轻人创新创业、农村普惠金融等领域。根据网商的“小微客户战略”，目前针对的客户主要是基于阿里巴巴电商平台的小微商家，客户主要是电商商户与农户，性质主要为生产性贷款。

网商银行公布的2017年年度报告显示，截至2017年末，网商银行资产总额为781.7亿元，资本充足率达到13.51%。2017年，累计向小微经营者发放贷款4468亿元，其中有264.5亿元发放给了农村用户。实现营业收入42.75亿元，净利润4.04亿元，同比增长28%。与此同时，截至2017年末，网商银行已经累计为571万小微企业和个体经营者提供了贷款服务，户均贷款余额2.8万元。其中，包括了75万的农村用户，至2017年末网商银行贷款余额中有11.9%为涉农贷款。此外，代销的货币基金产品“余利宝”累计为675万小微经营者提供了现金管理服务。在资产质量方面，网商银行的不良贷款率水平保持在1.23%。2018年6月，网商银行启动“凡星计划”，向行业开放所有能力和技术，目标是在未来三年，与1000家各类金融机构携手，为3000万小微经营者提供金融服务。

二、传统商业银行互联网化

1. 概述

随着技术在金融领域的深化利用，面对来自民营互联网银行以及金融科技公

---

① 参见微众银行董事长顾敏：《要做没有贷款和存款的银行》，载 http://www.sohu.com/a/16218771_114351，最后访问日期：2018年6月30日。

司的冲击,传统商业银行不得不加大对金融科技的重视,大力部署IT资源,执行和实施互联网化的发展战略,运用技术手段推进金融产品及服务创新。根据中国银行业协会发布《2017年中国银行业服务报告》,2017年银行业金融机构离柜交易达2600.44亿笔,同比增长46.33%;离柜交易金额达2010.67万亿元,同比增长32.06%。[①] 总体来说,传统商业银行通过网上银行、手机银行、直销银行、电话银行等多种渠道和方式,积极运用金融科技最新成果,成功实现业务的智能化转型。

我国网上银行起源于1996年,始于中国银行推出的网上银行"一网通"。历经近20载的发展,2017年我国网上银行交易已高达1171.72亿笔,同比增长37.86%;交易金额达1725.38万亿元,同比增长32.77%;网上银行个人客户达14.31亿户,同比增长17.32%;企业客户达0.29亿户,同比增长9.56%。[②] 其中工商银行和建设银行占据交易规模的大片江山,分别占据了2017年网上交易总金额的26.9%和18.9%。[③] 需要指出的是,随着智能手机的普及,虽然手机银行对网上银行的替代效应加速,但由于网上银行仍然是办理复杂业务,以及企业使用银行服务的重要渠道,短期内网上银行仍然无法被手机银行所取代。

我国的手机银行大致起步于2000年,虽晚于网上银行,但随着智能手机、移动网络的普及,近几年交易用户及规模稳步上升,其用户数量具有赶超网上银行的趋势。2017年我国全年手机银行交易达969.29亿笔,同比增长103.42%;交易金额达216.06亿元,同比增长53.70%;手机银行个人客户达15.02亿户,同比增长28.28%;企业客户达0.05亿户,同比增长57.52%。[④] 但是由于手机银行的应用场景较少,缺少高引流的明星产品,用户使用频率远低于支付宝、微信等APP,且存在用户体验差、超时退出、无法登录等问题。

直销银行是银行主动拥抱互联网的一种典型运作模式。直销银行通过互联网、电话等远程通信服务渠道为客户提供银行产品和服务,主要从事货币基金销售、储蓄存款、银行等业务,也有部分直销银行开展贷款端业务。目前我国直销银行数量已达113家,多数为银行下属二级部门,但直销银行资产规模仅占银行总资产

---

① 参见《2017年中国银行业服务报告》,载 http://www.china-cba.net/do/bencandy.php?fid=42&id=17117,最后访问日期:2018年6月30日。

② 参见《2017年中国银行业服务报告》,载 http://www.china-cba.net/do/bencandy.php?fid=42&id=17117,最后访问日期:2018年6月30日。

③ http://www.sohu.com/a/228792655_115326.

④ http://www.sohu.com/a/228748831_115326.

规模的0.2%，比重十分小。① 为了进一步推动直销银行的发展，充分发挥互联网公司的技术优势和商业银行的金融风控优势，监管部门创新式地允许传统商业银行和互联网公司共同设立法人化的直销银行，2017 年 11 月 18 日，中信银行和百度共同成立的百信银行正式开业。2017 年中国直销银行业务开展情况如图 3－16－2 所示。

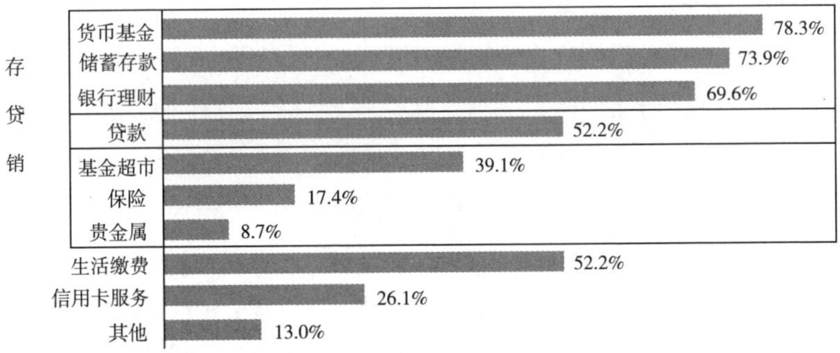

图 3－16－2　2017 年中国直销银行业务开展情况②

2. 传统商业银行互联网化实例

(1)民生银行直销银行

民生银行是传统银行互联网化较为成功的案例。在手机银行方面，民生银行针对不同的人群，推出个人版、信用卡版、小微版、企业版手机银行；在网上银行方面，民生银行已发展成为覆盖各层级客户，支持存、贷、汇、资管、理财、融资等各类交易的网络金融服务平台。

2014 年 2 月 28 日，民生银行直销银行正式上线，并于2017 年斩获“年度最佳直销银行”的称号。民生银行直销银行主要通过互联网渠道拓展客户，具有客群清晰、产品简单、渠道便捷等特点。在客户拓展上，民生银行直销银行精准定位“忙、潮、精”客群；在产品设计上，推出如意宝、定活宝、基金通、银行理财、民生金、好房贷、随心存、利多多等金融产品，种类丰富，期限分布广泛；在渠道建设上，充分尊重互联网用户习惯，提供操作便捷的网站、手机银行和微信银行等多渠道互联网金融服务。经过三年多的稳步运作，客户数已超 700 万户，管理金融资产超 800 亿元，其明星产品“如意宝”③总申购额近 1.8 万亿元。

① 2016 年数据，来源于艾瑞咨询，《2017 年中国直销银行发展研究报告》。

② 数据来源于艾瑞咨询。

③ 是民生银行的一款余额理财产品，对接货币基金，1 分钱即可起投，随用随取，天天收益、日日复利，可直接用于在直销银行申购定活宝、基金通、民生金等产品以及电子账户。

(2)招商银行的“闪电贷”

2015年初,招商银行推出了“闪电贷”产品,这是招行基于大数据和云计算风控应用的一款移动互联网贷款产品,因审批速度快,堪比闪电,故取名为“闪电贷”。它通过数据整合和应用,对零售客户进行精准定位,为客户提供全线上全自助贷款。其特点是:“移动端,全自助,零资料,60秒。”2017年,闪电贷累计投放374亿元,总共为72.2万名客户提供了快捷方便的贷款资金。①

“闪电贷”客户可通过招行手机银行APP或网银自助办理贷款,7×24小时全天实时运行,系统自动审批,60秒完成审批放款,贷款实时到账。如此高效率的背后是当下火热的金融科技作为有力的支撑。招商银行在整合了银行内部各种数据的基础上,接入了征信、工商、法院、税务、社保、公积金等外部数据,运用大数据、云计算、机器学习、人工智能等多个领域的技术,最终实现为客户提供“闪电般”贷款的服务体验。目前市场上部分助贷平台以金融科技技术为标榜,推出各类秒贷产品,而“闪电贷”是传统商业银行自身推出与非金融机构秒贷产品直面竞争的有力武器。

(3)与互联网巨头的合作

总体来说,金融科技俨然已成为重塑银行业重要的内生力量,传统商业银行纷纷内在发力,加强自身金融科技力量。但由于商业银行内部技术迭代缓慢,在系统开发、重塑产品、客户关系等方面的能力和反应速度已远落后于大型互联网科技公司,因此各商业银行竞相通过跨界合作强化替代与渗透提升竞争优势,取长补短。2017年百度、腾讯、阿里巴巴、京东与银行合作产品/项目部分列举如表3-16-3所示。

表3-16-3 2017年百度、腾讯、阿里巴巴、京东与银行合作产品/项目部分列举②

公司	日期	合作银行	合作内容
百度	2017年6月	农业银行	共同建立金融科技联合实验室
	2017年11月	农业银行	AB贷
	2017年11月	中信银行	直销银行百信银行开业

① https://www.sohu.com/a/230289681_349986,最后访问日期:2018年6月30日。

② 数据来源于公开渠道。

续表

公司	日期	合作银行	合作内容
腾讯	2017年6月	中国银行	成立“中国银行—腾讯金融科技联合实验室”，在云计算、大数据、区块链和AI等方面开展深度合作
	2017年6月	华夏银行	创建联合实验室，探索深化大数据和AI在金融服务领域的应用
	2017年11月	招商银行	通过AI技术将反欺诈能力开放给招商银行
阿里巴巴	2017年3月	建设银行	签署战略合作协议，深化在电子支付、实时代发、资产托管等领域的合作
	2017年9月	南京银行	打造“鑫云+”互金开放平台
京东	2017年8月	光大银行	在大数据风控、用户画像、人工智能等方面开展合作
	2017年11月	大连银行	双方合作成果大连银行直销银行APP“壹伴客”上线
	2017年11月	北京银行	联合风控建模、共享用户标签、联名信用卡
	2017年11月	工商银行	推出“工银小白”数字银行

第三节　互联网银行设立的法律问题

概括而言，互联网银行诞生于民营银行的管理办法框架内，银监会等监管机构暂未颁布专门适用于互联网银行的法律法规及监管细则 。作为一类中资商业银行，互联网银行在监管方面参照适用《中华人民共和国银行业监督管理法》《中华人民共和国商业银行法》《中资商业银行行政许可事项实施办法》《中国银监会关于印发商业银行公司治理指引的通知》《中国银行业监督管理委员会中资商业银行行政许可事项申请材料目录及格式要求》等适用于一般性商业银行的法律法规，以及《关于促进民营银行发展的指导意见》和《关于印发民营银行准入工作操作规程（试行）的通知》等适用于民营银行的特别规定，并受银监会日常监管。实践中，已成功设立并开业的互联网银行皆是以民营银行形式获批的。

一、设立流程简介

民营银行设立的流程一般包括以下审批和登记手续:

(1)与地方政府金融相关主管部门协商,了解当地关于设立民营银行的试点计划。由于现阶段的民营银行仍主要以试点的方式设立,因此发起人在决定设立民营银行后应先与地方政府金融相关主管部门(一般为当地的金融办)沟通,了解当地对发起人设立民营银行的意见,并申请进入当地政府的民营银行试点计划,之后由当地政府报送银监会等主管部门征询意见。

(2)准备筹建申请材料、递交筹建民营银行的申请。在进入民营银行试点计划之后,民营银行的发起人以及投资者需要按照法律法规的要求准备筹建申请材料。筹建申请资料包括筹建申请书、筹建方案、可行性研究报告、发起人基本情况、发起人及所在集团的组织结构图等情况、发起人董事会或股东大会同意发起设立民营银行的决议、发起人自有资金来源真实的承诺书、发起人近三年经审计的财务报告、律师事务所出具的法律意见书等。筹建申请材料准备妥当之后,由发起人共同向拟设地的银监局提交筹建申请材料,拟设地银监局受理并初步审查,报银监会审查并决定。银监会自收到完整申请材料之日起 4 个月内作出批准或不批准的书面决定。其中,认购股份占拟设民营银行总股本 10% 以下企业的股东资格由拟设地银监局按照有关法律法规审核。

(3)银监会签发筹建批文,民营银行正式进行筹建。在银监会签发民营银行的筹建批文后,民营银行的发起人各方以及投资者将开始民营银行的筹建工作。民营银行的筹建期不超过银监会签发筹建批文之日起的 6 个月。在这 6 个月内,民营银行的发起人各方以及投资者需要完成的筹建工作包括:

- 准备开业申请材料;
- 自工商登记部门取得拟设民营银行的名称预核准;
- 建立健全公司治理结构;
- 建立内部控制制度,包括内部组织结构、授权授信、信贷资金管理、资金交易、会计核算、计算机信息管理系统的控制制度和操作规程;
- 配备符合业务发展需要的、适当数量的,且已接受政策法规及业务知识等相关培训的业务人员,以满足对主要业务风险有效监控、业务分级审批和复查、关键岗位分工和相互牵制等要求;
- 印制拟对外使用的重要业务凭证和单据;

➢ 配备经有关部门认可的安全防范设施。

民营银行的筹建工作需要接受拟设地银监局的监督指导。民营银行筹建期为批准决定之日起6个月,未能按期筹建的,筹建组应当在筹建期限届满前1个月向银监会提交延期筹建报告。筹建延期不得超过一次,筹建延期的最长期限为3个月。筹建组应当在规定期限届满前提交开业申请,逾期未提交的,筹建批准文件失效,由银监会办理筹建许可注销手续。

(4)向拟设地银监局递交开业申请材料,取得开业批文。民营银行开业申请由筹建组向所在地银监局提交,由所在地银监局受理、审查并决定。银监局自受理之日起2个月内作出核准或不予核准的书面决定,并抄报银监会。在取得银监局的开业批准后,民营银行即可向银监局申请领取金融许可证。

(5)在取得开业批文后,民营银行即可持开业批文和金融许可证办理工商登记。民营银行在取得《企业法人营业执照》之后即在法律上被视为正式设立。

二、设立民营银行应当满足的条件

一家新设立的民营银行需要满足以下条件:

(1)有符合《中华人民共和国公司法》和《中华人民共和国商业银行法》规定的章程;

(2)注册资本为实缴资本,最低限额为10亿元人民币或等值可兑换货币,城市商业银行法人机构注册资本最低限额为1亿元人民币;

(3)有符合任职资格条件的董事、高级管理人员和熟悉银行业务的合格从业人员;

(4)有健全的组织机构和管理制度;

(5)有与业务经营相适应的营业场所、安全防范措施和其他设施;

(6)建立与业务经营相适应的信息科技架构,具有支撑业务经营的必要、安全且合规的信息科技系统,具备保障信息科技系统有效安全运行的技术与措施;

(7)具有健全的风险管理体系,能有效控制各类风险;

(8)发起人股东中应当包括合格的战略投资者;

(9)具有科学有效的人力资源管理制度,拥有高素质的专业人才;

(10)具备有效的资本约束与资本补充机制;

(11)有助于化解现有金融机构风险,促进金融稳定。

三、民营银行的发起人股东资质

现行法律法规对中资商业银行的发起人股东资质要求较为严格,一家境内的非金融机构需要满足以下条件,才能作为民营银行的发起人股东。

(1)依法设立,具有法人资格,具有良好的公司治理结构或有效的组织管理方式,具有良好的社会声誉、诚信记录和纳税记录,能按期足额偿还金融机构的贷款本金和利息;

(2)具有较长的发展期和稳定的经营状况和较强的经营管理能力和资金实力;

(3)财务状况良好,最近3个会计年度连续盈利;

(4)年终分配后,净资产达到全部资产的30%(合并会计报表口径),资产负债率小于70%;

(5)权益性投资余额原则上不超过本企业净资产的50%(合并会计报表口径),国务院规定的投资公司和控股公司除外;

(6)入股资金为自有资金,不得以委托资金、债务资金等非自有资金入股,法律法规另有规定的除外;

(7)不存在以下情形:公司治理结构与机制存在明显缺陷;关联企业众多、股权关系复杂且不透明、关联交易频繁且异常;核心主业不突出且其经营范围涉及行业过多;现金流量波动受经济景气影响较大;资产负债率、财务杠杆率高于行业平均水平;代他人持有中资商业银行股权;其他对银行产生重大不利影响的情况。

除了以上条件外,现阶段银监会还要求民营银行的发起人股东满足以下条件。

(1)应是在中国境内注册,不易受经济周期影响的行业,具备相当实力、处于行业领先地位的民营企业集团,在集团下设立了多家企业实体;

(2)应是持续经营的良好主体,以自有资金入股,避免代持民营银行股权的情况;

(3)发起企业的主要控股、控股股东或实际控制人,作为民营银行的终极受益人和剩余风险承担者,应为中国公民且不得持有绿卡(外国永久居留权)。

在互联网金融模式下,商业银行传统的物理网点优势正在弱化,追求个性化服务的个人客户以及小微企业更倾向于通过互联网获取各种快捷、低成本的金融服务,商业银行必须意识到以功能为导向的传统业务模式正在向以客户需求为核心导向的新兴业务模式转变。互联网银行是技术引领的创新,如今大数据、云计算技术已成为互联网银行运营的重要基石;人脸识别、指纹识别等生物智能技术将逐步成为互联网银行安全认证的核心手段;区块链技术将可能是互联网银行实现跨越式发展的颠覆性技术,把握技术制高点便是占据市场的先机。传统商业银行将如何应对席卷而来的金融技术狂潮,新兴互联网民营银行又将如何站稳根基、推陈出新,未来我们拭目以待。

CHAPTER 17

第十七章

互联网保险

依托移动互联网、社交媒体、大数据、AI等先进技术，古老的保险行业亦迎来了“互联网+”的进程加速。互联网保险，把保险信息咨询、投保、交费、核保、承保、保单信息查询、保全变更、续期、理赔和给付等保险全过程的网络化，放大保险业的普惠作用。近年来，互联网场景上涌现的很多新型风险保障需求催生新型的互联网保险产品和科技平台；但是，这些新兴产品、业务模式和平台为监管带来新的监管风险和挑战。

第一节　互联网保险概述及发展历程

互联网保险是一种新兴的、有别于传统的保险代理人销售方式的，以互联网为媒介、以电子商务技术为工具的保险销售方式。相比传统的保险销售方式，互联网保险主要具有以下优点：(1)让客户获得更充分全面的保险产品信息。客户可以在线比较多家保险公司的产品，保费透明，保障权益也清晰明了；(2)服务方面更便捷。网上在线产品咨询、电子保单发送到邮箱等都可以通过轻点鼠标来完成；(3)理赔更轻松。互联网让投保更简单，信息流通更快，也让客户理赔不再像以前那样困难；(4)保险公司同样能从互联网保险中获益多多。通过网络可以推进传统保险业的加速发展，使险种的选择、保险计划的设计和销售等方面的费用减少，有利于提高保险公司的经营效益。

在法律法规层面上，根据2015年7月发布的《互联网保险业务监管暂行办法》(以下简称《暂行办法》)，互联网保险业务是指保险机构依托互联网和移动通信等技术，通过自营网络平台、第三方网络平台等订立保险合同、提供保险服务的业务。截至2018年12月31日，除通过自营网络平台或第三方网络平台开展互联网保险业务的一般保险公司以外，已有四家获批的专业互联网保险公司，即众安在线财产保险股份有限公司(以下简称众安保险)、易安财产保险股份有限公司(以下简称易安财险)、泰康在线财产保险股份有限公司(以下简称泰康在线)及安心财产保险有限责任公司(以下简称易安财险)，其基本情况如表3-17-1所示。

表 3－17－1　互联网保险公司概况

分类	众安保险	泰康在线	安心保险	易安财险
成立时间	2013 年 10 月 9 日	2015 年 11 月 8 日	2016 年 1 月 18 日	2016 年 2 月 16 日
注册资本	12.4 亿元	10 亿元	10 亿元	10 亿元
定位	互联网保险公司	“互联网生态经营＋自有平台＋整合泰康资源”三大战略方向	与一些著名的互联网平台合作，并围绕一些大的电商平台进行产品研发	提供“少而精”的服务，打造“轻资产＋蜂巢组织”的商业模式
牌照	互联网保险牌照、车险牌照	互联网保险牌照、互联网财险牌照、车险牌照（在牌照上与泰康人寿互补）	互联网保险牌照、车险牌照	互联网保险牌照

互联网保险的发展始于 2000 年，在这一年里，多家知名保险公司开通了全国性网站并开始通过互联网开展保险业务。2013 年，互联网保险牌照正式发放，众安保险等四家互联网保险公司获批，自此互联网保险进入了高速发展阶段。直至 2015 年，随着整个互金整治大潮的来临，互联网保险也进入了规范监管的阶段，监管部门的重点转向就互联网保险业务开展过程中的种种不规范行为进行整治，互联网保险的发展历程如图 3－17－1 所示。

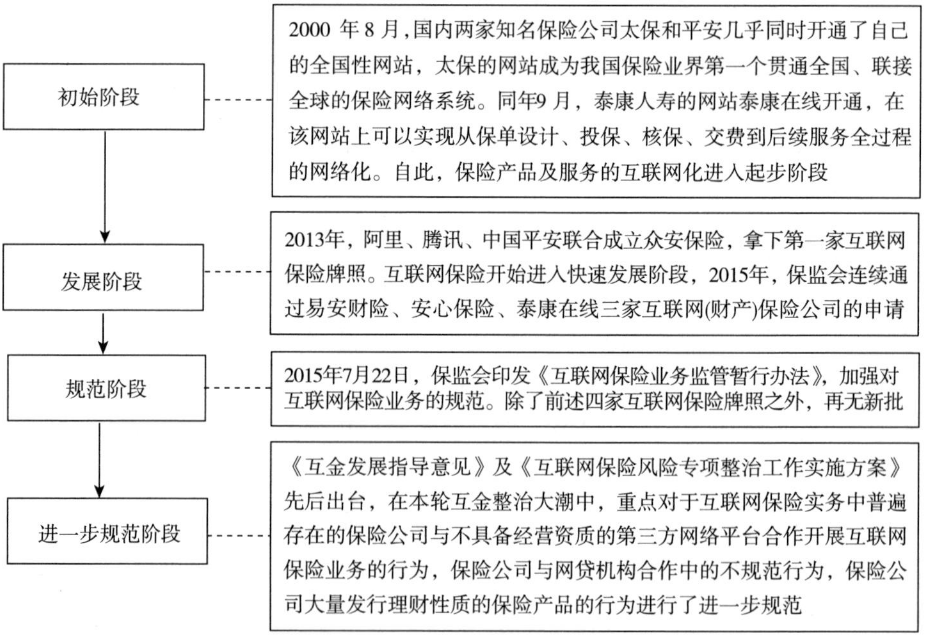

图 3－17－1　互联网保险的发展历程

第二节　互联网保险的参与主体及交易结构

一、参与主体

互联网保险参与主体如表3－17－2所示。

表3－17－2　互联网保险参与主体

参与主体	交易角色	典型范例
网络平台	分为自营网络平台和第三方网络平台两种。 自营网络平台，是指保险机构依法设立的网络平台。第三方网络平台，是指除自营网络平台外，在互联网保险业务活动中，为保险消费者和保险机构提供网络技术支持辅助服务的网络平台	自营网络平台为保险公司自行搭建的线上保险销售平台，如平安保险、众安保险等。 第三方网络平台一般为具有较大用户流量资源的互联网平台，如支付宝、微信、京东等均设有保险服务相关的版块
保险机构	是指经保险监督管理机构批准设立，并依法登记注册的保险公司和保险专业中介机构。保险专业中介机构是指经营区域不限于注册地所在省、自治区、直辖市的保险专业代理公司、保险经纪公司和保险公估机构	主要包括两种，一种是保险公司，如太平洋保险、平安保险等，以及上文提及的四家专业互联网保险公司，另一种是保险专业中介机构，如保险代理公司、保险经纪公司等
投保人	是指在互联网保险平台上购买保险产品的人士	一般为互联网平台的注册客户，包括自然人客户与机构客户

二、交易结构

（一）自营网络平台

自营网络平台模式交易结构如图3－17－2所示。

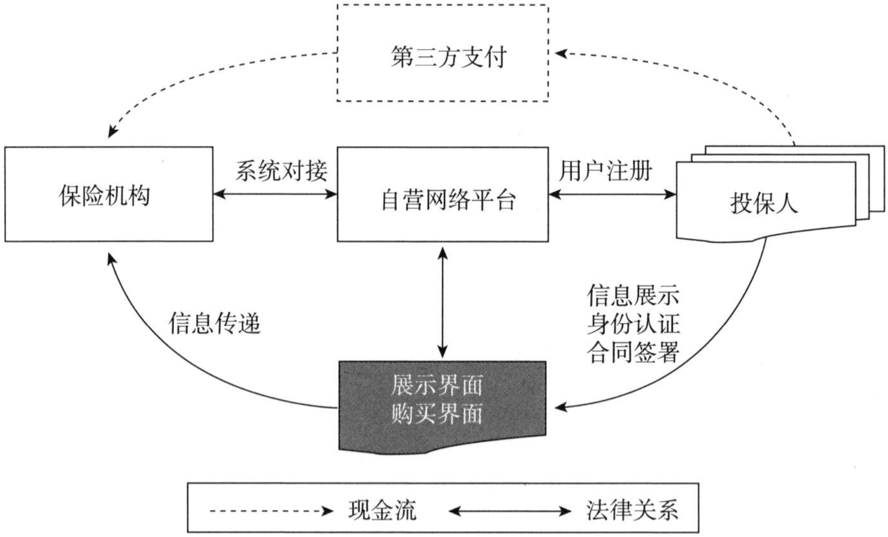

图 3－17－2　自营网络平台模式交易结构

（二）第三方网络平台

第三方网络平台模式交易结构如图 3－17－3 所示。

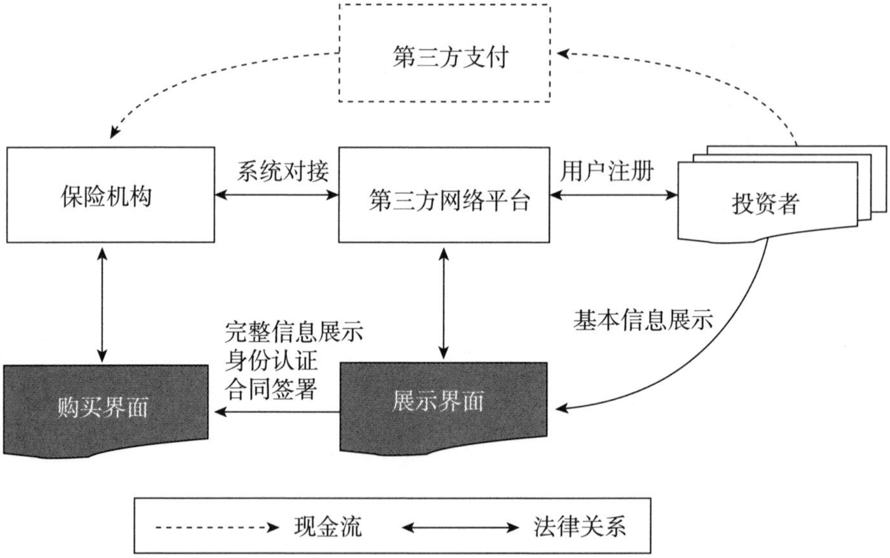

图 3－17－3　第三方网络平台模式交易结构

通过以上两种交易结构的对比可以看出，自营网络平台模式和第三方网络平台模式最大的区别在于是否通过网络平台完成整个产品展示及购买流程，还是仅通过网络平台完成产品展示流程，产品购买的流程则需要跳转至保险机构完成。因为仅保险机构具有销售保险产品的资质，第三方网络平台原则上仅可以为保险消费者和保险机构提供网络技术支持辅助服务，但实践中，一些大的第三方网络平台，如支付宝等，为了在导流费用之外再收取经纪/代理费用，从而获取更多的利润，其关联公司或子公司也会相应取得保险经纪公司或保险代理公司的牌照，从而能够以保险机构的身份，利用其网络平台开展互联网保险业务。

第三节　互联网保险的法律框架

一、互联网保险法律监管情况概述

2011 年 9 月 20 日，原中国保监会发布《保险代理、经纪公司互联网保险业务监管办法（试行）》，该办法的制定目的是为了促进保险代理、经纪公司互联网保险业务的规范健康有序发展，该办法对从事互联网保险业务的保险代理、经纪公司从注册资本条件、业务备案、信息披露等方便进行了初步的规范。

2012 年 5 月，原中国保监会发布《关于提示互联网保险业务风险的公告》，对互联网保险业向广大投保人进行了风险提示。

2013 年 9 月，随着专业互联网保险公司试点工作的不断推进，原中国保监会发布《关于专业网络保险公司开业验收有关问题的通知》，规范了专业互联网保险公司的监管准入要求。随后，众安保险、易安财险、泰康在线、安心保险等专业网络保险公司应运而生。

2014 年 1 月，原中国保监会发布《加强网络保险监管工作方案》，以加强网络保险监管工作，旨在防范化解网络保险创新风险，打击网络保险犯罪。

2014 年 4 月，原中国保监会发布《关于规范人身保险公司经营互联网保险有关问题的通知（征求意见稿）》，对人身保险公司通过保险中介机构网站或具有合法资质的其他网站经营互联网人身保险业务进行规范。

2015 年 7 月，原中国保监会发布《暂行办法》，并废止了原《保险代理、经纪公司互联网保险业务监管办法（试行）》。《暂行办法》共六章、30 条，主要就参与互联网保险业务的经营主体、经营条件、经营区域、信息披露、监督管理等方面，明确了基本的经营规范和监管要求,以促进互联网保险业务健康发展,可以说是互联网保险领域的一部“基本法”。

《暂行办法》从2015年10月1日正式开始实施施行期限为3年,有效期至2018年9月30日。由于新的法规迟迟未出台,因此银保监会下发《中国银保监会关于加强互联网保险监管有关事项的通知》规定在新的规定出台以前,《暂行办法》继续有效。

此外,随着P2P平台引入外部增资措施,互联网保证保险业务如火如荼地开展,2016年1月原中国保监会发布《关于加强互联网平台保证保险业务管理的通知》,对保险公司开展P2P平台保证保险业务进行进一步的规范。

2017年7月6日,原中国保监会于下发《关于整治机动车辆保险市场乱象的通知》强化车险市场的保险监管,要求各财产保险公司加强对第三方网络平台合作车险业务的合规性管控,不得委托或允许不具备保险中介合法资格的第三方网络平台在其网页上开展保费试算、报价比价、业务推介、资金支付等保险销售活动。

2018年6月,银保监会发布《关于加强自媒体保险营销宣传行为管理的通知》,加强对保险公司、保险中介机构自媒体保险营销宣传行为的管控;同年7月,银保监会发布《会关于切实加强和改进保险服务的通知》,要求保险公司、保险中介机构要加强互联网保险业务管理,规范服务行为,提高服务质量、保护消费者权益。

二、《暂行办法》对互联网保险业务的规定

《暂行办法》作为互联网保险领域的基本法,遵循促进互联网保险业务健康发展、切实保护互联网保险消费者权益、线上与线下监管标准一致、强化市场退出管理、“放开前端、管住后端”等监管原则和思路,对互联网保险业务做了总体性的规定。

在主要内容方面,《暂行办法》可分为以下六大部分:

(1)总则。主要明确了互联网保险业务、保险机构、自营网络平台、第三方网络平台等概念的界定,以及保险机构经营互联网保险业务的基本原则要求。

(2)经营条件与经营区域。主要规定了保险机构经营互联网保险业务的集中管理要求,自营网络平台和第三方网络平台的经营条件,以及可扩展经营区域的险种范围等。

(3)信息披露。主要明确了保险产品、保险机构以及行业协会分别在信息披露方面的具体内容和要求。

(4)经营规则。主要规定了参与互联网保险业务相关机构的职责定位、产品管理、保费收取、交易记录、客户服务、信息安全、异常处理、反洗钱以及相关费用结算与支付方面的具体监管要求。

(5)监督管理。主要规定了保险机构、第三方网络平台的禁止性行为及退出管理要求,明确了保监会、保监局的监管职责分工与监管方式。

(6)附则。主要明确了对专业互联网保险公司、再保险业务、通过即时通信工具等方式销售保险产品、保险集团公司依法设立的网络平台的管理要求,以及《暂行办法》的解释权、修订权及施行时间等。

在保险产品方面,对于不同险种,《暂行办法》结合实际情况作出了不同的规定。基于互联网方便、快捷、跨地域的特点,《暂行办法》有条件地放开部分险种的经营区域限制,如人身意外伤害保险、定期寿险和普通型终身寿险;投保人或被保险人为个人的家庭财产保险、责任保险、信用保险和保证保险;能够独立、完整地通过互联网实现销售、承保和理赔全流程服务的财产保险业务等,保险公司可将上述产品的互联网业务开展至未设立分公司的省、自治区、直辖市。

从业务渠道上来看,根据《暂行办法》第1条第1款规定:“……互联网保险业务,是指保险机构依托互联网和移动通信等技术,通过自营网络平台、第三方网络平台等订立保险合同、提供保险服务的业务。”目前监管部门将互联网保险业务按照“保险机构通过自营网络平台”和“第三方网络平台”两大渠道进行分类。

以下内容中,我们将分别对“保险机构通过自营网络平台销售”和“第三方网络平台”参与互联网保险业务的监管规定进行介绍。

(一)保险机构通过自营网络平台参与互联网保险的规定

自营网络平台,是指经原保险监督管理机构批准设立,并依法登记注册保险机构(包括保险公司、保险专业代理公司、保险经纪公司和保险公估机构)依法设立的网络平台。

除《暂行办法》之外,中国保险行业协会于2015年10月1日开始实施的《中国保险行业协会互联网保险业务信息披露管理细则》(以下简称《披露细则》),对于设立自营网络平台的保险机构从信息披露的内容、工作流程以及管理与责任作了详细的规定,以切实保障互联网保险消费者的合法权益。以下,结合《暂行规定》和《披露细则》的重点条款,对保险机构通过设立自营网络平台参与保险业务的规定进行梳理(见表3-17-3)。

表 3－17－3 《暂行办法》和《披露细则》的主要内容

类别	主要内容
主体定位	1. 本办法所称互联网保险业务，是指保险机构依托互联网和移动通信等技术，通过自营网络平台、第三方网络平台等订立保险合同、提供保险服务的业务。 2. 本办法所称保险机构，是指经保险监督管理机构批准设立，并依法登记注册的保险公司和保险专业中介机构。保险专业中介机构是指经营区域不限于注册地所在省、自治区、直辖市的保险专业代理公司、保险经纪公司和保险公估机构。 3. 本办法所称自营网络平台，是指保险机构依法设立的网络平台
产品和经营	1. 保险机构应科学评估自身风险管控能力、客户服务能力，合理确定适合互联网经营的保险产品及其销售范围，不能确保客户服务质量和风险管控的，应及时予以调整。 保险机构应保证互联网保险消费者享有不低于其他业务渠道的投保和理赔等保险服务，保障保险交易信息和消费者信息安全。 2. 保险机构开展互联网保险业务，不得进行不实陈述、片面或夸大宣传过往业绩、违规承诺收益或者承担损失等误导性描述
信息披露	《暂行办法》第三章（第 8 条、第 9 条）和《披露细则》详细规定了披露的要求。 1. 按照《暂行办法》第 8 条的要求在开展互联网保险业务的相关网络平台和互联网保险产品的销售页面进行披露。需披露的主要内容（仅为简要概括，非全面）： （1）承保公司、销售主体及分公司清单； （2）产品名称、保险条款、费率； （3）保费支付方式； （4）投保咨询方式、保单查询方式及客户投诉渠道。 2. 按照《暂行办法》第 9 条在保险机构的官方网站上建立互联网保险信息披露专栏； 3. 按照《披露细则》的要求在中国保险行业协会的披露专栏进行披露。已披露的保险公司和互联网保险产品请见 http://icid.iachina.cn/
自营网络平台设立条件	保险机构开展互联网保险业务的自营网络平台，应具备下列条件： （1）具有支持互联网保险业务运营的信息管理系统，实现与保险机构核心业务系统的无缝实时对接，并确保与保险机构内部其他应用系统的有效隔离，避免信息安全风险在保险机构内外部传递与蔓延。 （2）具有完善的"防火墙"、入侵检测、数据加密以及灾难恢复等互联网信息安全管理体系； （3）具有互联网行业主管部门颁发的许可证或者在互联网行业主管部门完成网站备案，且网站接入地在中华人民共和国境内； （4）具有专门的互联网保险业务管理部门，并配备相应的专业人员； （5）具有健全的互联网保险业务管理制度和操作规程； （6）互联网保险业务销售人员应符合保监会有关规定； （7）中国保监会规定的其他条件

续表

类别	主要内容
监管措施	开展互联网保险业务的保险机构具有以下情形之一的，中国保监会可以责令整改；情节严重的，依法予以行政处罚： (1)擅自授权分支机构开办互联网保险业务的； (2)与不符合本办法规定的第三方网络平台合作的； (3)发生交易数据丢失或客户信息泄露，造成不良后果的； (4)未按照本办法规定披露信息或做出提示，进行误导宣传的； (5)违反本办法关于经营区域、费用支付等有关规定的； (6)不具备本办法规定的开展互联网保险业务条件的； (7)违反中国保监会规定的其他行为。 保险机构或其从业人员违反本办法，中国保监会及其派出机构可以通过监管谈话、监管函等措施，责令限期整改；拒不整改、未按要求整改，或构成《保险法》等法律、行政法规规定的违法行为的，依法进行处罚
适用范围	对保险机构通过即时通信工具、应用软件、社交平台等途径销售保险产品的管理，参照适用本办法。 保险公司、保险集团(控股)公司下属非保险类子公司依法设立的网络平台，参照第三方网络平台管理

(二)第三方网络平台参与互联网保险的规定

第三方网络平台，是指除自营网络平台外，在互联网保险业务活动中，为保险消费者和保险机构提供网络技术支持辅助服务的网络平台。第三方网络平台在互联网保险业务中仅提供辅助服务，保险经营行为应由与之合作的保险机构进行管理和负责。

以下结合《暂行办法》的重点条款，我们对第三方网络平台的监管，以及保险机构与第三方网络平台合作的主要监管规定进行梳理(见表3－17－4)。

表3－17－4 《暂行办法》对第三方网络平台监管的主要内容

类别	主要内容
主体定位	本办法所称第三方网络平台，是指除自营网络平台外，在互联网保险业务活动中，为保险消费者和保险机构提供网络技术支持辅助服务的网络平台
经营资格	互联网保险业务的销售、承保、理赔、退保、投诉处理及客户服务等保险经营行为，应由保险机构管理和负责。 第三方网络平台经营开展上述保险业务的，应取得保险业务经营资格

续表

类别	主要内容
第三方网络平台设立条件	保险机构通过第三方网络平台开展互联网保险业务的,第三方网络平台应具备下列条件: 1. 具有互联网行业主管部门颁发的许可证或者在互联网行业主管部门完成网站备案,且网站接入地在中华人民共和国境内; 2. 具有安全可靠的互联网运营系统和信息安全管理体系,实现与保险机构应用系统的有效隔离,避免信息安全风险在保险机构内外部传递与蔓延; 3. 能够完整、准确、及时向保险机构提供开展保险业务所需的投保人、被保险人、受益人的个人身份信息、联系信息、账户信息以及投保操作轨迹等信息; 4. 最近两年未受到互联网行业主管部门、工商行政管理部门等政府部门的重大行政处罚,未被中国保监会列入保险行业禁止合作清单; 5. 中国保监会规定的其他条件。 第三方网络平台不符合上述条件的,保险机构不得与其合作开展互联网保险业务
合作模式	1. 保险机构与第三方网络平台应签署合作协议,明确约定双方权利义务,确保分工清晰、责任明确。因第三方网络平台原因导致保险消费者或者保险机构合法权益受到损害的,第三方网络平台应承担赔偿责任。 2. 第三方网络平台应于收到投保申请后 24 小时内向保险机构完整、准确地提供承保所需的资料信息,包括投保人(被保险人、受益人)的姓名、证件类型、证件号码、联系方式、账户等资料。除法律法规规定的情形外,保险机构及第三方网络平台不得将相关信息泄露给任何机构和个人。 3. 第三方网络平台为保险机构提供宣传服务的,宣传内容应经保险公司审核,以确保宣传内容符合有关监管规定。保险公司对宣传内容的真实性、准确性和合规性承担相应责任。 4. 保险机构应完整记录和保存互联网保险业务的交易信息,确保能够完整、准确地还原相关交易流程和细节。交易信息应至少包括:产品宣传和销售文本、销售和服务日志、投保人操作轨迹等。第三方网络平台应协助和支持保险机构依法取得上述信息
信息披露	第三方网络平台应在醒目位置披露合作保险机构信息及第三方网络平台备案信息,并提示保险业务由保险机构提供
保费管理	1. 投保人交付的保险费应直接转账支付至保险机构的保费收入专用账户,第三方网络平台不得代收保险费并进行转支付。保费收入专用账户包括保险机构依法在第三方支付平台开设的专用账户。 2. 保险公司向保险专业中介机构及第三方网络平台支付相关费用时,应当由总公司统一结算、统一授权转账支付。 3. 保险公司应按照合作协议约定的费用种类和标准,向保险专业中介机构支付中介费用或向第三方网络平台支付信息技术费用等,不得直接或间接给予合作协议约定以外的其他利益

续表

类别	主要内容
监管措施	开展互联网保险业务的第三方网络平台具有以下情形之一的,中国保监会可以要求其改正;拒不改正的,中国保监会可以责令有关保险机构立即终止与其合作,将其列入行业禁止合作清单,并在全行业通报: 1. 擅自与不符合本办法规定的机构或个人合作开展互联网保险业务; 2. 未经保险公司同意擅自开展宣传,造成不良后果的; 3. 违反本办法关于信息披露、费用支付等规定的; 4. 未按照本办法规定向保险机构提供或协助保险机构依法取得承保所需信息资料的; 5. 不具备本办法规定的开展互联网保险业务条件的; 6. 不配合保险监管部门开展监督检查工作的; 7. 违反中国保监会规定的其他行为

三、互联网保险的风险整治

(一)互联网保险的风险整治概述

在《指导意见》中,针对互联网金融的业态分类与对应监管部门进行了初步划分,将互联网金融划分为互联网支付、网络借贷、股权众筹融资、互联网基金销售、互联网保险、互联网信托和互联网消费金融 7 大领域,互联网保险是 7 大领域之一。针对互联网保险业务,《指导意见》提道:“保险公司开展互联网保险业务,应遵循安全性、保密性和稳定性原则,加强风险管理,完善内控系统,确保交易安全、信息安全和资金安全。专业互联网保险公司应当坚持服务互联网经济活动的基本定位,提供有针对性的保险服务。保险公司应建立对所属电子商务公司等非保险类子公司的管理制度,建立必要的‘防火墙’。保险公司通过互联网销售保险产品,不得进行不实陈述、片面或夸大宣传过往业绩、违规承诺收益或者承担损失等误导性描述。”

2016 年,互联网金融各领域刮起整治之风 ,2016 年 4 月,原中国保监会等十五部委出台了《互联网保险风险专项整治工作实施方案》,规定了互联网保险领域的整改要求及查处措施,主要包括以下整治重点和措施。

1. 互联网高现金价值业务。重点查处和纠正以下问题:保险公司通过互联网销售保险产品,进行不实描述、片面或夸大宣传过往业绩、违规承诺收益或者承担损失等误导性描述。具体措施:一是加强互联网保险信息披露监管,要求保险公司严格按照有关规定披露产品信息,满足消费者知情权。二是排查万能型人身保险产品(包括高现价产品)相关风险,出台有针对性的监管政策。三是加大互联网高现价业务查处力度,对于存在违规问题的公司予以严肃查处。

2. 保险机构依托互联网跨界开展业务。重点查处和纠正以下问题:一是保险公司与不具备经营资质的第三方网络平台合作开展互联网保险业务的行为。二是保险公司与存在提供增信服务、设立资金池、非法集资等行为的互联网信贷平台合作,引发风险向保险领域传递。三是保险公司在经营互联网信贷平台融资性保证保险业务过程中,存在风控手段不完善、内控管理不到位等情况。

3. 非法经营互联网保险业务。一是清理互联网保险经营资质,重点查处非持牌机构违规开展互联网保险业务,互联网企业未取得业务资质依托互联网开展保险业务等问题。二是查处不法机构和不法人员通过互联网利用保险公司名义或假借保险公司信用进行非法集资。

保险机构不得与未取得相应业务资质的互联网金融从业机构开展合作,保险机构与互联网企业合作开展业务不得违反相关法律法规规定,不得通过互联网跨界开展金融活动实现监管套利。

4. 配套措施。互联网保险从业机构应严格落实客户资金第三方存管制度要求,保护客户资金安全。依靠举报和重罚机制及时发现问题,纠正不当行为,对违法违规机构进行严厉查处。

(二)互联网保险的风险整治在网贷行业的体现

2016 年 8 月出台的《网络借贷信息中介机构业务活动管理暂行办法》明确禁止 P2P 平台直接或间接地向出借人提供担保或承诺保本保息。据此,网贷平台原本采取的各类平台增信措施如风险准备金、备付金、客户质保款等在去担保化的大环境下已然成为监管部门严查的重点。为了增加和巩固投资人信心,许多网贷平台将“联姻”保险公司作为新思路,与保险公司开展网贷平台履约保证保险合作。所谓的履约保证保险是信用保证保险的一种,是指保险公司向履约保证保险的受益人(债权人)承诺,如果被保险人(债务人,网贷平台中专指借款人)不按照合同约定或法律规定履行还款义务,则由该保险公司按照保单约定承担赔偿责任的一种保险形式。

2017 年 7 月,原中国保监会出台的《信用保证保险业务监管暂行办法》明确规定,禁止保险公司与不符合互联网金融相关规定的网贷平台合作以及开展超额承保网贷平台信保业务,具体要求如下:

1. 财务指标要求。开展信用保证保险业务的保险公司应当满足一定的财务指标，如上一季度核心偿付能力充足率应当不低于 75%，且综合偿付能力充足率不低于 150%。

2. 内控惯例要求。开展信用保证保险业务的保险公司应当建立符合审慎经营原则的业务制度，包括业务评估审议、决策程序、承保理赔、事后追偿和处置等制度；设立专门的信保部门或管理团队，实行保前、保中、保后风险隔离的管理原则等。

3. 合作网贷平台资质准入要求。保险公司开展网贷平台信保业务，应当对合作的网贷平台制定严格的资质准入要求，与网贷平台签订的协议，应当明确双方权利义务。

4. 信用保证保险产品信息披露要求。保险公司开展网贷平台信保业务，应当按照互联网保险业务的相关规定，做好保险产品及服务等方面信息披露；保险公司应当要求合作网贷平台公布由保险公司统一制作和授权的保险产品重要信息，相关宣传内容应当经双方共同审核同意，避免网贷平台进行虚假、误导宣传。

5. 业务限额要求。针对保险公司开展网贷平台信保业务的，规定汽车抵押类或房屋抵押类贷款保证保险业务，单户投保人为法人和其他组织的自留责任余额不得超过 500 万元，单户投保人为自然人的自留责任余额不得超过 100 万元；其他信保业务，单户投保人为法人和其他组织的自留责任余额不得超过 100 万元，单户投保人为自然人的自留责任余额不得超过 20 万元。

一般而言，保险公司对与网贷平台履约险合作一向谨慎，需要对合作的平台进行系统而全面的评估，特别是对风控和资产质量有着严苛的要求。然而，在 2017 年"P2P 平台爆雷潮"中仍有不少与保险公司开展履约责任险合作的 P2P 爆雷、平台无法兑付。根据新闻报道显示，截至 2018 年 12 月，与众多网贷平台进行履约责任保险合作的长安责任保险股份有限公司为 P2P 平台赔付接近 20 亿元，此外还有 22 亿元尚未赔付①；无独有偶，安心财产保险有限责任公司亦踩雷网贷平台米缸金融，并在理赔过程中亦发生纠纷与争议。

也许是考虑到网贷平台大规模逾期可能对保险公司造成的巨大负面影响，2018 年 1 月出台的《关于做好网贷机构分类处置和风险防范工作的意见》提出严格防范风险向持牌金融机构传导蔓延，该规定的"四不准"要求便提到金融机构不准为网贷机构提供担保增信。虽然该规定只针对高风险在营的网贷机构，但不少报告分

① 载 http://mini.eastday.com/a/181225105315257.html，最后访问日期：2019 年 2 月 25 日。

析指出今后网贷平台与保险公司合作的履约保证险模式可能无法继续。①

小 结

互联网保险的发展随着曲折起伏，一个有待回答的重要问题在于：除了利用互联网流量销售更多的保险产品以外，互联网保险与传统的保险相比是否有真正的不同之处？这个问题也是目前困扰互联网保险进一步发展的重要"短板"之一。保险是一种具有未来保障性质的产品，保险消费者的用户体验更多的发生在保险销售后的长期过程中，是否能够给保险消费者带来真正的便利，这可能会是未来互联网保险能否进一步发展壮大的关键。

① 载 http://finance.sina.com.cn/roll/2019-01-21/doc-ihrfqziz9781154.shtml，最后访问日期：2019年2月25日。

CHAPTER 18

第十八章

互联网证券

根据中国证券业协会在其官网公布的《中国证券业发展报告》,[①]截至2017年12月31日,我国共有证券公司131家,总资产为6.14万亿元,净资产为1.85万亿元,托管证券市值达40.33万亿元。对比2016年,证券公司总资产增长6.02%,净资产增长12.36%,托管证券市值增长19.43%。近年来,我国证券市场规模稳步增长,但考虑到2015年证券市场异动给投资者带来的消极情绪尚未完全消退,对比其他快速扩张的金融领域,近年来证券公司的业务扩张并不明显。随着互联网技术和金融科技的飞速发展,传统的证券行业也衍生出了新的板块,即互联网证券。

第一节　互联网证券概述

一、互联网证券的含义

目前,对于何为互联网证券,世界各国并未形成统一的定义,我国也未有任何官方文件对互联网证券的内涵和外延作出明确界定。但通过对互联网证券业务的观察,简单来说,我们可以将互联网证券理解为:在证券投资市场传统的运行基础上,通过互联网技术提高证券业务活动的准确性和效率,包括证券开户、证券交易、证券投资咨询等各类活动。实际上,互联网证券是对传统证券业务的横向延伸,其本身并不改变证券行业的客户需求和行业基础,而是通过技术手段提高证券从业人员向投资者提供服务的质量。

二、互联网证券的历史沿革和在中国的发展现状

美国是全世界最早开展互联网证券业务的国家。20世纪90年代初,美国的各大证券公司即陆续开始通过网络向机构投资者提供交易行情。1995年,Charles Schwab(嘉信理财)成立了专门的电子商务部门从事互联网经纪业务,成为第一家通过网络开展业务的证券经纪商。1996年,美国第一家无传统经营场所的证券经纪公司——E*TRADE宣告成立。1999年,美林证券开始为投资者提供网络证券交

① http://www.sac.net.cn/yjcbw/zqhyfzbg/fzbg2018/201808/t20180808_136176.html.

易服务,自此标志着美国主流的证券经纪商主动接纳网络作为证券交易的媒介手段。

此外,日本作为亚洲金融领域相对成熟和发达的国家,在20世纪90年代后期的改革中,陆续开始加强互联网技术在证券业务中的运用。1996年,日本开始实施证券网上交易,但网络经纪业务发展缓慢,截至1998年底,只有19家券商开展网络经纪业务。但1999~2002年,由于互联网的广泛普及和1999年10月开始落实的股票交易佣金自由化,日本网络经纪业务快速发展,互联网股票交易账户从30万元增长到400万元,2013年底达到1900万户。目前,日本的互联网证券交易量占个人股票交易量的90%左右,具有代表的券商有SBI证券、乐天证券、松井证券等。

我国的证券市场,虽然起步相对较晚,但在互联网证券领域的发展并没有落后发达国家太多。1997年3月,中国华融信托投资公司湛江营业部推出多媒体公众信息网网上交易系统,自此拉开了我国证券网上交易的序幕。2000年,中国证监会发布《网上证券委托暂行管理办法》,互联网证券交易正式纳入规范化监管。自此,随着国内互联网技术的不断发展,网上证券交易成为我国证券市场投资者的常态化交易模式。2013年,互联网金融概念在国内的异军突起也引起了证券领域的联动效应,当时的证券行业自2010年已经持续了三四年,行业存在求变需求;同时,由于各类基于互联网的P2P平台、资产管理平台的迅速发展,证券行业普遍面临巨大的外部竞争压力。

因此,2013年至今,随着互联网技术在证券领域的广泛应用,三类主体成为互联网证券浪潮中"弄潮儿",即证券公司、综合金融信息服务商和互联网券商。

第二节　中国的互联网证券发展历程

不同于银行和保险领域,股票是我国普通人最容易接触并具有强投资属性的金融产品。在我国目前的监管框架下,大量的理财产品存在合格投资者限制,具有天然的投资者准入门槛,但证券市场的投资者门槛相对较低。因此,在我国过去多年的金融市场中,股票市场可以说发展得最为快速,行业规模扩张也最为迅速。我国参与证券市场的主体主要类别见表3-18-1。

表 3-18-1　我国参与证券市场的主体

监管机构	证监会
交易市场	上海证券交易所和深圳证券交易所
产品类别	股票、债券、公募基金、其他衍生品(期货)
经纪商	证券公司
投资者	个人、基金、资产管理公司(银行理财、券商资管、保险资管)
信息服务商	交易软件提供商(如同花顺、东方财富等)

时至2013年,由于互联网技术的广泛应用以及监管层对于互联网金融创新的鼓励态度,基于互联网技术的P2P平台、理财产品销售平台等层出不穷,使普通个人投资者的投资选择变得丰富多样。随着"互联网保险""互联网银行""互联网经纪"等概念的层出不穷,证券行业也适时地提出了"互联网证券"的概念。对于上文提到的"三个弄潮儿"(证券公司、综合金融信息服务商和互联网券商),互联网证券具有不同的含义。

1. 证券公司

就证券公司而言,互联网证券主要意味着简化证券账户开户流程从而保持获客与展业的竞争力。2013年,在互联网金融如火如荼发展的环境下,大量的互联网金融平台在开户和客户体验方面的优势使得传统的证券公司面临极大的竞争压力,但由于合规需要,证券账户从开户到交易都需要遵循严格的认证、回访等相对复杂的流程,这明显限制了证券公司的进一步发展。在这样的背景下,为适应这样行业发展需要,证券行业整体开始寻求尝试。

- 2013年3月,中国证券登记结算有限责任公司发布《证券账户非现场开户实施暂行办法》,对于证券账户的见证开户、网上开户等非现场开户方式在法规层面进行立法规范,打开通道。
- 2014年4月至2015年3月,中国证券业协会陆续公布了5批互联网证券业务试点名单,总计共55家证券公司获得互联网证券业务试点资格,鼓励证券公司开展互联网证券试点业务。
- 2015年,由于我国股票市场的异常波动,证券行业整体走低,监管环境重新趋严,不再鼓励创新业务,互联网证券的呼声逐渐消失。
- 2018年7月,新闻爆出证券业协会下发《关于有序规范证券公司互联网证券试点业务的函》,并附上函件的相关截图。根据该截图,可以认为监管层面实际是上暂停了关于"互联网证券试点业务"的尝试。

通过上述关于互联网证券重大历史事件的回顾，我们可以发现，传统证券公司主要进行了两个方面的尝试，即经纪业务线上化和互联网证券试点业务。

（1）经纪业务线上化，是通过互联网技术简化开户流程、开设网上商城售卖理财产品等。这一业务本质上仍是传统业务，只是通过技术手段革新了服务方式，在金融科技发展充分发展的情况下，证券公司仍会继续这方面的努力。

（2）互联网证券试点业务，是证券业协会在2013～2015年互联网金融概念兴起的大背景下的一个试点创新业务。主要内容是将理财类和消费类账户与传统的股票账户分开，设立专门的“理财账户”。对于投资者而言，其可以选择在证券公司开立理财账户，整个体验类似于各类基金超市。实际上，对于这一试点业务并没有任何监管规则的细化规定，换言之，关于互联网证券试点的具体概念、业务规则究竟如何，并没有一个统一的认识。实际上，由于该理财账户的功能弱于证券账户且整个行业近年来并不鼓励创新业务，该等业务并未大量开展。证券业协会在2018年7月叫停该业务后，也意味着这一创新账户体系退出了历史舞台。

近年来，互联网证券背景下的证券公司并未取得巨大发展，主要原因如下：

（1）行业背景限制

2015年以来，我国证券市场持续低迷，投资者情绪普遍消极，在这样的背景下，主要依托国内证券市场作为业务基础的传统证券公司，即使通过技术手段改善了服务质量，其发展仍然受限。此外，互联网金融浪潮下获得巨大发展的互联网金融平台，大多数为互联网基因，如P2P平台和互金平台，其通过客户返利和贴息作为前期获客手段，并辅之于海量广告宣传，更容易获得投资人的青睐。而证券公司受限于合规要求，根本无法在这方面进行竞争。金融牌照给予了证券公司天然的壁垒，但其更高的合规要求也对其发展产生了限制。

（2）技术限制

互联网行业最大的竞争优势，实际上是对于长尾客户的高质量服务，7×24小时服务是互联网行业系统的最基本要求。而对于证券公司来说，习惯了交易日才提供服务的运营模式，使得证券公司的账户系统、清算系统和交易系统根本无法在短时间内完善技术更新，改善客户体验。关于核心系统的提升，对于大多数证券公司来说，技术成本相对较高。

（3）产品限制

由于分业监管的问题，证券公司目前实际上向投资者提供的产品主要还是股票市场经纪服务，这使无论证券公司将“互联网＋”的概念如何应用，其也不可能改变自身的市场定位。

总体来说，证券行业作为特许行业，尽管不具备互联网基因公司的一些优势，但在服务高净值客户方面，其专业的投资能力和较高的风控水平，使证券公司在未来转型财富管理方面更具潜力。目前的发展趋势下，证券公司不可避免地将陆续从传统的证券中介服务转向综合金融服务，在延续既有业务的同时，将互联网作为客户交易股票、买卖产品、获取资讯的重要媒介，为客户提供更加综合化的金融理财方案。

2. 综合金融信息服务商

在我国证券市场中存在一批资讯服务商，它们以流量、技术和数据作为业务发展起点，从证券产业前端的资讯服务切入证券市场，近年来通过收购牌照逐渐进入业务领域，目前已经成为综合金融信息服务商。表3－18－2为我国目前证券市场上金融信息服务商的4家典型代表。

表3－18－2　4家金融信息服务商的情况

分类	同花顺	东方财富	Wind资讯	大智慧
公司名称	浙江核新同花顺网络信息股份有限公司	东方财富信息股份有限公司	万得信息技术股份有限公司	上海大智慧股份有限公司
成立时间	2001年 （2009年上市）	2005年 （2010年上市）	2005年 （未上市）	2000年 （2011年上市）
早期业务	股票交易及策略软件	财经门户	机构金融信息服务商	实时行情及交易系统
核心特点	目前国内最大的证券网上交易软件服务商	通过成立天天基金、收购西藏同信证券，转变为综合金融服务平台	最大的机构金融信息服务商	曾经为国内最大的证券网上交易软件服务商

以同花顺和东方财富为代表的互联网基因金融信息服务商，是这波互联网证券浪潮中的直接受益者。目前，我国证券市场的投资者大多数以个人投资者为主，他们对于证券市场资讯和投资理财建议的需求十分迫切，而以客户为导向的互联网基因公司在面对客户需求方面的反应，使他们可以更快地发现需求并为其提供定制化服务，这也使同花顺等服务商积累了庞大的客户群体，并进一步通过基金超市的模式实现了流量变现。这些金融服务商对于各类牌照资源的进一步扩张，无一不是在寻求将其本身的客户流量变现为实际业务，进一步转化为利润。目前，我

国对证券信息实行许可经营。上证所信息网络有限公司、深圳证券信息有限公司分别为上海证券交易所、深圳证券交易所证券信息的独家全权经营机构。除上海证券交易所、深圳证券交易所会员可在其证券经纪业务中于其合法营业场所现场公布证券交易所证券信息外,任何需要接收、使用或经营上海证券交易所、深圳证券交易所证券信息的机构或个人,均须分别向上证所信息网络有限公司、深圳证券信息有限公司申请许可。

3. 互联网境外证券投资

目前,国内存在上市需求的公司(以互联网企业为代表)急速攀升,由于我国证券市场的监管要求,越来越多的中国公司前往美国或我国香港地区进行上市,这些海外上市的企业中不乏高成长性公司。同时,由于近年来国内证券市场的不景气,大量投资者希望投资于海外证券市场,在这样的商业需求下,诞生了如富途证券、老虎证券之类的海外互联网证券服务提供商。此类海外互联网证券服务提供商的定位是通过互联网为全球投资者提供港股和美股交易服务,但由于其特有的中资背景,其目前重点开发的客户依然为中国国内对于港股和美股有投资需求的新兴中产。受限于我国证券行业的监管,此类海外互联网证券服务提供商主要的平台运营主体和券商相关牌照都在境外,但为了吸引境内投资客户,它们都会在境内设立技术公司或和第三方进行合作以技术服务之名为境外运营主体进行"引流"。对于这一模式,监管部门一直未出台相关明确的监管规定,在 2016 年 7 月 26 日,证监会在其官方发布的境外投资风险提示中,①提到了这一通过网站和移动客户端提供美股、港股等境外证券买卖的模式。该风险提示引用了《证券法》和《证券公司监督管理条例》中的规定,②间接对这一模式采取了消极态度,并向投资者提示了投资风险。但据我们所知,在发布该风险提示后,证监会并没有对这种模式"赶尽杀绝",而是要求相关服务提供商进行整改,严格杜绝境内公司以境外证券公司的名义进行宣传,并且要求所有用户开户流程都要在境外证券公司的页面或移动客户端完成且相关客服也应该由境外公司的员工提供,境内主体只提供技术服务且不能保存

---

① http://www.csrc.gov.cn/pub/newsite/djffzqqhhdj/ffzqqhjs/201607/t20160726_301171.html.

② 《证券法》第 122 条:设立证券公司,必须经国务院证券监督管理机构审查批准。未经国务院证券监督管理机构批准,任何单位和个人不得经营证券业务;《证券法》第 125 条:"经国务院证券监督管理机构批准,证券公司可以经营下列部分或者全部业务:(一)证券经纪;(二)证券投资咨询;(三)与证券交易、证券投资活动有关的财务顾问;(四)证券承销与保荐;(五)证券自营;(六)证券资产管理;(七)其他证券业务。"《证券公司监督管理条例》第 95 条:境外证券经营机构在境内经营证券业务或者设立代表机构,应当经国务院证券监督管理机构批准。具体办法由国务院证券监督管理机构制定,报国务院批准。

用户的开户及投资信息。

此外,这一业务模式还存在一定的外汇风险。《外汇管理条例》第 17 条规定:“境内机构、境内个人向境外直接投资或者从事境外有价证券、衍生产品发行、交易,应当按照国务院外汇管理部门的规定办理登记。国家规定需要事先经有关主管部门批准或者备案的,应当在外汇登记前办理批准或者备案手续。”《个人外汇管理办法》第 16 条规定:“境内个人对外直接投资符合有关规定的,经外汇局核准可以购汇或以自有外汇汇出,并应当办理境外投资外汇登记。”但我国目前除了“沪港通”“深港通”以及 QDII 等有限合法渠道外,我国境内个人投资人并没有兑换外汇渠道以投资境外证券市场。早期此类海外互联网证券服务提供商还为用户提供一些外汇兑换服务以规避我国的个人外汇监管规定,这明显是触碰了我国外汇监管的红线,但近几年来,海外互联网证券服务提供商的头部平台已不再提供外汇兑换及汇款服务,只接受个人投资人用户在海外银行账户的资金进行交易。虽然个人投资人用户在海外资金进行证券投资,理论上依然受限于我国外汇管理规定的要求,但实际上境内外汇监管部门对此类行为也无从监管,因此形成一个客观默许状态。

第三节　金融科技在证券行业的应用方向

值得一提的是,互联网证券的背景下,我们更多的是在强调商业模式和业务流程的创新,而在话题陆续转变至金融科技后,关注的重点逐渐转变为强调技术在金融业务中的运用。目前,金融科技在我国证券行业的潜在应用方向主要体现在:大数据、生物识别和智能投顾。

一、大数据

大数据的运用是当下金融科技相对成熟的领域之一,目前主要的应用方向是客户画像和精准营销。大数据解决的不是获客的问题,而是拥有充分客户基础之后的转化和精耕。客户画像和精准营销是大数据应用的一个相对细分的领域,很多互联网公司都设有数据分析部门,依据针对客户的数据分析结果进行业务安排。用户营销画像的最终目的就是覆盖用户群、提升服务效率、降低服务人员培训及运营成本。在这一方面,传统的证券公司的竞争力明显不如互联网基因的综合金融服务商。

二、生物识别

生物识别主要是指通过技术手段识别目标客户的生物识别源，从而完成个人身份验证，主要包括人脸、指纹等，对于证券行业最直接的应用场景就是远程开户。一直以来，监管部门对于非现场开户进行多重限制的核心原因在于：远程开户是否能通过技术手段确保真实性和准确性。因此，一旦生物识别技术得到实质性发展，那么包括银行、证券、保险在内的整个金融行业的持牌机构的展业能力都将得到极大解放。

三、智能投顾

智能投顾是指通过金融资产配置理论，低成本、快速、批量化地解决各种数据运算，并结合投资者偏好、财务状况、预期收益等，通过后台算法为用户提供资产配置建议。目前，国内智能投顾平台已有数十家，主要参与者包括：初创金融科技公司、BAT 等互联网巨头、互利网金融公司和传统金融机构（见表 3－18－3）。[①]

表 3－18－3　智能投顾平台中的公司类型及产品

公司类型	产　品
初创金融科技公司	个人导向：雪球、金贝塔、股票雷达 算法驱动：蓝海智投、理财魔方、财鲸、弥财、积木盒子 人机结合：七分钟理财
BAT 等互联网巨头	阿里蚂蚁聚宝、百度股市通、网易智能金融、京东智投
互联网金融公司	挖财旗下的“钱管家”
传统金融机构	银行：招商银行摩羯智投 基金：广发基金基智理财、天弘基金风向篮子 券商：国泰君安智慧金融、海通证券 e 海通财、广发证券贝塔牛、华泰证券 Assetmark、光大证券智投魔方

由于国内关于智能投顾的法律监管和定位尚不明确，因此，关于智能投顾的应用和发展整体上仍处于探索阶段。

总体来说，在目前金融行业整体转型的背景下，纯粹的互联网经纪的概念不再适用，更多的证券公司、信息服务商都开始向综合金融和资产管理的方向转型。因此，如何在互联网的环境下为客户提供定制化的专业服务，是未来数年证券行业从业者应当积极关注的重点之一。

① 资料来源：平安证券研究所。

CHAPTER 19

第十九章

互联网资产管理业务

从广义上理解，互联网资产管理业务（以下简称互联网资管）可以作为机构通过互联网开展的各类资产管理业务的统称。对于现行法律法规已经明确规定的，金融机构所从事的传统资产管理业务而言，无论是从监管法规还是业务模式，乃至通过互联网开展业务的角度而言，都已经有较为成熟的规定，因此，本章并不着重讨论广义上的金融机构通过互联网开展的传统资产管理业务，而是着重于从狭义上理解的，一般企业利用互联网平台开展的创新类型的资产管理业务，这类业务从其初生开始，就面临着业务模式缺少法律依据支持，没有对口监管部门等质疑，同时，也因其较好地填补了市场空缺、匹配了资金和资产两端的市场需求，从而吸引了从互联网行业到实体行业各大巨头的纷纷入场。这类创新互联网资管业务的法律实质究竟是什么？所谓的“创新”业务模式究竟有哪些？本章内容将予以详细分析。

第一节　互联网资产管理业务概述

互联网资管业务的本质是指投资方通过互联网平台的撮合，将资金委托给管理方由管理方代为投资管理，或者投资到特定主体发行的资产中，投资方从中获取投资收益的一系列业务的统称。作为中国金融科技的重要业务类别之一，互联网资管业务具有参与主体多样、交易结构变化较多且多有创新的特点，因此，对于不同类型的互联网资管业务，很难一概而论。针对互联网资管业务典型交易结构的分类论述将在本章第四部分详细展开，在概述部分，我们主要尝试对于不同类型互联网资管业务的共通本质进行化繁为简，力求给读者提供一个互联网资管业务主线的全景化展示。

一、参与主体

互联网资管业务的参与主体如表 3－19－1 所示。

表 3－19－1　互联网资管业务参与主体

参与主体	交易角色	典型范例
互联网平台	为资金委托方与资金管理方/融资方提供信息展示与发布、交易撮合、支付结算等服务的第三方平台	综合性的互联网（包括移动互联网）理财平台。
资金委托方	互联网资管业务的资金来源，投资资金的一方	互联网平台的注册用户，包括自然人客户与机构客户
资金管理方	接受资金委托方的委托，使用资金委托方的委托资金投资于融资方或者融资方持有的基础资产	一般包括金融资产交易所、资产管理公司等。资金管理方依其在交易中承担义务的不同，可分为主动管理类和通道类两个类别，主动管理类的资金管理方是实质上履行资产管理义务的一方，而通道类的资金管理方仅为增加交易合规性等目的而充当通道，不会实质履行资产管理的义务。 值得注意的是，互联网资管业务并不一定会有资金管理方的角色，一些交易中资金委托方直接将资金通过互联网平台投资给融资方
融资方	以主体信用或者其持有的基础资产获得委托资金的当事方，融资方是互联网资管业务的资产端	一般包括房地产公司、融资租赁公司、保理公司、小额贷款公司等，基础资产一般则对应的为相关主体持有的债权资产或资产收益权

二、交易结构及流程

有资金管理方的互联网资产管理业务交易结构如图 3－19－1 所示。无资金管理方的互联网资产管理业务交易结构如图 3－19－2 所示。

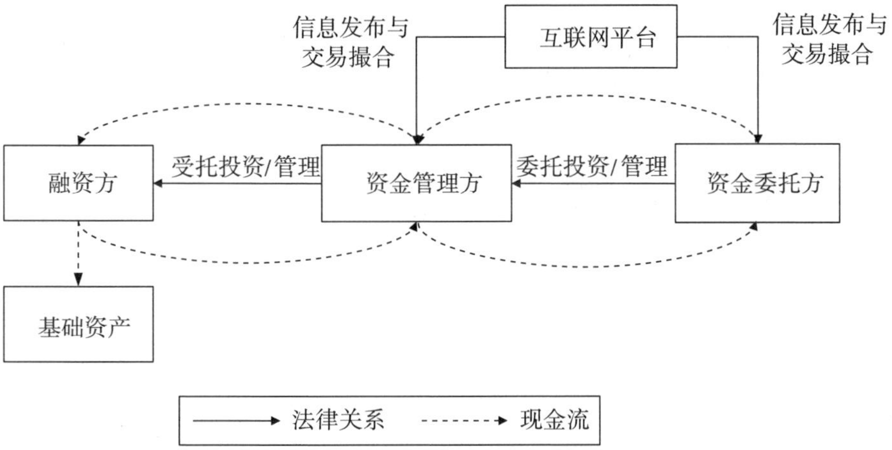

图3－19－1　互联网资产管理业务交易结构(有资金管理方)

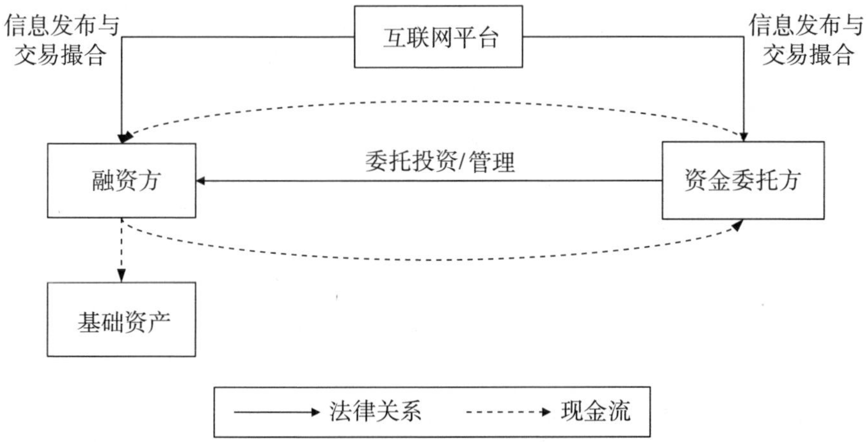

图3－19－2　互联网资产管理业务交易结构(无资金管理方)

交易结构及流程为:

(1)资金委托方在互联网平台注册账号并开立账户(以下简称平台账户)。

(2)资金委托方使用其平台账户中的资金,在互联网平台上购买平台展示的产品,资金通过互联网平台或其委托的第三方机构,交由资金管理方/融资方进行投资/管理,互联网平台在此过程中起到信息发布与交易撮合的作用,根据交易结构中是否存在资金管理方,交易中的法律关系也会存在一定不同。

(3)资金管理方/融资方使用资金委托方的资金,对于基础资产进行投资及管理。

第二节　互联网资产管理业务的发展历程

互联网资产管理业务的发展历程如图 3－19－3 所示。

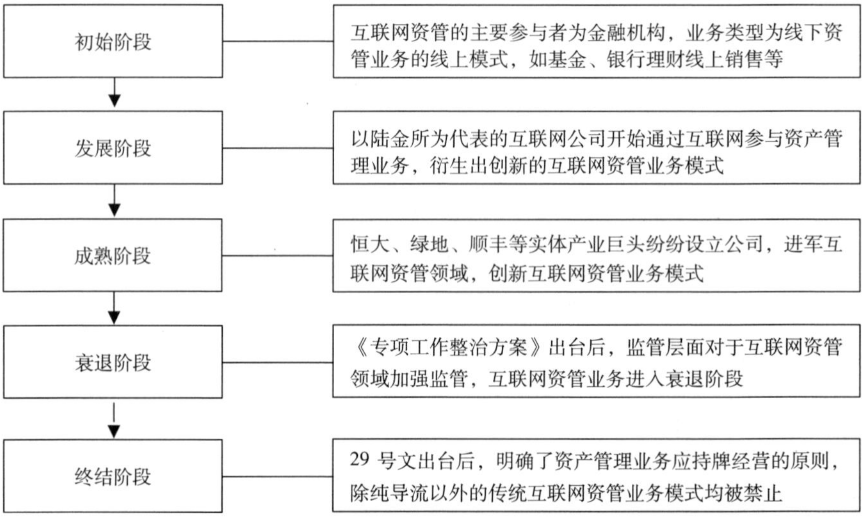

图 3－19－3　互联网资产管理业务的发展历程

一、初始阶段

该阶段互联网资管业务的主要参与者为持牌金融机构，业务类型为线下资管业务的线上交易，从业务性质和交易结构而言，该阶段的线上资管与线下资管基本没有区别，开展线上资管的主要意义在于通过线上渠道为线下资管业务导流，提升线下资管业务的规模和资金量。典型范例为各大商业银行通过网上银行，线上销售银行理财产品或公募基金等。

二、发展阶段

随着互联网技术突飞猛进的发展，互联网覆盖面大大提升，特别是移动互联网在短时间内的爆炸式发展，互联网特别是移动互联网的流量入口功能迅速凸显。在这一大背景下，一批企业试图将互联网流量与资产管理业务相结合，通过线上募集、线下投资管理的方式，开展资产管理业务。

与传统金融机构不同的是，这类企业大部分并无金融牌照或资产管理资质，而是在传统资管业务模式以外，搭建创新的互联网资管业务模式，以此来规避监管部门对于传统资产管理业务的要求，狭义上的互联网资管从这一阶段开始诞生。典型范例以陆金所为代表，陆金所推出的彩虹系列、财富汇系列等产品，开启了债权/债权收益权转让的大门，各互联网企业纷纷以信托/资管计划嵌套下的收益权转让为模式，开展互联网资管业务，该等典型业务模式将于本章的“互联网资产管理业务的典型交易结构”一节进行论述。

与传统金融机构的资管产品不同，由于在这一阶段，互联网资管产品没有任何对口的监管规定，因此各大平台在设计相关产品时一般没有对起投金额、合格投资者、准备金等提出特别要求，“1 元起投”成为很多互联网资管机构的宣传口号，投资者手中原本只能投向余额宝等货币基金产品的小额闲散资金，因为互联网资管的诞生，又多出了一条收益率更高的投资路径，互联网资管业务规模由此迅速膨胀。

三、成熟阶段

随着互联网资管业务的蓬勃发展，早期入场的互联网企业纷纷取得了可观的战果，陆金所的标杆效应吸引着众多实体产业巨头将目光投向互联网资管领域。无对口监管以及所谓的互联网创新口号导致互联网资管相较传统金融机构资管有着显著的竞争优势，而互联网的流量效应也使得短时间内将从零开始的业务做大做强成为了可能，野蛮生长中的互联网资管看似即将成为下一个风口。在这一背景之下，以恒大、海尔、绿地、顺丰为代表的实体产业巨头及以腾讯、京东、百度为代表的互联网巨头纷纷进军互联网资管领域。

与此同时，互联网资管的各种结构化创新以突破传统金融监管限制的野蛮生长状态也逐步引起了监管层的注意。2016 年 4 月中国证券投资基金业协会发布的《私募基金募集行为管理办法》第 9 条明确规定：“任何机构和个人不得为规避合格投资者标准，募集以私募基金份额或其收益权为投资标的的金融产品，或者将私募基金份额或其收益权进行非法拆分转让，变相突破合格投资者标准。……”据此，证监会监管体系之下的券商/基金子公司纷纷停止与互联网资管机构的合作，银监会虽然没有出台明确的规定，但根据《信托公司集合资金信托管理办法》，信托受益权的转让本来就仅限于向合格投资者的转让，尽管互联网资管业务中往往会在信托受益权之上再嵌套一层收益权，但监管更为严格的信托公司出于避免违规风险的考虑，早在此前就已经逐步停止了与互联网资管机构的合作，前一阶段盛行的信托/资管计划嵌套下的收益权转让模式在短时间内宣告终结。然而，在利益的趋势下,监管的收严并没有影响众多互联网资管机构的热情,信托/资管计划拆分模式被禁后,各大机构纷纷转向定向委托投资、收益权转让、金交所等新模式,同时,互联网端投资者对于投资灵活性的强烈需求,催生了活期产品的诞生和壮大,互联网资管向着更为壮大的方向发展。

四、衰退阶段

在定向委托投资、收益权转让、金交所等新模式确定后,互联网资管开始进入鼎盛时期,然而,鼎盛下面也隐藏了种种风险,开始出现平台兑付和跑路问题。监管部门对这一领域也逐渐开始摸底,《关于印发互联网金融风险专项整治工作实施方案的通知》(以下简称《专项整治工作方案》)及《通过互联网开展资产管理及跨界从事金融业务风险专项整治工作实施方案》(以下简称《互联网资管整治工作方案》)两项规定的颁布已经悄然为互联网资管机构套上了"紧箍咒"。由于网贷机构的监管规则落地更早,监管机构率先将目光放在了网贷机构身上,从 2016 年下半年到 2017 年上半年近一年的时间里,互联网资管开始了最后的狂奔。自 2017 年五六月开始,监管机构逐步开始了对于互联网资管机构的进场摸查并要求相关平台整改。

2017 年 6 月,互金整治办下发了《关于对互联网平台与各类交易场所合作从事违法违规业务开展清理整顿的通知》(整治办函〔2017〕64 号,以下简称 64 号文),根据 64 号文的规定,互联网金融平台应于 2017 年 7 月 15 日前,停止与各类交易场所合作开展涉嫌突破政策红线的违法违规业务的增量。同时,互联网平台须积极配合各类交易场所,妥善化解存量违法违规业务。至此,一些采用金交所模式的头部平台机构开始退出互联网资管领域,部分机构则转向定向委托投资和收益权转让模式。自 2017 年 10 月开始,中央互金整治办开始持续推进互联网资管监管落地,要求各地互联网资管机构不得新增增量业务,并应逐步压降存量业务至零。但由于没有成文的监管规定落地,仍有部分互联网资管机构在监管高压之下继续开展业务。

五、终结阶段

如上所述,自 64 号文落地开始,监管机关开始重点关注互联网资管领域,大部分互联网资管平台在持续的监管高压之下,或转型其他业务,或逐步清盘退出,但由于自《专项工作整治方案》以及《互联网资管整治工作方案》之后,监管机关便没有再针对互联网资产管理行业发布过任何公开性的政策或文件，监管大多以窗口指导的形式开展，这也使互联网资管行业在监管的“灰色地带”中还存有一线生存空间，部分不愿死心的互联网资管机构抱着对未来监管放松的期望，还在坚持继续开展业务。

互联网资管机构的坚持终究没能换来希望的结果，2018 年 3 月，互联网金融风险专项整治工作领导小组办公室下发了《关于加大通过互联网开展资产管理业务整治力度及开展验收工作的通知》（整治办函〔2018〕29 号，以下简称 29 号文），正式表明了监管机关对于种类繁多的互联网资产管理业务的监管立场和态度，29 号文明确了资产管理业务应持牌经营的原则，除纯导流以外的互联网资管业务模式均被禁止。同时也宣告互联网资管这一互联网金融领域仅存的“自由地”正式“沦陷”，事实上，可以说互联网资管业务已经进入了终结阶段。

第三节　互联网资产管理业务的法律框架

一、业态划分与调整

经历了互联网金融最初的野蛮生长阶段，为了规范互联网金融领域缺乏对口监管的状态，2015 年 7 月，中国人民银行等十部委出台了《关于促进互联网金融健康发展的指导意见》，本章所述的互联网资管并不在其七大领域划分中，对应资产管理业务的业态应当是互联网信托，但实践中，信托产品合格投资者的设定、起投金额高的特点与互联网小额、分散、快速的特点并不匹配，信托公司在互联网领域进行的探索也较少。因此，对于主要从事互联网资管业务的平台而言，未被纳入上述分类一方面意味着无对口监管的野蛮成长，另一方面也面临着无法可依的窘境。

为此，2016 年 4 月，国务院办公厅出台了《专项整治工作方案》，并调整了互联网金融业态的分类，将互联网金融重新划分为 P2P 网络借贷业务、股权众筹业务、互联网保险业务、第三方支付业务、互联网资管及跨界金融业务五大业态。

我们认为，重新划分后的五大业态相较《互金发展指导意见》的七大业态划分，更为准确地反映了互金行业的实际情况，主流的互金机构均能在五大业态当中找到自己的分类归属，而互联网资管作为互联网金融的重要组成部分，也首次在法律法规层面上得到了体现。《专项整治工作方案》并未从正面直接给出互联网资管的定义，而是规定了互联网资管业务监管的“穿透式”监管原则及互联网企业在资产管理领域不得从事的行为。

所谓“穿透式”监管原则，根据《专项工作整治方案》，是指“对于互联网企业，根据其业务本质属性执行相应的监管规定，通过表面判定业务本质属性、监管职责和应遵循的行为规则与监管要求”。关于“穿透式”监管原则的具体要求，《专项工作整治方案》并无明确规定，我们认为，理解“穿透式”监管原则，应当结合《专项工作整治方案》中关于不得从事的行为的相关规定去判断，即穿透业务实质，去看业务开展中，是否涉及该等不得从事的行为，如果涉及该等行为，即视为存在不合规情况，不符合监管要求。

根据《专项工作整治方案》，以下行为属于互联网资管业务领域内不得从事的行为：

(1)互联网企业未取得相关金融业务资质，不得依托互联网开展相应业务；

(2)未经相关部分批准，不得将私募发行的多类金融产品通过打包、拆分等形式向公众销售；

(3)不得将产品销售给与风险承受能力不相匹配的客户；

(4)金融机构不得依托互联网通过各类资产管理产品嵌套开展资产管理业务、规避监管要求；

(5)同一集团内取得多项金融业务资质的，不得违反关联交易等相关业务规范。

二、互联网资产管理业务的规定与要求

1. 29 号文发布前

在《专项工作整治方案》出台后，专门针对互联网资管领域，也相应出台了与之配套的《互联网资管整治工作方案》，该方案进一步细化了关于互联网资管领域的整改要求及查处措施，主要内容如表 3－19－2 所示。

表 3－19－2　《互联网资管整治工作方案》的主要内容及其评述

<table>
<tr><th>文件名称</th><th colspan="2">主要内容及其评述</th></tr>
<tr><td rowspan="2">《互联网资管整治工作方案》</td><td>整治重点</td><td>1. 具有资产管理相关业务资质,但开展业务不规范的各类互联网企业的下列行为:
● 将线下私募发行的金融产品通过线上向非特定公众销售或者向特定对象销售但突破法定人数限制
● 通过多类资产管理产品嵌套开展资产管理业务,规避监管要求
● 未严格执行投资者适当性标准
● 开展虚假宣传和误导式宣传
2. 跨界开展资产管理等金融业务的各类互联网企业的下列行为:
● 持牌金融机构委托无代销业务资质的互联网企业代销金融产品
● 未取得资产管理业务资质,通过互联网企业开办资产管理业务
● 未取得相关金融业务资项. 跨界互联网金融活动
3. 具有多项金融业务资质,综合经营特征明显的互联网企业的下列行为【评述:对于很多全牌照的互联网企业各牌照之间交叉交易的安全性提出了要求】
● 各业务板块之间未建立防火墙制度
● 未遵循禁止关联交易和利益输送等方面的监管规定
● 账户管理混乱,客户资金保障措施不到位等
【评述:互联网资产管理目前依然未有相关法律规定,但从该风险整治方案来看,政府已经注意到了相关风险,未来应该会出台互联网资产管理办法。从相关整治内容来看,未来监管权势依然可能是牌照化监管,即有对应的牌照才能做相应的业务,并且不公开发行(200 人),第三方存管以及合格投资人标准可能是互联网资产管理收务的一些红线要求】</td></tr>
<tr><td>整治原则</td><td>1. 穿透原则,即透过表面现象看清业务实质,把资金来源、中间环节与最终投向穿透联结起来. 综合全流程信息来判断业务性质。
【评述:穿透式监管意味着无论多么复杂的金触结构嵌套,最终都要回归到本质法律关系,把资金来源、中间环节与最终投向穿透联结起来,综合全流程信息来判断业务性质】
2. 坚持全面覆盖,实施分层整治。
3. 坚持整治并举,建立长效机制,职责分工</td></tr>
</table>

续表

文件名称	主要内容及其评述	
《互联网资管整治工作方案》	职责分工	1. 省级人民政府要全面掌握各类企业通过互联网跨界开展资产管理等金融业务的专项整治情况; 2. 省金融办(局)牵头对本地区的各类交易场所、担保公司、小额贷款公司、典当行、租赁公司开展互联网金融活动进行整治; 3. 人民银行省级分支机构积极配合省金融办(局)开展信息摸查和业务定性等相关工作; 4. 银监会省级派出机构负责对界定为通过互联网开展银行理财,信托理财、消费金触、金触租赁以及其他基于借贷关系的金融活动牵头进行整治; 5. 证监会省级派出机构负责对界定为证券、基金、期货、私募股权投资基金相关的互联网金融活动牵头进行整治; 6. 保监会省级派出机构要负责对界定为从事互联网保险等金融活动进行整治; 7. 省工商局负责对相关机构违法广告行为进行整治,金融管理部门与工商部门共同开展以投资理财名义开展金融活动的整治; 8. 省通信管理局负责对相关部门认定存在违法违规行为的机构网站和移动应用程序依法予以处置; 9. 省公安厅(局)负责查处涉嫌犯罪案件. 配合做好群体性事件的预防和处置工作; 10. 省宣传部门和互联网信息办公室牵头负责专项整治工作的新闻宣传和舆论引导工作; 11. 省住房城乡建设部门等其他部门要与金融管理部门共同对本行业的企业跨界开展互联网金融活动进行摸查取证、业务定性、督促整改、做好整治工作
	时间进度	1. 2016 年 7 月底前完成信息排查工作 2. 2016 年 8 月底前完成各监管部门职责界定工作 3. 2016 年 11 月底前完成清理整顿工作 4. 2017 年 1 月底前完成验收总结工作

从表 3 – 19 – 2 中可以看出,《互联网资管整治工作方案》的主要宗旨是要求开展资产管理业务的互联网企业应具有资产管理的相关业务资质,因此当时市场一直认为未来监管部门会如同对待网贷机构一样,出台针对“互联网资管”的牌照。因此很多机构决定像网贷机构的发展路径一样,先做大做强平台,等待监管部门出台“互联网资管”牌照后,再整改申请。不过后来的事实证明,当初这一想法仅仅是市场的一厢情愿,29 号文的出台明晰了互联网资管的监管路径。

2. 29 号文对于互联网资产管理业务的彻底重构

(1)为“持牌系产品”提供“导流服务”或成为目前互联网资管行业唯一的合规模式

与《资管业务指导意见》中的要求一脉相承,29 号文首先明确“互联网资管”在本质上仍然属于“资产管理”业务的一种,其作为一项金融业务应当以取得相应的金融业务牌照作为展业前提。

29 号文同时明确“依托互联网公开发行、销售资产管理产品,须取得中央金融管理部门颁发的资产管理业务牌照或资产管理产品代销牌照”。据此,29 号文将有资质依托互联网发行、销售资产管理产品的牌照严格限定在了由“中央金融管理部门”(中国人民银行、中国银行保险监督管理委员会、中国证监会,“一行两会”)颁发的相关金融牌照。按照这一理解,包括地方金融资产交易所在内的各类由地方政府批设的能够开展金融或类金融业务的主体均无资质依托互联网公开发行、销售资产管理产品。

就上述金融牌照要求,我们认为不宜过度解读为“参与互联网资管业务的互联网平台应当取得相应的金融牌照”。如 29 号文中所明确的,相应的金融牌照是对于资产管理类产品的“发行方”和“销售方”提出的强制性要求,而并不意在规制在产品销售过程中提供流量入口或技术支持的互联网平台。当然也不排除未来监管部门对于此类互联网平台采用“P2P”式的类牌照管理机制。

据此,从互联网平台的角度出发,在 29 号文规定的前提下,如能确保以下三点,则仍然存在继续开展互联网资管业务的空间。

①资管产品的“发行方”或“销售方”具备相应的金融牌照(如公募基金、保险等);

②互联网平台自身仅提供纯粹的“导流”服务,即互联网平台仅参与信息流的传送(如通过页面跳转),而不作为一方参与到销售或代销的法律关系之中,且不触碰相应的认购资金和收益回款;

③“导流”服务本身获得了其需要的牌照(如有)。

互联网资管业务的合规业务模式如图 3－19－4 所示。

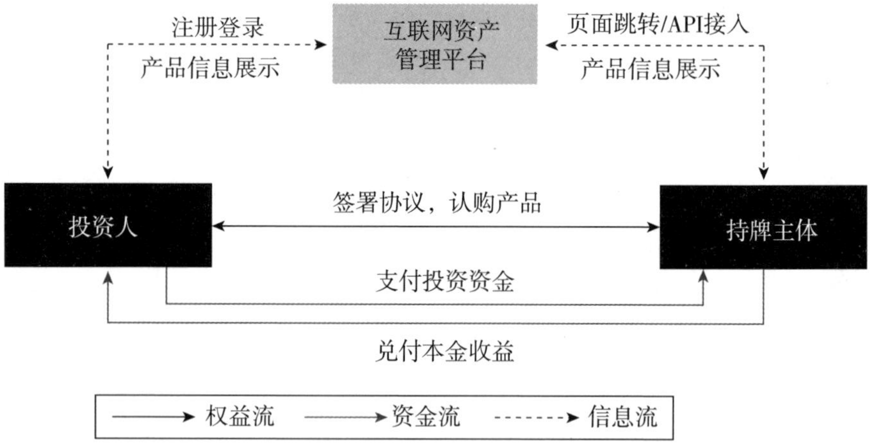

图 3-19-4　互联网资管业务的合规业务模式

(2)不仅仅是“资产管理类”产品,除 P2P 外所有具有理财或投资属性的互金产品全部纳入本次监管

29 号文中虽然通篇使用了“资产管理”的表述,但根据其中明确提及的业务类型可以看出,29 号文所规制的互联网金融产品并不仅局限于以“委托投资”、“委托管理”作为底层法律关系的产品,而同样包括基于其他底层法律关系设计的互联网理财产品。根据 29 号文“验收标准”第二项中的认定,市场中较为常见的“定向委托计划”、“定向融资计划”、“理财计划”以及“收益权转让”产品均属于不合规的产品。

事实上早在 29 号文出台之前,“定向委托投资”以及“理财计划”等基于“委托管理”的底层法律关系设计的产品便已经受到了监管和市场的长期质疑,体量较大的一些互联网资管平台也基于合规方面的考虑下架了此类产品。

但对于定向融资计划(底层法律关系为直接借贷)和债权/收益权转让类产品(底层法律关系为非标金融资产/权益的转让,如小贷、保理、融资租赁债权或其收益权的拆分转让)等底层法律关系并非以“委托投资”“委托管理”构建的产品,一直以来被认为存在一定的解释空间,市场中目前开展此类业务的平台也并不鲜见。但在 29 号文出台后,此类产品全部被认定为不合规的产品,针对此类产品合规性的争论也至此告一段落。

由此可以看出,在 29 号文出台后,仅简单地通过调整或优化底层的法律关系并不能有效地规避 29 号文件所提出的监管要求。这一项监管要求涵盖范围之大几乎否定了目前市场中所有“非持牌系”资产管理类业务的合规性。

在未来,除通过一行两会颁发的金融牌照或 P2P 牌照设计的线上产品外,其他一切形式的具有理财或投资属性的互联网金融产品均属于不合规的产品。P2P 牌照的价值也因 29 号文而得到了进一步的提升。

(3)金交所限制再升级——导流模式同样不合规

曾几何时,互联网资管平台对接金交所产品的业务模式曾一度成为市场主流,在这一背景下,金交所业务规模也迎来了迅速的膨胀。然而,好景不长,自 64 号文开始,互联网平台与金交所的合作开始受限。

在 64 号文的执行过程中,大部分地区的监管尺度是,只要是互联网平台与交易所合作的产品,即认定为违法违规产品,而不做进一步区分,因此,受限于 64 号文的规定,很多互联网资管平台直接停止了与金交所的业务合作并下线了金交所产品或至少从互联网平台公开展示页面下线了金交所产品。也有部分互联网资管平台认为 64 号文从行文的字面意思来看,并未完全限制互联网平台与金交所开展合法合规业务的合作,因此对金交所产品本身进行了一定限制,比如控制在 200 人以内、不再拆期等,从而并未下线金交所产品。

2018 年初,银监会及基金业协会先后下发了《商业银行委托贷款管理办法》(银监发〔2018〕2 号)及《私募投资基金备案须知》,根据该等规定,募集资金投向债权类资产受到非常严格的限制。传统债权融资渠道的堵塞,迫使有债权融资需求的融资方不得不寻求新的债权融资渠道,在这种情况下,金交所业务又重回视野,在一定程度上迎来了新一波的业务增长。考虑到 64 号文件规定的限制,互联网资管平台与金交所"创新性的"导流模式应运而生。在导流模式下,互联网资管平台仅提供交易所产品的基础信息展示和导流服务,产品的用户开户、产品详细信息展示、认购签约、认购款支付、产品备案及产品管理等在内的相关销售及认购环节均由金交所独立主导完成,该模式也在一定程度上绕开了 64 号文的限制。

但 29 号文落地后,金交所与互联网资管平台的合作限制再次升级,29 号文中关于互联网平台不得为金交所代销资产管理产品的规定中,特别提及了"以包括'引流'等方式变相提供代销服务",这也意味着上述导流模式不可行,金交所与互联网资管平台的合作渠道基本被完全阻断。

(4)"天边飞来一口锅"——P2P 平台被连坐

如果前面提及的几项监管要求多少还算是之前监管政策的延续,那么有关"P2P 平台连坐"的要求可完全算得上是 29 号文的"巨大创新"了。

根据 29 号文的规定,"对于网贷机构将互联网资产管理剥离、分立为不同实体的,应当将分立后的实体视为原网贷机构的组成部分,一并进行验收,承接互联网资产管理业务的实体未将存量业务压缩至零前,不得对相关网贷机构予以备案登记”。“对于存量违法违规业务未化解完成的互联网资产管理机构,不得对其实际控制人或股东投资设立的网贷机构予以备案登记。”

对于之前同时从事过网贷业务与互联网资管业务的互金平台而言,为完成网贷平台的备案,大多选择将相关的互联网资产管理业务剥离至独立的实体以确保网贷平台自身的业务完全合规,这也是之前很多 P2P 平台为了合规而普遍采用的重组方案。但根据 29 号文,即使网贷平台早已剥离了互联网资管业务,该等平台还应按期完成互联网资管业务的存量去化,这也成为了网贷机构通过备案验收的前提,在 P2P 备案的关键时间节点,这个要求确实是把“实锤”,可谓是“人在家中坐,锅从天上来”。

3. 资管新规的影响

2018 年 4 月 27 日,中国人民银行、中国银行保险监督管理委员会、中国证券监督管理委员会、国家外汇管理局联合印发的《资管业务指导意见》,首次对于资产管理业务的定义作出了统一的界定,并对于资产管理业务的性质和监管要求进行了规定。

根据《资管业务指导意见》,资产管理业务是指“银行、信托、证券、基金、期货、保险资产管理机构、金融资产投资公司等金融机构接受投资者委托,对受托的投资者财产进行投资和管理的金融服务”。《资管业务指导意见》将资产管理产品按照募集方式的不同,划分为公募产品和私募产品,并对于不同金融机构从事资产管理业务的要求和标准进行了统一。

特别值得注意的是,《资管业务指导意见》同时明确规定,“资产管理业务作为金融业务,属于特许经营行业,必须纳入金融监管。非金融机构不得发行、销售资产管理产品,国家另有规定的除外”。虽然在此之前发布的《关于加大通过互联网开展资产管理业务整治力度及开展验收工作的通知》已经明确禁止了包括上述典型的互联网资管模式在内的绝大多数互联网资管业务模式,《资管业务指导意见》的这一规定,无疑从更高的法规层级上,再次彻底否定了非金融机构开展互联网资管业务的任何可能性。

第四节 互联网资产管理业务的典型交易结构

虽然按照29号文,很多历史上的互联网资管结构将不再具有可操作性,但了解互金历史上那些曾经绚烂过的各种结构对于理解曾经的互联网资管有重大意义,下面我们将讲讲一个又一个互联网资产管理产品的模式。

一、定向委托投资模式(见图3-19-5)

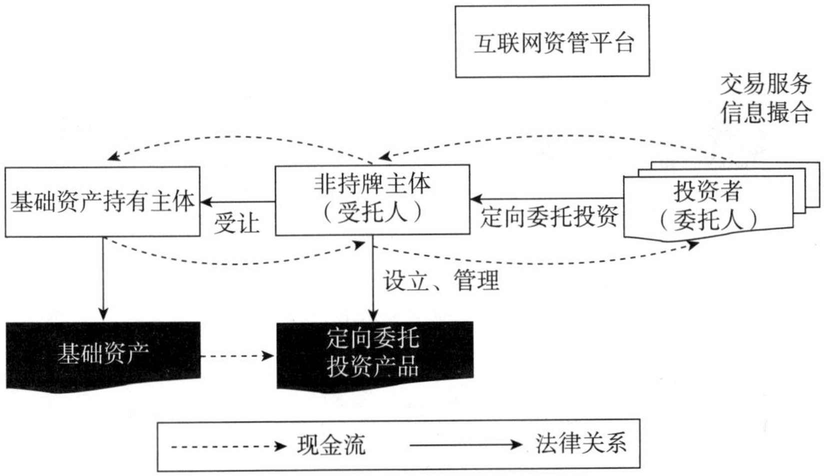

图3-19-5 定向委托投资模式结构

定向委托投资模式项下由投资者作为委托人,非持牌主体(往往是基础资产持有主体或互联网资管平台的关联方)作为受托人,由投资者将资金委托给受托人建立定向委托投资关系并投向基础资产。该模式一度成为互联网资管平台上的金牌标配模式,因为这一产品结构简单且可以先汇集资金再投资资产,方便进行资产投资配置,很多平台都利用该产品模式做成活期产品以及各种期限定期产品。当然,这一产品很容易形成资金池并借用后续投资人资金偿还申请赎回或者到期的投资人,因此存在比较大的潜在风险。在29号文之后,由于该模式项下的受托人并无相关资质,根据29号文规定,未经许可,依托互联网以发行销售各类资产管理产品(包括但不限于"定向委托计划""定向融资计划""理财计划""资产管理计划""收益权转让")等方式公开募集资金的行为,应当明确为非法金融活动,因此该模式为不合规模式。

二、收益权转让模式(见图3-19-6)

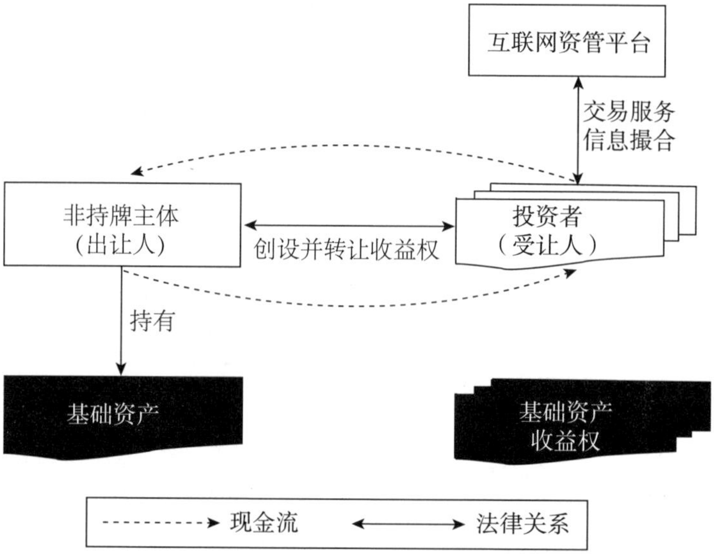

图3-19-6 收益权转让模式结构

收益权转让模式项下由非持牌主体作为出让人，投资者作为受让人，并由非持牌主体向投资者转让基础资产收益权，往往该等基础资产包括各种债权资产。由于该模式项下的转让人并无相关资质，根据29号文规定，未经许可，依托互联网以发行销售各类资产管理产品(包括但不限于“定向委托计划”“定向融资计划”“理财计划”“资产管理计划”“收益权转让”)等方式公开募集资金的行为，应当明确为非法金融活动，因此该模式为不合规模式。

三、线上白名单销售模式(见图3-19-7)

该模式下，互联网资管平台往往会建立一个白名单投资人，相关产品只会开放给特定投资人，以此来规避“公开”的要求。但实际上，只要是非持牌主体发行销售的各类资产管理产品，在29号文项下即视为不合规产品，即使采取线上白名单销售模式，将产品销售的范围限定为“特定”投资者，也不会改变上述定性，因此该模式为不合规模式。

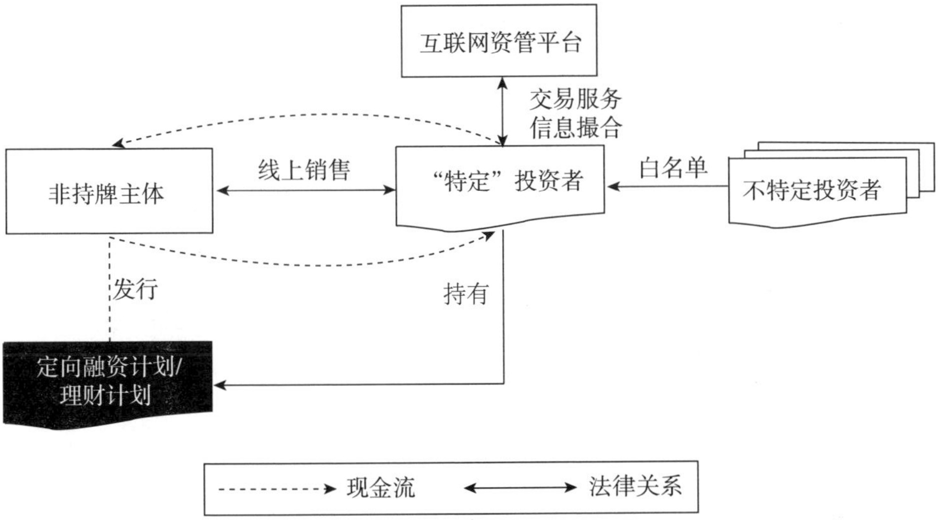

图 3－19－7　线上白名单销售模式结构

四、持牌产品线上预约＋线下签约模式（见图 3－19－8）

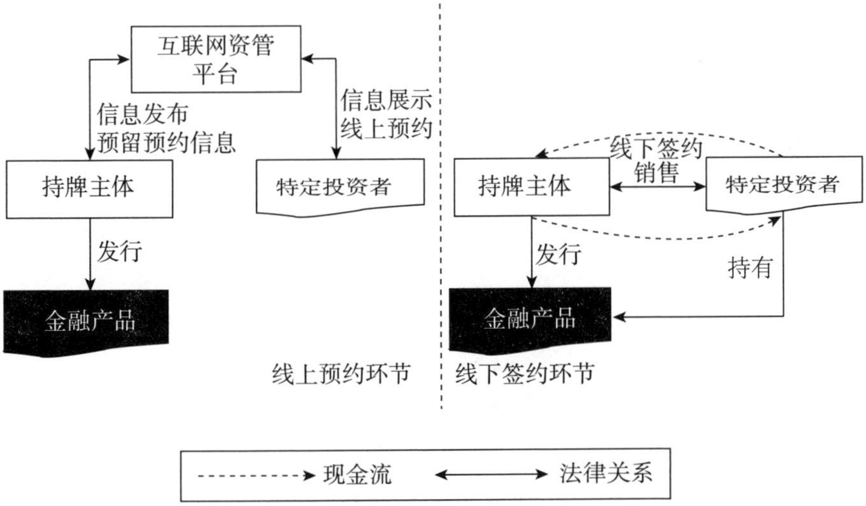

图 3－19－8　持牌产品线上预约＋线下签约模式结构

该模式为合规模式，29 号文并不会对任何牌照在线下开展业务的资质产生影响。值得一提的是，对于"私募类"牌照，例如私募基金、信托、资管等，如果试图通过"白名单"或类似机制设计并开展"线上非公开发行"的产品，那么该等机构必须通过"线上展示"＋"线下签约"的方式进行。同时，必须确保满足各对应"私募类"

牌照关于"投资者适当性"以及"合格投资人"等的相关要求。

五、金交所线上模式(见图3-19-9)

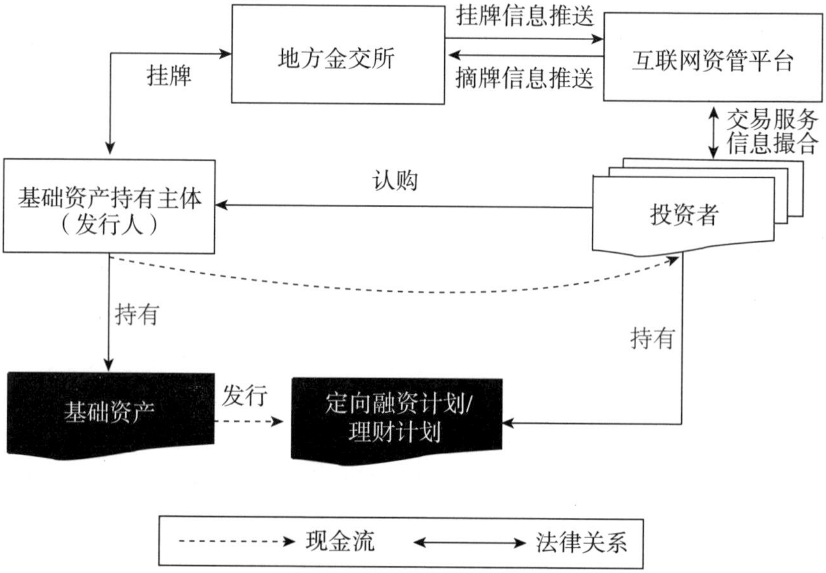

图3-19-9　金交所线上模式结构

该模式为不合规模式,在互金资管新规禁止"导流模式"后,我们认为,金交所与互金平台基本上已经不存在任何合作空间。关于金交所与互金平台合作模式的前世今生,可以参见上文(金交所限制再升级——导流模式同样不合规)的相关论述。

六、金交所线下模式(见图3-19-10)

该模式为合规模式,64号文与29号文限制的是互联网平台与金交所的合作,并不是说金交所的业务不能开展,金交所线下的相关业务并不直接受互金资管新规影响,在满足64号文、《关于清理整顿各类交易场所切实防范金融风险的决定》(38号文)、《关于清理整顿各类交易场所的实施意见》(37号文)的前提下,可以继续开展。

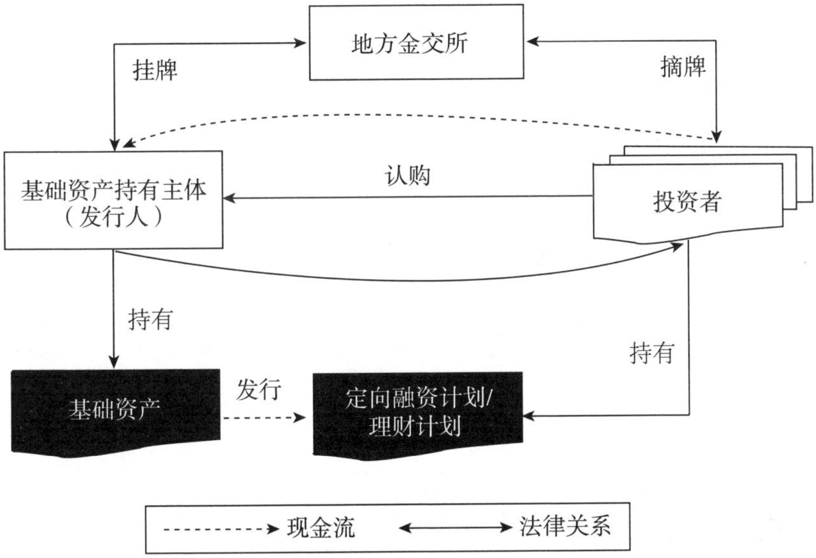

图 3－19－10　金交所线下模式结构

七、基金直销/代销前置模式（跳转）（见图 3－19－11）

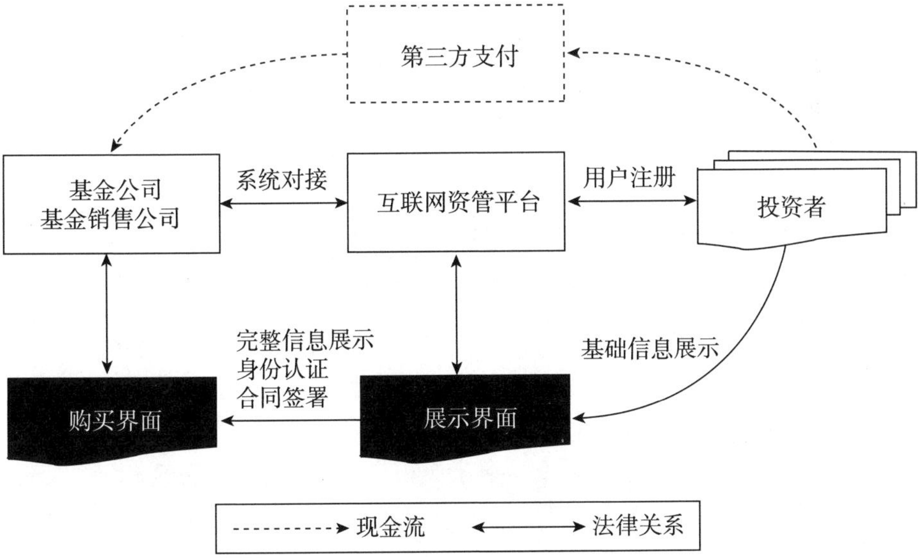

图 3－19－11　基金直销/代销前置模式（跳转）结构

该模式为合规模式，对于基金直销/代销的引流模式能否操作，只要把握两个要点：

（1）引流的最终产品是不是持牌的产品，只要是非持牌的产品就不行。

（2）引流是否采取前台页面跳转的方式，比如H5页面跳转，非页面跳转就不行。

八、基金直销/代销前置模式（非跳转）（见图3－19－12）

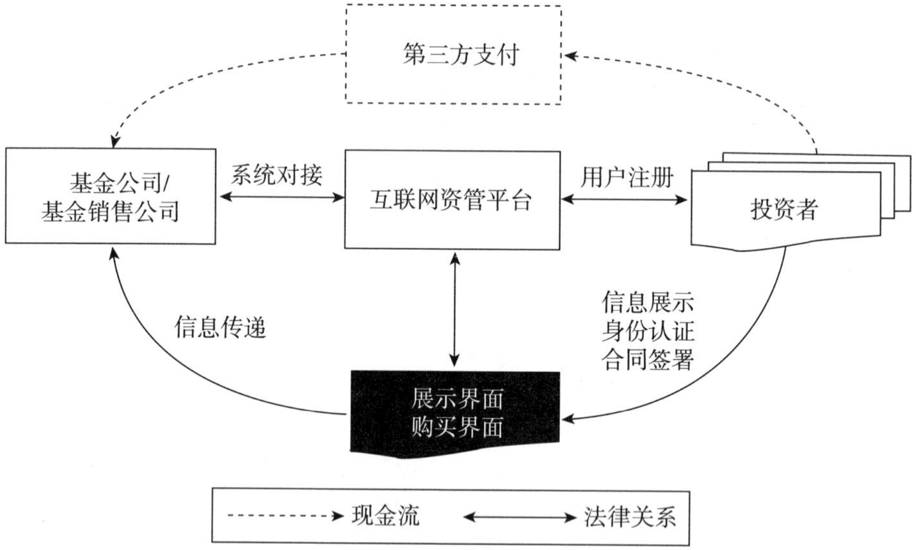

图3－19－12　基金直销/代销前置模式（非跳转）结构

该模式是否合规存在一定的争议，对于目前市场中十分常见的通过后台API接口对接实现的直销前置式的基金销售，由于其属于后台接入技术，而非前台页面跳转，虽然单纯从字面意思理解，其仅属于为基金销售机构提供辅助服务，而不属于代销行为，并不直接受到29号文的影响。但根据我们的了解，在29号文的执行过程中，部分地区的监管口径认为“直销前置”的基金销售模式在本质上与“代销”很难进行实质性区分，因此，该模式也属于变相代销资产管理产品的不合规模式，由于该观点仅属于部分地区在执行过程中的监管口径，因此，29号文之后“直销前置”模式仍在继续开展，并未被完全叫停。

2018年6月1日，证监会及人民银行联合发布了《关于进一步规范货币市场基金互联网销售、赎回相关服务的指导意见》（证监会公告〔2018〕10号，以下简称10

号文），根据10号文的规定，“基金管理人、基金销售机构独立或者与互联网机构等合作开展货币市场基金互联网销售业务时，除遵守《货币市场基金监督管理办法》第二十二条等相关规定外，还应当遵守以下规定：（一）强化持牌经营理念，严禁非持牌机构开展基金销售活动，严禁非持牌机构留存投资者基金销售信息；（二）强化基金销售活动的公平竞争要求，严禁实施歧视性、排他性、绑定性销售安排；（三）强化基金销售结算资金的闭环运作与同卡进出要求，严禁任何机构或个人挪用基金销售结算资金；（四）严禁基金份额违规转让，严禁用货币市场基金份额直接进行支付”。就“直销前置”模式而言，存在构成违反上述规定的风险，特别是“严禁非持牌机构留存投资者基金销售信息”。由于在该模式下，投资者部分信息需要通过API接口由互联网机构向基金销售机构进行传输，互联网平台很难完全避免被认定为“留存投资者基金销售信息”的风险。

综上所述，我们认为，虽然29号文及10号文均未明确叫停“直销前置”模式，但是从监管思路和实践来看，加强对于互联网平台参与基金销售的监管是大趋势，特别是10号文发布后，“直销前置”模式很难完全避免违反其规定的风险。

小　结

互联网金融行业自诞生之初便一直饱受争议，始终在“创新”和“合规”的天平两端不断游移。一些业务来过，一些业务会走。随着29号文的出台，互联网资管业务也可能真的走到了它的终点。

回首互联网资管业务的功过是非，应当看到，互联网资管业务的兴起，源于其较好地填补了市场空缺、匹配了资金和资产两端的市场需求，在资产端，为银行、信托等金融机构不能满足其融资需求的中小企业提供了资金支持；在资金端，为不能满足合格投资者标准的投资者提供了期限较为灵活，收益较高的理财产品。但是，同时应当看到互联网资管业务的发展也确实离不开监管套利的原因，业务实质与金融机构资管业务相同，但却长期不受监管约束，在资产管理行业大一统的趋势下，监管不会再留出如此的套利空间。此外，非标项目的高风险、融资方资质有限、互联网资管机构风控和处置能力的缺乏等负面因素也的确客观地存在着。

CHAPTER 20

第二十章

征信业务

说起“征信”或者“征信业务”，对于已经有过一些金融信用活动的读者来说，并不是一个完全陌生的概念。在我们向银行申请车贷、房贷，或者信用卡时，往往都会听到“征信报告”这个概念。如果我们在申请业务时不能提供一份“漂亮”的征信报告，那么很可能无法获得银行提供的贷款或信用服务。

随着第三方支付工具“支付宝”的不断普及，“芝麻信用”也越来越成为一个大家耳熟能详的名词。如果我们拥有超过750分甚至800分的“芝麻信用分”，在各式各样的生活场景中时不时地就能获得一些意想不到的小惊喜或小便利。

对于在某些行业有过“对公业务”经验的读者来说，对“国家企业信用信息公示系统”这个令人又爱又恨(因为网速慢)的网站不会陌生，它往往是我们了解企业基本信息的第一站。此外，诸如“被执行人网站”“失信被执行人网站”等网站，也都为我们了解特定个人或企业的基本信用情况提供了重要的信息。

这么看来，“征信业务”离大家的生活和工作的确并不遥远。可是当我们仔细思考和比较上面这些与“征信业务”相关的概念时，也不难发现它们既相似又不同，虽然同样是针对特定主体的“信用信息”所做的汇总和整理，但在内容上以及使用场景上却又有着很大的差别。

那么“征信业务”究竟指的是什么呢？到底什么样的业务才属于受限于“征信牌照”的业务呢？笔者将在本章进行详细阐述。

第一节　什么是“征信业务”

一、“征信业务”的核心是“信用信息”

根据《征信业管理条例》第2条的规定，“征信业务”是指“对企业、事业单位等组织(以下统称企业)的信用信息和个人的信用信息进行采集、整理、保存、加工，并向信息使用者提供的活动”。

从上面的定义我们可以看出，有别于其他门类的数据收集、分析和处理业务以及在更广泛意义上的咨询业务，“征信业务”的核心特征在于其所采集、整理和加工的信息主要是针对分析对象的“信用信息”。换言之，只有对分析对象的“信用信息”（而非其他信息）进行采集、整理、加工并进一步向信息使用者提供的业务才属于《征信业管理条例》项下所定义的“征信业务”。

《征信业管理条例》虽然将“征信业务”的范畴明确圈定在了对“信用信息”的加工和整理的范围之内，但对于“信用信息”这一概念本身，却没有作出进一步的界定，这就意味着仅借助《征信业管理条例》项下对“征信业务”所作的定义，并不能准确地了解和判断“征信业务”的内涵和外延。

二、“信用信息”究竟是指什么

虽然在《征信业管理条例》中没有对“信用信息”作出明确界定，但在其他相关的法律法规以及国家或行业标准中却不乏对“信用信息”所作出的定义，虽然各个法规项下对于“信用信息”的界定不尽相同，但仍然可以为我们了解“信用信息”的实质内涵提供一些线索。

- 《个人信用信息基础数据库管理暂行办法》

根据2005年出台的《个人信用信息基础数据库管理暂行办法》第4条的规定，“个人信用信息”包括：“个人基本信息、个人信贷交易信息以及反映个人信用状况的其他信息”。其中“个人基本信息”是指“自然人身份识别信息、职业和居住地址等信息”；“个人信贷交易信息”是指“商业银行提供的自然人在个人贷款、贷记卡、准贷记卡、担保等信用活动中形成的交易记录”；“反映个人信用状况的其他信息”则是指“除信贷交易信息之外的反映个人信用状况的相关信息”。

与上述由人民银行主导颁布和制定的法规不同，我们看到在由其他政府部门主导制定的文件中针对“信用”和“信用信息”这一概念的内涵和外延存在很大的区别。

- 《信用基本术语》（征求意见稿）

根据全国社会信用标准化技术委员会于2016年发布的《信用基本术语》（征求意见稿）中的定义，“信用信息”是指“个人或组织在其社会活动与经济活动中所产生的与信用行为有关的记录，以及与评价其信用价值相关的各类信息”。而对于“信用”这一概念本身，《信用基本术语》又进一步将其定义为：“交易各方在信任基础上，不用立即付款或担保就可获得资金、物资或服务的能力。这种能力以在约定期限内偿还为条件，并可以使用货币单位直接度量。”并补充说明：“在中文里，信用还有如下含义：1. 信任使用；2. 信守承诺，履行约定的能力。在经济领域，信用等同于交易信用；在社会领域，信用等同于诚信。”

- 《上海市社会信用条例》

在上海市人大2017年颁布的《上海市社会信用条例》中，对“社会信用”的定义为：“有完全民事行为能力的自然人、法人和非法人组织（以下统称信息主体），在社会和经济活动中遵守法定义务或者履行约定义务的状态。”另外，在河北省人大于2017年颁布的《河北省社会信用信息条例》中，也对“社会信用”作了类似的界定。

从以上各类规范性文件中的定义可以看出，即使是在立法层面也并没有对“信用”“信用信息”等概念形成完全统一的认识。以目前各类文件中对“信用”“信用信息”的定义为线索，我们可以发现“信用”一词，视其语境不同，至少可以将“信用”以及“信用信息”界定为：

- 狭义的“信用”及“信用信息”（仅适用于经济金融领域）：这一意义上的“信用”和“信用信息”更多的是对应英文中的“facility”或者“credit”，即核心反映的是信用主体“还款”的意愿和能力，其在经济和金融领域可被量化为适用于该信用主体的一个具体的信贷或授信额度。
- 广义的“信用”及“信用信息”（适用于社会各个领域）：这一意义上的“信用”和“信用信息”更多的是对应英文中的“integrity”或“reputation”，即核心反映的是信用主体是否言而有信、是否遵纪守法，对这一信息的汇总和评价可以被广泛地运用到（包括但不限于经济金融领域在内的）各个领域和场景中。

基于上述对于“信用”及“信用信息”的基本二分，再结合其所对应的各类信息的具体内容以及产生场景，我们认为“信用信息”这一概念还可以再作如下的进一步细分（见表3-20-1）。

表 3－20－1 “信用信息”概念的进一步细分

分类		主要内容	功能	数据来源	对应征信服务提供方	产品及使用场景
基础信息	主体基本信息	个人:姓名、证件号、银行卡号、手机号 企业:名称、主体类型、统一社会信用代码	识别和确认主体身份	个人:社保中心、银行 企业:工商局等登记机关	个人:人行征信中心/社会化征信机构 企业:人行征信中心/国家企业信用信息公示系统	产品:四要素鉴权、用户身份核验、反欺诈 场景:用户注册、信贷审批等
狭义信用信息	金融信用信息	个人:申请贷款、信用额度、提供担保的历史信息及履行情况 企业:同“个人”	反映信用主体“还款”和“履行金钱给付义务”的能力和意愿	个人:银行、信托公司等金融机构、小额贷款公司、P2P 平台等 企业:同“个人”	个人:人行征信中心/中国互联网金融信用信息共享平台/小微金融风险信息共享平台/网络金融征信系统 企业:人行征信中心/中国互联网金融信用信息共享平台/小微金融风险信息共享平台/商业信用征信系统	产品:征信报告、信用分、反欺诈 场景:信贷审批、风险定价
	经济信用信息	个人:签订和履行各类协议的情况(尤其是“非即时结算”类的合同,如赊购、水电费支付、通信费支付等) 企业:同“个人”	反映信用主体“履行合同”“信守承诺”的能力和意愿	个人:产品销售方或服务提供方(电商、通讯运营商、水电公司等) 企业:产品销售方或服务提供方(电商、交易相对方、通讯运营商、水电公司等)	个人:人行征信中心/社会化征信机构 企业:同“个人”	产品:信用分 场景:信贷审批、风险定价、免押金、优化服务流程

续表

分类		主要内容	功能	数据来源	对应征信服务提供方	产品及使用场景
广义信用信息	社会信用信息	个人:纳税信息、社保信息、涉诉信息、违法犯罪信息 企业:纳税信息、社保信息、合规经营信息、违法犯罪信息	反映信用主体“遵纪守法”的意愿和能力	个人:税务局、社保中心、公安局、法院等政府机关 企业:工商局、税务局、行业主管部门、海关、公安局、法院等政府机关	个人:人行征信中心/各类政府机构 企业:人行征信中心/各类政府机构	产品:征信报告、调查报告、“失信/违规”名单 场景:信贷审批、风险定价、优化服务流程、简化行政程序、调整公共服务的使用权限(飞机、高铁等)、行业准入
	一切主体相关信息	个人:财产信息(汽车房产、银行账户)、学历信息、职业信息(工作年资、就职单位、职业资格)、出行记录(机票、高铁、出租车)、游戏数据、消费记录、就医记录、通信信息(通信记录、通信录)、宗教信仰、行为偏好(电商、社交网络) 企业:股东信息、高管任职信息、经营信息(会计报表、银行账户)、关联关系	综合反映信用主体的综合素质、财富状况、性格人品等。	个人:政府部门、金融机构、高校、航空公司、游戏运营商、电商平台、医院、社交网络平台 企业:政府部门、电商平台	个人:征信报告/社会化征信机构 企业:征信报告/社会化征信机构	产品:征信报告、信用分等 场景:可广泛运营于几乎所有的行政(行业准入、招投标)、商业(投资决策、商业伙伴选择),及社交(招聘、婚恋、二手车交易)等各类场景

从表 3 - 20 - 1 对“信用信息”的细分可以看出，随着语境的不同，对于“信用”以及“信用信息”的含义及其所涉及的具体内容就会发生非常显著的变化。

当讨论的范围限于狭义的“经济金融领域”的“信用”时，相应的信用信息仅涉及在相关的信用活动中产生的记录，与此对应的“征信业务”大多也仅用于在同类或类似的信用活动中作为交易决策和风险定价的参考。

当讨论的范围扩大到“社会意义”上的“信用”时，所涉及的“信用信息”几乎无所不包。这一特征尤其是在互联网、大数据等行业高速发展的大背景下尤为明显。一些在传统的统计学意义上可能不具备基本参考价值的数据和信息，如社交平台的行为数据、通信录信息等，在新技术的支持下，也都成为了判断信息主体信用状况的有效信息。与此对应的征信业务所服务的场景，也从传统的金融信贷领域更多元化地延伸到了包括共享经济、招聘求职、商业决策、婚恋交友等不同的领域。

第二节　征信行业产业链

一、概述

征信行业的产业链总体而言由三大部分组成，即（1）数据源；（2）征信主体；（3）征信产品使用主体。具体如图 3 - 20 - 1 所示。

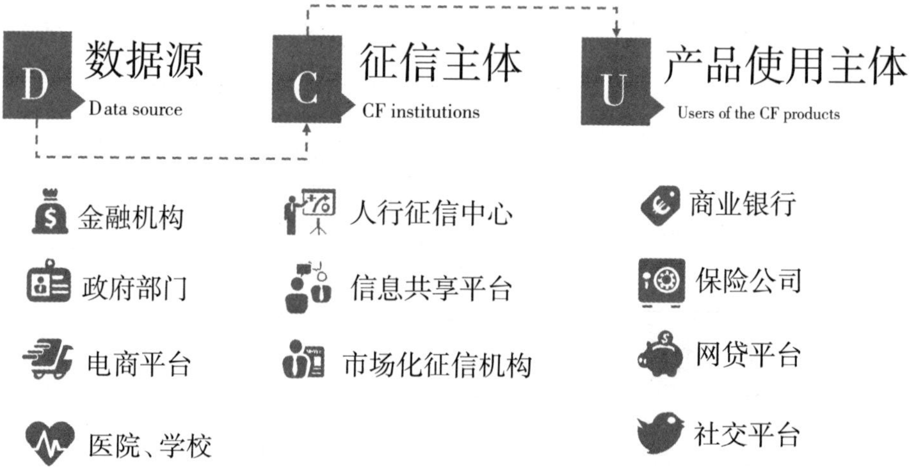

图 3 - 20 - 1　征信行业产业链的组成内容

二、数据源

数据源作为整个征信行业的上游是征信行业所需数据的来源。

在相对早期"征信"这一概念还仅局限在"金融征信"的狭义概念时,征信行业的上游数据来源主要包括:各类金融机构(商业银行、消费金融公司、信托公司等)以及部分政府部门(税务局、工商局、海关等)和公共服务提供方(电子公司、通信公司等)。

随着"征信"的概念逐渐从"金融征信"扩大到"社会征信",并随着与数据收集、存储和分析相关的各类技术的快速发展,目前征信行业数据源的种类和范围也呈现出不断多样化的趋势。网贷平台、电商平台、社交平台、支付机构、医院、学校等传统意义上并不为征信业务提供数据的主体也逐渐成为了征信行业数据源的一个部分。

三、征信主体

征信主体是整个征信行业的核心环节。

征信主体在向数据源取得原始数据后,需要对原始数据进行清洗、去噪、结构化等一系列的处理,并将收集到的信息进一步汇总和整合成能够体现信用主体信用状况的"信用报告"或"信用名单"等产品。针对"信用分"类的产品,征信主体还需要进一步进行数据建模,并结合数据模型对收集和整理的原始数据进行分析和评估,进而得出信用主体的"信用分"。

在我国目前的征信市场中,提供征信服务的征信主体主要包括四大类别。

(1)人民银行主管的征信中心。

(2)由各政府部门主管的各类"信息共享平台",如国家市场监督管理总局主管的"国家企业信用信息公示系统",由海关总署主管的"海关企业进出口信用信息公示平台"等。

(3)由行业协会主导建设的带有行业互助性质的信息共享平台,如互金协会主导建设的"互联网金融信用信息共享平台"、上海资信有限公司主导建设的"网络金融征信系统(NFCS)"等。

(4)市场化的征信服务机构。这类机构主要包括目前唯一取得个人征信业务资质的自行征集,以及取得"企业征信备案"的企业征信机构,此外也包括目前市场中数以千计的"非持牌类"的提供"征信服务"或"类征信服务"的机构。

四、征信产品使用主体

征信产品使用主体的范围随着“征信业务”这一概念由传统的“金融征信”逐渐扩大至“社会征信”也在不断地扩大和多元化。

在相对传统的“金融征信”的概念下,征信产品的使用主体主要是金融信贷相关服务的提供方,包括商业银行、信托公司、消费金融公司以及近几年新兴的 P2P 平台等。随着“芝麻信用”等具有“社会征信”属性的产品的发展和普及,目前征信市场中的征信产品除覆盖金融信贷等相关场景外,还进一步涵盖了包括共享经济(共享单车)、租房租车、交友婚恋、求职招聘等在内的更多元化的场景和领域。

第三节　征信服务提供主体

数据是征信行业的基础,我国大部分数据是由中国人民银行等官方政府部门或行业协会所掌握,且相关数据开放度很低。而市场中的征信机构虽然都有大量的平台数据,但都将其视为自己的“核心资产”,希望形成自己的闭环,不愿意共享或共享数据失真,客观上分割了市场的信息链。各个征信机构的信息覆盖范围受到限制,信息面不广、信息源不全导致产品的有效性不足。数据共享机制尚未完善,我国征信业尚未走出数据孤岛的“囚徒困境”,主要由以下“流派”四分天下。

一、人行征信系统

1. 发展历史

人行征信系统由企业征信系统和个人征信系统两部分组成,它是由官方政府主导的,同时也是起步最早的征信系统。

人行征信系统下的企业征信板块最早可追溯至 20 世纪 90 年代时人民银行深圳分行首创的贷款证制度。在贷款证制度下,银行会在企业的纸质贷款证上如实登记企业贷款发放和归还信息,这一制度被认为是我国对企业信贷信息记录和共享的最早探索。随着 1996 年贷款证制度在全国的推广,我国现代企业征信制度的小苗开始破土而出。1997 年,人民银行运用电子化手段处理贷款证信息,以贷款卡的相关信息为基础开始建设银行信贷登记咨询系统,并于 2002 年实现了地市、省市、总行三级联网查询,2004 年人民银行着手以企业征信系统代替银行信贷登记咨询系统,2006年建成了全国集中统一的企业征信系统,实现了在全国范围内联网运行,提供征信服务。

人行征信系统下的个人征信体系建设始于1999年7月人民银行批准建立上海资信有限公司作为个人征信业务的试点,该公司主要从事个人信用信息服务,归集分散在各商业银行和社会有关方面的个人信用信息并进行储存和加工,形成个人信用档案信息数据库,提供个人信用报告查询服务。2000年6月,上海资信有限公司建成上海个人信用联合征信服务系统。2004年人民银行启动了个人征信系统的建设,并于2006年建成了全国集中统一的个人征信系统。

2006年,中国人民银行征信中心成立,负责运营企业和个人信用信息基础数据库。2013年,《征信业管理条例》将企业和个人信用信息基础数据库更名为“金融信用信息基础数据库”。自此,最大的官方信用信息数据库以全新的名称走上了历史舞台。

表3-20-2 人行征信系统发展大事记

年 份	事 件
1991	人民银行在深圳开始试点贷款证制度
1995	人民银行在全国推广贷款证制度,并出台《贷款证管理办法》
1996	人民银行开始试行贷款证电子化管理,贷款卡出现
1997	人民银行开始筹建银行信贷登记咨询系统
1999	人民银行颁布《银行信贷登记咨询管理办法(试行)》 银行信贷登记咨询系统城市分系统成功运行
2002	银行信贷登记咨询系统实现全国联网运行
2004	以银行信贷登记咨询系统为基础,开发了企业征信系统关联查询功能
2004	个人征信系统实现试点运行
2005	企业征信系统实现试点运行
2006	全国集中统一的个人征信系统正式运行
2006	中国人民银行征信中心经批准设立
2007	人民银行征信中心和征信管理局正式分设
2008	征信中心在上海举行揭牌仪式
2008	第一家村镇银行(邛崃国民村镇银行有限责任公司)接入企业征信系统
2010	第一家小额贷款公司(重庆市渝中区瀚华小额贷款公司)接入企业征信系统

续表

年　份	事　件
2010	企业和个人征信系统成功切换至上海运行,并正式对外提供服务
2011	个人信用报告接口查询项目上线,实现了信用报告的单笔和批量自动化查询
2011	新改版的2011年银行版个人信用报告上线
2012	新版企业信用报告上线试运行
2013	首部征信业法规《征信业管理条例》正式实施,明确企业和个人征信系统为国家金融信用信息基础数据库
2014	互联网个人信用信息服务平台服务范围覆盖全国

2. 金融信用信息基础数据库的发展现状

金融信用信息基础数据库前期主要从商业银行采集借款人的基本信息和信贷信息。随着征信建设的推进,数据库的信息采集范围目前已不限于商业银行,还包括小额贷款公司、保险公司等不同类型的主体提供的信息,以及税务、法院、环保、公积金管理中心等公共部门提供的信息。根据中央人民政府网站公布的数据,金融信用信息基础数据库已实现了信用卡、贷款、信用担保、融资融券等金融领域负债信息的全覆盖。

根据宜人智库于2017年公布的数据及预测,金融信用信息基础数据库在2014~2017年的数据覆盖情况如图3-20-2所示。

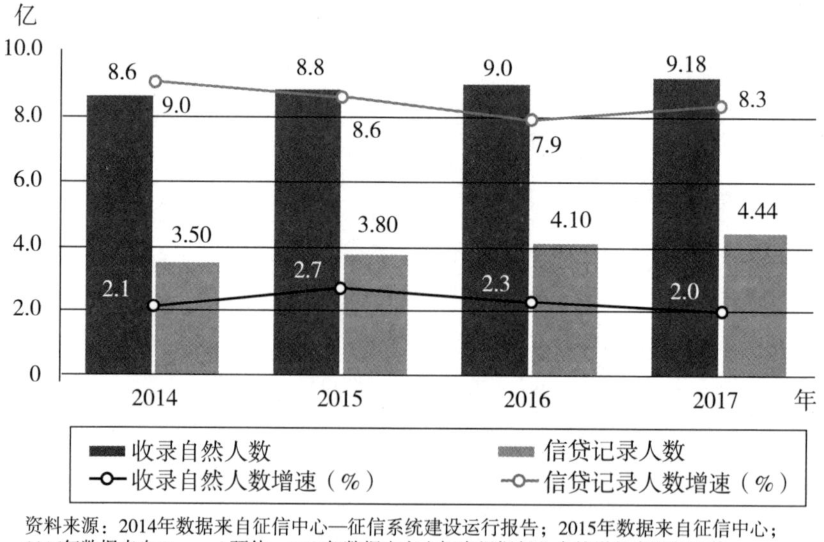

资料来源:2014年数据来自征信中心—征信系统建设运行报告;2015年数据来自征信中心;2016年数据来自iPesearch预估;2017年数据由宜人智库根据行业自然增长率进行预估。

图3-20-2　金融信用信息基础数据库的情况

根据中国人民银行副行长陈雨露于2019年3月10日在第十三届全国人大二次会议日上公布的数据，目前金融信用信息基础数据库已经接入了3500多家银行和其他金融机构的信用信息数据，并已经收录了9.9亿自然人以及2600多万户的企业和其他法人组织的信用信息，每日个人信用报告的查询量达到了555万人次，企业信用报告的查询量达到了30万人次。

3. 人行征信系统的产品介绍

人行征信系统在企业端和个人端所输出的产品均由“基础产品”和“增值产品”两部分构成。

(1)企业端产品

企业征信系统以“企业信用报告”作为基础产品，该产品是商业银行信用风险管理的重要工具，服务于银行信贷流程中的贷前审查、贷后管理和资产保全等各个环节。

企业征信报告最早于2005年推出，当时仅有一个版本。2013年，征信中心根据需求主体的不同要求，对企业征信报告进行了升级并将其细分为四个版本，即银行版、政府版、社会版和自主查询版，各版本的内容各有侧重，具体内容及差异如图3-20-3所示。

分类	银行版	政府版	社会版	自主查询版
报告头	√	√	√	√
报告说明	√	√	√	√
基本信息	√	√	√	√
有直接关联关系的其他企业	√	无	无	√
财务报表	√	无	无	无
信息概要	√	无	√	√
信贷记录明细	√	无	无	√
公共记录明细	√	√	√	√
声明信息明细	√	√	√	√

图3-20-3　四个版本的企业征信报告内容比较

目前，根据服务对象和使用目的的不同，各类用户可以通过页面方式和接口方式查询企业信用报告。

除“企业信用报告”外,征信中心的企业征信系统还提供“关联企业查询”“企业征信汇总数据”“对公业务重要信息提示”“征信系统信贷资产结构分析”“历史违约率”等增值征信产品,[①]具体如表 3－20－3 所示。

表 3－20－3　征信中心的企业征信内容

产品名称	产品性质	面向对象	产品简介
企业信用报告	基础产品	银行 政府 社会 信息主体	1. 基本信息:展示企业的身份信息、主要出资人信息和高管人员信息等。 2. 借贷信息:展示企业在金融机构的当前负债和已还清债务信息,是信用报告的核心部分。 3. 公共信息:展示企业在社会管理方面的信息,如欠税信息、行政处罚信息、法院判决和执行信息等。 4. 声明信息:展示企业项下的报数机构说明、征信中心标注和信息主体声明等
关联企业查询	增值产品	各类对象	整理企业的身份信息、出资人、信贷业务等多种信息,对所查询借款人的概况信息、资本构成信息、高管人员信息、法人代表亲族信息等内容进行深度挖掘和信息匹配,形成企业的关联企业图谱以及关联企业的有关信贷业务信息汇总情况,以展现企业间存在的关联关系及其紧密程度,帮助商业银行管理、识别集团客服风险
企业征信汇总数据		人民银行各级分支机构	该产品是利用企业征信系统的数据,以金融统计核算原则为基础,通过对数据的加工、整理,建立银行业信贷业务报表体系和指标体系,综合反映银行业信贷业务的运行特征和状况

① http://www.pbccrc.org.cn/zxzx/qyzx/201401/2758e067206746bfa74fd560875d6856.shtml.

续表

产品名称	产品性质	面向对象	产品简介
对公业务重要信息提示①		授信机构	该产品是利用企业征信系统即时更新的数据,每个工作日将各机构用户的本机构"好客户"在其他机构发生"新增逾期90天/60天"、五级分类"新增不良"、"新增失信被执行人"等提示信息主动推送给相关机构用户总部
征信系统信贷资产结构分析②		商业银行	以企业征信系统中的信贷信息和借款人基本信息为基础,反映本机构各信贷业务产品余额、发放额、不良率在信贷市场的集中度、份额,以及在同类型机构中所处的位置的征信汇总数据
历史违约率		商业银行	该产品利用征信系统覆盖全市场的数据计算出某一时点上的正常客户,之后1年在全市场上发生违约的比率

(2)个人端产品

与企业端的产品结构类似,人行征信系统个人端最为核心的基础产品就是"个人信用报告"(以及相关的"个人信用信息提示"和"个人信用信息概要")。

目前,个人信用报告根据服务对象及使用目的不同,分为银行版、银行异议版、个人版(含彩色样式)、个人明细版(彩色样式)、社会版,以及征信中心版等多个版本,各版本的具体内容及差异如图3-20-4所示。

① http://www.pbccrc.org.cn/zxzx/qyzx/201406/2728f14b493a4401b11bb846746bf85c.shtml.

② http://www.pbccrc.org.cn/zxzx/qyzx/201511/87268378ec70450fa3731cdf143dd843.shtml.

报告内容	银行版	银行异议处理彼	个人版（含彩色样式）	个人版（明细）	征信中心版	社会版
报告头	√	√	√	√	√	√
基本信息	√	√	√	√	√	无
信息概要	√	无	√	√	√	√
信贷交易信息明细	√	√	√	√	√	无
公共信息	√	无	√	√	√	√
声明信息	√	√	√	√	√	√
查询记录	√	√	√	√	√	√
报告说明	√	√	√	√	√	√
备注	屏蔽他行的机构名称和业务号	仅包含本机构报送的信贷信息	基本信息仅包含婚姻状况			

图3－20－4　个人信用报告不同版本的内容比较①

除上述基本产品外，人行征信系统目前也针对个人征信业务提供两类增值产品，即“个人业务重要信息提示”和“个人信用报告数字解读”，其具体信息如表3－20－4所示。

表3－20－4　个人信用报告增值版内容

产品名称	产品性质	面向对象	产品简介
个人业务重要信息提示	增值版	授信机构	个人业务重要信息提示是利用个人征信系统即时更新的数据，按周将各机构用户的本机构“好客户”在其他机构发生“新增逾期61～90天/90天以上”、贷款五级分类“新增不良”、信用卡账户状态“新增呆账”、贷款或信用卡“新增账户”、“新增失信被执行人”等提示信息主动推送给相关机构用户总部
个人信用报告数字解读		授信机构	个人信用报告数字解读是在征信中心与美国费埃哲公司合作进行个人征信评分研究项目的基础上，利用个人征信系统的信贷数据，使用统计建模技术开发出来的个人信用风险量化服务工具，用于预测放贷机构个人客户在未来一段时间内发生信贷违约的可能性，并以“数字解读”值的形式展示

① 参见中国人民银行征信中心：《征信系统建设报告（2004～2014）》，2015年3月。

此外，人民银行征信中心目前也正在筹划对个人征信报告进行全方位的升级。预计在2019年5月，人民银行征信中心将会上线新的个人征信报告样式，届时，个人征信报告无论在覆盖的时间跨度、披露的信息内容以及更新速度等各个方面都会有更进一步的完善。

二、行业协会

1. 中国互联网金融协会（互联网金融行业信用信息共享平台）

2016年3月25日，中国互联网金融协会在上海成立，它是由中国人民银行会同银监会、证监会、保监会等组织建立的国家级互联网金融行业自律组织。

2016年9月9日，由协会组织建设的“互联网金融行业信用信息共享平台”开通。蚂蚁金服、京东金融、陆金所、网信集团、宜人贷、德众金融、掌众金融、东方汇、挖财、玖富、开鑫贷、马上消费金融、人人贷、拍拍贷、分期乐、合拍在线、搜易贷成为首批17家会员单位，中国互联网金融协会与各会员单位集中签署了《中国互联网金融协会互联网金融服务平台信用信息共享合作协议》。

中国互联网金融协会会长李东荣在开通仪式上表示，建设信用信息共享平台，旨在依法有序纳入信用信息，完善互联网金融行业信用体系，与国家金融信用信息基础数据库及其他行业信用数据库的现有数据形成互补，①有利于建设互联网金融行业信用体系，加强互联网金融风险治理体系，完善互联网金融行业自律体系。

截至2018年3月，信用信息共享平台正式接入蚂蚁金服、京东金融、国美、苏宁、唯品会、百度金融、宜人贷、陆金所、网信、拍拍贷等100余家从业机构。收录自然人借款客户4000多万个，借款账户累计9000多万个，入库记录3.6亿多条。②

2. 中国支付清算协会（小微金融风险信息共享平台）

中国支付清算协会系中国人民银行主管的支付清算服务行业自律组织，于2015年8月上线互联网金融风险信息共享系统，2016年更名为“小微金融风险信息共享平台”。第一批迁移和新接入共享平台的机构包括宜信、拍拍贷、网信、翼龙贷、红岭创投、人人贷、信而富、玖富、有利网、财路通、合力贷、人人行、开鑫贷、京东金融、汇付、人保财险、阳光信保等100余家。③

支付清算协会的互金风险共享系统本身不保存接入企业的用户数据，只是充

---

① 源点信用：《2016中国社会信用体系建设全景报告》。

② 载 http://www.nifa.org.cn/nifa/2971354/index.html，最后访问日期：2019年3月12日。

③ 参见源点信用：《2016中国社会信用体系建设全景报告》。

当连接枢纽和信息传递的角色,系统收到查询请求后,立刻将查询请求转发到与系统相连的这些接入企业中。通过支付清算协会的互金风险共享系统,平台可得到的数据包括三类:一是不良贷款信息,指逾期超过 90 天的贷款;二是逾期贷款信息,指逾期 90 天以内的贷款;三是正常贷款信息,指未结清且尚未逾期的贷款。①

3. 上海资信有限公司(网络金融征信系统 NFCS)

2013 年 7 月 1 日,上海资信建设运营的网络金融征信系统 NFCS 上线试运行,其是由中国人民银行征信中心委托建设,主要收集全国的网络借贷、小额贷款、消费金融、融资租赁等互联网金融及非银金融信用信息,向合作机构提供个人征信共享服务,并帮助网贷机构接入央行征信系统,旨在帮助网贷行业实现信贷信息共享,防范网贷借款人身份欺诈、过度负债、恶意违约等信用风险,通过强化信用约束,充分发挥失信联合惩戒作用。

三、各个政府部门

全国信用信息共享平台依托国家电子政务外网建设,于 2015 年底初步建成并上线运行,实现了各部门和地方信用信息归集、共享、应用,为联合惩戒、联合激励提供有效支撑,提升跨部门、跨地区信用协同监管与服务水平。

全国信用信息共享平台框架下,既有联合惩戒机制,也有联合激励机制。联合惩戒机制下,国家发改委、中国人民银行会同税务总局、国家市场监督管理总局、证监会、最高人民法院、安监总局等部门签署了 5 个联合惩戒合作备忘录,即《关于对重大税收违法案件当事人实施联合惩戒措施的合作备忘录》、《失信企业协同监管和联合惩戒合作备忘录》、《关于对违法失信上市公司相关责任主体实施联合惩戒的合作备忘录》、《关于对失信被执行人实施联合惩戒的合作备忘录》以及《关于对安全生产领域失信生产经营单位及其有关人员开展联合惩戒的合作备忘录》。联合惩戒机制在禁止高消费、阻止出境、限制申报政府性投资以及促使借款人主动还款方面起到了很大的作用。联合激励机制主要由共青团和税务部门联合保险机构与商业银行共同推进,主要为优秀志愿者提供保险优惠,为诚信纳税企业提供便利贷款服务。② 除此之外,海关总署也紧随其后发力,对于海关高级认证企业实施守

---

① 参见零壹财经:《一文看懂中国互联网金融信用信息共享平台》,载 http://www.sohu.com/a/114176525_481514,最后访问日期:2018 年 3 月 5 日。

② 载国家发展和改革委员会政务服务大厅:http://services.ndrc.gov.cn:8080/ecdomain/portal/portlets/bjweb/newpage/difanggaigewei/xypt.jsp,最后访问日期:2018 年 3 月 26 日。

信联合激励，激励举措集中在提供绿色通道，减少查验抽查，优先办理业务，简化手续、缩短时间，业务重要参考以及优先开展改革试点6个方面。① 截至2019年2月底，各部门共签署51个联合奖惩合作备忘录。其中，联合惩戒备忘录43个，联合激励备忘录5个，既包括联合激励又包括联合惩戒的备忘录3个。

根据惩戒备忘录确定的原则，发改委执行“逢收必查、逢办必查”制度，由政务服务大厅接收的每个行政审批事项来件必通过全国信用信息共享平台查询企业信用信息，并导入内网供司局办理时查询参考；发改委形成的信用信息定期推送至全国信用信息共享平台。截至2018年底，全国信用信息共享平台累计归集失信黑名单信息约1421万条，其中，2018年度新增409.64万条，涉及失信主体359.4万个。②

四、社会化征信机构

1. 取得备案的企业征信机构

企业征信主要用于借贷和商业合作。2014年，中国人民银行各分支机构根据《征信业管理条例》《征信机构管理办法》及有关法律法规，开始开展企业征信机构备案工作。截至2018年底，共有145家机构获得了中国人民银行的企业征信备案，被注销机构为22家，截至2018年底有效备案机构为123家。自2016年4月《互联网金融风险专项整治工作实施方案》颁布以来，监管机关曾在此后两年多的时间里几乎终止了企业征信备案的发放。直至2018年底，企业征信备案才再次逐步重启。

2. 百行征信

个人征信主要用于金融信贷风险评估。个人征信业发展非朝夕之功，从1997年中国人民银行批准上海市进行个人征信试点开始，到2005年8月中国人民银行建成全国统一的个人征信系统，再到2015年初，8家机构获准开始个人征信业务准备工作。

然而，事情的发展并非一帆风顺。2017年4月，网曝监管层表态，8家拟开展个人征信业务的机构无一家合格，“个人征信”业务的牌照发放迟迟未能尘埃落定。直至2018年1月4日，央行发布了“百行征信有限公司”的相关情况公示，“信联”就此落地。信联的主要股东及持股情况为：中国互联网金融协会持股36%；8家个

---

① 源点信用：《2016中国社会信用体系建设全景报告》。

② 载 https://www.creditchina.gov.cn/zhuanxiangzhili/zhuanxiangzhilichengguofabu/201902/t20190218_147060.html，最后访问日期：2019年3月13日。

人征信试点机构芝麻信用、腾讯征信、深圳前海征信、鹏远征信、中诚信征信、考拉征信、中智诚征信和北京华道征信各持股8%。2018年5月23日,百行征信有限公司在深圳揭牌开业。百行征信与央行征信中心的业务关系有所不同,可以理解为是互补关系,有些征信中心没有收集到的信息,可能会纳入百行征信。截至2018年9月底,百行征信已与241家机构签署了信用信息共享合作协议,涵盖网络借贷信息中介机构(P2P)、网络小额贷款公司、消费金融公司、汽车金融公司、融资租赁公司、民营银行、助贷机构、金融科技公司等。10月初,接入测试工作已正式启动。首批接入测试的机构包括乐信、捷信消费金融、中银消费金融、招联消费金融、马上消费金融、一汽汽车金融、宜人贷、拍拍贷、新网银行等多家机构。[①] 2019年1月1日,百行征信正式启动了个人征信系统、特别关注名单平台和信息核验平台三款产品的上线验证测试工作。

据互联网消息,目前市场上与"征信服务"相关的公司达2000家以上,其中完成备案的企业征信机构仅100多家,即目前有资质的征信机构占整个征信市场的比例还不到5%。[②] 然而,这些非"持牌"系的征信企业依然从事着征信业务。据悉,2015年,互联网数据黑市中专职网络诈骗的黑色产业人数达160万人,在黑市流通的用户资料多达6亿条。[③] 一方面,非"持牌"系的征信企业握有大量的征信数据,或许在我们的个人金融活动中起到了重要的作用;另一方面,缺乏有效的监管也使我们的个人隐私数据在非"持牌"系的征信企业的运作中暴露在阳光之下。

第四节　监管框架

2013年3月15日,首部征信业法规《征信业管理条例》正式实施,其对征信机构的设立条件和程序、征信业务的基本规则、征信信息主体的权益,明确企业和个人征信系统为国家金融信用信息基础数据库,并对数据库的法律地位及运营规则、征信业的监管体制和法律责任等内容进行了规定,解决了征信业发展中无法可依

---

① 载https://www.toutiao.com/a6633904091628044807/,最后访问日期:2019年3月13日。

② 载http://finance.sina.com.cn/money/bank/bank_hydt/2016-10-18/doc-ifxwvpaq1585326.shtml,最后访问日期:2018年4月7日。

③ 载http://money.163.com/16/1027/16/C4D83872002580S6.html,最后访问日期:2018年4月7日。

的问题。随着前序相关法规的稳步实施以及后续法规的出台,我国征信业的监管体系及法规框架逐渐成型。

一、核心监管规则

核心监管规则及主要内容如表3－20－5所示。

表3－20－5　核心监管规则及主要内容

生效时间	法规名称	发文机关	主要内容
2013年3月15日	《征信业管理条例》	国务院	明确企业和个人征信系统为国家金融信用信息基础数据库; 设立经营企业征信业务的征信机构应当在相应国务院征信业监督管理部门派出机构办理备案
2013年12月20日	《征信机构管理办法》	中国人民银行	规定个人征信机构和企业征信机构的设立、变更、终止等条件,高级任职人员管理以及其他监管措施; 设立企业征信机构,应当向所在地的中国人民银行省会(首府)城市中心支行以上分支机构办理备案
2014年11月2日	《金融信用信息基础数据库用户管理规范》	中国人民银行	规定了金融信用信息基础数据库管理员用户、数据报送用户、查询用户、异议处理用户等各类用户管理的一般原则; 适用于金融信用信息基础数据库运行机构、向金融信用信息基础数据库报送或查询信息的机构进行用户设置与管理,并为各类机构建立内部审计和培训机制提供指导
2014年11月17日	《征信机构信息安全规范》	中国人民银行	规定了不同安全保护等级征信系统的安全要求,包括安全管理、安全技术和业务运作三个方面; 适用于征信机构信息系统的建设、运行和维护,也可作为各单位开展安全检查和内部审计的安全性依据,接入征信机构信息系统的信息提供者、信息使用者也可参照与本机构有关的条款执行,还可作为专业检测机构开展检测、认证的依据

二、市场化视角下的征信规范体系

当前我国征信市场中,业务主要集中在个人征信和企业征信。除此之外,还有资本市场信用评估。显然,三者有着不同的评估对象,且在我国,相应的监管规则也各有不同。

1. 我国征信行业标准初探

中国人民银行征信管理局于2005年底启动了征信标准化工作,迄今共发布了7项标准。其中,2006年11月发布了《征信数据元个人征信数据元》、《征信数据元 数据元设计与管理》、《信贷市场和银行间债券市场信用评级规范 信用评级主体规范》、《信贷市场和银行间债券市场信用评级规范 信用评级业务规范》和《信贷市场和银行间债券市场信用评级规范 信用评级业务管理规范》5项;2009年1月发布了《征信数据元 信用评级数据元》和《征信数据交换格式 信用评级违约率数据采集格式》。以上标准对于征信数据元的概念、交换机制、动态维护管理以及信用评级业务的操作、管理和控制等都有着较为明确的规定。通过多年的推广实施,上述标准对提高征信数据质量、规范评级市场行为以及促进企业和个人征信系统推广应用发挥了重要作用。

2. 个人征信行业监管现状

个人征信的被征信对象为个人。目前,仅有前文提到的百行征信一家获得了央行的认可,其余8家"准"个人征信机构在挣扎了几年之后最终还是未取得开展个人征信业务的正式资质。目前,个人征信业务相关的监管规定主要包括国务院于2013年1月21日发布、2013年3月15日起施行的《征信业管理条例》、中国人民银行于2013年11月15日发布、2013年12月20日施行的《征信机构管理办法》、中国人民银行于2015年10月26日发布并于同日实施的《征信机构监管指引》。

事实上,信联的落地一定程度上也反映了监管部门对于个人征信业务监管的思路变化。在《征信业管理条例》颁布之初,监管部门显然接受并鼓励个人征信业务呈现市场化的发展业态,但随着相关试点工作的推进困难重重,监管部门对于个人征信业务的市场预期也逐步由"多家竞争"转变为"一家独大"。

3. 企业征信行业监管现状

企业征信的被征信对象为中小企业。目前,企业征信行业实行"备案制",主要监管规定包括国务院于2013年1月21日发布、2013年3月15日起施行的《征信业管理条例》、中国人民银行于2013年11月15日发布、2013年12月20日施行的《征信机构管理办法》、中国人民银行于2015年10月26日发布并于同日实施的《征信机构监管指引》、中国人民银行于2016年9月20日发布的《企业征信机构备案管理办法》等,另还有针对企业信用信息基础数据进行规范的一系列规定。总体来说,相较于个人征信行业仅有普遍性法律可以参考的情况,企业征信行业的监管相对更加明确,相信未来在备案制的框架下会有更加明确的市场退出机制。

4. 资本市场征信行业现状

资本市场征信即信用评级机构进行的征信活动。1988年3月,我国第一家社会化专业资信评估机构"上海远东资信评估有限公司"成立。经过数年发展,目前国内从事资本市场评级业务的共有8家机构,分别是联合资信评估有限公司、联合信用评级有限公司、中诚信国际信用评级有限责任公司、中诚信证券评估有限公司、大公国际资信评估有限公司、上海新世纪资信评估投资服务有限公司、鹏元资信评估有限公司和东方金诚国际信用评估有限公司。2006年5月,证监会发布《上市公司证券发行管理办法》,明确上市公司发行可转债公司债券和分离交易的可转换债券应当委托具有资格的资信评级机构进行信用评级和跟踪评级;2007年8月24日,证监会发布《证券市场资信评级业务管理暂行办法》,从业务许可、业务规则、监督管理、法律责任等方面对资信评级机构及其业务行为进行了严格规范。随后,证监会给中诚信证券评估有限公司、大公国际资信评估有限公司、联合信用评级有限公司、上海新世纪资信评估投资服务有限公司和鹏元资信评估有限公司颁发了证券市场资信评级业务许可证。2012年3月,由证券咨询评级专业委员会组织起草的《证券资信评级机构执业行为准则》正式发布,这是国内首部由证券行业自律管理组织发布的自律规范,将对规范评级机构的执业行为、提高执业水平、提升评级质量和行业公信力产生积极影响。①

① 张志军:《我国资本市场信用评级行业现状、问题及建议》,载《中国证券》2013年第1期。

CHAPTER 21

第二十一章

数字货币

近年来，数字货币成为金融科技领域最热烈讨论的话题之一，其与传统货币之间的巨大差异以及其在金融领域应用和发展的可能性，更是引发了社会公众极大的关注和探索兴趣。值得注意的是，这里的数字货币是以区块链技术作为底层支撑的虚拟货币，如比特币、以太坊等，而像腾讯等互联网公司发行的QQ币或商家发行的可兑换商品的积分，以及通过电子支付手段将纸币电子化，并不在本章的讨论范围内。

本章将从货币的基本概念和逻辑、数字货币、首次代币发行、数字货币交易所以及各国监管政策等多个角度对数字货币这一话题进行初步分析和探讨。

第一节　货币的基本概念和逻辑

根据马克思主义政治经济学对于货币的定义，货币是能够充当一般等价物的特殊商品，是价值尺度与流通手段的统一。根据西方货币银行学对于货币的主流定义，货币是一种被大众普遍接受为交易媒介、支付工具、价值储藏和计算单位的物品。目前，关于货币的发行，世界各国普遍实行的是中央银行制度，即法定货币由该国的央行发行，例如美元由美国联邦储备系统（The Federal Reserve System，即美联储）发行，人民币由中国人民银行印制并发行。货币学有个基础问题：政府为什么能够发行货币？政府的货币发行量是否具有一定的限制？通常的解释是“货币的价值由政府信用作为保证”，但这样的结论太过简单粗暴。实际上，以人民币的发行为例，中国人民银行作为人民币的发行主体，人民币实际上是中国人民银行的负债，是持有人民币的主体的资产。换句话说，当我们使用人民币进行交易时，本质上是将中国人民银行对于我们的负债转移给其他主体。在金本位制度下，央行发行的货币总量需要对应一定的黄金储备，各国的法币实际上是纸黄金。而在金本位制度后，中国人民银行发行人民币需要其持有一定的资产作为保障，目前，我国央行持有的大部分资产为美元外汇。

因此，支付行为的本质是一种债务转移。甲方向乙方进行转账汇款的行为，本质上是把货币发行主体欠甲方的钱，变成货币发行主体欠乙方的钱，货币发行主体作为中间人存在。由于货币发行主体作为中间人存在,所有的支付结算都是通过货币发行主体统一进行,效率的提升非常显著,而这样的中心化模式也大量适用于各个金融领域,如银行、保险公司、支付清算中心、股票交易所等无一不是以中心化主体为核心开展业务。

然而,由于货币的实际作用是交易媒介、支付工具、价值储藏和记账单位,如果我们能够找到一种物品具备这四大基本属性,理论上该等物品就具备成为货币的基本条件。回顾货币的历史,政府主管的中央银行统一发行法币的制度只不过存在了300余年,在更长的数千年历史中,更多的是使用黄金、白银和铜等具有天然货币属性的物质作为流通货币。经济学家哈耶克在其论著《货币的非国家化》一书中提到的中心思想就是,除非各国政府不再拥有对货币创造的垄断权力,否则永远无法实现价格稳定。哈耶克的理想是:在一个国家,发行具有明显差异的,并由不同货币单位构成的货币,包括让私人货币流通,并实现不同货币之间的竞争。只有这样,所有的货币发行单位才会紧缩其货币发行量,以避免因货币不断贬值而最终被淘汰的命运。[①] 其书中提及"公众会从若干彼此竞争的私人发行之通货中挑选出某种会比政府提供之货币更好的货币"。数字货币,使哈耶克关于"货币的非国家化"的理想有了实现的可能性。

第二节　数字货币

一、比特币(BTC)

1. 概述

提到数字货币,就不得不重点提一下比特币(BTC),英文为Bitcoin。2008年,一位署名中本聪(Satoshi Nakamoto)的神秘人士发表了关于比特币的白皮书——*Bitcoin: A Peer-to-Peer Electronic Cash System*(一种点对点的电子现金系统)。不到两个月,2009年1月3日,第一个比特币的区块横空出世,其中包含50枚比特币。自此比特币正式诞生,在随后的十年时间里,比特币作为一种前所未有的新型货币,经历了无数的市场考验、质疑和技术挑战,现在已经成长为一个在全球有着上千万用户,数万商家接受付款,市值高达数千亿美元的货币体系。比特币是目前

---

① 参见李钧、长铗:《比特币:一个虚幻而真实的金融世界》,中信出版社2016年版,第1页。

区块链技术最成功的应用，也是市场上广而认同的“区块链 1.0”。

对于比特币的定位，需要结合比特币的诞生背景进行分析。2008 年，由美国次贷危机引发的全球金融危机使大量资产贬值，中本聪在比特币白皮书中所描述的“点对点电子现金系统”，实际上是希望构建一套无需依赖任何第三方中介的货币支付体系，从而在一定程度上避免政府超发货币或金融危机而引起的普通民众资产贬值问题。如上文所述，目前，各国政府的货币发行权都掌握在央行手中，尽管理论上央行发行的货币背后应当拥有足够的资产进行支撑，实际上出于经济调控的目的，各国央行经常采用货币超发的政策以刺激本国居民消费，进而刺激经济发展，但普通民众手中持有的法定货币直接面临贬值的客观结果。我们虽然无法知晓中本聪在设计比特币的时候，是否借鉴了哈耶克的理论，但事实是比特币客观证明了哈耶克的货币理论是可以实现的。

“比特币”这个词本身就被同时赋予了三重不同的含义。（见图 3－21－1）首先，比特币代表了底层的区块链技术平台。其次，比特币被用于指一种基于底层区块链技术之上运行的协议，这种协议可以描述资产是怎么在区块链上转移的。最后，比特币指代了一种加密数字货币。①

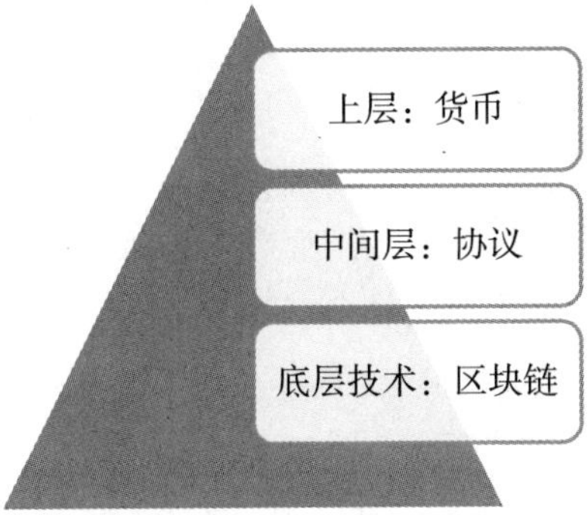

图 3－21－1　比特币的三重含义

2. 比特币交易及交易过程

根据区块链的工作原理，比特币交易本质是一种数据结构，该数据结构是包含交易信息的区块从后向前有序连接起来的。比特币区块链是全球复式记账的总账本，每一笔比特币交易都是比特币区块链上的一个公开记录。

① 参见［美］梅兰妮·斯万：《区块链：新经济蓝图及导读》，新星出版社 2015 年版，第 45 页。

比特币的交易流程如图3－21－2所示。

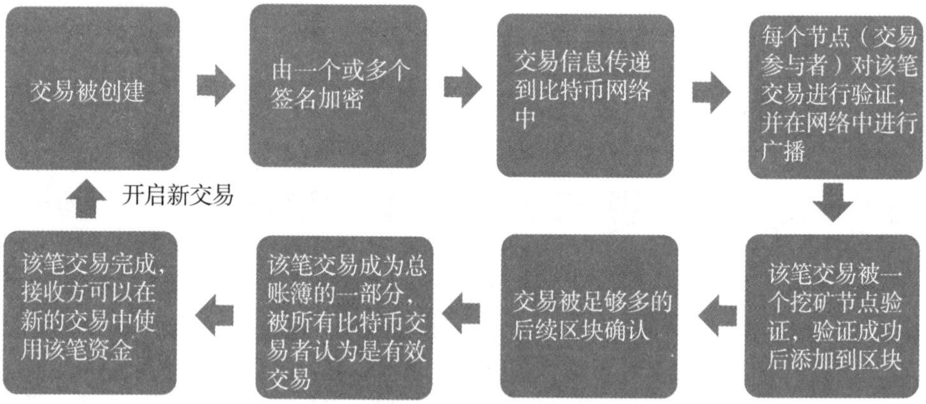

图3－21－2 比特币的交易流程①

在比特币交易过程中，有两个概念值得进一步关注——挖矿和分叉。

（1）新的比特币是通过运营软件制造出来的，从表象上看，这种货币供应机制与金银等贵金属的供应机制有一定的相似之处，因此常被称为"挖矿"，而挖矿的人则被称为"矿工"。在比特币的世界里，大约每10分钟会在全网公开的账本上记录一个数据块，这个数据块里包含了这10分钟内全球被验证的所有交易。确认这个数据块的权利是需要抢的，而争夺记账权的办法其实就是矿工寻找正确的哈希值。由于哈希计算结果的随机性，只能从零开始往上运算，因此谁的运算能力强，谁就越有机会率先找到这个数字。发现正确哈希值并创建区块的矿工将获得比特币奖励。最初每成功抢到一个块的奖励是50个比特币，区块链的规模每达到21万的整数倍（每四年达到一次），该奖励便会减半：先从50个比特币减少到25个，再减到12.5个。依次类推，到2140年系统将达到预先比特币的上限2100万个。

（2）比特币网络正常运行依赖于节点按一致的规则检验和收录区块，这种情况下即便偶尔同时有多个相同高度的正确的区块产生，分支博弈也会导致全网迅速归集到同一链上。但当涉及规则改变时，即网络中存在遵守不同的规则的旧节点和新节点时，就会存在区块链分叉且不能迅速回归同一链的可能，按具体情况又分为硬分叉（旧节点不接受新节点产生的区块，导致网络分裂为新链和旧链的分叉）和软分叉[软分叉则是旧节点接受新节点产生的区块（虽然可能有某种潜在风险），如新节点算力占优，则分支博弈会导致网络最后归一于新链]。自从2017年8月1

① 参见36氪研究院：《从一到N，掘金区块——区块链行业研究报告》，2016年6月。

日比特币现金(BCH)开了头之后,比特币(BTC)硬分叉就变得一发不可收拾。截至目前包括已经分叉成功的,即将分叉的,还有宣告失败的已经多达6种。

3. 比特币的应用

目前,比特币的实际应用主要体现在三个方面,分别为投机交易、匿名支付和跨国资本转移。

(1)投机交易

比特币最令人津津乐道的莫过于过去10年的价格攀升,从最初的几美分一枚比特币到最高单价曾达到2万美元,其造富效应使大量的投机客趋之若鹜。实际上,现在购买比特币的投资者大多数并不关心比特币有什么作用或者可以用来购买什么,其唯一的目的就是将来可以用更高的价格卖掉它。比特币尽管不具备任何使用价值,但在足够多数量的人群达到共识后,即具备了价格基础。举例来说,黄金和白银同样不具备任何直接的使用功能,但由于其具备稀缺性且所有人达成共识,它就具备了一定的价格基础;更形象的例子是钻石,稍微对钻石的历史有所了解,我们会发现钻石根本不具备稀缺性,其高昂的价格完全来自成功的营销模式和渠道管控。因此,比特币能够成功洗脑大量的信徒,使投机客不断相信其价格可以进一步攀升,相信其具备成为"电子黄金"的可能性,可以说是投机交易的绝佳应用。

(2)匿名支付

以区块链为底层技术的比特币支付系统,使用户在使用比特币进行转账支付的过程中无须提供任何个人信息,进而可以完成体系内的匿名转账。客观地说,作为一套支付体系,比特币可以选择实名或者匿名,但考虑到其"去中心化"和"对抗政府滥发货币"的核心理念,匿名显得尤为重要。

(3)跨国资本转移

目前,包括我国在内的许多国家对于跨境资本流动采取的是严格管制原则,而比特币这样可以完全无视国家外汇监管的支付工具,客观上越过各国政府外汇监管实现了跨国资本的转移。各国对于比特币之类数字货币的最大担忧,无一不来自其对于洗钱和恐怖主义融资的巨大帮助,一套完全脱离于各国监管体系的支付系统,对于黑色产业和暗网洗钱的助力难以估量。

时至今日,比特币已经存续长达十年之久,通常来说,一个新生事物能够在诞生之后存在长达十年,意味着其生命力已经得到验证,换言之,比特币这个走进人类社会的新生婴儿很大概率上已经度过了其可能夭折的幼年期。因此,在未来数年乃至数十年的时间里,比特币很有可能将一直存在。

二、以太坊(ETH)

2014 年,以太坊的创始人 Vitalik Buterin、Gavin Wood 和 Jeffrey Wilcke 开始研究一种新型区块链项目,即以太坊(英文 Ethereum),它是一个开源的有智能合约功能的公共区块链平台,通过其专用加密货币以太币(Ether)提供去中心化的虚拟机("以太虚拟机",Ethereum Virtual Machine)来处理点对点合约。如果说比特币是区块链 1.0,那么,以太坊就是区块链 2.0。以太坊本身是一个全新开放的区块链平台,它允许任何人在平台中建立和使用通过区块链技术运行的去中心化应用。就像比特币一样,以太坊不受任何人控制,也不归任何人所有——它是一个开放源代码项目,由全球范围内的很多人共同创建。和比特币协议有所不同的是,以太坊的设计十分灵活,极具适应性,本身并非区块链技术的直接应用,而是区块链应用的搭建平台,在以太坊平台上创立新的应用十分简便,任何人都可以安全地使用该平台上的应用。

以太坊平台流通的数字货币就是以太坊(ETH),ETH 作为以太坊平台和社区的流通性代币,其功能更类似于网络游戏中的金币,唯一的区别在于 ETH 的底层技术为区块链,因此 ETH 并不具有一个绝对的中央发行方,而是根据事先写定的代码产生 ETH。由于任何应用开发主体想要使用以太坊平台创建应用必须以 ETH 支付手续费,因此,应用开发主体也就必须从 ETH 持有者手中购买一定的 ETH,这就导致 ETH 具备了现实世界中的一定价格。

三、其他类型数字货币

自从比特币诞生后,各种类型的数字货币层出不穷。表 3-21-1 为市场上较为典型的几类数字货币。

表 3-21-1　市场上典型的数字货币及主要特点

名称	诞生时间	主要特点
莱特币(Litecoin)	2011 年	和比特币的原理基本相同。数量更多(上限 8400 万个),挖矿难度更低,交易确认速度更快
瑞波币(XRP)	2011 年	瑞波币是 Ripple 网络的流通性基础货币。Ripple 网络是一个开放性的支付网络,通过该网路可以转账任意一种货币,瑞波币是其中的桥梁货币

续表

名称	诞生时间	主要特点
USDT	2015 年	一种辅助数字货币交易体系的法币代币，每一 USDT 背后锚定 1 美元作为资产支撑
比特现金（Bitcoin Cash）	2017 年	比特币公有链分叉后的新链上的数字货币

得益于以太坊的成功，开发区块链项目的成本被大幅降低，在无须进行底层技术开发的情况下，大量的区块链应用可以直接在以太坊平台上开发并运营，与之相伴的就是大量区块链应用的通证（亦有称为代币，英文为“token”）被开发完成并进入市场。

四、证券类通证和应用类通证

2017 年是数字货币市场疯狂的一年，大量的 ICO 项目总计募集超过 56 亿美元。2017 年 7 月，美国证监会（Securities and Exchange Commission，SEC）提出针对数字货币的分类监管模式，根据权益属性不同，将数字货币分为证券类通证（Security Token）和应用类通证（Utility Token），而做出此判断的一个依据就是 Howey Test（豪威测试）。1946 年的 SEC v. W. J. Howey Co. 案例以及由此衍生出来的 Howey Test 是判断一个金融工具是否为“投资合同”（investment contract）的一个重要的标准，若被判定为投资合同则会进而被定义为证券。Howey Test 也被 SEC 用于判断一种加密货币是否应该被归为证券，它主要从投资货币、共同企业和预期利润三个方面来判断。具体表现上，就是对一个区块链项目进行打分，得分越高，说明该项目区块链项目发行的加密货币性质越接近证券。而一旦被认定是证券，就意味着该代币需要接受与证券一样的严格监管，发行门槛要高很多，而且一旦发行者不符合资质，还会面临严重的法律风险。2017 年 11 月，新加坡金融监管局（Monetary Authority of Singapore，MAS）发布的“A Guide To Digital Token Offerings”也将“数字通证是否构成证券”作为是否需要严格监管的核心标准。除美国与新加坡外，主流国家也将是否构成证券作为监管数字货币的分界线，对于证券类通证，虽然现在各国尚没有准确定义，在不同的国家会有不同的认定标准，但基本认为如果和股权收益或者资产收益挂钩，即应该属于证券类通证，同时适用现有的证券监管体系；对于应用类通证，大多认为其应与访问系统或使用系统功能的权利挂钩，一般情况下监管要求较低。自 2018 年 3 月以后，随着数字货币市场价格的剧烈波动，传统应用类通证迟迟没有落地应用,首次代币发行的阴影笼罩着整个市场,充斥着各种骗局、黑客盗窃等,众多一夜暴富的梦想破灭,甚至背负着惨重的金钱损失,应用类通证渐渐在市场偃旗息鼓。证券类通证以其强监管、挂钩于真实资产以及理论上更好的流动性开始吸引市场的关注,但截至目前,由于主流国家对于证券类通证的监管政策尚未明晰,监管框架仍在拟定中(包括美国在内),证券型通证还有很长的路要走,其具体形态模式仍需不断进化。

第三节　首次代币发行(ICO)

一、首次代币发行的定义

首次代币发行,即 Initial Coin Offering,ICO。目前对于首次代币发行并没有官方定义,通俗的来说,ICO 是项目方以代币回报投资者的一种筹措资金的方式,即投资人使用法币或者已经可以在数字货币市场上流通的数字货币(比特币、以太币等)购买 ICO 项目发行方发行的一定数量的代币。市场上有一种理解将 ICO 认定为首次公募代币发行,如果不是对不确定对象公开发行并不称为"ICO",对此我们持有不同观点,无论是私募还是公募,只要是进行了代币发行筹资的行为,皆可以称为"ICO"。

二、首次代币发行的特点

由于 ICO 和 IPO 形似,通过对比 ICO 与 IPO,我们发现 ICO 具备如下特征(见表 3 - 21 - 2)。

表 3 - 21 - 2　ICO 和 IPO 的比较

对比方面	ICO	IPO
法律监管强度	中国已明令禁止;其他国家或将其视为证券管理,或通过颁发指导方针的方式进行规范,或尚未明确态度	各国对 IPO 已有相对成熟的法律法规,有严格的监管要求
发行方	主要发生在区块链行业,发行方不一定为实体法人,也可能是非实体企业的团队乃至个人	来自各个行业,且必须为符合法律法规要求的实体组织

续表

对比方面	ICO	IPO
认购标的物	标的物为发行方发行的加密代币,并非股权份额;如将来能够在数字货币交易所进行登记,则可以在该数字货币交易所上进行交易	投资者支付一定的费用认购相应的股份,股份可以在交易市场进行自由交易
融入资金的形式和使用范围	融入资金为法币或数字货币,根据白皮书的披露进行使用,一般用于项目本身的开发,但无硬性需求,也暂时无法律法规限制	融入资金为法定货币,一般用于发行方的业务发展,需严格按照招股说明书募集用途进行使用
决策权	根据白皮书的披露以及发行方的商业考虑,决定项目代币的持有人是否对项目具有决策权	根据股份比例参与决策
中介机构	未强制要求聘请中介机构	需依赖于券商、律师事务所、会计师事务所等中介机构

三、首次代币发行的交易结构

由于我国已明确禁止进行任何代币发行活动,因此,进行代币发行主要在海外进行,这其中很多项目选择在瑞士、新加坡或者美国进行。由于地域原因以及监管政策的偏好,大量中国背景项目会选择新加坡进行代币发行。本章将简要介绍新加坡代币发行的结构,目前市场上主要分为两种:(1)新加坡发行模式;(2)BVI 或 Cayman 发行模式。

(一)新加坡发行模式(见图 3 -21 -3)

基本架构:由个人控股的离岸公司(注册在开曼群岛或英属维尔京群岛)在新加坡设立公共担保有限公司(Corporate Limited by Guarantee)或一般有限公司(Exempt Private Limited Company),并由该新加坡实体作为发币主体,进行代币发行的相关活动;同时,由于区块链项目的实际运营主体或技术团队一般主要在境内,新加坡实体将与境内运营公司签订一份运营服务协议,约定由境内运营公司提供运营服务。

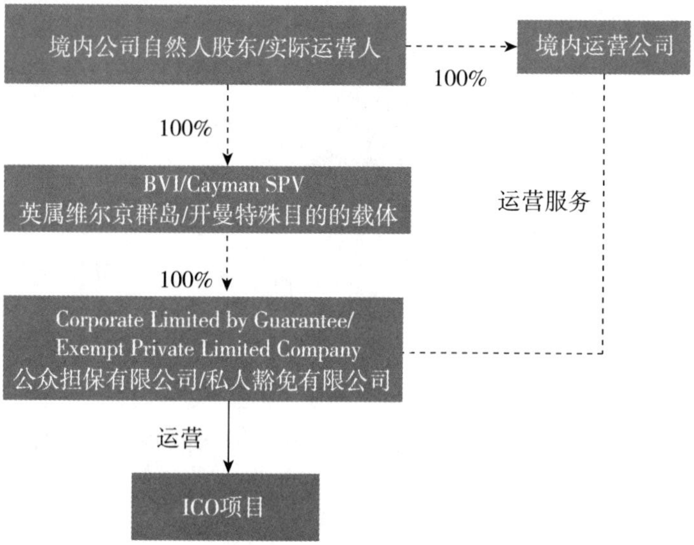

图 3-21-3　新加坡发行模式

(二)BVI 或 Cayman 发行模式(见图 3-21-4)

基本架构:由个人在新加坡设立公共担保有限公司,并由该新加坡实体设立离岸公司(注册在开曼群岛或英属维尔京群岛),离岸公司作为发币主体,进行代币发行的相关活动;同时,由于区块链项目的实际运营主体通常在境内,离岸公司将与境内运营公司签订一份运营服务协议,约定由境内运营公司提供运营服务。

目前,用何种性质的实体发行代币并无具体法定要求,即使项目发起人以个人名义发行代币,在投资人认可的情况下,代币发行也能完成。但考虑到数字货币行业日趋规范,代币发行项目本身应当是一个团队行为,公司化的形式更加规范并有利于长期运作,也更加容易被投资方接受。简言之,采用何种结构本质上是项目方的自我选择和行业惯例,在法律法规没有作出规定前,目前并没有统一的答案。

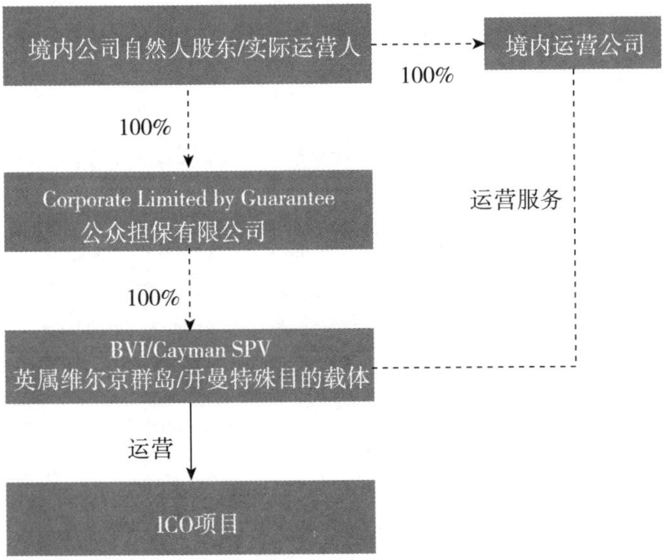

图 3-21-4　BVI 或 Cayman 发行模式

第四节　数字货币交易所

数字货币交易所是指进行数字货币间、数字货币与法币间交易撮合的平台，是数字货币交易流通和价格确定的主要场所。由于数字货币从诞生初始流通性的需要以及监管的缺失，数字货币交易所一度野蛮生长，成为区块链生态中最为成功的落地应用之一。

目前数字货币交易所可分为法币交易所、币币交易所和期货交易所。

(1)法币交易所允许用户使用法币购买数字货币。法币交易所分为两种：一种是场内交易所，用户可以直接通过信用卡或者银行转账从交易所购买数字货币，如 Coinbase、K 网等；另一种被称为场外交易所，交易所撮合一名用户与另外一名用户通过交易所以外的支付途径完成数字货币的购买，如火币网、Gate 等。

(2)币币交易所允许用户使用其已经拥有的数字货币(如 BTC、ETH 或 USDT)购买其他数字货币，整个交易过程不涉及任何法币，主流的数字货币交易所都开通了此项功能。

(3)币币交易所允许用户进行杠杆交易或期货交易，最为典型的代表是 OKcoin。

总体上,数字货币交易所的运营模式与我们认知中的交易所基本上没有区别,上币费和手续费是其收入的主要来源。交易所一方面对于上币的项目方收取上币费,另一方面对使用其平台交易场地进行交易的投资者收取交易手续费,同时对于资金的流出(提币),也会收取一定比例的费用。作为连接投资者和项目方的桥梁,交易所会对在其交易所进行上架的项目进行审核。在传统证券交易所中,交易所以及承销商、律师事务所、会计事务所会对企业收取一定的费用,港交所挂牌上市融资的承销费用为2.5% ~3%,大陆A股的发行费用则为3% ~5%。但是这个费用比例到了数字货币交易所就发生了巨大的变化。根据交易所的交易深度和用户数量,每个交易所的上币费用各有不同,老牌量大的交易所,从保护投资者和交易所自身的角度出发,需要项目方缴纳巨额的上币费作为保证金,如数千万人民币;而小型的交易所则适当收费或者不收费来换取更多交易对,以满足投资者的投资需求,少的只需要200个ETH,多的也只需要500个ETH就可以实现上币。在数字货币牛市时,数字货币交易所的赚钱效应吸引了大量入局者,但根据统计,整个数字货币交易市场中,前20家头部交易所已经将90%的利润收入囊中,剩下还有上万家小交易所去瓜分剩余的10%。随着越来越多的玩家入局交易所行业,头部效应开始显现,头部交易所因为可以垄断市场流量,无论牛市熊市都能持续运作,而那些运营不善和缺乏动力的中小交易所以及大量靠传销币发展起来的交易所,在熊市时只能默默面临倒闭的局面。

此外,由于数字货币交易所往往会作为中心化的数字钱包临时保管交易各方的数字货币,数字货币交易所的安全事件亦成为影响其声誉的重要因素,甚至引发了监管对于数字货币交易所安全能力的质疑。数字货币交易所发生过的安全事件见表3-21-3。

表3-21-3 数字货币交易所发生过的安全事件

时间	交易所	安全事件
2014年2月	Mt. Gox	全球最大的数字货币交易所-Mt. Gox被盗85万枚比特币
2016年8月	Bitfinex	全球最大的美元交易平台之一Bitfinex被盗119,756枚比特币
2018年1月	Coincheck	日本最大的数字货币交易所Coincheck遭黑客攻击,价值5.3亿美元的数字货币被盗,平台赔偿约30亿元人民币

续表

时间	交易所	安全事件
2018 年 3 月	Okex	平台出现近一个半小时的极端交易行为，比特币季度合约一度比现货指数低超过 20 个百分点，约有 46 万枚比特币的多头期货合约爆仓，之后迅速拉涨 10 几个百分点，部分空头爆仓，随后平台宣布异常交易回滚
2018 年 6 月	Bithumb	遭黑客入侵，约 350 亿韩元（约 2 亿元人民币）加密货币被盗，平台暂停交易和存取业务，并赔偿投资者部分损失

第五节　监管法规与监管态度

由于数字货币目前是一个跨国界的国家化行业，因此我们在本章中简单列举了一些主要国家的监管态度，供读者参考。

一、中国

1. 相关政策法规

就我国关于数字货币及其相关行业的监管而言，目前并未出台统一的上位法进行原则性监管，而是由监管部门在不同的时间阶段陆续出台了一些部门文件对这一问题表明了立场。根据中国人民银行等五部委于 2013 年 12 月 3 日发布的《关于防范比特币风险的通知》、中国人民银行等七部委于 2017 年 9 月 4 日发布的《关于防范代币发行融资风险的公告》、中国互联网金融协会于 2017 年 9 月 13 日发布的《关于防范比特币等所谓“虚拟货币”风险的提示》、互联网金融风险专项整治工作领导小组办公室于 2018 年 1 月 2 日下发的通知（整治办函〔2018〕2 号）、中国互联网金融协会于 2018 年 1 月 12 日发布的《关于防范变相 ICO 活动的风险提示》、中国互联网金融协会于 2018 年 1 月 26 日发布的《关于防范境外 ICO 与“虚拟货币”交易风险的提示》以及中国银行保险监督管理委员会等五部委于 2018 年 8 月 24 日发布的《关于防范以“虚拟货币”“区块链”名义进行非法集资的风险提示》，目前，中国境内监管部门对于数字货币及其相关行业的主要监管意见如下：

（1）将以比特币为首的数字货币认定为一种商品，并否认其货币属性；

（2）禁止任何组织和个人在中国境内开展代币发行融资（Initial Coin Offering，ICO）活动；

(3)禁止在中国境内开展数字货币兑换、买卖、定价和信息中介业务,即禁止数字货币交易平台的设立;

(4)禁止金融机构和支付机构开展与数字货币相关的任何业务,包括但不限于:不得直接或间接为ICO和“虚拟货币”提供账户开立、登记、交易、清算、结算等服务;

(5)向投资人仅进行风险提示,但并不限制其投资购买数字货币;

(6)对于“挖矿”持消极态度,要求各地相关部门积极引导辖内企业有序退出“挖矿”业务。

2. 法院案例

除了上述监管规定外,已有部分法院就数字货币纠纷进行了判决,我们在此列举几个典型案例:

(1)法院观点:“蒂克币是一种类似于比特币的网络虚拟货币,应当是一种特定的虚拟商品,不具有与货币等同的法律地位,不能且不应作为货币在市场上流通使用,公民投资和交易蒂克币这种不合法物的行为虽系个人自由,但不能受到法律的保护。”

案号:[2017]苏0115民初15868号

审理法院:南京市江宁区人民法院①

案情介绍:原告薛某将投资款交给了被告包某,包某再转交给曹某,曹某以其手机号码注册购买矿机和向薛某支付蒂克币所谓收益款,而后“蒂克币”平台无法登录,薛某请求包某返还剩余“投资”款项。审理法院认为,非法债务不受法律保护。蒂克币是一种类似于比特币的网络虚拟货币,根据中国人民银行等部门发布的通知、公告,虚拟货币不是货币当局发行,不具有法偿性和强制性等货币属性,并不是真正意义上的货币。从性质上看,蒂克币应当是一种特定的虚拟商品,不具有与货币等同的法律地位,不能且不应作为货币在市场上流通使用,公民投资和交易蒂克币这种不合法物的行为虽系个人自由,但不能受到法律的保护。本案中,薛某与包某、曹某构成委托合同关系。薛某委托包某、曹某投资和交易蒂克币的行为在我国不受法律保护,其行为造成的后果应当由薛某自行承担。

(2)法院观点:“数字货币网站交易平台未取得支付许可证而提供支付服务、未

---

① 载中国裁判文书网:http://wenshu.court.gov.cn/content/content?DocID=16b6ac5e-a2f5-4672-a892-a89700d0f16b。

履行反洗钱义务、未实行实名认证规定，导致受害人无法追回款项，平台根据过错承担承担相应的赔偿责任。”

案号：[2016]黑民终 274 号

审理法院：黑龙江省高级人民法院①

案情介绍：自然人肖某利用 QQ 信息骗取 HC 公司 1200 万元人民币，后责任人黄某、许某通过 LKD 公司网站交易平台购买比特币转移赃款。审理法院认为，LKD 公司对于 HC 公司款项被骗取的事实不存在过错，但该公司在提供网络平台进行比特币交易时违反《非金融机构支付服务管理办法》关于“非金融机构提供支付服务，应当依据本办法规定取得《支付业务许可证》，成为支付机构”的规定，不但未取得支付许可证，反而为规避该规定利用员工名称开立的信用卡账户收取款项开展业务。在某账户充值及交易出现异常时，亦未按中国人民银行等五部委发布的《关于防范比特币风险的通知》的规定切实履行客户身份识别、可疑交易报告等法定反洗钱义务，即未核实账户开户人身份就为其账户充值，对该账户的异常交易情况视而不见。如果 LKD 公司能够严格履行实名认证规定，发现交易异常时及时采取冻结账户等处理措施，那么犯罪分子通过该公司交易平台转移赃款的行为就难以得逞。因此，LKD 公司的违规行为在客观上为犯罪行为提供了便利条件，其漠视的态度一定程度上起到了配合犯罪分子转移赃款的效果，造成了受害人款项被挥霍，无法追回。对此，LKD 公司存在过错。故综合 LKD 公司的违规情形、给社会造成的负面影响及起到的不良示范作用，其对 HC 公司不能追回的损失应承担 40% 的赔偿责任。

(3)法院观点：“以投资‘数字货币’为名，以‘拉人头’的方式组成投资层级，直接或间接以发展人员的数量作为返利依据，骗取财物的，构成组织、领导传销活动罪。”

案号：[2016]苏 0602 刑初 666 号

审理法院：南通市崇川区人民法院②

案情介绍：2014 年 8 月至 2015 年 3 月，杜某与刘某在中国香港创办达 KZN 科技（暗黑币）有限公司，并创建虚假“暗黑币”投资、交易网站，以投资虚拟货币“暗黑

① 载中国裁判文书网：http://wenshu.court.gov.cn/content/content? DocID = ce26a599 - 64e9 - 44ab - 96fd - b04617d482b4。

② 载中国裁判文书网：http://wenshu.court.gov.cn/content/content? DocID = bd0018e9 - bb81 - 4329 - b31a - a74600fa3577。

币”为名，向参与者收取不同级别的“暗黑币”矿机租赁费用（门槛费）以获得入会资格，并以高额返利为诱饵，引诱参与者继续发展他人参加进行“拉人头”。公司以提供“暗黑币”矿机托管租赁服务为幌子，向会员收取门槛费获得参与资格，提供的三种不同级别矿机，分别对应网站内 V1，V3，V9 账号，分别需要 1000 个、3000 个和 9000 个“暗黑币”购买注册，折合成人民币平均需要人民币分别为 15，000 元、45，000元和 135，000 元，账号的使用期内可以获得静态收益和动态收益。赵某、徐某、张某于审理法院所在地共发展数十人参加，并达到三级以上。审理法院认为，被告人赵某、徐某、张某以虚假“暗黑币”为传销载体，要求参加者以缴纳费用的方式获得加入资格，并按照一定顺序组成层级，直接或间接以发展人员的数量作为返利依据，引诱参加者继续发展他人参加，骗取财物，扰乱经济社会秩序，其行为均已构成组织、领导传销活动罪。

（4）法院观点：“通过注册虚假比特币交易网站并伪造网站被黑客攻击的假象，以非法占有投资人的投资款项，构成诈骗罪。”

案号：[2014]东刑初字第 1436 号

审理法院：浙江省东阳市人民法院①

案情介绍：被告人刘某、金某、黄某等人利用虚假身份信息注册所谓的“比特币”交易网站，并随意夸大、虚假宣传，诱骗投资者在该网站大额投资、炒“比特币”，在网站运营过程中，被告人刘某等人以变卖客户“比特币”的形式获取巨额非法利益，最后又伪造网站被黑客攻击的假象，关闭网站，以此侵吞客户钱财。审理法院认为，三被告人实施的前述行为符合诈骗罪的构成要件，应以诈骗罪追究刑事责任。被告人刘某、金某、黄某伙同他人以非法占有为目的，采用虚构事实、隐瞒真相的方法，骗取公民财物，数额特别巨大，其行为均已触犯刑律，构成诈骗罪。

二、美国

就数字货币而言，如前文所述，美国证监会提出针对数字货币的分类监管模式，根据权益属性不同，将数字货币分为证券类通证（Security Token）和应用类通证（Utility Token），一旦被认定是证券，就意味着该数字货币需要接受与证券一样的严格监管，其发行将可能适用美国证券法项下的 Regulation A +、Regulation D 或 Regulation S 的要求：

---

① 载中国裁判文书网：http://wenshu. court. gov. cn/content/content? DocID =65b26167 - e25c - 4209 - 937e - 78209e5e4205。

(1)Regulation A + ①

Regulation A + 并非是传统的 IPO 规则,其适用于小型初创公司,隶属于 2012 年美国 JOBS 法案的 Title IV,2015 年开始施行,被称为“mini - IPO”。该规则允许美国、加拿大注册的中小企业在 12 个月内向大众投资者公开筹集最多不超过 5000 万美元,可进行公开宣传,无限售,不涉及注册证券,需提交发行备忘录,但必须在证监会注册的国家级证券交易所进行交易。

(2)Regulation D②

根据联邦证券法,任何证券的出售都必须在证券交易委员会登记或获得豁免。证券法规定的 Regulation D 规定了一些豁免注册要求,允许一些公司提供和出售其证券,而无需向证券交易委员会登记,仅需提交“Form D”,其中包括公司发起人、董事和首席执行官的姓名、地址等信息,以及发行的相关细节信息。Regulation D 下设 Rule 504,Rule506(b)和 Rule(c)三类豁免准则。数字货币项目多采用后两者,Rule506(b)无融资金额限制,不可公开宣传,需向合格投资者发行,对合格投资者数量无限制,要求非合格投资人数量控制在 35 人以下;Rule(c)无融资金额限制,可公开宣传,但只能对合格投资者销售。发行证券后 15 日内需向美国证监会提交发行通知,且有 12 个月禁售期,必须在证监会注册的国家级证券交易所进行交易。据悉,交易平台 Unikrn 已通过该渠道进行发行融资。③

(3)Regulation S④

Regulation S 系美国证监会为保护本国投资者利益出台的离岸证券发售规则,该规则允许向非美国本土投资者离岸出售的证券豁免注册,但可能受到转售限制。离岸指投资者不在美国本土,交易市场位于境外。

美国目前对于数字货币交易所尚未出台统一的法律法规,行业内认为目前在美国,如果一个平台从事数字货币交易服务,并提供具有证券性质的数字货币交易服务,这个平台必须首先完成货币服务商(Money Services Businesses)的资质注册,并在美国证监会注册为国家证券交易所(National Securities Exchange)或替代交易系统(Alternative Trading System)。其中,国家证券交易所(National Securities Ex-

---

① NYSE:https://www. nyse. com/regulation - a.

② U. S. Securities and Exchange Commission:https://www. sec. gov/fast - answers/answers - regdhtm. html.

③ https://www. crowdfundinsider. com/2018/08/137957 - even - with - a - reg - d - filing - unikrn - ico - hit - with - class - action - lawsuit - filed - by - stritmatter - law - firm/.

④ U. S. Securites and Exchange Commission:https://www. sec. gov/rules/final/33 - 7505. htm.

change)是美国证监会项下合规要求最高的交易平台形式,实践中很难注册,目前并不被数字货币交易所的从业者所青睐,大多数数字货币交易所更加倾向于取得替代交易系统(Alternative Trading System)资质。

(一)货币服务商(Money Services Businesses,MSB)

根据《银行保密法(BSA)》和美国财政部下设的金融犯罪执法局(FinCEN)在2013年发布的声明,虚拟货币交易所及其管理者属于货币服务商,需在FinCEN注册为MSB,遵守相应的反洗钱和反恐怖主义融资活动要求。目前,FinCEN的MSB采用注册登记制度,申请注册成为MSB的流程本身并不复杂。注册申请的大部分工作可在FinCEN官网上在线填表完成,前期合规成本也不高,是目前加密数字货币交易增加自身合法性的一种常见方式,美国本土知名交易所Bittrex和Poloniex分别于2017年5月和2018年2月先后成功注册为MSB。

(二)替代交易系统(Alternative Trading System,ATS)

获得ATS资质的交易平台可以交易已在交易所上市的证券(前提是该等交易所已在SEC完成注册),但ATS平台自身无须在SEC进行登记。目前,在SEC官网上会定期公布"List of Licensed ATS" ATS平台清单。取得ATS资质需要满足相关法规中对于ATS的定义,同时须登记成为broker - dealer,且应成为SRO(自律性组织)的成员,如成为FINRA(美国金融业监管局)的成员,并遵守其他法规要求的义务,如定期报告、记录保存、交易信息保密等义务。据悉,目前许多加密货币公司正在寻求获得ATS资质,以期待可以更加合规的运作数字货币交易。

三、日本

日本在数字货币领域的立法走在了全世界前列。2017年4月1日,日本《资金决算法》生效,该法案承认比特币为一种支付方式,而不是一种货币。同时,要求交易所于2017年9月之前在日本金融服务管理局(FSA)进行注册登记,同时还必须满足很多其他要求,如交易所资本规模不得低于1000万日元并且必须拥有一种足以预防盗窃和损失的IT系统。《资金结算法》第63条第2项规定:未经内阁总理大臣登记注册,不得从事虚拟货币交换业务,即只有FSA授权的从业者才可以在日本国内从事虚拟货币交换业务,这就是著名的"登录制"。2017年9月29日,FSA发布了首批获得许可的数字货币交易所名单,有16家交易所进行了注册登记。据悉,

FSA 计划近期提高注册门槛。① 2017 年 4 月 1 日生效的《支付服务法案》中,日本监管部门对于《犯罪收益转移预防法案》进行了修订,要求比特币交易所实施比目前更加严格的 KYC 政策。交易所必须开始核查开户用户的身份,保管交易记录,并且向监管机构报告可疑交易。

总体来说,日本拥有比较完备的数字货币监管体系。日本金融厅层面的高准入门槛,申报审查制度、盘根错节的细致法规和交易所层面的行业自律[如日本虚拟货币从业者协会(JCBA)和日本区块链协会(JBA)],让不法平台无法进入主流竞争者的行列。

四、瑞士

在瑞士,数字货币的监管机构为瑞士金融市场监管局(FINMA)。2017 年 9 月 29 日,FINMA 发布了 FINMA Guidance Regulatory Treatment of Initial Coin Offerings(《ICO 监管指南》),尽管未明确提出数字货币行业的监管规则,但指出 ICO 发行方需要根据项目性质,遵守现有相关规定,包括 AML 与反恐怖融资(发行人发行的数字货币可以承担支付工具的职能的情况下,数字货币交易平台、经纪商等参与数字货币二级市场交易的主体将会受到监管);银行法的规定(ICO 发行方或接受公众存款,可能牵涉到银行牌照);证券交易法规:集合投资法规。2018 年 2 月 16 日,FINMA 发布 Guidelines for Enquiries Regarding the Regulatory Framework for Initial Coin Offerings(《ICO 监管框架询问指南》),②从 ICO 项目性质、代币分类、反洗钱、ICO 项目调查等方面阐明监管框架,为市场参与主体提供了更为清晰的指导,同时也重点关注 ICO 组织者发行代币(基于区块链的单位)的经济功能和用途,并基于此针对数字货币作出了以下分类:

(1)支付型代币(Payment token):FINMA 认为这种代币等同于加密货币,主要是作为一种支付手段或价值传递的工具。对于加密货币的发行者,FINMA 不会提出任何要求;

(2)应用型代币(Utility token):为应用程序或服务提供数字访问权限的代币;

(3)资产型代币(Asset token):代表投资人持有的发行人的股权/债权,FINMA 认为这种代币与股权/债券/衍生品类似。此外,任何帮助实体资产在区块链上转让的代币也将落入资产型代币的范畴。

---

① http://www.zubu8.com/news/2018/09/21/334226.html.

② FINMA:https://www.finma.ch/en/news/2018/02/20180216 – mm – ico – wegleitung/.

FINMA 认为,上述三种 token 并不是互相排斥的,如果同时具有两种或两种以上的特性,则须遵循多重监管的要求。FINMA 会根据 Financial Market Infrastructure Act 中对于证券的定义来确认一种 token 是否是证券,例如,其是否适用于大规模标准化交易,是否以相同的结构和金额发售等。

此外,就数字货币交易所的监管而言,瑞士监管部门也正在计划推出相应的监管法案。瑞士对于数字货币及其相关业务的监管体系较为完备,相对于其他国家监管环境也比较积极。瑞士楚格(Zug)更是被誉为“数字加密货币之谷”,2018 年 10 月,FINMA 更是首次向加密投资基金发放资产管理牌照,获得牌照的基金是瑞士楚格市企业 Crypto Finance AG 于 2017 年创立的 Crypto Fund。获得该等牌照后,该基金将可以管理瑞士境内的加密货币相关投资,并向国外宣传其业务,其还得到授权,可以向企业投资者提供投资建议。

五、新加坡

本文前半部分已经提到,新加坡作为首次代币发行的优先选择地之一,其对于数字货币的监管已做到了有迹可循。数字货币在新加坡主要受到新加坡金融管理局(Monetary Authority of Singapore, MAS)的监管。MAS 早在 2017 年 8 月 1 日已经澄清,如果数字代币构成《证券及期货法》(第 289 章)项下监管的产品,则新加坡的数字代币发售或发行将由 MAS 监管。如果数字代币属于《证券及期货法》项下定义的证券,则此类代币的发行人将被要求在提供此类代币之前向 MAS 提交和注册招股说明书,除非获得豁免,否则此类代币的发行人或中间人也必须遵守《证券及期货法》和《财务顾问法》的要求,以及反洗钱和打击资助恐怖主义的适用要求。①

根据 MAS 于 2017 年 11 月 14 日发布的《数字代币发行指引》(A Guide to Digital Token Offerings),MAS 仅针对可视作“资本市场产品”的数字代币进行监管。根据《证券与期货法案》第 2 条,资本市场产品是指任何证券、期货合同、用于外汇交易的合同或协议、用于杠杆式外汇交易的合同或协议,以及其他 MAS 可能规定为资本市场产品的此类其他产品。根据数字代币的结构、特征以及其附带的权利,数字代币在监管上可能会被视为:

➢ 股票(代表所有权关系)

---

① Monetary Authority of Singapore:http://www. mas. gov. sg/News - and - Publications/Media - Releases/2017/MAS - clarifies - regulatory - position - on - the - offer - of - digital - tokens - in - Singapore. aspx.

- 债券(代表债务关系)
- 集合性投资计划的单位份额(代表集合性投资计划的权利和权益或可获得集合性投资计划权利和权益的期权)

而针对数字代币发售平台、就数字代币提供财务咨询的个人以及数字代币交易平台,MAS也将进行监管。此外,无论数字代币发售平台和交易平台全部还是部分在新加坡外运营,MAS都可基于现行法律对相应平台进行跨境监管。向新加坡公众就数字代币提供财务咨询的个人,即使处于海外,也需遵循新加坡对财务顾问的监管。

总体来说,各国对于数字货币及其相关行业的监管态度有所不同,但就赋予数字货币一定法律地位的国家而言,其监管政策多倾向于优先将数字货币根据其性质进行法律分类(证券类或非证券类),而后套用国内现行法律进行监管;对于数字货币交易所而言,常见的监管手段则是提出注册要求、设置注册门槛、要求行业自律、明确相应的KYC(Know Your Customer)要求和税收政策。总体来说,由于数字货币的创新性,目前主流国家尚未建立成熟的数字货币监管体系,还处在不断摸索、论证和改进过程中。

第四编　金融科技热点专项分析

CHAPTER 22

第二十二章

互联网消费金融

“消费金融”(consumer finance),从广义上可以理解为给消费者提供的与消费相关的金融服务活动,从狭义上则通常被理解为满足自然人消费者对普通商品和服务(通常不包括住房和汽车)的消费需求而提供的信贷服务,一般具有金额小、期限短、无抵押等特征。近年来随着互联网的发展,降低了金融业务的准入门槛,催生了互联网金融的蓬勃发展,消费金融业务的覆盖面也逐渐扩大。此处所提及的“互联网消费金融”,通常是指从业机构借助互联网(含移动互联网)的渠道,在经营许可范围内,向消费者提供消费相关的信贷服务及信用销售服务的行为。① 在金融科技创新与消费升级的大背景下,近年来互联网消费金融展现出很强的发展活力。除了传统的消费贷,自 2016 年开始,“现金贷”业务逐渐引爆市场,在 2017 年,我们也见证了各大持牌机构依托互联网消费金融纷纷大幅盈利或者扭亏为盈,目睹了诸多消费贷产品的规模不断攀升、连创新高,各大从事互联网消费金融业务的互联网平台在这一年纷纷于美股扎堆上市。但随着监管趋严,曾经盛极一时的“现金贷”“校园贷”纷纷偃旗息鼓,在 2017 年底更是受到了监管的连环冲击,使火爆的互联网消费金融行业迅速降温。

第一节　互联网消费金融的崛起

一、传统消费金融的缘起与发展

传统消费金融业务主要是指传统金融机构从事的线下消费金融业务,从时间的推移来看,大致可分为以下几个阶段。

(1)自 20 世纪 80 年代开始,我国商业银行就开始从事消费金融相关业务,但受当时经济发展水平、市场体制及消费观念等因素制约,该等业务在整个金融机构的业务规模中占比非常小。随着 1998 年亚洲金融风暴的来临,中央出台了一系列刺激消费需求的政策举措,包括发布扩大住房信贷业务与汽车消费贷款的办法、意见,同时于 1992 年 2 月颁布《关于开展个人消费信贷的指导意见》,允许所有中资

① 《互联网金融　信息披露　互联网消费金融》(中国互联网金融协会标准 T/NIFA 2－2017)。

商业银行开办消费信贷业务,并允许其开发新的信贷品种(如消费品贷款、教育贷款、旅游贷款等)。此后我国的传统消费金融行业逐渐进入规模化发展期,消费信贷余额逐渐攀升。但从这一阶段的消费金融服务提供主体来看,仍然以银行类金融机构为主。

(2)2009 年,中央正式启动消费金融试点,以《消费金融公司试点管理办法》的出台为开端,银监会于 2010 年初批准在北京、天津、上海和成都各成立一家消费金融公司。[①] 2013 年 9 月,银监会在总结经验的基础上宣布扩大试点城市,按照"一地一家"的原则将消费金融公司试点城市增加至 16 个。[②] 2015 年国务院决定放开市场准入,将消费金融公司试点范围扩大至全国,"成熟一家,批准一家",银监会的金融许可证信息查询系统显示,截至 2018 年 10 月,已有 22 家持牌消费金融公司。另外,传统线下小额贷款公司也在此阶段如雨后春笋出现,为广大用户的消费信贷需求提供各类服务,消费金融市场变得越发活跃。

(3)近几年,国家陆续出台政策鼓励消费金融的发展,特别是在支持消费升级的大背景下,鼓励各从业主体针对细分市场提供特色服务,拓宽消费金融机构多元化融资渠道,使传统消费金融市场步入新的发展阶段。加上互联网金融的逐渐升温,线下的传统消费金融在受到一定冲击的同时也开始寻求突破,实现传统金融业务与服务的转型升级。越来越多的消费金融机构开始与互联网平台进行合作,创新消费金融产品的销售与管理模式。从这一角度而言,传统的消费金融业务也开始慢慢从线下走入线上。

目前阶段,商业银行仍然是传统消费金融市场资金方的主力军,主要产品形式是消费贷款和信用卡。但一方面,金融机构消费贷款的渗透率、信用卡发卡量和人均信用卡的持有数量等与发达国家相比仍存在较大差距;另一方面,我国的金融机构消费贷款大多数以中长期贷款为主,难以满足借款人的短期消费需求。总体来说,这一市场还存在巨大的发展空间,这也是目前互联网消费金融迅速崛起的重要原因之一。

---

① 首批四家消费金融公司分别是:北银消费金融有限公司、捷信消费金融有限公司、中银消费金融公司和四川锦程消费金融有限责任公司。

② 新增沈阳、南京、杭州、合肥、泉州、武汉、广州、重庆、西安、青岛 10 个城市参与消费金融公司试点工作,此外根据内地与港澳关于建立更紧密经贸关系的安排(CEPA)合格的香港和澳门金融机构可在广东(含深圳)试点设立消费金融公司,自此消费金融公司试点城市达到 16 个。

二、互联网消费金融的崛起

在传统消费金融发展过程中的一些难点和痛点开始显现，如缺乏消费场景、用户群体难以下沉、风险容忍度低、办事效率低等。在此背景下，互联网消费金融在各种因素的推动下悄然兴起：(1)国民收入的增长及广大人民群众消费观念的改变给整体消费市场的爆发提供了坚实基础；(2)日新月异的互联网科技发展为互联网消费金融带来了大数据、云计算、人工智能、移动支付等技术手段，使线上风控、线上放款与还款等更加灵活快捷的方式成为可能；(3)互联网巨头的推动也功不可没，天猫“双十一”、京东“618”等人造购物狂欢节引爆互联网消费热点，各种创新型互联网消费金融产品如“花呗”“京东白条”“借呗”“微粒贷”等层出不穷，在获客、风控、运营等方面更具有灵活性，也激发了普通用户的消费金融需求；(4)在“拉内需、促消费”的宏观政策背景下，“消费金融”“普惠金融”目前都属于国家重点扶持的行业领域，为互联网消费金融的发展提供了巨大的发展空间；(5)同时涌现的诸多资金主体如民营银行、消费金融公司、网络借贷信息中介平台、互联网小额贷款公司、保理公司等发挥各自优势，提供了更加多样化的产品及服务。

在2013年之前，中国的互联网消费金融尚处于萌芽阶段，自余额宝引爆互联网金融之后，这一行业也逐渐进入了加速发展期，分期乐、京东白条、趣分期等纷纷上线①，以电子商务企业为代表，将互联网消费经济与互联网金融模式进行结合。2015年十部委联合发布的《关于促进互联网金融健康发展的指导意见》，鼓励银行、消费金融公司等金融机构依托互联网技术，实现传统金融业务与服务的转型升级，积极开发基于互联网技术的新产品和新服务。支持有条件的金融机构建设创新型互联网平台开展互联网消费金融等业务，我国的互联网消费金融市场也不断扩大，到2016年和2017年迎来大爆发。根据艾瑞咨询的研究，我国互联网消费金融放贷规模从2012年的18.6亿元增长至2017年的4.38万亿元，占全国短期消费贷款规模的68%，其年均复合增长率维持200%以上。② 近两年，互联网消费金融发展日趋成熟，已初步形成了一条完整的产业链，从资金端、资产端和服务端全方位覆盖互联网消费金融“贷前审核、贷中管理、贷后服务”的各个环节。（见图4－22－1）

---

① 2013年8月，分期乐成立；2014年2月，京东白条上线；2014年3月，趣分期上线。

② 参考艾瑞咨询《2017年中国互联网消费金融行业报告》。

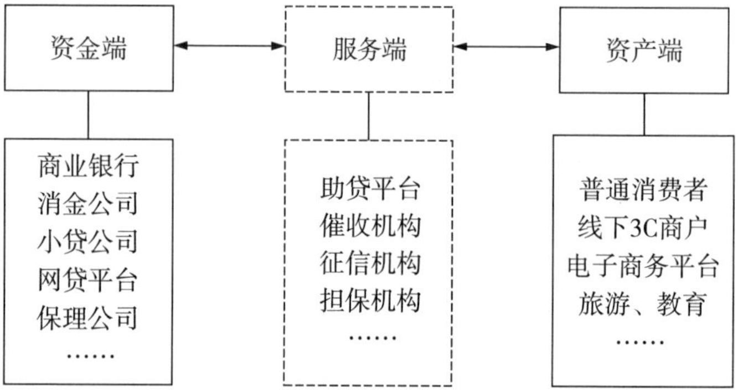

图 4－22－1　互联网消费金融的产业链

第二节　互联网消费金融的运行模式

当前互联网消费金融的运行模式基本可以按照以下方法进行分类:一是按照运营主体不同进行分类,可大致分为传统银行系、传统消费金融公司、互联网巨头和其他中小互联网平台;二是根据消费金融的产品类型不同分为消费分期和现金贷。

一、主要运营主体

互联网消费金融主要运营主体的比较见表 4－22－1。

表 4－22－1　互联网消费金融主要运营主体的比较

主体	发展现状	优势	劣势
传统银行系	(1)银行是信用卡、传统面签消费金融的主要提供方。 (2)正积极推广现金贷业务,有望通过资金成本优势,向广大存量用户提供预授信额度,实现线上放贷,进一步做大消费金融业务	(1)资金成本低 (2)庞大的客户存量	(1)缺乏消费场景、无法下沉 (2)用户体验差 (3)风险容忍度低

续表

主体	发展现状	优势	劣势
传统消费金融公司	(1)监管层对持牌消费金融公司的监管要求相对明确,有利于其合规经营,规避监管风险。 (2)除少数电商背景的消费金融公司外,大部分是与零售商、服务商、商户网点合作,主要提供线下放贷及分期服务。 (3)运行模式比较传统,依赖央行征信,缺乏多维信用信息,线下办理虽保障风控,但业务办理效率低	(1)资金成本较低 (2)有一定风险容忍度	(1)业务办理效率低 (2)多数没有场景 (3)风险容忍度不高 (4)资金来源受限
互联网巨头	(1)或拥有消费场景,或者掌握了主要的流量入口,这使客户申请消费贷款非常便捷,同时客户在平台上的网购、社交行为使信用评估更加准确。 (2)多具有雄厚的客户基础,也有的大数据积累。 (3)更注重用户体验,营销意识和营销能力也远超传统金融机构。 (4)多已布局自己的金融牌照	(1)有消费场景和技术优势 (2)流量多数据全 (3)注重营销和用户体验	(1)资金成本更高 (2)互联网属性重、金融属性轻
中小互联网平台	(1)在消费场景中专注于某一细分领域,如培训、租房、教育等,围绕细分领域的用户消费金融需求,平台为用户提供消费金融服务。 (2)由于自身往往没有金融牌照或者风控能力,需要和资金方合作	专注细分领域	(1)资金成本高 (2)风控能力弱 (3)缺少成熟的金融团队

二、产品类型

根据消费金融是否依托于场景、放贷资金是否直接划入消费场景中,可以将消费金融业务分为消费贷和现金贷。消费分期一般指在具体消费场景下,由各种金融持牌机构或由消费场景提供赊销的方式为消费者提供资金融通,消费者进行分期付款还款的金融产品。

而“现金贷”这一模式来自美国“Payday Loan”,之前虽然已经多次出现在我国有关互联网金融监管的政策文件中,但对于其准确的定义和标准,一直没有官方口径或者明文规定。网贷整治办在2017年4月18日下发的《关于开展“现金贷”业务活动清理整顿工作的补充说明》中没有规定现金贷的确切定义,但是对现金贷业务活动的四大特征进行了概括,包括:(1)平台利率畸高;(2)实际放款金额与借款合同金额不符;(3)无抵押、期限短;(4)依靠暴利覆盖风险,暴力催收。2017 年 12 月 1 日,互联网金融风险专项整治工作领导小组办公室、141 号文,同样对于何种业务构成"现金贷"没有准确的定义,但提及了"现金贷"的四大特征:"无场景依托、无指定用途、无客户群体限定、无抵押。"因此可以明确的是,此前市场上很多小额、无使用场景、借款人可以即时提现到账使用的产品都属于"现金贷"的范畴。基于监管部门确定的上述现金贷特征,就目前的市场实践而言,以下几种互联网金融产品可能可以跳出 141 号文的范畴:(1)有明确消费场景并采用受托支付方式的"消费分期",包括购物贷、教育贷、美容贷、车贷等;(2)企业或者商户的经营性贷款;(3)房抵贷或车抵贷等有抵押或质押担保的贷款。消费贷和现金贷的差别如表 4-22-2 所示。

表 4-22-2 消费贷和现金贷的差异

类型	消费贷	现金贷
场景	有场景,无论线下和线上	纯线上操作,没有场景
资金流向	消费分期中获得的资金直接支付给店铺(消费场所),用于支付消费者在消费商品过程中所需费用	资金直接支付给借款人,借款人拿到资金后可自由支配
人力成本	需要依托商户、门店的扩大才能形成规模效应,一旦铺设线下,人力成本则非常高	纯线上,在数据分析和量化技术支持的基础上,所有的放款操作都是由系统审批,人力成本低

第三节 现金贷监管法规概述

一、141 号文之前的监管梳理

现金贷作为新兴的互联网金融细分领域,"以高利率覆盖高违约率"是其典型模式,在 141 号文出台之前,对现金贷业务存在影响的政策法规包括有关校园贷、首付贷的相关法规以及早期对于现金贷业务提出的监管要求,如表 4-22-3 所示。

表 4－22－3 调整现金贷的相关政策法规

类别	文件名称	相关规定
早期现金贷政策	《中国银监会关于银行业风险防控工作的指导意见》(银监发〔2017〕6 号)	做好“现金贷”业务活动的清理整顿工作。网络借贷信息中介机构应依法合规开展业务,确保出借人资金来源合法,禁止欺诈、虚假宣传。严格执行最高人民法院关于民间借贷利率的有关规定,不得违法高利放贷及暴力催收
	《关于开展“现金贷”业务活动清理整顿工作的通知》(网贷整治办函〔2017〕19 号)	部分平台存在三个突出问题:一是利率畸高;二是风控基本为零,坏账率极高;三是利滚利让借款人陷入负债危机
	《关于开展“现金贷”业务活动清理整顿工作的补充说明》(网贷整治办函〔2017〕20 号)	对具有下列特征的平台应当予以重点关注:(1)平台利率畸高;(2)实际放款金额与借款合同金额不符;(3)无抵押,期限短;(4)依靠暴利覆盖风险,暴力催收
校园贷相关政策	《关于进一步加强校园贷规范管理工作的通知》(银监发〔2017〕26 号)	鼓励商业银行和政策性银行进一步针对大学生合理需求研发产品,提高对大学生的服务效率,补齐面向校园、面向大学生金融服务覆盖不足的短板。要求从事校园贷业务的网贷机构一律暂停新发校园网贷业务标的,并根据自身存量业务情况,制订明确的退出整改计划
	《中国银监会关于银行业风险防控工作的指导意见》(银监发〔2017〕6 号)	重点做好校园网贷的清理整顿工作。网络借贷信息中介机构不得将不具备还款能力的借款人纳入营销范围,禁止向未满 18 周岁的在校大学生提供网贷服务,不得进行虚假欺诈宣传和销售,不得通过各种方式变相发放高利贷
	《关于进一步加强校园网贷整治工作的通知》(银监发〔2016〕47 号)	网络借贷信息中介开展校园网贷业务要严格突出“四不得”:不得向未满 18 周岁的在校大学生提供网贷服务;不得以歧视性欺骗性语言或其他手段进行虚假欺诈宣传;不得自行或委托、授权第三方在互联网等电子渠道以外的物理场所进行宣传、推介项目或产品;不得变相发放高利贷,或采取非法催收等手段胁迫借款人还款
首付贷相关政策	《国务院办公厅关于印发互联网金融风险专项整治工作实施方案的通知》(国办发〔2016〕21 号)	从事房地产金融业务的企业应遵守宏观调控政策和房地产金融管理相关规定。规范互联网“众筹买房”等行为,严禁各类机构开展“首付贷”性质的业务

续表

类别	文件名称	相关规定
首付贷相关政策	《关于加强房地产中介管理促进行业健康发展的意见》(建房〔2016〕168 号)	规范中介机构与金融机构业务合作。中介机构提供住房贷款代办服务的,应当由委托人自主选择金融机构,并提供当地的贷款条件、最低首付比例和利率等房地产信贷政策,供委托人参考。中介机构不得强迫委托人选择其指定的金融机构,不得将金融服务与其他服务捆绑,不得提供或与其他机构合作提供首付贷等违法违规的金融产品和服务,不得向金融机构收取或变相收取返佣等费用。金融机构不得与未在房地产主管部门备案的中介机构合作提供金融服务
	《中国银监会关于银行业风险防控工作的指导意》(银监发〔2017〕6 号)	分类实施房地产信贷调控。认真落实中央经济工作会议精神,明确住房居住属性。坚持分类调控、因城施策,严厉打击"首付贷"等行为,切实抑制热点城市房地产泡沫,建立促进房地产健康发展的长效机制
	《中国银监会关于提升银行业服务实体经济质效的指导意见》(银监发〔2017〕4 号)	因地因城施策,促进房地产市场长期稳健发展。银行业金融机构要牢牢把握住房的居住属性,分类调控、因城施策,落实差别化住房信贷政策。严禁资金违规流入房地产市场,严厉打击"首付贷"等行为,切实抑制热点城市房地产泡沫

二、141 号文及其影响

1. 核心原则

141 号文首先确立了现金贷和助贷业务开展的几大核心原则,具体内容及影响如表 4 – 22 – 4 所示。

表 4 – 22 – 4　141 号文的具体内容及影响

原则	具体内容及影响
必须持牌	从事"现金贷"必须有经营放贷业务资质,未依法取得经营放贷业务资质,任何组织和个人不得经营放贷业务
息费合并计算融资成本	资金成本上线采用了最高人民法院关于民间借贷利率的规定,明确了是利率和费用的综合计算,且要求资金成本需要折算为年化形式。这基本颠覆了绝大多数"现金贷"平台盈利的逻辑,就是高收益覆盖高风险,并且以年化形式也会更直观地让借款人认识到综合成本到底有多高。同时,本规定将受限于综合息费上限的范围扩大到了"各种费用","现金贷"平台很难再通过其他形式变相提高费用,诸如在出借资金时捆绑销售保险或者 VIP 会员卡的变相收费模式可能都不合规

续表

原则	具体内容及影响
KYC（“了解你的客户”）	不得以任何方式诱致借款人过度举债，使贷款人陷入债务陷阱，不得向无收入来源的借款人发放贷款，单笔贷款的本息费债务总负担应明确设定金额上限，贷款展期次数一般不超过2次。这实际上针对的就是目前“现金贷”平台诱导借款人以贷养贷，多头借贷，使借款人背负高额负债的行业现状
审慎经营	加强风险内控，谨慎使用“数据驱动”的风控模型，不得以各种方式隐匿不良资产。监管层意识到目前很多“现金贷”平台所谓的大数据风控，以及超低的不良资产率的真实情况，因此特别提出了该点原则
不得暴力催收	针对市场上出现的诸多暴力催收事件所引发的舆论关注，监管部门对于催收问题时刻关注，这也是监管一直反复在强调的原则
信息保护	加强客户信息安全保护，不得滥用客户隐私信息，不得非法买卖或泄露客户信息。信息保护也是目前监管一直强调的内容，尤其是“现金贷”平台，很多会将客户的信息非法售卖给别的平台牟取利益，此次新规将进一步规范现金贷平台获取、分享和使用客户授权使用的个人信用评价维度数据的行为

2. 严控资金端

141号文还以严控资金端（包括小额贷款公司、银行业金融机构、网贷平台等）作为切入点，对现金贷业务提出了相应的合规要求。

（1）小额贷款公司

“控牌照”。暂停新批设网络（互联网）小额贷款公司和小额贷款公司跨省（区、市）开展小额贷款业务，对已经批准筹建的，要求暂停批准开业。对于批设部门不符合国务院有关文件的，要求重新核查业务资质。这意味着即使是目前已经批准设立的网络（互联网）小额贷款公司，如果批设部门本身批设的职权有瑕疵，也可能会丧失该牌照。但目前批设部门需要符合国务院什么样的文件要求，尚不得而知。有关监管部门很可能会进一步出台统一的、高门槛的、有互联网企业经营资质的小贷公司标准。

“控资产”。要求网络（互联网）小额贷款公司暂停发放“现金贷”，并且明确其要防范“以贷养贷”“多头借贷”等行为；禁止发放“校园贷”和“首付贷”；禁止发放贷款用于股票、期货等投机经营。

“控资金”。禁止网络（互联网）小额贷款公司通过互联网平台或地方各类交易场所销售、转让及变相转让本公司的信贷资产。这意味着现在很多网络（互联网）

小额贷款公司通过互联网平台或者地方交易所转让资产包以获取资金的方式无以为继,债权收益权转让模式也可能难以为继。而且,从措辞来看,该禁止针对的是小额贷款公司本身,而非“现金贷”资产包。此外,141 号文还要求,以信贷资产转让、资产证券化等名义融入的资金应与表内融资合并计算,合并后的融资总额与资本净额的比例暂按当地现行比例规定执行。这一杠杆限制,实际上使目前很多网络(互联网)小额贷款公司通过场内资产证券化方式不断释放资本以开展业务的模式很可能无法延续了。

(2)银行业金融机构

“限主体”。限定的主体包括银行、信托公司、消费金融公司等金融公司,这些也是目前市场上“现金贷”平台主要对接的金融机构资金方。此外 141 号文还重申银行业金融机构需要遵守《个人贷款管理暂行办法》的规定。

“禁联合”。银行业金融机构不得以任何形式为无放贷业务资质的机构提供资金发放贷款,不得与无放贷业务资质的机构共同出资发放贷款。

“反外包”。银行业金融机构与第三方机构合作开展贷款业务的,不得将授信审查、风险控制等核心业务外包。这意味着即使“现金贷”平台提供了信贷审查、风控服务,银行业金融机构依然要独立履行该责任。虽然目前实践中,一般的银行业金融机构还是会进行二次审核,但也有银行业金融机构基本依赖于助贷平台,这条规定意味着这类银行业金融机构需要调整自己的业务模式。

“限资产”。银行业金融机构及其发行、管理的资产管理产品不得直接投资或变相投资以“现金贷”“校园贷”“首付贷”等为基础资产发售(类)证券化产品或其他产品。

(3)网络借贷信息中介平台

141 号文特别强调了如下事项:

①不得为在校学生、无还款来源或不具备还款能力的借款人提供借贷撮合业务;以及

②不得提供“首付贷”、房地产场外配资等购房融资借贷撮合服务,不得提供无指定用途的借贷撮合业务。

另外,P2P 网络借贷风险专项整治工作领导小组办公室于 2017 年 12 月 8 日发出的《关于做好 P2P 网络借贷风险专项整治整改验收工作的通知》(网贷整治办函〔2017〕57 号,以下简称 57 号文)规定,各地应当继续做好对“现金贷”的清理整顿工作,要求辖区内网贷机构依照 141 号文的相关要求开展业务。

第四节　互联网消费金融的经典产品模式

一、“白条”模式

“白条”或“京东白条”，是京东推出的“先消费、后付款”的全新支付方式，在京东网站使用白条进行付款，可以享受最长30天的账期内延后付款或者最长24期的分期付款。2014年2月13日，京东白条正式上线测试，但当时只是基于白名单制向部分用户开放，自2014年5月23日起正式面向全部京东用户。2016年白条开始去京东化策略，升级品牌并启用独立域名baitiao.jd.com。此外，白条还打通了京东体系内的O2O(京东到家)、全球购、产品众筹，后来又逐步覆盖了租房、旅游、装修、教育、婚庆等领域，覆盖了更多的消费场景。总的来说，白条从诞生至今经历了三个发展阶段，其业务模式也从赊购服务延伸到提供信用消费贷款。

在白条1.0阶段，用户申请白条付款只能用于购买京东商城的自营商品。用户在登录京东商城主页后，可以在白条专区填写相关身份信息和联系信息后申请激活，而京东则会根据用户此前在京东商城的消费记录等信息进行评估，并给予用户对应的信用额度。在此阶段，白条实质是信用付款服务，即赊销模式。(见图4-22-2)京东自营店为消费者提供产品和服务，即对消费者享有应收账款，在赊销模式下，由于只有京东和消费者两方主体，没有其他第三方参与，京东可以允许消费者延迟付款，此时并未产生新的债权债务关系和现金流活动，也不涉及京东提供信贷服务。而京东作为卖方另辟蹊径，在个人消费领域特别是电子商务领域的赊销较为少见的时候，通过产品赊销撬动了巨大的消费金融市场。

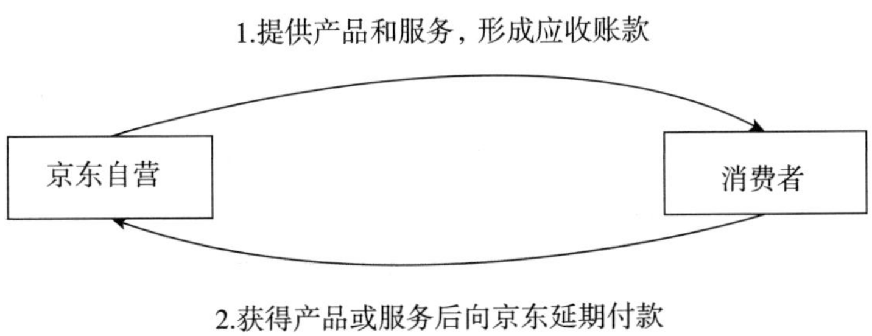

图4-22-2　白条1.0:赊销模式

白条2.0阶段，适用范围从京东自营扩展到京东商城入驻的第三方商家。在白条1.0阶段,京东可以凭借其本身作为卖方的地位允许消费者延期付款,但在2.0阶段,由于京东商城入驻的第三方商家与京东并无关联,且京东商城作为平台方在此等情况下并不直接向消费者销售商品,但其基于第三方商家的授权统一向消费者代收货款,并依靠其与第三方商家的结算周期人为地创设出一个延期付款时间段,在消费者于延期时间届满并支付货款后,再与商家结算,究其本质,这个阶段的白条模式乃“基于委托收款的赊销模式”。(见图4－22－3)

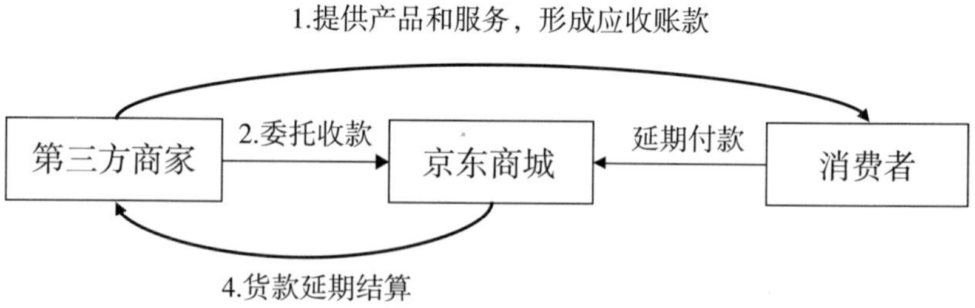

图4－22－3　白条2.0:基于委托收款的赊销模式

白条3.0阶段,“白条+”问世了,这是京东在白条基础上开发的一系列信用支付产品,覆盖了租房、旅游、装修、教育等诸多消费场景,为更多消费者提供消费金融服务。在这一阶段,京东引入了旗下的小额贷款公司和保理公司,商家向消费者提供产品和服务后,消费者通过京东申请的白条实际上是向京东的小额贷款公司申请信用贷款或者通过保理公司购买应收账款,在申请通过后,京东旗下的小额贷款公司以受托支付的方式向商家支付本应由消费者支付的货款以完成信用贷款的发放,或者由保理公司向商家购买应收账款。消费者之后的分期付款,则实际上是偿还小额贷款公司的借款或者是向保理公司支付应收账款。此时京东白条已经与京东商城的平台环境逐渐分离,作为一款相对独立的消费信贷产品而非信用赊销产品嵌入不同的消费场景。(见图4－22－4)

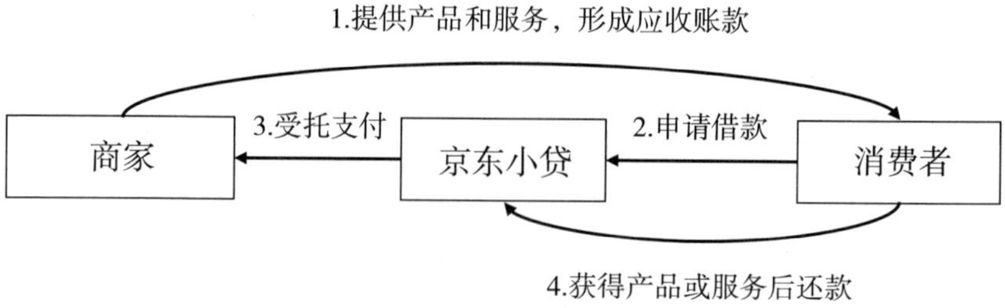

图4－22－4　白条3.0:消费信贷模式(以小额贷款公司为例)

二、“借呗”模式

与模式不断演变的京东白条不同，“蚂蚁借呗”或“借呗”则是蚂蚁金服旗下一款纯粹的个人消费信贷产品。用户可以通过支付宝平台申请开通蚂蚁借呗，蚂蚁金服旗下的小额贷款公司（如重庆市蚂蚁商诚小额贷款有限公司）则会根据申请用户的芝麻信用分，用户在淘宝、支付宝等平台的使用记录和交易习惯以及综合其他参考因素，给予用户一定的授信额度，用户通过借呗向小额贷款公司申请的借款将直接发放至个人的支付宝余额账户或转入其绑定的银行卡账户。（见图4－22－5）

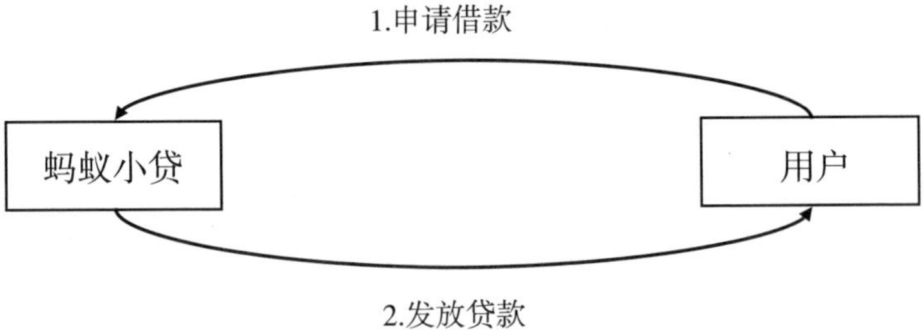

图4－22－5　“借呗”模式

在141号文出台后，由于借呗仅要求借款人勾选指定的借款资金用途而未实际审核，且相关款项会直接发放至借款人的支付宝账户或银行账户而难以监管，其是否满足“特定场景”和“特定用途”的要求仍然存疑，因此关于借呗是否属于现金贷的争议甚嚣尘上。另外，由于小额贷款公司发放贷款本身受限于杠杆率的要求难以做大规模，此前蚂蚁金服依托借呗产品发行多期ABS产品获得了诸多低成本资金，最终撬动了千亿杠杆。但141号文出台后，明确小额贷款公司“以信贷资产转让、资产证券化等名义融入的资金应与表内融资合并计算”，借呗的资金来源受到了很大程度的限制。为此，借呗开始进行服务升级，由此前的单一小额贷款公司放款变为了与银行、消费金融公司等联合放款。

三、“联合贷款”模式

互联网消费金融的浪潮中涌现出京东的白条、阿里的借呗，自然也少不了腾讯的身影，这次腾讯带来的是“联合贷款”。依托腾讯旗下的手机QQ和微信平台，微众银行（腾讯牵头发起的中国首家互联网银行）的“微粒贷”产品增速惊人，除了流量支持外，微众银行的成功因素之一便是其与几十家银行开展联合贷款业务，而这种模式可以分散风险和流动性压力。

所谓联合贷款,一般是指贷款人与合作机构(均为持牌的放贷机构)基于共同的贷款条件和统一的借款合同,按约定比例出资,联合向符合条件的借款人发放的互联网贷款。根据此前网络流传的银监会《关于就联合贷款模式征求意见的通知》,联合贷款包括以下环节。

(1)由银行和合作机构通过书面协议,确定双方出资比例、合作规模、合作期限等;

(2)合作机构在银行开立备付金账户,并存入充足资金作为贷款发放头寸;

(3)双方共同确定客户筛选标准,筛选出联合贷款目标客户并进行联合授信;

(4)通过授信审批的客户通过互联网渠道自助发起借款申请,系统后台进行欺诈判断后,在极短的时间内发放贷款;

(5)银行与合作机构每日对账,确保账实相符。

联合贷款的常见交易结构如图 4 –22 –6 所示。联合贷款下的不同优势及职责分配如图 4 –22 –7 所示。

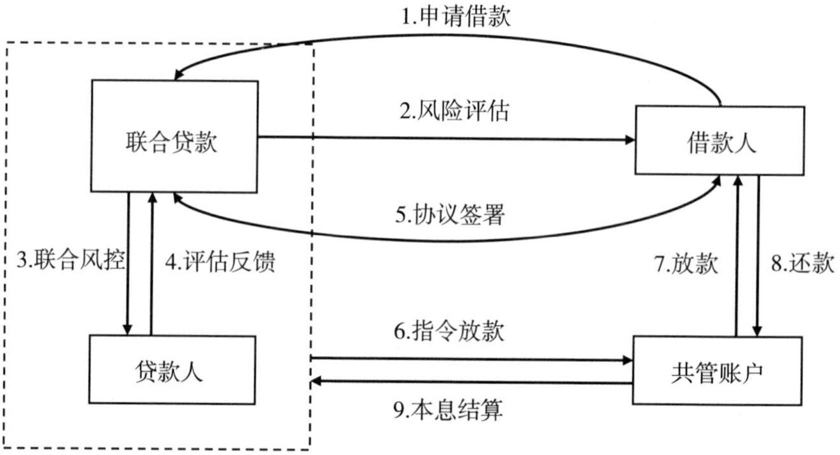

图 4 –22 –6　联合贷款的常见交易结构

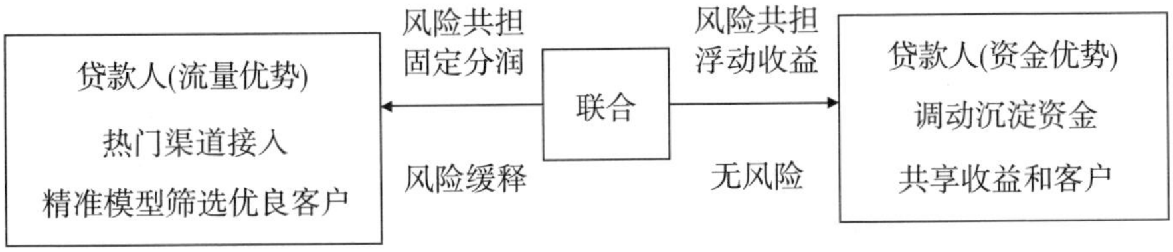

图 4-22-7　联合贷款下的不同优势及职责分配

从商业逻辑来看,通常而言联合贷款的不同贷款方分别具有资金优势与流量优势,而二者的结合可以实现"1+1>2"的商业效果。其中的合作重点一般为:(1)客户审批问题,即业务流程是否清晰,有无将风险控制进行外包;以及(2)资产质量问题,即对合作方如何把控,如何对资产质量进行持续性监督和管理。但"哪里有风险,哪里就有监管",2018 年 11 月有媒体报道的《商业银行互联网贷款业务管理办法》可能会出台,如果该规定出台,势必会对目前大量参与联合放贷并且主要作为客户推荐方的互联网银行产生重大影响,其原来的业务模式为了合规目的必然要进行调整。另外,此前在联合贷款业务中参与的农村商业银行、城市商业银行、村镇银行等经营范围受到地域限制的银行,原则上不得在其所在区域外从事贷款业务,其通过互联网发放贷款很可能导致其实际经营范围超出所在区域,从而面临合规风险。根据银保监会于 2019 年 1 月 4 日发布的《关于推进农村商业银行坚守定位 强化治理 提升金融服务能力的意见》,农村商业银行应当严格审慎开展综合化和跨区域经营,原则上机构不出县(区)、业务不跨县(区),当年新增可贷资金应主要用于当地。另外,浙江银保监局也下发《关于加强互联网助贷和联合贷款风险监管提示的函》(浙银保监便函〔2019〕9 号),要求城市商业银行、民营银行开展互联网联合贷款业务,应坚守"立足当地、服务当地、不跨区域"的定位。凡此种种,均反映了监管层对于规范银行参与联合贷款业务的态度,而联合贷款何时能够走向理性发展的道路让我们拭目以待。

小　结

展望未来,互联网消费金融的发展可能呈现以下几个特征:一是消费场景化,最关键的就是基于消费场景的体验。此外,个人消费贷款是和消费场景相结合来获取借款客户的,借款目的更明确,反欺诈审核也更精准。二是细分化和垂直化,消费金融正在向更加细分化和垂直化的方向发展,根据不同人群、不同消费产品的互联网消费金融产品分化得越来越细,而细分、垂直化带来的也是行业的优化,每个领域,每一条行业线,都有更为专业的互联网消费金融公司出现。三是普惠金融的性质更加凸显,互联网特别是移动互联网技术在消费金融领域的应用,使消费金融服务更具普惠性和覆盖性,不仅覆盖到生活消费的各个场景,还能够覆盖更多的中低端用户群体。

由于监管政策出台、资金成本攀升,支撑互联网消费金融飞速发展的红利已然不再,但不可否认的是,在消费升级大浪潮驱动下,未来几年消费金融市场潜力广阔,互联网金融机构、电商、支付机构都在厉兵秣马鏖战消费金融大市场,整个消费金融市场成为蓝海市场,各方在其中各自发挥所长,借助大数据、人工智能等新技术,在消费金融市场找到自己的一片发展空间,让消费金融市场焕发应有的活力和潜力,成为金融生长的一种新常态、新生态,行业将逐步回归到自身产品需求、机构业务能力驱动的时代。

CHAPTER 23

第二十三章

互联网汽车金融

汽车金融业务是指汽车的生产、流通与销售环节中融通资金的金融活动，在此过程中金融机构等资金提供方为汽车生产厂商、汽车经销商、汽车消费者等资金需求方提供资金支持。通过互联网开展的汽车金融业务是本书前文介绍的互联网金融基础业态在汽车产业链中的具体表现，以最直观的汽车消费贷款为例，就是互联网消费金融和P2P网络借贷在汽车领域的运用。

我国的汽车金融业务最早可以追溯到20世纪90年代：1993年北方兵工汽贸首先提出分期付款购车的概念；1995年上汽集团与国内金融机构联合推出汽车贷款，两者都是蜻蜓点水般的尝试，业务规模很小。2004年《汽车金融公司管理办法》颁布后，我国的汽车金融业务才步入了专业化、正规化的发展阶段，至今已经走过了14个年头。在此期间内，我国的汽车销量迅速增长，众多外资汽车厂商的本土化建设，汽车产能的整体提升，新能源汽车伴随着消费升级的发展都刺激着车辆购置需求的释放。但是作为配套服务的汽车金融业务，也是汽车产业链中的高利润贡献点，发展速度还是远远不及车辆的销售，汽车金融产品的市场渗透率显示我国的汽车金融产品还远远不及发达国家普及。

汽车金融领域的传统玩家主要包括商业银行、汽车金融公司、融资租赁公司等。目前几乎所有主流的汽车生产厂商和优质的经销商已经完成了汽车金融公司或融资租赁公司的设立，配套主业而进行产融结合，对于促进汽车消费起到了极大的推动作用，也帮助汽车生产厂商提前锁定了金融利润的制高点。另外，随着互联网技术的发展，汽车金融业务也从线下走向了线上，传统金融机构自建了线上平台，新兴的互联网汽车交易平台、互联网消费金融公司和P2P网络借贷机构也都开始提供汽车金融服务，其中更不乏BAT这类互联网独角兽的资本布局，给商业银行、汽车金融公司带来了巨大的竞争压力。网贷天眼2017年的统计数据显示，在正常运营的P2P平台中，从事汽车金融业务（在P2P领域又经常叫作车贷业务）的平台占比约为50%，占据了P2P业务的半壁江山。同时，互联网汽车金融业务在大数据分析、在线支付、用户体验方面的持续创新，也进一步繁荣了汽车金融市场的商业模式。

在深入了解互联网汽车金融的产品模式之前，我们可能需要一个专门的段落来介绍汽车金融的产生背景与发展态势。

第一节 互联网汽车金融的市场背景

一、汽车行业的发展概述

根据中国汽车工业协会发布的数据,2017 年我国汽车市场呈现产销两旺的态势,全年我国汽车产量为 2901.5 万辆,销量达 2887.9 万辆,已经连续 9 年蝉联全球第一。从产销量上看,虽然中国早已经成为全球最大的汽车市场,并且在过去 10 年间涨幅迅猛,但从人均数据来看,中国每千人的汽车保有量只有 150 辆左右,远远低于韩国的 370 辆和日本的 600 辆,这一数字也远低于经济合作与发展组织成员国家的平均水平,中国汽车保有量的低迷预示着我国汽车市场还有很大的提升空间。这一乐观的预期还可以从消费侧和供给侧两个维度得到印证。

从消费侧的角度出发,2001 年以来越来越多的中国家庭开始购买乘用车,10 年来乘用车市场在一、二线城市取得了快速的发展。2007 ~ 2008 年,一线城市进入了置换周期(出售旧车及购买新车)和购置二手车周期,因此带来了一场消费升级。与此同时,乘用车开始进入三、四线城市,这些地区以及中西部地区的车辆普及率仍然处于较低水平。持续的城市化进程、增长的消费者购买力和支持提高居民消费的政策举措预示着未来几年中国汽车市场会保持持续增长,而目前发展相对薄弱的三、四线城市及中西部地区以及二手车市场,无疑将成为我国汽车行业未来发展中新的增长点。

从供给侧的角度出发,截至 2016 年底,汽车行业拥有规模以上企业 14,110 余家,工业增加值同比增长 15.5%,对经济增长的贡献率高达 4.5%,实现主营业务收入 80,185.8 亿元,实现利润总额 6677.4 亿元,完成固定资产投资 12,037 亿元。毫无疑问,汽车产业仍然是我国的经济支柱产业之一。

二、汽车金融的发展概述

大产业势必随着大金融。根据中国银行业协会汽车金融专业委员会的统计,2014 年我国汽车金融市场整体规模已经达到了 7000 亿元(包含汽车销售过程中对消费者和经销商提供的各项融资及其他金融服务的余额),到 2016 年这一数字超过了 11,000 亿元,正式步入了万亿级别。随着市场规模每年超过 20% 的增速,我们预计 2018 年我国汽车金融市场规模将达到 1.5 万亿元,2020 年将达到 2 万亿元。

然而，在市场规模快速复合增长的背后，我国的汽车金融渗透率与发达国家相比仍然存在较大的差距。根据罗兰贝格咨询公司和建元资本联合发布的《2018 中国汽车金融报告》，2018 年我国汽车金融渗透率接近 40%，预计将于 2020 年超过 50%。相较于欧美市场 70%～80% 的渗透率水平，我国目前的汽车金融产品的接受程度仍然较低，相应地，也预示着汽车金融产品仍然具有很大的发展空间。

在渗透率数据的背后，汽车消费群体的年轻化，个人信用评价体系的完善和相关法律法规的健全是推动汽车金融行业继续快速发展的三大驱动因素。

（一）消费群体年轻化，汽车金融接受度提高

由于“80 后”逐渐成为我国市场的主体消费人群，他们对于汽车贷款、融资租赁模式的接受度更高。根据德勤的中国汽车消费者研究，近 9 成的“80 后”消费者计划在未来 5 年内购买或者租赁汽车，而造成“80 后”消费者不买或暂缓买车的主要原因是经济负担较大；“80 后”消费者作为互联网的原住民，对于互联网金融产品的接受度较“60”“70”人群更高，汽车金融产品恰好可以有效地解决“80 后”人群的消费痛点，帮助他们以较低的启动资金购置车辆。

（二）金融科技快速发展，汽车金融风控质量提高

近年来，由于金融科技的快速发展以及大数据技术在个人风控审核方面的广泛应用，汽车金融领域的风控技术水平得到了显著提高。此外，2018 年 2 月 22 日，我国首张个人征信牌照正式落地。百行征信申请设立个人征信机构获得人民银行的许可，其个人征信牌照有效期至 2021 年 1 月 31 日。

个人征信牌照的落地，更有助于解决金融领域一直难以解决的信息分割问题，在传统的人行征信和民间第三方数据公司之外，增加个人征信信息的真实且有效供给。汽车金融公司、融资租赁公司和互联网汽车金融机构在大数据技术和民间第三方数据风控的基础上，可以进一步借助这类个人征信机构，在贷前审核、贷中监控、贷后管理等各个环节建立风控模型，提高汽车金融业务的风控质量。

（三）相关法律法规健全，汽车金融发展基础夯实

为了促进汽车金融行业的快速发展，我国的监管部门也陆续出台政策规范行业发展，并提供政策支持，拓宽汽车金融公司的融资渠道，包括鼓励汽车金融公司通过信贷资产证券化的方式补充经营性资金。目前我国在汽车金融行业现行有效

的政策法规主要包括以下几个(见表4-23-1)。

表4-23-1　汽车金融行业现行有效的政策法规

实施时间	发布部门	政策名称	法规意义
2004年10月(2017年修订)	央行和银监会	《汽车贷款管理办法》	2004年颁布的版本,允许多种类机构在车贷市场同台竞争;2017年修订后,大大提高了二手车、新能源车等最高贷款发放比例
2008年1月24日	银监会	《汽车金融公司管理办法》	拓展了汽车金融公司的业务范围、融资渠道等,从准入条件、业务范围、风险管理指标等方面对汽车金融公司的管理进行了调整
2014年5月15日	央行和银监会	《金融租赁公司、汽车金融公司和消费金融公司发行金融债券有关事宜》	允许符合条件的汽车金融公司发行金融债券,扩大其资金来源渠道
2014年11月20日	银监会	《关于信贷资产证券化备案登记工作流程的通知》	信贷资产证券化项目实行备案制,提高审批效率,降低发行成本
2016年3月14日	国务院	《国务院办公厅关于促进二手车便利交易的若干意见》	除特殊区域外,取消限迁政策,同时提出加大二手车金融服务支持力度
2016年3月24日	央行	《关于加大对新消费领域金融支持的指导意见》	鼓励汽车金融公司、消费金融公司通过发行金融债券、同业拆借等方式充实自身资金;允许汽车金融公司开展购车附加产品融资业务
2017年7月7日	商务部	《汽车销售管理办法》	打破单一品牌授权模式,开启授权经销商与非授权经销商并存模式,拓宽消费者购车渠道,鼓励推进汽车超市、汽车电商平台等多样化销售模式
2018年1月1日	央行和银监会	《关于调整汽车贷款有关政策的通知》	明确了自用车、商用车、新能源汽车和二手车的汽车贷款的最高贷款发放比例

三、互联网汽车金融的发展概述

互联网汽车金融是指通过互联网开展的汽车金融业务,其业务实质与传统汽车金融并不相同。由于汽车产业链跨度较大，覆盖生产、流通、消费、售后等多个环节，每个环节均存在资金融通的需求。借助互联网的金融科技，能够突破传统汽车金融业务的空间、时间壁垒，带来获客方式的创新（从线下到线下＋线上）、风控模式的创新（征信、大数据风控）和贷后管理的创新（动态监控、催收系统），最终提升金融服务的效率。

在互联网汽车金融领域中，既有商业银行、汽车金融公司等传统金融的互联网化，这些机构主要提供互联网服务入口进行在线获客，以改善传统业务流程和体验，例如2015年上汽通用汽车金融公司推出的极速通产品，极大地提升了贷款审批速度；同时各类互联网汽车交易平台也纷纷推出配套主业的互联网汽车金融业务，典型的如优信二手车、易车网、瓜子二手车、人人车，为新车、二手车的交易打造配套个人购车贷款产品，在它们的背后更有BAT这类互联网巨头的资本和流量支持。互联网企业在汽车金融领域的野心无疑对传统金融机构形成了挑战。互联网汽车金融领域的第三股势力是近几年崛起的P2P机构。随着P2P领域监管政策的明晰，车贷业务因其债权小额分散的普惠金融特点，完美地契合了P2P的监管要求，因此逐渐成为许多P2P平台的业务重点。根据零壹智库的统计，2015年车贷平台的年交易额总计达665亿元，到了2016年，这一数字攀升至1616亿元，同比增长143%。互联网汽车金融领域各类主体的优劣势比较如表4－23－2所示。

表4－23－2　互联网汽车金融领域各类主体的优劣势比较

资金方	监管单位	优势	劣势
商业银行	央行和银保监会	（1）网点广泛，资金成本低 （2）贷款利率以央行基准为参照	（1）流程效率、汽车专业知识和客户满意度方面有待提升 （2）风险评估和控制、对违约车辆的处置缺乏经验
汽车金融公司	央行和银保监会	（1）服务专业和对客户有更好的理解 （2）有整机厂支持 （3）首付比例低，贷款周期长，灵活度高	（1）资金成本一般比银行高，但在整车厂贴息后，能够提供低利率甚至零利率的产品 （2）主要支持整机厂自有品牌，缺乏品牌多样性
融资租赁公司	银保监会	（1）申请门槛低，产品多样化 （2）首付比例、贷款周期和还款方式灵活	（1）利率水平较银行和汽车金融公司高 （2）融资渠道单一，资金压力大

续表

资金方	监管单位	优势	劣势
P2P 平台	主要为地方金融办	贷款周期、产品更加灵活	(1)利率水平更高 (2)贷款额度受限于 P2P 平台单笔融资金额上限 (3)P2P 平台的汽车金融风控能力存在不确定性

第二节　互联网汽车金融的典型模式

从广义汽车金融的概念出发，根据放款方式（法律关系）的不同，汽车金融业务可以分为贷款模式和租赁模式两大类，其中租赁模式又可以进一步细分为融资租赁（直接租赁、售后回租）、经营性租赁；根据借款人的不同，可以分为经销商融资（亦称为库存融资）和个人购车融资（亦称为零售融资）；根据车辆标的的不同，可以分为新车融资和二手车融资。将上述这些元素进行排列组合就可以拼凑出多种不同的汽车金融产品。

限于篇幅，本书无法穷尽市场中所有汽车金融产品，因此仅仅立足于互联网汽车金融领域，本节将主要介绍目前市场中几种主流的互联网汽车金融产品，包括：

- 经销商新车融资（贷款模式）
- 经销商二手车融资（租赁模式）
- 个人车辆抵押融资（P2P 平台的贷款撮合模式）
- 个人购车融资（助贷平台的贷款模式）

一、经销商新车融资（贷款模式）（见图 4－23－1）

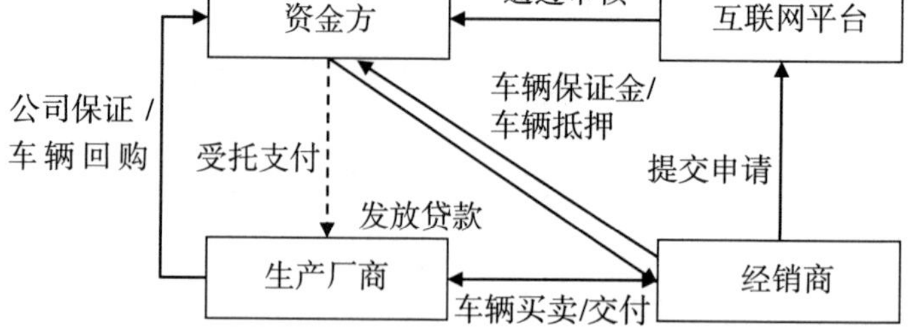

图 4－23－1　经销商新车融资（贷款模式）结构

目前的市场中,汽车生产厂商基于对旗下经销商的控制力,将经销商新车采购的贷款产品直接嵌入了采购环节,与汽车生产厂商隶属同一集团的汽车金融公司排他性地提供这类金融服务,将金融的利润锁定在同一集团中。因此经销商新车购置的融资目前几乎被生产厂商关联的汽车金融公司和长期合作的商业银行完全垄断,而这些汽车金融公司和商业银行也愿意提供相对优惠的利率;上述结构图中的互联网平台往往是汽车金融公司或者商业银行自行开发的线上平台,用于收集各个经销商的融资申请,批量审批融资需求,发放融资资金,以此提升信贷服务的效率。

1. 交易结构

(1)经销商通过互联网平台向资金方(商业银行或汽车金融公司)提出贷款需求申请;

(2)商业银行或汽车金融公司根据审核结果,决定是否通过经销商的贷款申请;

(3)商业银行或汽车金融公司根据经销商提供的车辆买卖信息,将贷款资金受托支付给生产厂商;

(4)生产厂商将车辆交付给经销商;

(5)如经销商与生产厂商具有同一品牌背景,厂商可能与商业银行或汽车金融公司签署《公司保证合同》和/或《车辆回购承诺函》。

2. 主要问题

这一模式是金融科技助力传统金融机构转型的典型案例,可以看作是传统经销商融资线上化的产物,实质上只是实现了线上信息交互的功能,资金方通过线上支付发放贷款资金的做法在这一模式中并不常见。

上述模式中值得一提是增信措施的设计,常见的包括车辆保证金、车辆抵押、车辆质押、生产厂商/总经销商的连带责任保证。

车辆保证金:是指经销商使用自有资金存入指定的银行账户作为保证金,通常初始金额为贷款金额的20%;考虑到资金使用效率,经销商通常会要求加入保证金浮动的机制,根据贷款余额保证金进行浮动。由于保证金金额难以覆盖贷款的全部信用风险,因此车辆保证金之外常常配套车辆抵押或车辆质押的物权担保方式。

车辆抵押:操作中较多采用车辆浮动抵押的方式,也是目前市场中最主流的担保措施。由于经销商采购的新车还未正式上牌,车辆无法在车辆管理部门办理抵押登记,取而代之的方法是将经销商库存的所有未出售车辆作为浮动抵押的范围,用于担保经销商的贷款,并在工商行政管理部门进行登记。最初部分工商部门并不接受此类浮动抵押,但随着市场的成熟,绝大多数工商部门已经接受这种方式。在操作中设定抵押的车辆也会根据资金方要求打上特定的标记并安装资金方的GPS,通过车辆物理监管的方式,防止重复抵押、挪用、无权处分的情况出现。

车辆质押:质权是一种以交付为生效要件的担保物权。车辆质押无须经过车管部门或者工商管理部门办理担保登记,但需要将车辆交付至资金方(对应的法律概念为直接占有)或者资金方的管理人控制(对应的法律概念为间接占有),车辆质押才可以生效。因为质权生效的特殊性,车辆质押一方面可以避免烦琐的登记手续(但车辆抵押中介绍的特定标记、GPS 等物理监管方式仍然适用),另一方面在交易结构设计中,需要引入车辆所有权保留销售的安排,在生产厂商将车辆交付经销商时,经销商既作为车辆买受人又受资金方委托作为质押担保的管理人(签署《受托管理合同》或《担保代理合同》),资金方对于车辆实现了间接占有,此时质权得以生效。由于车辆质押在市场中较为少见,这里就简单通过交易结构图进行标示(见图 4 - 23 - 2),不再赘述。

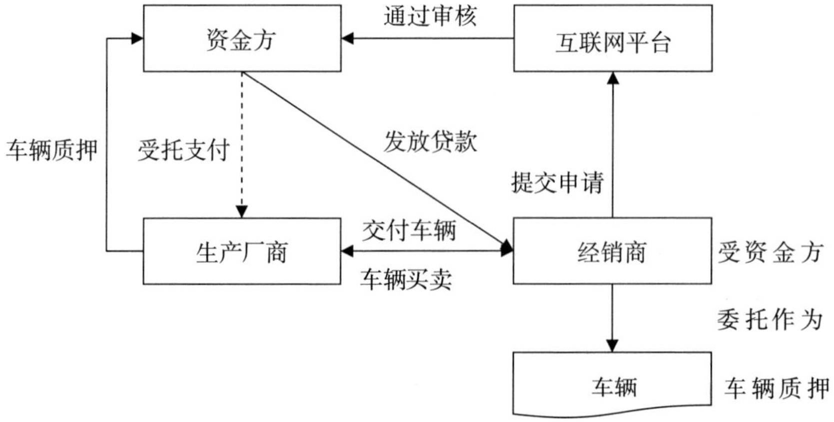

图 4 - 23 - 2　车辆质押模式交易结构

生产厂商/总经销商的连带责任保证:这是在经销商和生产厂商隶属同一汽车集团时常采用的担保方式。实践中资金方也可能要求厂商提供车辆回购承诺,如果经销商出现违约,由生产厂商回购车辆,从而避免担保品变现的麻烦。引入上游核心企业提供增信其实是供应链金融业务逻辑的一种类推运用。

除了上述这些依照合同法、担保法和物权法设计的增信措施外,在经销商新车融资的实务中采用"车辆合格证管控"的方式作为风控手段也很常见,这里做个介绍。

车辆合格证管控:对于什么是“车辆合格证”,目前没有权威的定义,一般认为汽车合格证即机动车整车出厂合格证明,系机动车生产企业印制并随车配发的载明企业名称、企业标识及防伪信息的证明文件。对于机动车所有人来说,汽车合格证是办理机动车注册登记必须提交的法定证明文件之一,每辆出厂的汽车对应的汽车合格证都是唯一的,汽车合格证可以说是该汽车的“身份证件”。采用车辆合格证管控的原理在于,如果没有合格证,新车就无法在车辆管理所办理上牌上证。因此,资金方实际占有了汽车合格证就等于间接控制了其对应的车辆。但是,需要注意,汽车合格证不具有财产属性及权利内容,不能作为设立担保的标的,因此实务中车辆合格证管控是在前述担保方式之外的辅助手段;如果作为唯一的增信措施,显然信用风险就会较大。

二、经销商二手车融资(租赁模式)

库存二手车售后回租(返租)模式交易结构如图 4 – 23 – 3 所示。新购二手车直租/正租模式交易结构如图 4 – 23 – 4 所示。

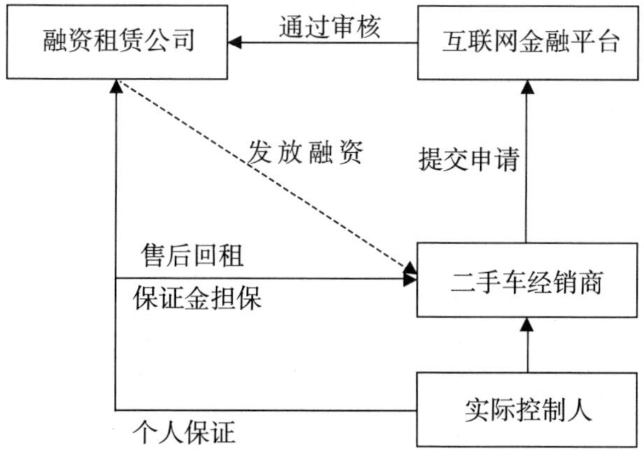

图 4 – 23 – 3　库存二手车:售后回租(返租)模式

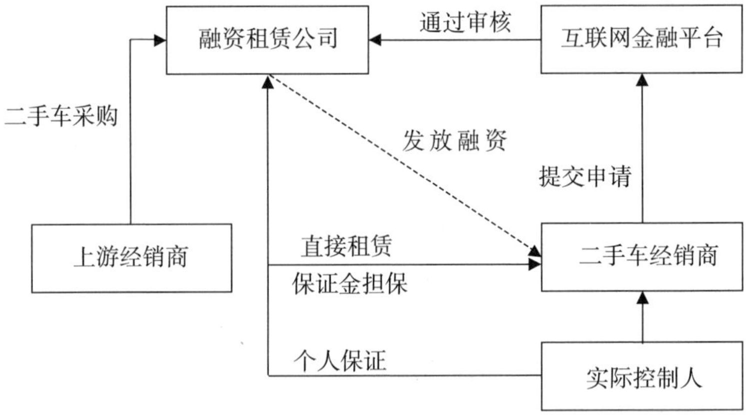

图 4－23－4　新购二手车:直租/正租模式

如前所述,经销商新车交易的融资渠道一般较为通畅,而在二手车交易环节,传统金融机构的布局就比较谨慎,此时经销商也会转向新兴互联网汽车金融平台需求一些资金支持。这类互联网金融平台一般会连同自建或者合作的融资租赁公司采用租赁模式提供融通资金。

1. 交易结构

根据经销商的自身情况,大致又可以分为两种模式:(1)如经销商拥有一定的库存车辆,此时可以通过售后回租的方式获得融资,以辅助经销商改善自身的现金流情况;(2)如经销商需要直接向上游经销商采购二手车的,此时可以由融资租赁公司根据需求直接采购车辆后,通过直接融资租赁的方式再交由二手车经销商进行销售。

①二手车经销商通过互联网金融平台提出融资需求申请。

②互联网金融平台根据审核结果,决定是否通过经销商的融资申请,并根据经销商的情况设计方案。

③在售后回租的方案中,融资租赁公司会先行评估车辆价值,之后直接向经销商发放融资款项(一般不超过车辆价值的 70%),车辆所有权转移至融资租赁公司;在直租的方案中,融资租赁公司会根据二手车经销商的需求向上游经销商采购车辆,车辆所有权也归属融资租赁公司,之后融资租赁公司再将车辆出租至二手车经销商。

④二手车经销商在租赁期内支付租金;在租赁车辆出现客户意向购买或租赁期限到期后,二手车经销商结清租金,取得租赁车辆的所有权。

⑤二手车经销商一般会提供保证金，其实际控制人提供个人连带责任担保；融资租赁公司也会并行其他风控手段，包括物理监控（对租赁车辆安装摄像头、GPS、电子围栏），以及证件监控（收取车辆产权证原件、车辆钥匙、买卖发票原件、保单原件，在二手车经销商正式取得租赁车辆所有权后再进行对应交接）。

2. 主要问题

售后回租的模式存在融资租赁法律关系再定性的风险。原因在于，融资租赁法律关系要求承租人同时具备“融资”和“融物”两种需求，且租赁物应当对承租人具备使用价值。在上述的售后回租模式中，二手车经销商并不符合这一要求，其行为实际是“融资”，并不存在“融物”的特性；另外，互联网金融平台设计的租金通行方案是承租人在租赁期内按月支付利息，到期一次性归还本金，不符合正常的融资租赁交易项下将租赁物价值摊销至每期租金的做法，而更加符合贷款交易的安排，容易被法院认定为借贷关系。

除了上述法律风险外，在实际操作中，融资租赁公司往往通过 P2P 平台进行债权转让/收益权转让的方式（见图 4－23－5），融得资金后开展售后回租和直租的模式，这一操作在 2016 年之前尤为普遍；在《网络借贷信息中介机构业务活动管理暂行办法》颁布后，这一操作就会产生合规问题。根据《网络借贷信息中介机构业务活动管理暂行办法》第 10 条的规定，P2P 平台不得开展类资产证券化业务或实现以打包资产、证券化资产、信托资产、基金份额等形式的债权转让行为，实践中融资租赁公司如果将多笔融资租赁业务形成的打包资产通过 P2P 平台进行债权或者收益权转让，就会直接违反上述禁止性规定。

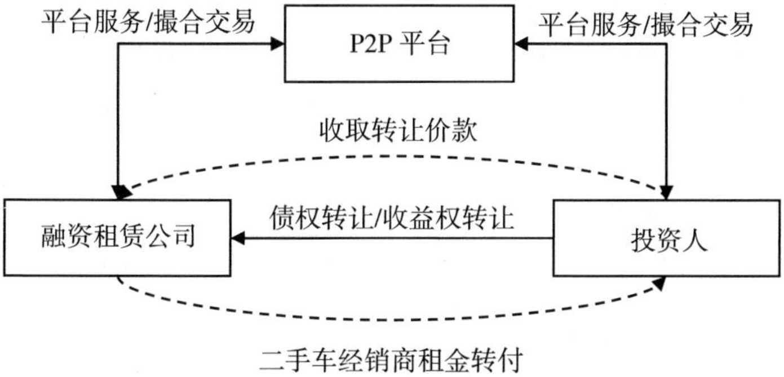

图 4－23－5　债权转让/收益权转让的方式

三、个人车辆抵押融资（P2P 平台的贷款撮合模式）（见图 4－23－6）

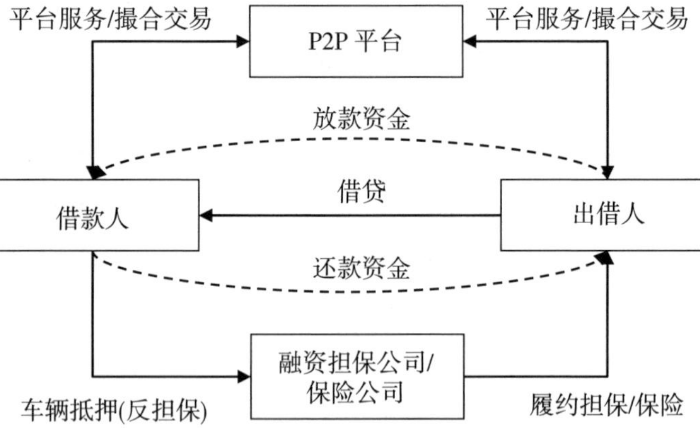

图 4－23－6　个人车辆抵押融资（P2P 平台的贷款撮合模式）交易结构

1. 交易结构

（1）借款人向 P2P 平台提出融资需求申请；

（2）P2P 平台对借款人资信、车辆情况进行评估，决定是否通过借款人的融资申请，对于符合条件的借款人，P2P 平台将在车辆上安装 GPS，并将借款信息发布在平台上；

（3）出借人通过 P2P 平台向借款人出借资金，资金通过 P2P 平台的存管银行划付至借款人的存管账户中；

（4）P2P 平台关联或者合作的融资担保公司/保险公司向出借人出具履约担保或保单，同时借款人将车辆抵押于融资担保公司/保险公司作为反担保；

（5）根据借款人的资信情况，P2P 平台也可能要求借款人提供保证金作为补充增信措施；

（6）如借款人出现违约，由 P2P 平台连同融资担保公司/保险公司处置抵押车辆。

2. 主要问题

这一交易结构是目前市场中非常主流的车辆抵押贷款结构，也是根据《网络借贷信息中介机构业务活动管理暂行办法》重新设计的可以符合监管要求的交易结构。在操作中，除了需要严格遵守《网络借贷信息中介机构业务活动管理暂行办法》的各项要求外，P2P 平台需要引入具有担保资质的融资担保公司/保险公司提供增信，若自身提供担保或者通过非持牌机构提供担保，则会存在一定的合规问题。

为提升用户体验，P2P 平台可能存在为借款人先行垫资的情况，该等行为存在未经许可发放贷款的风险，需要尽量避免，应当严格按照《网络借贷信息中介机构业务活动管理暂行办法》要求的银行存管方式设计资金流。

值得一提的是，在该交易结构之前，市场中盛行以“超级出借人 + 债权转让”模式或“售后回租 + 债权转让”的方式操作车辆抵押贷款业务，这两类交易结构的优势在于极致的放款时效，对于符合信贷条件的借款人，在办妥车辆抵押后实质上由 P2P 平台的自有资金先行放款，形成的债权/收益权再通过 P2P 平台对接出借人；根据《网络借贷信息中介机构业务活动管理暂行办法》以及《关于规范整顿“现金贷”业务的通知》（141 号文）的监管要求，这两类模式因为存在上述提到的“无证放贷”和“禁止债权转让”的情况，目前已经逐渐退出市场，这也反映出 P2P 机构完成 P2P 备案而不断提升的合规标准。在这里，仅以所示图 4 – 23 – 7、图 4 – 23 – 8 来说明那些年的车抵贷业务吧。

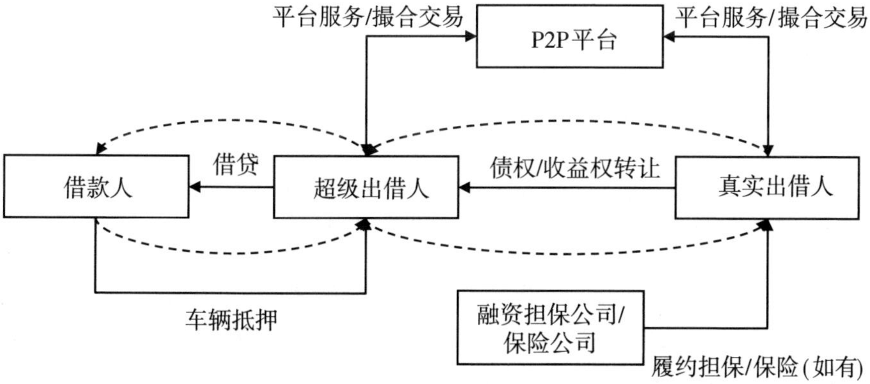

图 4 – 23 – 7　通过“超级出借人 + 债权转让”开展车抵贷业务

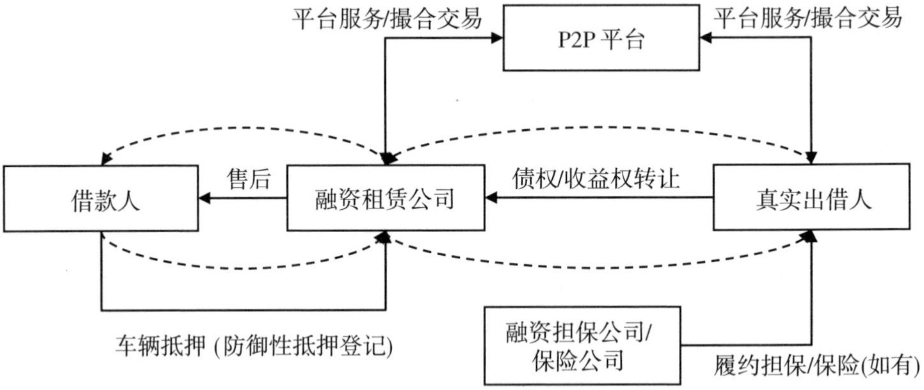

图 4－23－8　通过"售后回租＋债权转让"开展车抵贷业务

四、个人购车融资（助贷平台的贷款模式）（见图 4－23－9）

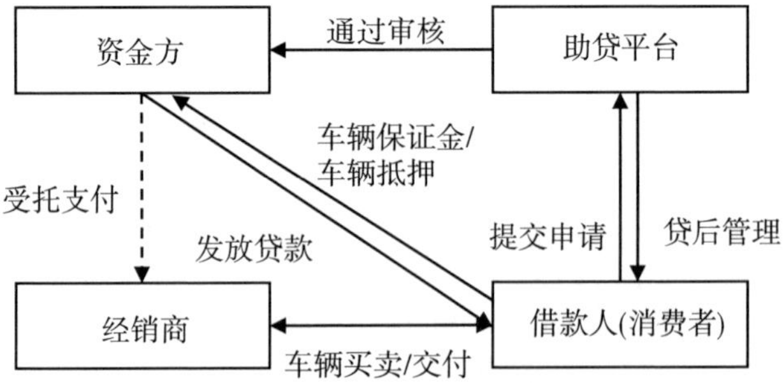

图 4－23－9　个人购车融资（助贷平台的贷款模式）交易结构

关于助贷结构，本书第十二章已做详细介绍，这里不再赘述，仅介绍助贷模式在个人购车贷款中的应用。简单理解，助贷平台是市场中与银行业金融机构开展贷款业务的第三方机构，这类机构区别于 P2P 机构，主要和银行、消费金融公司、小额贷款公司合作，负责个人购车融资业务中的前端获客、产品设计、资信审核、风险定价、协议签署、贷后管理等服务，而前述这些机构作为实际的资金出借方负责提供资金。

1. 交易结构

（1）消费者向助贷平台提交购车意向和融资需求申请；

（2）助贷平台在审批通过后，将其推荐给资金方；

（3）资金方自身完成信贷审批后，与借款人即消费者签订《贷款合同》和《车辆抵押合同》，并向经销商直接受托支付消费者购车所需价款；

(4)经销商将车辆交付给消费者，并将车辆所有权登记在消费者名下；

(5)助贷平台协助资金方进行贷款管理(包括协助完成车辆抵押登记以及进行催收)。

2. 主要问题

助贷模式的主要问题在第十二章中会做重点阐述。简言之，141号文也确立了助贷业务的监管要求，助贷的业务模式需要根据141号文进行重构，关注焦点罗列如表4-23-3所示。

表4-23-3　助贷业务模式的重构

141号文之前助贷业务模式	根据141号文需要重构的业务模式
助贷平台普遍存在为消费者垫资以及向资金方提供担保的情况	根据141号文确立的“持牌经营”要求，未取得放贷资质，任何组织和个人不得经营放贷业务；银行业金融机构不得接受无担保资质的第三方机构提供的增信服务。 因此前述情况应当避免，可以引入融资担保公司或保险机构提供增信
助贷平台可能会向金融机构提供贷前信用评估等服务	根据141号文确立的“反外包”要求，银行业金融机构与第三方机构合作开展贷款业务的，不得将授信审查、风险控制等核心业务外包。 因此在助贷平台信用评估外，金融机构仍然需要自行进行信贷审查
助贷平台向消费者收取服务费	根据141号文确立的“禁收费”要求，银行业金融机构要求并保证第三方合作机构不得向借款人收取息费。 助贷平台改为和银行业金融机构进行结算，会对目前模式形成颠覆性的挑战

小　结

在金融监管趋严的大背景下，鉴于车贷资产普惠金融符合网络借贷新规的特点，越来越多的P2P平台、助贷平台将汽车金融业务作为自己的业务主线，相信在这一趋势下，平台之间的车贷资产争夺将会愈演愈烈，拥有良好品牌及风控实力的平台将继续扩大市场份额，行业的马太效应会更加明显。

长久以来，提到互联网汽车金融，人们的第一反映就是车辆抵押贷款和购车消费贷款。其实根据交通部门的预计，未来中国的汽车后市场年均增速将超过30%，随着汽车后市场的发展,互联网汽车金融将被赋予更丰富的内涵。目前市场需求和资金布局的重点也慢慢从传统的汽车消费市场,转移到汽车购置税、车辆保险费、维修保养费、延长保险、车辆配件等方面,这些领域的金融需求还远远没有得到满足。未来互联网汽车金融的外延势必扩展,产品线也将更加丰富。最后,利用大数据技术,互联网汽车金融未来可以对车主、经销商的其他需求进行深度挖掘和分析,提供更为个性化的金融组合服务。

CHAPTER 24

第二十四章

互联网供应链金融

宋华教授在《互联网供应链金融》一书中对供应链金融进行过定义，他认为供应链金融是既不同于传统的银行信贷，也有别于风险投资等其他形态的金融活动，供应链金融是一种立足于产业供应链，根据供应链运营中的商流、物流和信息流，针对供应链参与者而展开的综合性金融活动。

将上述概念进行适当延伸，市场普遍认为供应链金融是以核心企业为依托，以真实贸易背景为前提，运用自偿性贸易融资的方式，通过应收账款转让登记、第三方监管等专业手段封闭资金流或控制物权，对供应链上下游企业提供的综合性金融产品和服务。通常这一观点又被表述为“N+1”或者“1+N”模式，其中核心企业为“1”，传统观点认为，核心企业就是特定产业链中的大型生产企业、贸易企业；相应地，核心企业的众多上游或者下游供应商称为“N”。随着供应链金融业务在不同行业中的应用和不断发展，其内涵和业务模式已经不断扩展：在这过程中，核心企业的界定也不断展开，如果广义地去理解核心企业的范畴，既可以是大型生产企业、贸易企业、也可以是对于产业链具有把控力的互联网公司、物流公司；另外传统的形式要件例如“应收账款转让登记”“第三方监管”等在现在看来已经不那么重要了。一言以蔽之，供应链金融就是围绕核心企业的“1”，基于核心企业在产业链中的把控力，为产业链上下游N个供应商提供的金融服务。

供应链金融的发展得到了政策层面的肯定。2017年10月，国务院办公厅发布了《关于积极推进供应链创新与应用的指导意见》（国办发〔2017〕84号），提出要积极稳妥发展供应链金融，推动供应链金融服务实体经济。鼓励商业银行、供应链核心企业等建立供应链金融服务平台，为供应链上下游的中小微企业提供高效便捷的融资渠道。鼓励供应链核心企业、金融机构与人民银行征信中心建设的应收账款融资服务平台对接，发展线上应收账款融资等供应链金融模式。随着供应链金融进一步上升到了国家战略层面，在本章的开始，我们尤其需要厘清供应链金融及互联网供应链金融产生的背景及其意义。

第一节　互联网供应链金融的产生背景

一、供应链金融的产生背景

作为产业链中的一个重要元素，资金管理贯穿于产业链系统中每个上下游企业的经营和管理过程中。在经营和管理中，原材料的采购、加工最终到销售牵涉各环节企业的资金支出和收入，由于支出和收入的发生存在结算账期的时间差，因此形成了资金缺口。例如，一般在企业下达订单和接收货物之间存在资金缺口，在接收货物到完成销售之间存在资金压力，此外，在销售产品与下游客户支付货款之间也存在一定的资金缺口，而在接收货款与实际接受现金之间存在现金转换周期，也会对企业现金流产生不利影响。现金流的管理压力就意味着这类企业存在巨大的资金周转、融通的需求。

更重要的是，贸易、服务产业链上下游企业，供应商或者经销商通常为中小微企业，这类企业的主体信用状况相对较差，它们的财务报表往往无法得到传统金融机构的认可，同时它们又无法提供足够的抵质押担保品，因而这类企业在融资过程中难以获得商业银行等传统金融机构的信贷支持。

供应链金融的授信逻辑有别于主体授信的逻辑，信贷审核时将产业链中的核心企业与上下游企业视为一个整体，上下游企业在申请融资过程中，金融机构等资金提供方将关注的重点放在核心企业在产业链中的控制力。这一控制力不仅体现在核心企业提供的信用背书，还包括核心企业向金融机构提供广义的增信，具体依赖于核心企业打造的上下游业务闭合程度，现金流闭合程度，企业管理、交易信息的真实和完整性以及能否提供风控增信措施，或者上下游企业的资金自偿性以及核心企业的资金代偿，等等。资金提供方评估商品流（物流）、信息流和资金流这些因素，如果认定核心企业对于申请授信的上下游企业确实具有把控力，那么最终就可以为这些中小微企业提供融资服务，从而解决中小微企业的融资难、融资贵、融资乱的痛点。主体授信与供应链金融的授信逻辑对比如图 4－24－1 所示。

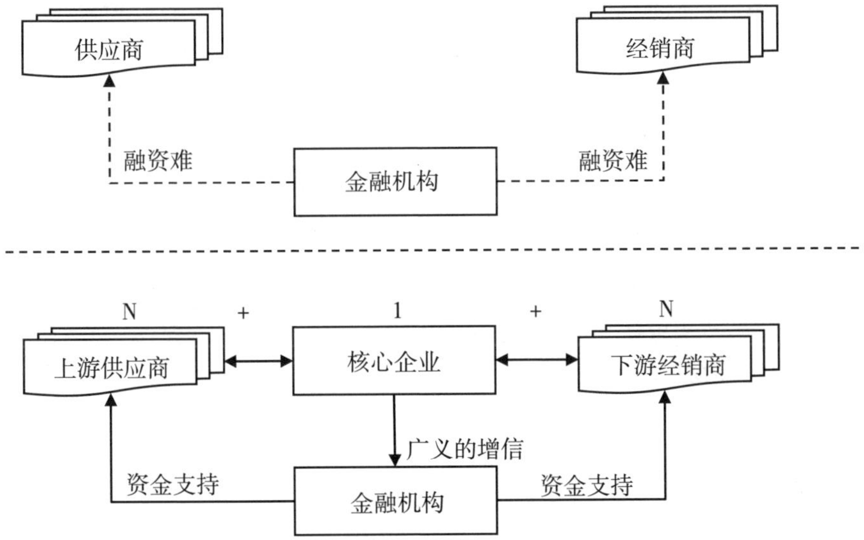

图 4－24－1　主体授信与供应链金融的授信逻辑对比

二、互联网供应链金融的产生背景

供应链金融模式的诞生确实解决了部分中小企业融资难的问题，然而由于我国中小企业数量众多，融资需求旺盛，传统金融机构仍然难以完全覆盖所有中小企业的融资需求。另外，互联网技术的兴起对于特定行业的商品流（物流）、信息流和资金流进行了重构，新兴的产业和商业模型需要配套的金融服务，互联网供应链金融也由此应运而生了。

从另一维度看，互联网技术的运用本身也升级了供应链金融。首先，互联网技术与供应链金融的结合可以进一步解决供应链金融中参与各方的信息不对称，增强信息的真实性和完整性；其次，通过批量处理信贷需求和线上支付的方式也可以进一步提高金融服务的质量和效率；最后，结合互联网大数据的供应链金融能够多维度地动态分析企业真实经营状况和其他各种行为，评估融资风险。

传统的供应链金融向互联网供应链金融演进时，市场中的资金提供方和信息中介方也逐渐从传统金融机构向互联网平台、保理公司、核心企业转变，具体而言，目前市场中互联网供应链金融的业务模式主要包括以下三种情形：

（1）互联网平台主导，切入特定行业与核心企业合作模式。互联网平台选择与产业链中的核心企业合作，由核心企业提供增信，为供应链中的上下游企业提供融资服务。

(2)传统行业中的核心企业主导,自建互联网平台的模式。核心企业通过参股或者实际控制互联网平台的形式,为其产业链的上下游企业提供融资服务。

(3)其他机构主导的模式。供应链中的物流企业、仓储企业、其他金融机构(常见的是商业保理公司和融资租赁公司)都可以成为新型供应链金融业务的主导方。

需要强调的是,无论何种模式,互联网供应链金融并没有改变供应链金融的授信逻辑,由于主导企业本身对于特定产业链中的商品流(物流)、信息流、资金流(可能是其中一项,也可能是几项)具有强大的主导权,产业链上下游企业对其的违约成本会非常高,从而使这种主导权最终转化为供应链金融业务的风控基础。互联网供应链金融交易中的交易流、信息流、商品流、资金流如图 4 - 24 - 2 所示。

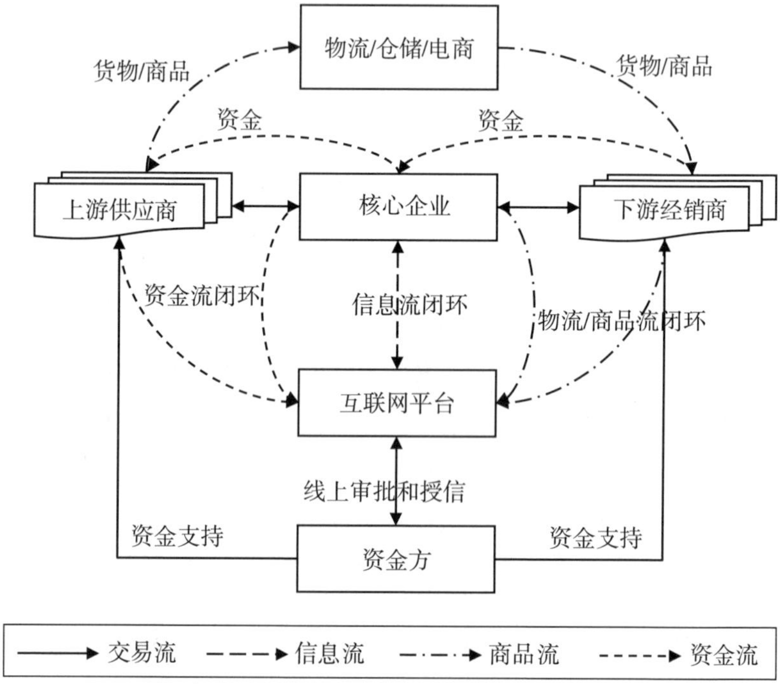

图 4 - 24 - 2　互联网技术对供应链金融的升级的重构

第二节　互联网供应链金融的典型模式

一、业务分类及法律属性

根据上文的介绍不难发现,在供应链核心"三流"中,信息流其实是资金流和商品流(物流)的载体,而资金流和商品流才是供应链中的核心要素。资金流在交易场景中会进一步表现为应收账款和预付款,商品流就表现为货物库存。从应收账款、预付款、库存三个基本单元出发,就衍生出供应链金融和互联网供应链金融的三条业务主线,分别是基于应收账款的融资、基于预付款的融资和基于库存的融资。通过表4-24-1进行细分,就可以基本涵盖目前市场上几种主流的互联网供应链金融模式。

表4-24-1 互联网供应链金融模式

供应链要素	业务主线	典型业务模式
资金流	应收账款融资	正向保理
		保理池
		反向保理
		票据保理
		订单融资(未来应收账款融资)
	预付款融资	保证金贷款/担保贷款
商品流	存货融资	存货抵(质)押融资
		仓单质押融资

在具体模式介绍前,为便于读者阅读,我们需要先厘清“应收账款”和“保理”这两个基本概念。

(一)应收账款的定义和分类

无论是中国人民银行制定的《应收账款质押登记办法》(中国人民银行令〔2017〕第3号)还是中国银行业协会发布的《中国银行业保理业务规范》(银协发〔2016〕127号),对于应收账款均采用了相同的定义。应收账款是指权利人(债权人)因提供货物、服务或设施而获得的要求义务人(债务人)付款的权利,包括现有的和未来的金钱债权及其产生的收益,但不包括因票据或其他有价证券产生的付款请求权。通俗地讲,一般的贸易中,在下游买方企业强势上游供应商弱势的情况下,买方企业会要求卖方企业接受赊销的付款方式,通常会要求30日到60日的赊销账期,这有利于买方企业自身的流动性管理;此时由于卖方企业并未实际收回款项,就形成了对于买方企业的应收账款债权,也正是由于资金并未实际回笼,卖方企业就会产生一定的流动性压力,也就出现了融资需求。

应收账款可以分为现有应收账款和未来应收账款两类。上述的《应收账款质押登记办法》和《中国银行业保理业务规范》均未对这两类应收账款进行明确的定义。对此银监会在2014年的《商业银行保理业务管理暂行办法》(中国银行业监督管理委员会令2014年第5号)做了进一步解释,“未来应收账款”是指合同项下卖方义务未履行完毕的预期应收账款,相应地,“现有应收账款”即指卖方义务已履行完毕的应收账款。

现有应收账款的概念较容易理解,一般认为是指基础合同已经生效并且合同项下买方企业付款条件已完全满足的应收账款债权,对于这类应收账款债权可以辅以保理模式进行融资。

未来应收账款,是指基础合同已生效但是合同项下金钱债权的产生尚待特定法律事实的发生。例如,卖方企业与买方企业仅就货物销售或服务提供达成一般或框架性基础合同,并约定各特定货物销售或服务提供的商业条款由双方不时签署的订单予以确定。这类应收账款一般也可以通过商业保理公司的订单融资业务获得资金支持。

最后还有一类未来应收账款较为特殊,是指基础合同还未正式生效的金钱债权,例如高速公路收费权、公园门票收入对应的未来应收账款。由于这类应收账款不确定性较大,一般不作为供应链金融的标的,本书不将这类应收账款列入讨论的范畴。

(二)保理的定义和分类

根据《国际保理公约》和《国际保理业务通用规则》中的定义,保理又称托收保付,实质上是一种应收账款的转让行为。卖方企业将其对于买方企业的应收账款转让给特定资金方(传统的如商业银行和商业保理公司),由资金方向其提供资金融通、买方资信评估、销售账户管理、信用风险担保、账款催收等一系列服务的综合金融服务方式。

就保理合同而言,由于《合同法》并无明确规定,保理合同应属于无名合同,应适用《合同法》总则的相关规定。保理业务中涉及的应收账款转让,属于《合同法》规定的一种合同债权转让形式。根据《合同法》总则第79条的规定,“债权人可以将合同的权利全部或者部分转让给第三人,但有下列情形之一的除外:(一)根据合同性质不得转让;(二)按照当事人约定不得转让;(三)依照法律规定不得转让。”《合同法》第80条进一步规定,债权人转让权利的,应当通知债务人。未经通知,该转让对债务人不发生效力。

根据上述规定并结合现有司法实践,一般认为,保理业务项下应收账款转让的完全生效须满足如下要件:

(1)存在合法有效的产生所转让的应收账款的基础法律关系;

(2)转让的应收账款依法可予转让;

(3)债权人与保理公司或特定资金方已就应收账款转让事宜订立合同;

(4)已就应收账款转让通知债务人。

需注意,就第4项要件而言,不做出通知并不影响应收账款转让的效力,只是无法使转让行为对债务人生效。

应收账款转让后,根据能否向应收账款转出方(卖方企业)行使追索权(到期要求转出方回购应收账款),可以将保理业务分为有追索权保理与无追索权保理;根据应收账款转让时是否向应收账款债务人(买方企业)作出通知,将保理业务分为公开型保理(又叫明保理)与隐蔽型保理(又叫暗保理)。

了解保理业务的法律属性是理解业务实操中“有无追索权”“应收账款确权”等安排的前提和基础。下文就将围绕业务模式展开讨论。

二、应收账款融资的典型模式

(一)应收账款融资之正向保理

正向保理又称卖方保理,是指供应链中的卖方企业(核心企业或关联企业)将其在基础交易中对于买方企业(下游经销商)的应收账款转让给特定的资金方,资金方支付应收账款转让对价(对应放款行为)帮助卖方企业提前回笼资金。供应商将应收账款转让的事实通知下游经销商,在应收账款的账期届满时,下游经销商直接向资金方支付基础交易项下款项。应收账款融资之正向保理交易结构见图4-24-3。

正向保理之所以称为卖方保理,是因为这一模式由卖方企业作为申请人发起,资金方在介入时也着重评判卖方(核心企业或者关联企业)的资信情况,因此正向保理中往往也是有追索权的保理,附带应收账款回购安排,账期届满资金方有权要求卖方企业回购应收账款。正向保理是主要基于卖方信用而开展的保理业务。

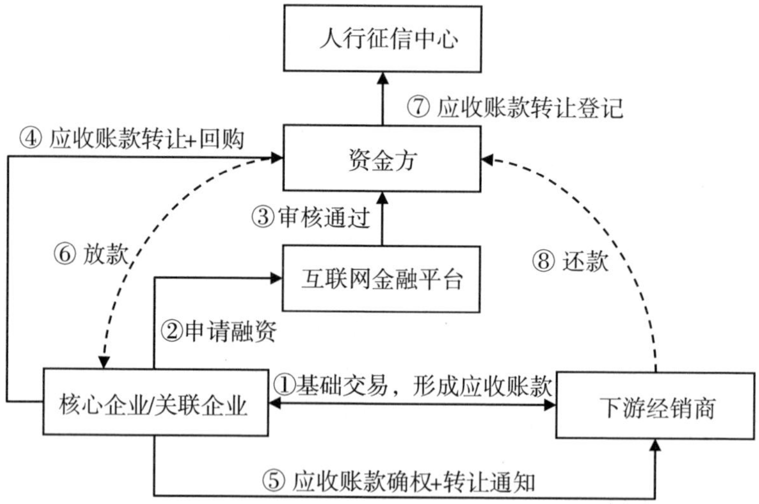

图 4-24-3　应收账款融资之正向保理交易结构

(二)应收账款融资之保理池

保理池模式与正向保理的业务模式基本一致,所不同的是卖方企业向资金方转让多笔应收账款,对应多个买方企业或使用核心企业服务的多个个人,多笔应收账款集合在一起形成应收账款池,因此称作保理池。应收账款融资之保理池交易结构如图 4-24-4 所示。

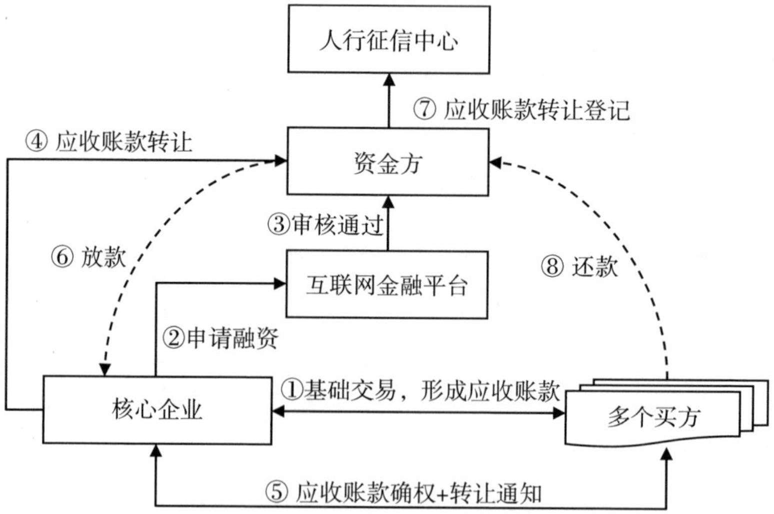

图 4-24-4　应收账款融资之保理池交易结构

保理池模式有助于核心企业发挥零散应收账款的融资能力，在无追索权的情形下可以帮助核心企业实现资产集中出表。同时如果应收账款的集中度不高，那么小额分散的基础资产在一定程度上也有助于资金方分散保理业务的信用风险。

（三）应收账款融资之反向保理

反向保理又称作买方保理。基于核心企业作为买方企业的申请，资金方为与核心企业有稳定交易往来或者良好合作关系的中小微企业提供保理融资，通过反向保理解决中小微企业的融资难题也是目前监管政策极力支持的方向。反向保理中，核心企业将有资金需求的上游供应商推荐给资金方，在核心企业承诺付款的情况下，资金方受让上游供应商的应收账款。应收账款融资之反向保理交易结构如图4－24－5所示。

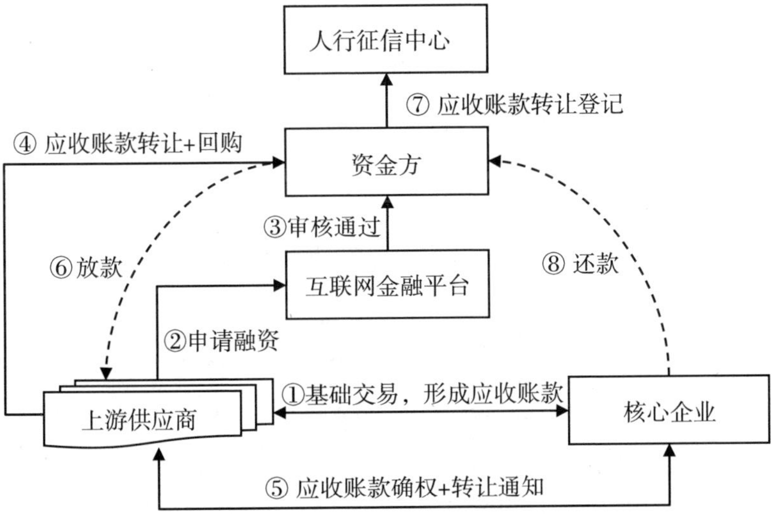

图4－24－5　应收账款融资之反向保理交易结构

与前文介绍的正向保理恰好相反，反向保理中，核心企业作为买方企业的信用是资金方的关注重点。如前文所介绍的，在核心企业资信良好以及对于上游供应商控制力极强的情况下，反向保理的信用风险就非常可控。在一些情况下，图4－24－5中的核心企业或者互联网金融平台会自行设立商业保理公司，在信息流互通的前提下，由保理公司专门提供此类融资。

（四）应收账款融资之票据保理

票据保理本身并没有改变保理业务的法律关系和操作模式。资金方受让应收账款后，核心企业向资金方开具或者背书转让票据。资金方受让了应收账款和票据后，会在人行征信中心的登记系统中进行应收账款转让登记以及在电子商业汇票系统中办理票据背书登记。在票据到期后，资金方基于票据要求开票主体或者承兑主体（如核心企业的合作银行或者财务公司）支付票据对应的款项。应收账款融资之票据保理交易模式如图4－24－6所示。

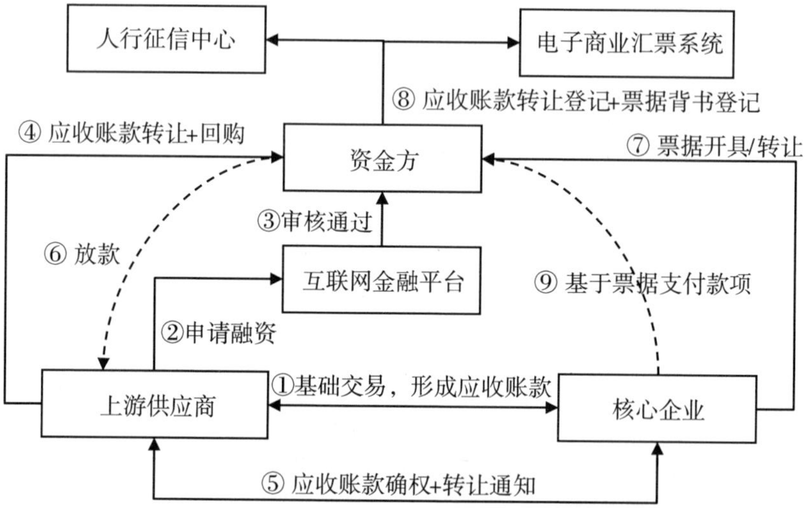

图4－24－6　应收账款融资之票据保理交易结构

票据保理模式兴起的原因在于票据具有无因性的法律特性。根据我国法律法规和司法实践中确立的原则，票据具有无因性，通过合法方式取得票据的持票人，仅凭票据的文义记载，就可以向票据上的付款人主张票据权利，而不受票据原因关系的影响。在票据保理结构中，资金方取得票据后，就可以基于票据直接要求票据出票人（核心企业）及票据承兑人（如有）进行付款，进而可以避免对应收账款进行审查确权的实务难题。另外，如票据本身经过银行或者财务公司的承兑，那么票据就附加了金融机构主体信用增强的属性，票据获得付款的可能性也较高。尤其在电子商业汇票系统正式建立后，纸质票据信息不对称的情况进一步得到了改善，也大大增加了票据的违约成本。任一票据未获承兑，都会对出票人/承兑人造成极大的声誉影响。

伴随着市场实践的不断创新，票据保理也呈现出三种不同的模式：

模式一：先保理后票据

上游供应商转让应收账款获得放款资金，核心企业向保理公司签发或转让票据，用于支付该笔应收账款。

模式二：先票据后保理

上游供应商与核心企业进行基础交易时，核心企业已向上游供应商签发/转让票据。而后，上游供应商向资金方转让已用票据支付的应收账款并将票据一并背书转让予资金方。

模式三：纯票据保理

上游供应商与核心企业进行基础交易时，核心企业已向上游供应商签发/转让票据。资金方直接向上游供应商受让票据权利。

上述三种模式中，模式一是完全符合法律法规的操作。模式三是我国目前法律明确不认可的模式，理由如上文所说，我国现行法律法规直接将"因票据或其他有价证券而产生的付款请求权"排除在"应收账款"的定义之外，因此纯粹的票据权利不是适格的应收账款，不能以此为标的开展保理业务。

存在一定争议的是模式二。法学界存在几种不同的观点，本书认为，已使用票据支付的应收账款在法律上并未消灭，与票据权利同时存在。但此时权利主体不得直接行使应收账款权利，其效力处于暂时的休眠状态。当权利人通过票据获得清偿后，已使用票据支付的应收账款因清偿而消灭。只有当票据权利经行使仍未获得清偿，权利人才可以行使应收账款的权利。因此，已使用票据做出支付的应收账款一般认为不是保理业务中的适格应收账款，同时这一模式从外观上更接近于纯粹的票据背书转让获得融资的行为，进而和模式三均存在从事票据贴现的嫌疑。

诚然模式二存在一定的合规风险，但这一模式却是目前市场上的主流操作。在模式一中，应收账款受让早于票据的受让，票据就没有发挥风控增信的功能，只是纯粹的支付手段，由于两个受让行为存在先后次序上的时间空窗期，也无法规避违约的风险。而模式二却真正发挥了票据无因性的保障功能，控制了实质的信用风险，在实践中应用广泛，资金方也愿意承担形式上的合规风险，而普遍采纳模式二的做法。

（五）应收账款融资之订单融资

应收账款融资之订单融资交易结构见图4－24－7。

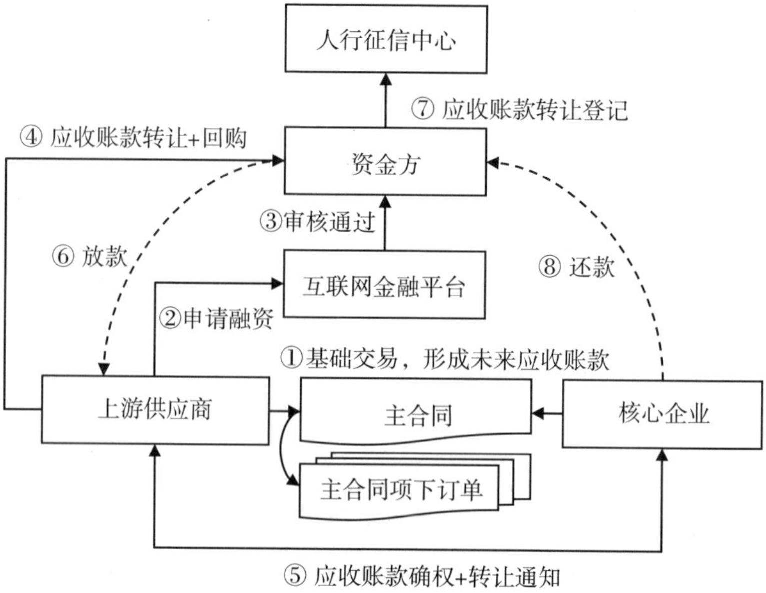

图 4－24－7　应收账款融资之订单融资交易结构

订单融资的实质是对于未来应收账款进行保理融资的行为。尽管我国现行法律法规对于未来应收账款的可转让性并未明确予以肯定,不过订单融资的合法性和有效性可以从以下三个维度得以论证:

首先,就国际公约角度而言,未来应收账款的可转让性已为保理业务的相关国际公约所认可。《国际保理公约》第 1 条和第 5 条就规定,保理合同中关于转让将来所产生应收账款的规定可以使该等应收账款在其发生时转让给保理商,而不需要任何新的转让行为。

其次,就现行法律角度而言,《合同法》第 79 条规定的债权人可将合同的权利转让给第三人并应通知债务人,其并未对“合同的权利”作出明确限定。由此,根据民法的意思自治原则,这一权利既可包括合同项下已经产生的债权(无论其付款期限或条款是否已满足),亦可包括合同项下未来产生的债权。

最后,就司法实践角度而言,基于合法有效的基础交易关系所产生的未来债权的转让的有效性已得到法院的支持。在江阴市的一起借贷纠纷案中,保证人将其基于保证合同对债务人享有的尚待保证责任实际履行后方才产生的未来追偿权转让于第三人,该等转让的有效性得到了江阴市人民法院的支持。

三、应收账款融资的其他问题

在本编第二十三章互联网汽车金融的板块中,我们曾经提到汽车金融的资金方在放贷形成债权类基础资产后,过去普遍会对接 P2P 平台或者互联网金融平台进行资产的拆分转出,向投资人募集资金后通过杠杆循环的方式再进行互联网汽车金融的业务。

事实上,这一模式在互联网供应链金融中也一度十分盛行。在 2017 年之前,市场中常见的三种交易模式如图 4－24－8 所示。

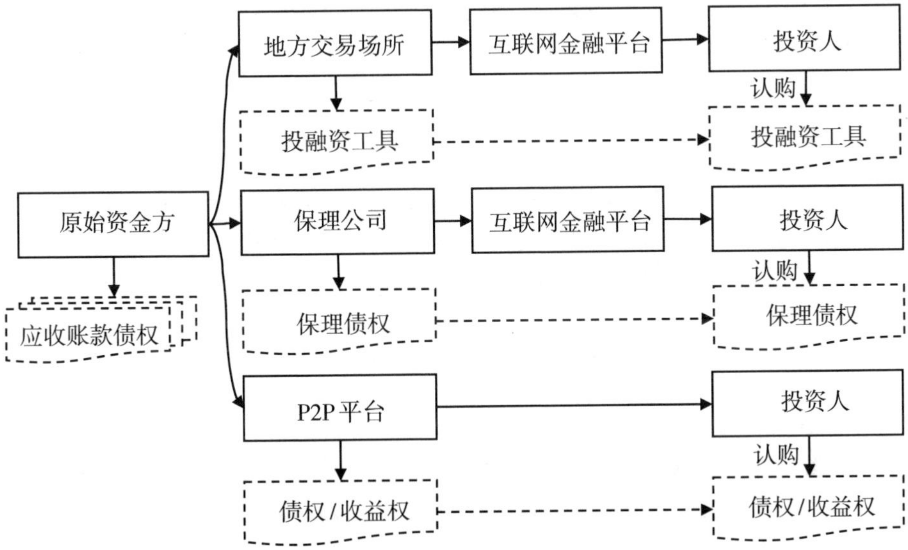

图 4－24－8 三种"非标债权"的产品交易模式

从交易结构图 4－24－8 中可以看出,上述三种模式只是在交易通道上稍有区别,实质上都是将应收账款债权进行拆分,最终包装成千元起投的"产品",在形式上既可以是交易投融资工具,也可以是保理债权、网贷债权(在 P2P 平台上一般称为"散标"),最终大拆小后的"产品"将面向互联网金融平台的众多投资人进行销售,投资人认购的资金回笼后,原始资金方再受让新的应收账款,如此循环。这类"非标债权"作为底层资产的财富管理产品是 2017 年前众多互联网金融平台的主流产品。

2016 年《网络借贷信息中介机构业务活动管理暂行办法》颁布后,通过 P2P 平台进行大拆小债权转让的模式已经被明确禁止。而后在 2017 年 7 月,著名的 64 号文《关于互联网平台与各类交易场所合作从事违法违规业务开展清理整顿的通知》标志着互联网金融风险专项整治工作进入了实质阶段。根据64号文的要求,与交易场所合作的各类产品均存在将权益拆分面向不特定对象发行,或以“大拆小”“团购”“分期”等各种方式变相突破200人限制,通过地方交易场所发行的各类非标产品被明确禁止。随后,各地互联网金融风险专项整治工作领导小组办公室牵头地方金融办,对于辖区内的互联网金融平台做出监管指导,认为“非标债权”类的产品存在通过财产权益/收益权份额化公开募集资金的情况,从穿透监管的角度看,仍然存在向不特定对象或者超过200人特定对象进行转让交易、募集资金的情况,同时也普遍存在“大拆小”“长拆短”的问题,极易引发金融风险。对于此类产品,监管部门要求各互联网金融平台接受清理整顿,进而提出平台的总体产品规模不得增长,存量产品必须压降的“双降”原则。如本书第十九章中关于互联网资产管理业务所介绍的,这种模式也受限于互联网金融专项整治工作领导小组颁布的29号文——《关于加大通过互联网开展资产管理业务整治力度及开展验收工作的通知》(整治办函〔2018〕29号)等互联网资产管理相关法律法规限制。到2018年的第一季度,根据观察,这类产品已经基本退出了历史舞台。

四、预付款融资的典型模式:保证金贷款/担保贷款

无论是保证金贷款还是担保贷款形式的预付款融资,交易模式都比较简单清晰。在建立真实的交易关系后,融资企业向资金方预存一定的保证金或者连同核心企业提供担保增信,资金方以受托支付的形式发放贷款,贷款用途指定为融资企业采购货物。预付款融资可以有效缓解融资企业在采购货物阶段的资金压力,货物进入指定的仓库后就可以衔接存货融资的供应链金融服务。

由于预付款融资的交易结构和法律关系都很直观清晰,在互联网供应链金融市场中所占比重也较小,在这里就不做赘述了。

五、存货融资的典型模式

(一)存货抵(质)押融资

不同于应收账款类的融资,存货融资是基于供应链中的“商品流”所开展的金融业务。当企业出现库存堆积或者库存周转较慢的情况,企业就利用存货的担保来撬动杠杆,融取资金。

根据担保的法律关系不同,一般分为动产抵押和动产质押两大类,抵押权和质

权作为两类法定的担保物权,生效的方式不尽相同。

动产抵押是指融资企业与资金方订立抵押合同,抵押权自抵押合同订立之日起生效,抵押权需经过工商登记方才取得对抗善意第三人的效力。而后抵押物会存放在资金方指定的仓库中,管理仓库的物流/仓储企业与资金方订立存货(担保品)监管合同,根据约定的抵押率管理特定的存货。如果融资企业提前清偿部分债务,此时抵押率降低,物流/仓储企业可以根据资金方的发货指令释放部分的存货;如果资金方判断设定抵押的存货在当时出现价值贬损,此时抵押率上升,资金方也会要求融资企业补充担保品以使抵押率恢复到可以接受的水平。动产质押是指融资企业与资金方订立质押合同,之后质押物同样会存放在资金方指定的仓库中,一旦货物进入了指定的仓库,则质权生效。管理仓库的物流/仓储企业与资金方订立存货(担保品)监管合同,作为受托管理人,管理特定的存货。根据约定的质押率,资金方同样有权释放货物或者要求融资企业补充担保。存货抵(质)押融资交易结构见图4－24－9。

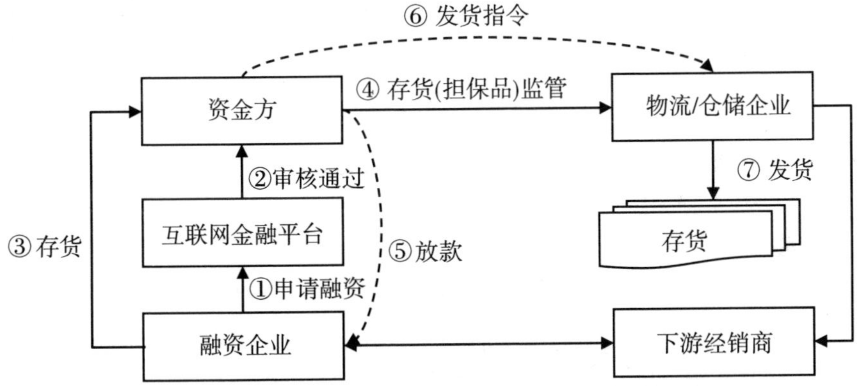

图4－24－9　存货抵(质)押融资交易结构

根据融资期限内担保品的范围是否发生变化,一般将存货融资分为静态抵(质)押和动态抵(质)押两种模式。上一段介绍的抵(质)押模式,在融资期限内,担保品的范围仅根据资金方的特定指令进行释放和追加,因此都是静态抵(质)押模式。对于存货周转频繁和资信相对优质的融资企业而言,也可以适用动态抵(质)押的模式。资金方要求融资企业某个仓库或者某个特定区域的所有存货均设立担保,但同时允许融资企业根据日常经营情况不时地完成货物的入库和出库,通过大数据进行仓储中货物的监控,维持担保品的最低价值。由于融资期限内担保品并不是固定的,因此融资企业和资金方也可以通过设立动产浮动抵押的方式创设合法有效的担保物权。实践中,动态抵(质)押的模式对于物流/仓储企业的监管要求更高,当然对于融资企业的日常经营活动影响较小,是一种便利于融资企业的商业安排。

(二)仓单质押融资

货物的仓单或者提单并不是货物的所有权凭证,它仅仅代表了特定货物的提货权利。根据我国物权法的相关规定,仓单/提单也可以设立质押,在订立质押合同后,质权以仓单/提单交付资金方时完成设立。仓单质押融资交易结构见图4-24-10。根据仓单是否为期货交割的标准仓单,仓单质押又可以分为标准仓单质押和普通仓单质押。

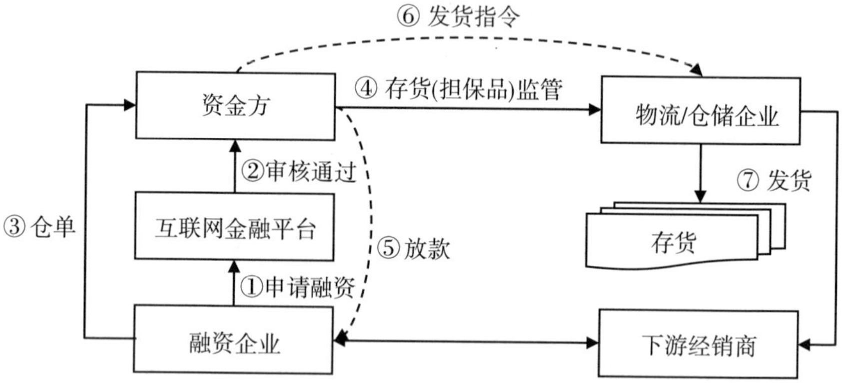

图4-24-10　仓单质押融资交易结构

实践中,仓单质押和存货质押是可以共存和兼容的。从控制风险的角度考虑,可以对于同一批货物既设立存货质押又设立仓单质押,如此在处置特定货物时,资金方就既可以要求仓储企业按照自己的指令转移或者交付存货,又可以直接拍卖和变卖存货,对于资金方的权益可以说是双重的保障。

小　结

随着互联网技术的不断发展,区块链技术成为了当今最炙手可热的话题。与此同时,市场关注的重点也从比特币、ICO等区块链技术1.0时代的运用慢慢转向了区块链技术在其他场景,尤其是金融场景中的具体运用,即区块链技术2.0的时代。根据区块链去中心化、不可篡改的技术特性,我们十分看好区块链技术在互联网供应链金融中的应用，从而构建一个去中心化的金融信用体系。

从区块链技术的特性出发，第一个层面的应用可能是区块链技术对于支付手段的升级。传统的资金清结算体系是建立在银行网络的基础上，通过银行的清结算和传统支付结算公司实现资金的流转，这一过程耗时较长，成本较高。区块链技术有可能在支付结算工具上进行创新，开发出一种全新的数字化票据的形式。不同于现在的电子票据体系，借助区块链镜像分布（冗余分布）的特性，直接实现点对点的交易，无须票据中介、票据交易所进行交易撮合和承担信息中介的职能，在高效交易的同时也兼顾信息安全性。

第二个层面的应用可能是在商品流/物流中强化权益证明。权益证明用于保证供应链中的货物权属清晰，往来可溯。由于区块链技术中每个节点均能获得一份完整的数据记录，利用区块链集体维护的特性，可以实现对货物权属的确权。另外，区块链技术也可以对于物流活动的全过程进行有效记录，全面反映每一单货物在不同时点的变化并永久记录。在商品流/物流的全流程永久记录方面，区块链技术显然提供了一种更为理想的解决方案。

关于区块链的具体内容可以参见本书第七章。

CHAPTER 25

第二十五章

房地产互联网金融

开宗明义,房地产互联网金融业务其实是前文中提到的"互联网资产管理"或"互联网借贷"这类业务形式在房地产这一垂直领域的具体表现。这一领域的早期玩家一类是以无忧我房、房天下为代表的房地产第三方中介机构,另一类是以平安好房、京东金融为代表的新金融机构。2015 年以来,随着万科、恒大、碧桂园、绿地、万达等传统的房地产巨头纷纷成立金融控股、金融信息公司,布局互联网金融业务,房地产互联网金融的业态才正式进入了人们的视线。

在本章伊始,我们需要思考的问题是:"为什么这些地产巨头会纷纷入局互联网金融?"其中的商业逻辑也不难理解。首先,自 2009 年以来持续火爆的楼市让地产行业成为"拿地即赚钱"的暴利游戏,在房地产融资宽松的政策环境下,95% 的房地产企业采用融资拿地开发的模式;除传统融资渠道外,通过互联网融资取得的资金可以成为房地产开发周期中各个环节的资金补充,也进一步助力了部分房地产企业"高举高打、快进快出"的拿地、开发和销售策略:房地产企业注入少量资本金后,就尽可能地通过各种融资渠道撬动资金杠杆,以"高杠杆、高周转率、快速开发、快速回款"的模式帮助企业抢占土地资源,缩短开发和销售周期,取得销售回款,快速清偿债务(降低财务成本)后,房地产企业再循环往复地利用高杠杆进入新项目的生命周期。其次,对于投资者来说,房地产巨头企业的品牌加持以及房价持续上涨的事实似乎让房地产相关的底层资产成为当时最安全的金融产品,房地产增值后的销售收入或者稳定的租金收入可以成为固定收益类产品的收益来源;对于购房者来说,楼市的火爆也催生了购房者在银行按揭贷款以外愿意通过互联网首付贷、赎楼贷等产品用于补充过桥资金,或者加杠杆买房。最后,互联网科技的运用也催生了一些新型的地产营销、认筹模式,房地产企业可以在项目正式预售前进行线上营销实现获客和蓄客,买房消费者也可以提前认筹心仪的房产。由此可见,房地产互联网金融的兴起其实是房地产市场持续火爆背景下房企激进融资需求和购房者焦虑购房情绪共同作用下的产物。

第一节　房地产互联网金融模式优势

地产互联网金融模式优势如图 4 – 25 – 1 所示,具体而言,有以下几个。

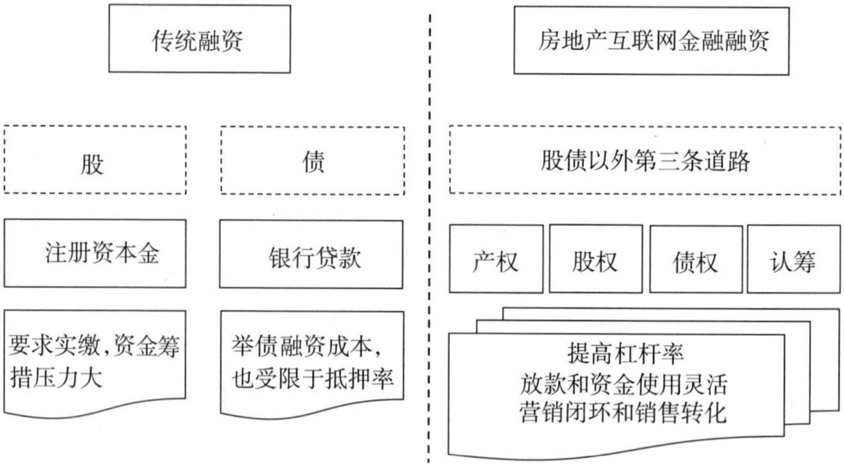

图4-25-1　地产互联网金融模式的优势

(1)融资优势:提高融资杠杆率

传统的银行房地产融资流程如图4-25-2所示。

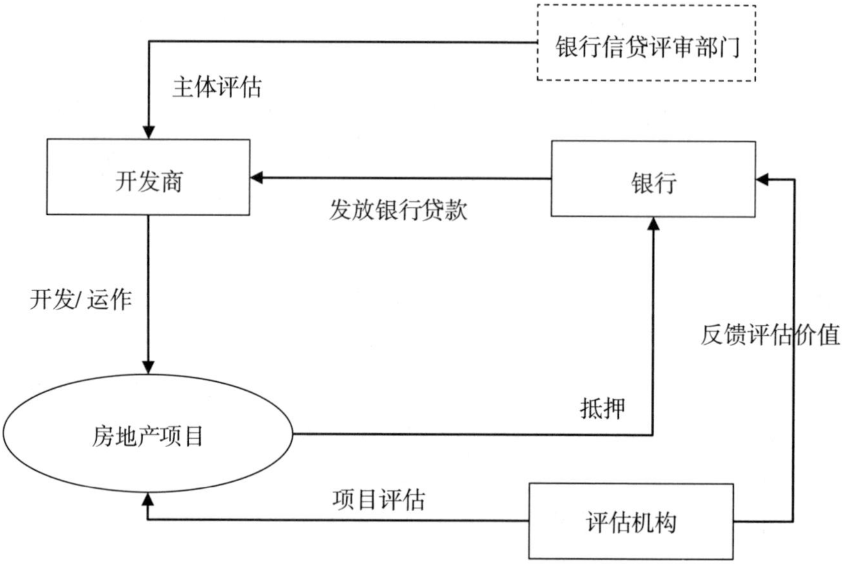

图4-25-2　传统银行参与房地产融资流程

商业银行对于房地产融资设立了较高的准入门槛,根据银行内部主体授信评审要求,一般商业银行只愿意向国内30强的房地产开发商发放贷款,同时要求借款主体将其持有的房地产项目(土地/在建工程/房屋)抵押给银行,一旦借款主体无法偿付贷款，银行作为房地产项目的抵押权人就能启动诉讼程序，通过拍卖变卖的程序，出售房地产项目以回笼资金，冲抵贷款的未偿余额。就抵押增信而言，为了确认房地产抵押物的价值，银行会要求专业的资产评估机构出具评估报告，并进一步通过非常严苛的抵押率指标来核定放款金额。

通常情况下，银行要求房地产融资的抵押率不超过70%，考虑不同抵押物本身价值及处置难度，一般来说以土地使用权（光地）和住宅物业设立抵押的，抵押率不超过70%；以写字楼、商场和工业用建筑物设立抵押的，抵押率不超过60%；在建工程的抵押率一般不超过50%。

注：抵押率 =（贷款未偿金额 + 当次提款金额）/抵押物价值 ×100%

通俗地解释抵押率指标，假如抵押率为70%，意味着如果经银行认可的评估机构认定现阶段房地产项目的评估价值为100元，那么房地产开发商最多只能通过银行融资举借70元。

根据上述解释不难发现，通过银行融资的单一途径获取资金的总量总是受限于当时房地产项目（抵押物）的价值。较之银行的授信逻辑，房地产互联网金融融资作为企业资本金（股）和传统银行融资（债）之外的第三条道路，并不受抵押率的僵化控制，可以进一步提高杆杠率为企业筹得更充裕的资金。

（2）融资优势：放款条件及资金用途限制减少

房地产互联网金融的灵活性还体现放款条件和资金用途上。

我国的相关规定早已明确禁止房地产企业使用银行贷款支付土地竞拍保证金及土地出让金。另外，未满足下列条件的房地产企业不得向银行举借房地产贷款：

①注册资本已经缴足；

②取得土地使用权证；

③项目资本金达到项目投资总额的35%。

房地产信托融资也存在类似的要求，只有满足“四、三、二”原则的房地产企业方可通过房地产信托业务融资，即

①取得《国有土地使用证》、《建设用地规划许可证》、《建设工程规划许可证》和《建设工程开工许可证》四证；

②拥有二级以上（包括二级）的开发资质；

③项目资本金比例达到30%。

随着房地产宏观调控力度的增强，金融机构通过表外业务/通道业务发放的房地产企业融资也受到了限制，例如《中国银监会关于规范银信类业务的通知》（银监

发〔2017〕55号)明确规定,商业银行和信托公司开展银信类业务,应贯彻落实国家宏观调控政策,遵守相关法律法规,不得将信托资金违规投向房地产、地方政府融资平台、股票市场、产能过剩等限制或禁止领域。2018年以来,银监会继续加强了在房地产领域的高压监管态势。针对违反房地产行业政策的,(1)直接或变相为房地产企业支付土地购置费用提供融资;或者(2)向四证不全、资本金未足额到位的商业性房地产开发项目提供融资的行为,银监会将向违规机构直接开具罚单,不再纵容。

然而,房地产互联网金融业务并不受上述各类限制性规范的约束。简言之,在房地产互联网金融的语境下存在监管真空和监管套利的情况,资金方或融资平台拥有充分的自主权设定融资主体的准入门槛,只要开发商(融资方)满足这些要求,那么房地产互联网金融所筹得的资金就可以支持开发商在整个房地产生命全周期如图4-25-3所示的资金使用需求。

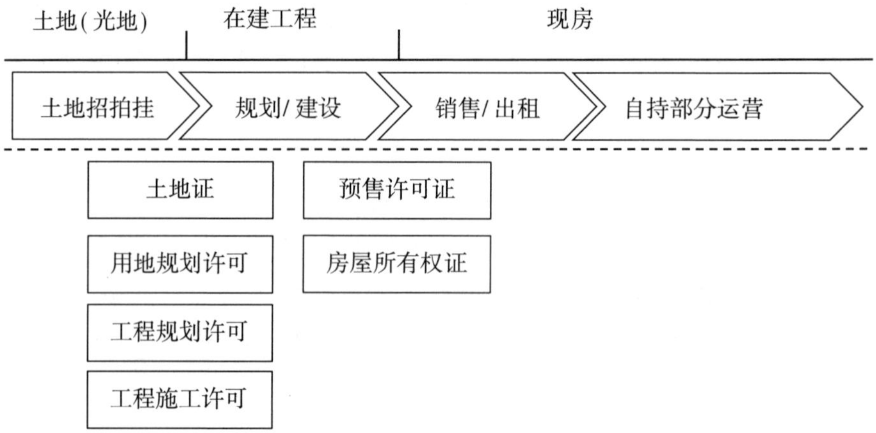

图4-25-3 房地产生命全周期

(3)营销优势:低成本打造营销闭环

传统商品房销售的营销周期一般是项目开盘前的3个月到6个月。根据开盘节奏,开发商在营销周期中会穷尽各类营销方式实现拟售项目的持续曝光。

考虑持续曝光的需求,引入互联网金融平台将传统的房地产线下营销改造成线下+线上的全渠道模式,通过线上平台的低门槛入口优势及社交传播优势,在短时间内可以集聚大量用户的参与和关注;同时创新的房地产互联网金融模式往往会引起线上新兴媒体广泛的关注,由此形成二次营销和二次传播,有助于大幅度提高项目的曝光度和用户的关注度。在此基础上步入后期的深度营销环节,此时开发商无论是将线下意向用户导入线上参与营销活动还是将线上意向用户引导线下看房,皆可最终形成“线上——线下”的营销闭环,提升用户黏性。房地产互联网金融模式营销全流程如图4-25-4所示。

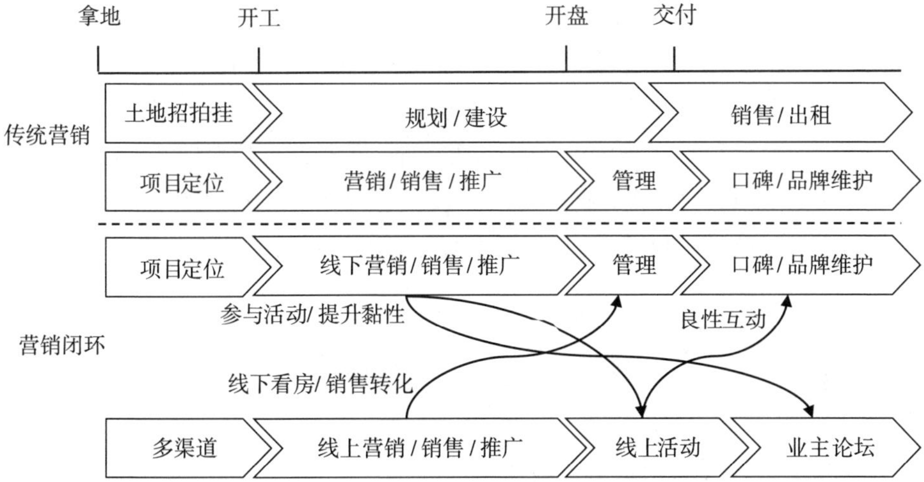

图4-25-4 营销全流程

(4)销售优势:蓄客、锁客及购房意向转化

如图4-25-5所示的营销闭环所展示的,营销的最终目的是蓄客、锁客并最终实现用户购房意向的转化。目前互联网营销的成熟模式是利用了线上的社群属性,通过搭建社区的方式为潜在购房客户提供一个交流的平台,开发商借此与潜在购房者及时互动,了解购房者在购买过程中的决策变化以实现长期蓄客的目的。

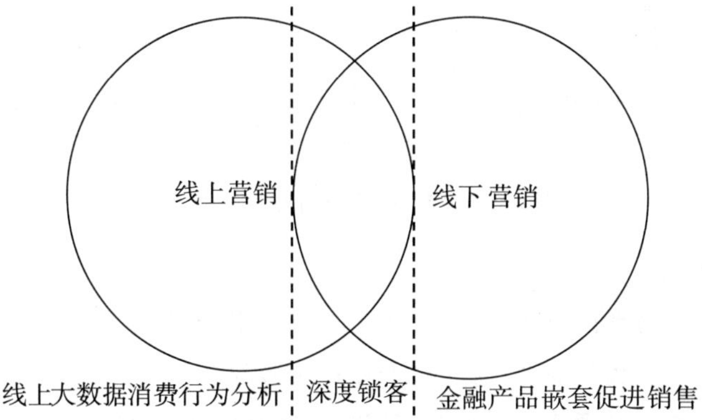

图4-25-5 房地产互联网金融销售优势

在此基础上,进阶版的房地产互联网金融业务中,多家房地产企业已经试水预售前认筹、投资等创新的模式(将在下文详细介绍),殊途同归,在预售环节缴纳投资本金的用户往往会获赠一系列的购房优惠(如优先看房权、选房权、销售折扣或实物奖励)。房地产开发商通过部分的销售让利实现营销成本的反哺,在降低营销成本的同时更前置了房屋销售环节,提前锁定意向客户,并为这部分客户转化最终购房客户打下了坚实的基础。

同时房地产互联网金融的销售优势还有许多值得我们憧憬的地方,比如依赖线上平台的大数据优势,实时收集、跟踪、分析购房者的消费行为数据。经过分析,开发商可以更加精准地发起营销,嵌套金融产品,最终提高销售转化率。

第二节　房地产互联网金融的典型模式

一、基于产权的互联网资产管理

地产产权资管交易结构见图 4 – 25 – 6。

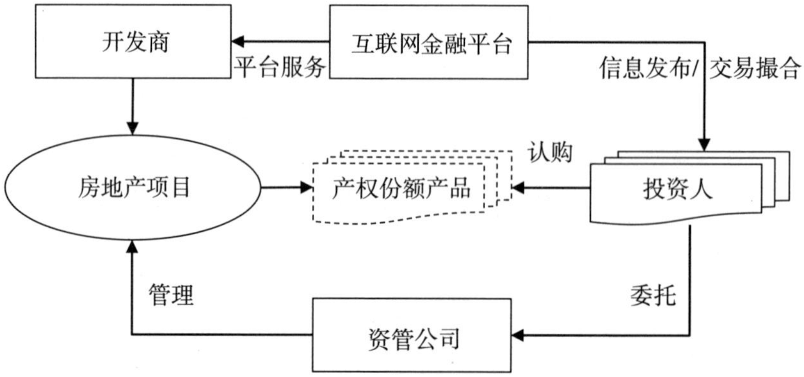

图 4 – 25 – 6　地产产权资管交易结构

1. 交易结构

投资人通过互联网金融平台认购产权份额产品后,依据共同共有原则,各投资人委托资管公司代为持有、管理房地产项目对应的标的房产,项目期限届满时,资管公司根据投资人共同决定处置房产(如通过竞拍或定向销售的方式),处置房产所得款项(房屋销售款)按参与者投入的份额比例进行分配。具体的操作步骤如下。

(1)开发商与互联网金融平台合作，发起地产产权产品，以优惠价格向投资者出售房产所有权份额；

(2)投资者认购这一产品，并按认购金额获得同比例的地产产权份额；

(3)认购资金通过产品，向开发商支付购房款项；

(4)支付成功后，投资者委托资管公司代为持有并处置地产产权；

(5)资管公司出售该房产，并将出售所得溢价分配给投资者。

2. 商业逻辑

该结构设计的初衷一方面是为房地产开发商解决滞销住宅房屋的库存去化问题，以便迅速回笼销售资金；另一方面在临近年末时，伴随着上市公告和各大机构发布地产销售排行榜的市场环境，大部分的房地产企业存在改善财务报表，提升销售业绩的诉求，此时房地产企业会采取类似结构，实现资产的“假出表”，提前确认销售业绩。在产权资管模式中，投资人可以获得特定的投资回报，解决房地产投资高门槛的障碍，投资回报系根据地产的出售金额而变化的浮动收益，对于高风险偏好的投资人也具有较强的吸引力。

3. 法律分析

相比传统的地产产权销售，地产产权资管模式的创新点在于通过化整为零的方式，将单一物业面向多个投资者进行分割或拆零销售，而这一点却带来一定的合规风险。《商品房销售管理办法》(建设部令第88号)规定：“商品住宅按套销售，不得分割拆零销售；本办法所称分割拆零销售，是指房地产开发企业以将成套的商品住宅分割为数部分分别出售给买受人的方式销售商品住宅的行为。”在上述模式中，房地产开发企业可能会因为分割销售的行为受到警告、罚款等处罚。

另一个争议点在于，目前我国的房地产监管部门不会为此类分割销售办理不动产分割登记，房地产企业也不会实际上为投资者办理分割登记，只会通过互联网金融平台为投资者进行象征意义的簿记，从法律角度上说，投资者并没有真正取得对应分割产权的权属，之后如果投资者希望作为所有权人行使处分或者收益权益，会存在因为登记缺失而落空的风险；如果资管公司最终未能如预期实现销售变现，对于投资者权利的保障就存在很大的风险。

二、基于股权的互联网资产管理

1. 交易结构

投资人通过互联网金融平台认购股权份额产品(一般表现为股权收益权或有

限合伙份额收益权),通过收益权的创设,投资人可以享有资管公司的未来经营收益。资管公司受让特定的房地产项目并进行管理运营;项目期限内的经营收益(如租赁收入)将向投资人进行分配,如果项目最终出售,获得的销售收入也可以作为超额浮动收益向投资人分配。具体的操作步骤如下。

(1)资管公司选择特定的房地产项目与开发商达成资产转让安排,受让特定的房地产项目。

(2)资管公司与互联网金融平台合作,发起股权份额产品,向投资者转让资管公司的股权收益权;如资管公司为有限合伙企业,则由有限合伙人转让有限合伙份额收益权。

(3)投资者认购这一产品,并按认购金额获得同比例的资管公司股权收益权。

(4)资管公司通过出租或出售房地产项目等方式获得投资收益。

(5)投资者根据股权收益权的权能获得资管公司的相应分红。

地产股权资管交易结构见图4-25-7。

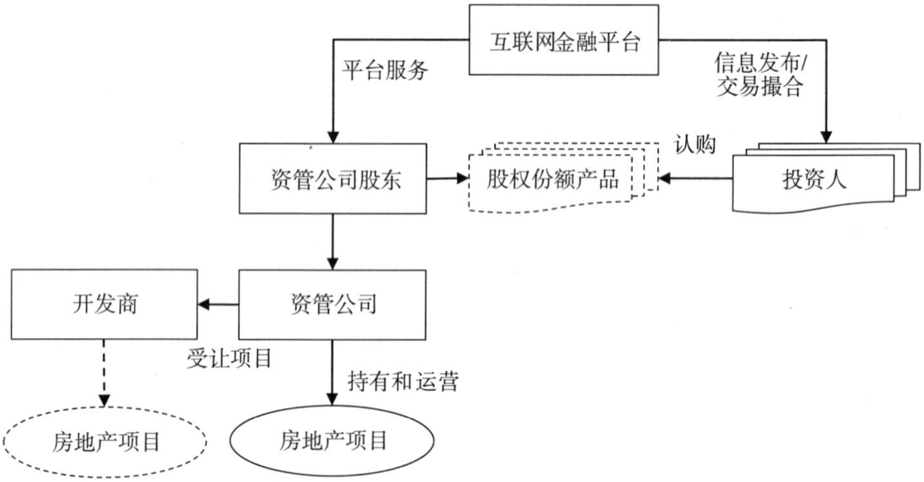

图4-25-7　地产股权资管交易结构

2. 商业逻辑

由于海外房地产项目的租金回报率远高于国内市场,资管公司通常选择海外的长租公寓或者办公楼项目开展此类交易。

在个人对外直投通道尚未放开的现状下,境内的投资人缺乏便捷的海外房地产投资渠道;这一交易结构一方面,可以使个人直接投资海外房地产市场成为可能,另一方面,基于股权的结构也避免了境外房地产过户登记的烦琐程序。

对于项目中的另一参与方资管公司来说，可以使用互联网金融的杠杆撬动个人资金来收购优质的房地产项目，也再次体现了前文中所提到的房地产互联网金融给房企带来的融资优势。

3. 法律分析

地产股权资管的模式是一种基于股权或股权收益权通过互联网进行融资的活动。根据《中国证监会办公厅关于对通过互联网开展股权融资活动的机构进行专项检查的通知》（证监办发〔2015〕44 号）中对于“股权众筹融资”的定义来看，这一模式可以被认定是一种股权众筹融资。根据这一法律文件的进一步规定，由于股权众筹融资具有“公开、小额、大众”的特征，涉及社会公众利益和国家金融安全，必须依法监管。未经国务院证券监督管理机构批准，任何单位和个人不得开展股权众筹融资活动。在这一文件发布后，除了已经取得公募股权众筹试点资格的平安、阿里、京东之外，证监会再未批准过任何机构从事股权众筹类业务，因此市场上打着股权众筹旗号的互联网金融平台实际上存在一定的违规风险，其只能按照私募投资基金监督管理办法的要求，通过私募股权类的基金开展业务，并且严格遵守私募产品 200 人、合格投资者、投资适当性等要求。

另外，通过这一结构最终投资海外房地产市场的，也存在违反外汇资本项目监管规定的风险，人民银行和外汇管理局如收到相关的投诉信息也可以要求违规平台停业整顿，限期整改并处以罚款。

自 2015 年下半年起，基于股权的互联网众筹结构在整个市场中已经非常罕见了。

三、基于债权的互联网资产管理

1. 交易结构

投资人通过互联网金融平台认购债权份额产品（一般表现为委托贷款债权或委托贷款债权收益权），通过债权或收益权的受让，房地产开发商（作为借款人）的还本付息现金流最终将向投资人进行分配。如果开发商出现还款困难，资管公司将联手商业银行一起行动，处置设立抵押权的房地产项目，处置所得收入也将根据债权/收益权转让的关系，向投资人进行分配。具体的操作步骤如下。

（1）资管公司与具有融资需求的房地产开发商达成融资安排，资管公司通过商业银行向房地产开发商发放委托贷款。作为还款的担保，开发商一般会将对应的房地产项目抵押于资管公司，根据国土局和房屋管理局的要求，抵押权会实际登记在商业银行(作为担保代理人)名下。

(2)资管公司与互联网金融平台合作,发起债权份额产品,向投资者转让委托贷款债权或债权收益权。

(3)投资者认购这一产品,并按认购金额获得同比例的委托贷款债权。

(4)开发商通过房地产项目销售、出租等方式获得经营收益,并向资管公司履行委托贷款项下的还本付息义务。

(5)投资者根据债权或收益权的权能获得还本付息现金流作为投资收益。地产债权资管交易结构如图 4-25-8 所示。

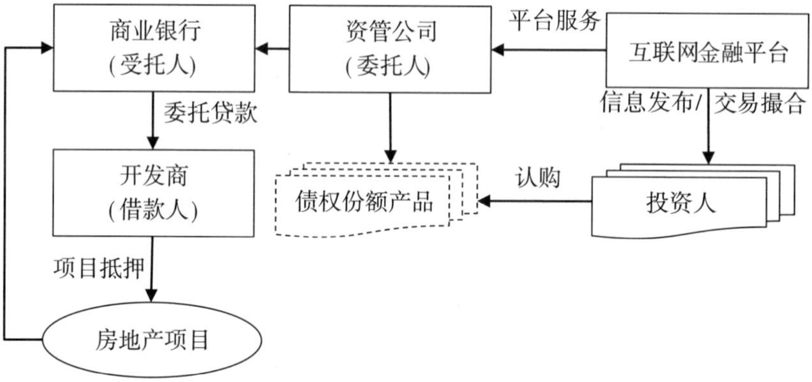

图 4-25-8　地产债权资管交易结构

2. 商业逻辑

这一模式流行于 2012~2017 年。

鉴于传统金融机构融资门槛较高,融资取得的资金存在诸多限制,房地产开发商(尤其是百强房地产企业以外的中小房地产开发商)寄希望于一种融资模式,在融资成本可接受的前提下,解决土地出让款配资的问题或者实现进一步放大融资杠杆率的诉求。恰好商业银行的委托贷款业务长期处于监管真空的环境:委托贷款作为银行的表外业务,并不直接受银监会房地产信贷政策的影响,由于银行在委托贷款业务中也无须承担资金成本和信用风险,因此不少银行也乐见其成,以此收取委托贷款手续费。

在这一模式中,资管公司往往是隶属于具有房地产开发实力的大型集团。在项目稳健运行的情况下,资管公司可以直接获得借款人的还本付息收入;在融资出现违约风险时,资管公司会借助背后的房地产开发商,以房地产基金的模式直接收购项目,收购款项用于兑付投资人,而房地产基金则以更专业的模式接手房地产项目的后续运作,这一操作十分类似当下流行的“债转股”。

对于个人投资者来说,借助互联网金融低门槛的特点,在过去几年房地产繁荣的市场中配置一定的房地产债权资产也是一种十分稳健的固定收益类投资。

3. 法律分析

事实上,监管层早就关注到委托贷款这项表外业务对接“两高一剩”行业,特别是房地产行业所聚集的风险。银监会于 2018 年 1 月 5 日终于颁布了一度难产的《商业银行委托贷款管理办法》。可以说《商业银行委托贷款管理办法》的出台才真正弥补了房地产融资监管的最后一块“短板”。《商业银行委托贷款管理办法》第 11 条载明:“商业银行受托发放的贷款应有明确用途,资金用途应符合法律法规、国家宏观调控和产业政策。资金用途不得为以下方面:(一)生产、经营或投资国家禁止的领域和用途。……(五)其他违反监管规定的用途。”通过列举式和兜底条款的立法技术,银监会基本宣判了房地产委托贷款业务的“死刑”。

委托贷款业务的监管从严就会直接影响地产债权资管交易的开展。当然,实践中资管公司和开发商还是会考虑绕道地方交易场所的融资工具等其他来变相为房地产项目进行输血。考虑地产行业宏观调控的政策仍然将持续,未来的房地产融资一定会普遍适用统一的监管准则,任何以监管套利为出发点的交易结构最终也无法逃脱被认定违规的命运。

四、地产线上认筹:嵌入商品房预售环节的互联网资产管理

1. 交易结构

房地产开发商在房地产项目取得预售许可证之前通过营销活动让购房者缴纳预订筹金,同时预订房号或者确定开盘后的销售次序,这一行业通行的做法称为认筹。本段所介绍的地产线上认筹交易其实是将房地产互联网资产管理业务嵌入商品房销售环节的产物。具体的操作步骤如下。

(1)在房地产项目取得预售许可证之前,房地产开发商通过营销活动或推介会的形式,确定意向购房客户并和购房者初步锁定意向房屋;

(2)投资人(同时也是潜在购房者)根据开发商的要求缴纳认筹款项,开发商与客户签署投资协议,以收取投资本金的形式收取房屋认筹金,这部分款项实际通过互联网金融平台认购特定期限的固定收益类金融产品,该产品也可以是上文介绍的债权份额产品,产品期限会略长于预售许可证的取得时间;

(3)在房地产项目取得预售许可证后,该金融产品会触发提前赎回机制,此时

投资人可以选择继续买房或者放弃买房;

(4)选择继续买房的投资人会和开发商正式签署购房合同,投资的本金和收益将直接冲抵购房首付款项;决定放弃买房的投资人将直接取回投资本金和收益。地产线上认筹交易结构见图4-25-9。

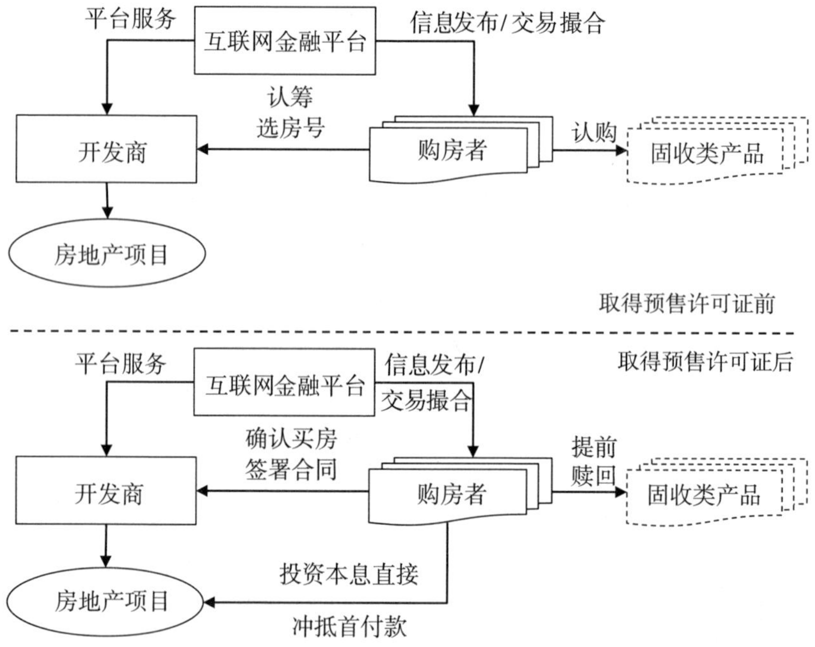

图4-25-9 地产线上认筹交易结构

2. 商业逻辑

房地产项目开盘前的认筹是房地产行业的通行做法。过去参与认筹的购房者缴纳认筹款项后,这部分的本金在项目实际开盘前不会为购房者带来任何利息收入或者投资收益,一定程度上使购房者承担了资金损失。地产线上认筹的模式实质上是将认筹款项匹配投资行为,回馈购房者一定的投资收益;同时通过合同约定也赋予了购房者灵活的选择权利,甚至是缴款后的"反悔权利",也满足了购房者买房时的纠结心理。

另外,通过互联网的技术也使得投资人可以通过手机APP实时追踪自己的投资收益,更有甚者引入了VR/AR的实时看房技术,让缴纳认筹款项的购房者可以随时看到自己所选房屋的装修进度,在购房体验方面无疑带来了很大的提升。

3. 法律分析

房地产项目认筹的做法(无论线下还是线上模式)一直以来存在"无证预售"的法律风险。

早在2010年,根据住建部《关于进一步加强房地产市场监管完善商品住房预售制度有关问题的通知》(建房〔2010〕53号)第1条第1款规定:"……未取得预售许可的商品住房项目,房地产开发企业不得进行预售,不得以认购、预订、排号、发放VIP卡等方式向买受人收取或变相收取定金、预定款等性质的费用,不得参加任何展销活动。……"另根据《最高人民法院关于审理商品房买卖合同纠纷案件适用法律若干问题的解释》(法释〔2003〕7号)第5条的规定:"商品房的认购、订购、预订等协议具备《商品房销售管理办法》第十六条规定的商品房买卖合同的主要内容,并且出卖人已经按照约定收受购房款的,该协议应当认定为商品房买卖合同。"据此,我国相关法律规定从"实质重于形式"的监管原则,对通过预约、预订、排号等形式变相进行商品房预售的行为予以禁止。从这一监管原则出发,地产线上认筹交易模式也存在被认定为"变相收取定金"进而违反商品房销售管理办法的风险。

上述行为被认定为变相预售行为,则根据《城市房地产管理法》第68条的规定:"违反……规定预售商品房的,由县级以上人民政府房产管理部门责令停止预售活动,没收违法所得,可以并处罚款。"

五、地产首付贷

1. 交易结构

顾名思义,首付贷是指贷款资金用于支付购房首付款项的信贷产品,贷款额度一般不超过首付金额的70%。图4-25-10呈现了首付贷主流的两种交易结构,具体操作方法如下。

(1)购房者在买房的同时向开发商申请首付贷款,由开发商负责审核借款人的资质,进行贷前审批;

(2)如果与开发商合作的贷款人是具有贷款发放资质的机构,例如小额贷款公司或者嫁接P2P平台的,则可以采取结构一的交易模式,由贷款人与购房者订立借款合同,约定贷款资金以受托支付的方式直接支付至开发商;

(3)如果与开发商合作的贷款人是不具有直接放贷资质的机构,例如商业保理公司,则可以采取结构二的交易模式,开发商与购房者签订了房屋买卖合同后即形成开发商对于购房者的首付应收债权,由保理公司与开发商、购房者签署应收账款

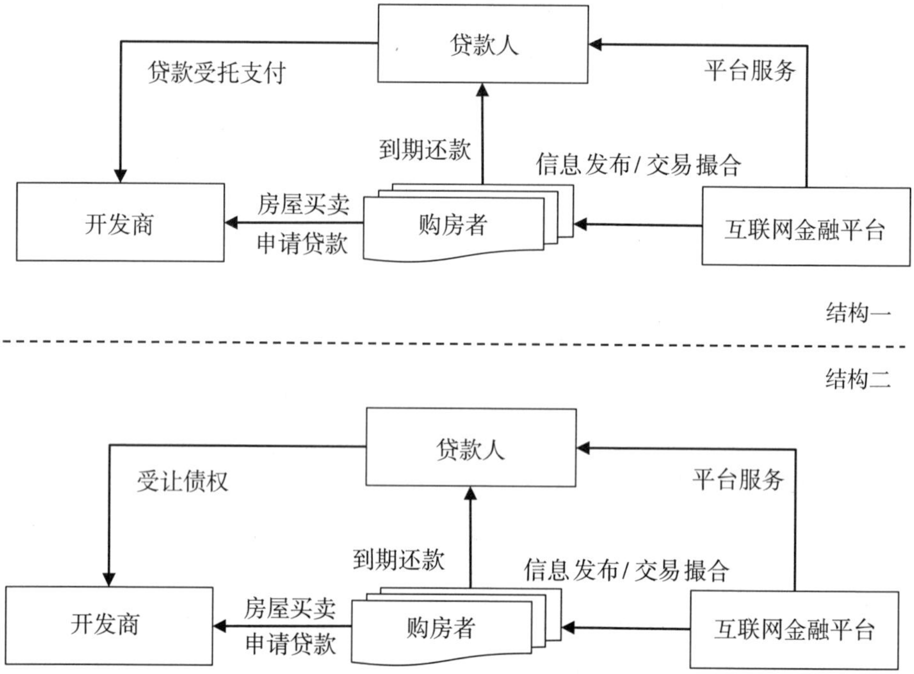

图4-25-10　地产首付贷两种常见交易结构

转让合同（受让债权），首付贷资金以债权转让对价的方式支付至开发商；

（4）根据产品策略的不同，开发商可能会提供一定的首付贷贴息或者对于贷款债权承担保证责任；

（5）贷款到期后，借款人直接向贷款人履行还本付息的义务。

2. 商业逻辑

首付贷产品的出现解决了房地产市场中的两类诉求。

第一种情况的首付贷款类似于过桥贷款，用于解决购房者短期资金周转的诉求。购房者本身具有自有资金缴纳首付的实力，但因为资金周转的原因，例如自有资金购买了定期银行理财无法提前赎回，需要借助首付贷资金用以周转。这类情况下的首付贷产品期限较短，并且约定如果借款人逾期未还款，开发商有权解除房屋销售合同。

第二种情况的首付贷款更具有普遍意义，用于帮助开发商去化库存，使购房者以较少的自有资金撬动更多的杠杆来购买房屋，而这类首付贷产品往往期限较长，无担保利率较高，一旦借款人出现逾期，容易滋生系统性风险。

另外，在楼市火爆的2014～2016年，的确有大量的投机客借由首付贷资金大举进入楼市，助推了楼市的泡沫。在这过程中，更有一些违规的金融机构和房地产中介以消费贷、装修贷的名义变相发放首付贷款，这些做法显然有违国家房地产去库存的初衷。

3. 法律分析

在房地产宏观调控的大背景下，各监管部门多次提及首付贷带来的房地产泡沫和金融风险，在过去两年通过出台一系列的政策对首付贷产品实现“一刀切”的叫停，目前市场中首付贷的产品也已经基本绝迹了。在著名的《互联网金融风险专项整治工作实施方案》中，国务院办公厅明确严禁各类机构开展“首付贷”性质的业务；2016年7月29日，住建部联合多个部门发布了《关于加强房地产中介管理促进行业健康发展的意见》（建房〔2016〕168号），明确“中介机构不得强迫委托人选择其指定的金融机构，不得将金融服务与其他服务捆绑，不得提供或与其他机构合作提供首付贷等违法违规的金融产品和服务”；2016年11月，住建部再次通报了30家违法违规房地产中介机构名单，并进一步要求，各地一律严禁中介机构开展“首付贷”性质的业务，这是一条红线。2017年，在著名的141号文件（《关于规范整顿“现金贷”业务的通知》）中，监管部门从行为监管的角度，对于银行业金融机构、P2P网络借贷信息中介机构和小额贷款公司（含网络小额贷款公司）再次强调禁止发放任何形式的首付贷。

小 结

“这些残暴的欢愉，终将以残暴为结局”，用莎士比亚的佳句总结过往5年多的房地产互联网金融业务可能再合适不过了。火爆的楼市像黑洞一般吸食了逐利的金融资金，在这过程中，房地产开发商、房地产中介、购房者、投资者、资金方的利益紧紧地捆绑在了一起，又进一步推高了房价。在这过程中，我们看到了金融科技带来了金融创新同时我们也看到不受监管的金融创新会滋生新的金融风险。这是最好的时代也是最坏的时代，在“一刀切”的政策逐步落地后，我们一方面在感慨于一个时代终结，另一方面我们能否重拾久违的敬畏之心去迎接一个新的时代呢？我们相信消费升级的背景下，房地产行业绝对不会是夕阳行业，在行业的新时代来临之时，我们相信怀揣敬畏之心的企业会用真正的金融科技，来普惠购房者和投资人，带来楼市健康发展的新篇章。

CHAPTER 26

第二十六章

互金资产证券化

互金领域的资产证券化(以下简称互金ABS)是2016年度、2017年度资产证券化领域的热门话题,以互金资产为基础发行的资产证券化产品层出不穷。根据中国资产证券化研究网的数据,截至2017年12月31日,互金领域的资产证券化产品累计发行规模已达千亿级别,发行单数也超百余单。究其原因,主要有以下几个方面:首先,基于互联网金融的特性,在其细分领域,如消费金融、汽车金融和供应链金融等领域,都会形成大量小额、分散,且具备相对稳定现金流的债权资产,该等债权资产的特性天然符合资产证券化中对于基础资产筛选标准;其次,大多互金平台,如网络小贷公司、网商平台等缺乏融资渠道,为了起到盘活存量资产,扩大业务规模之目的,资产证券化无疑是其绝佳的融资工具;最后,互联网技术的发展使互金平台的数据风控能力和反欺诈控制能力得到广泛提升,在基础资产的投放与存续期管理阶段有良好的技术优势,能够为资产证券化产品的后期管理提供完善的技术支持。

本章主要探讨互金ABS业务的主要模式、法律关注点以及互金平台在该等业务中的角色定位问题。

第一节 概 述

一、主要参与主体

互金ABS其实并不是一个官方的ABS种类,而是资产证券化从业者(ABSer)们对线上形成的债权资产为基础发行的资产证券化产品赋予的一个统称。当然,由于近年来线下和线上业务联动性的发展,也有越来越多的线下原始权益人/发起机构通过线上平台开展相关业务并形成基础资产,如汽车金融公司的线上汽车贷款业务,消费金融公司的线上消费贷款业务等,都是这一模式的典型。由于该等机构并非传统以线上业务为主营业务的平台,本章暂不将该等机构发行的ABS产品纳入讨论的范围之中。排除该等主体后,我们理解,根据目前的发行情况,互金ABS的主要原始权益人/发起机构大致如表4-26-1所示。

表 4 - 26 - 1　互金 ABS 的主要原始权益人/发起机构情况

	小额贷款公司(以阿里小贷为例)	汽车融资租赁公司(以易鑫网为例)	电商平台(以京东为例)
主管部门	金融办	商务部 + 工信部	商务部 + 工信部
商业模式	网络小额贷款	融资租赁服务	互联网信息 + 商品赊销
获客渠道	线上	线上线下代理商	线下
主要产品	花呗	新车融资租赁产品	京东白条
资金来源	(1)主要为市场资金 (2)部分为自有资金	(1)主要为市场资金 (2)部分为自有资金	(1)主要为自有资金 (2)部分为市场资金
其他优势	(1)主要依赖于淘宝网、天猫等消费场景 (2)线上大数据风控 (3)品牌提升后的资本市场运作	(1)主要依赖线下风控团队发展线下代理商 (2)征信系统优势 (3)强大的项下催收团队 (4)风控模型 (5)品牌提升后的资本市场运作	(1)主要依托电商消费场景 (2)逐步布局线下的消费场景 (3)线上大数据风控 (4)品牌提升后的资本市场运作

根据表 4 - 26 - 1 所显示的,我们看到,目前互金 ABS 的主力军主要可以分为三类:第一类也是目前发行规模最大、频率最高的一类——网络小额贷款公司,典型的为阿里小贷、小米小贷等;第二类为线上的汽车融资租赁公司,如易鑫租赁、人人租赁等;第三类为网商平台,主要依靠赊销模式形成的应收账款债权进行资产证券化,典型的平台有京东、唯品会等。

二、基础资产的选择

根据《证券公司及基金管理公司子公司资产证券化业务管理规定》(以下简称 49 号文)的规定,其所称基础资产,是指符合法律法规规定,权属明确,可以产生独立、可预测的现金流且可特定化的财产权利或者财产。根据《非金融企业资产支持票据指引》,基础资产的定义基本与 49 号文一致。从该定义看,资产证券化的基础资产应满足权属明确、可特定化以及可预测的特点。在互联网金融的细分领域,我们理解,满足前述标准的基础资产一般可以分为以下几类:(1)个人消费贷款债权;(2)融资租赁债权;(3)应收账款或保理债权;(4)以前述债权资产为标的资产形成的信托受益权。从产生前述基础资产的领域来看,一般涉及消费金融领域、汽车金融领域、供应链金融领域等互金常见的热点领域，涉及的融资主体包括网络小贷公司、融资租赁公司、电商平台等。

第二节　主要监管框架

主要监管框架见表 4－26－2。

表 4－26－2　主要监管框架

文件名称	文号	颁布机构	实施时间
个人消费贷款债权			
《关于做好小额贷款公司试点的指导意见》	银监发〔2008〕23 号	中国银行业监督管理委员会、中国人民银行	2008 年 5 月 4 日
《非存款类放贷组织条例》（征求意见稿）	—	—	—
《关于进一步加强校园网贷整治工作的通知》	银监发〔2016〕47 号	中国银行业监督管理委员会、中央网信办、教育部、工业和信息化部、公安部、工商总局	2016 年 6 月
《关于进一步加强校园贷规范管理工作的通知》	银监发〔2017〕26 号	中国银行业监督管理委员会、教育部、人力资源社会保障部	2017 年 5 月 27 日
《关于规范整顿“现金贷”业务的通知》	整治办函〔2017〕141 号	互联网金融风险专项整治工作领导小组办公室、P2P 网络借贷风险专项整治工作领导小组办公室	2017 年 12 月 1 日
《关于印发小额贷款公司网络小额贷款业务风险专项整治实施方案的通知》	网贷整治办函〔2017〕56 号	P2P 网络借贷风险专项整治工作领导小组办公室	2017 年 12 月 8 日
融资租赁债权			
《关于加快融资租赁业发展的指导意见》	国办发〔2015〕68 号	国务院办公厅	2015 年 8 月 31 日

续表

文件名称	文号	颁布机构	实施时间
《关于从事融资租赁业务有关问题的通知》	商建发〔2004〕560号	商务部,国家税务总局	2004年10月22日
《关于加强内资融资租赁试点监管工作的通知》	商建发〔2006〕160号	商务部,国家税务总局	2006年4月12日
《关于"十二五"期间促进融资租赁业发展的指导意见》	商服贸发〔2011〕487号	商务部	2011年12月15日
《关于印发〈融资租赁企业监督管理办法〉的通知》	商流通发〔2013〕337号	商务部	2013年10月1日
《关于融资租赁行业推广中国(上海)自由贸易试验区可复制改革试点经验的通知》	商办流通函〔2015〕575号	商务部办公厅	2015年7月23日
应收账款债权			
《关于商业保理试点有关工作的通知》	商资函〔2012〕419号	商务部	2012年6月27日
《关于商业保理试点实施方案的复函》	商资函〔2012〕919号	商务部	2012年10月9日
《关于做好商业保理行业管理工作的通知》	商办秩函〔2013〕718号	商务部办公厅	2013年8月15日
《商业银行保理业务管理暂行办法》	中国银行业监督管理委员会令2014年第5号	中国银行业监督管理委员会	2014年4月10日

第三节　典型交易结构与法律关注点

一、典型交易结构

结合互金ABS中基础资产的类型以及之前的发行情况,主要有以下几种典型的交易结构。

1.存量结构:以个人消费贷款/融资租赁/应收账款或保理债权直接作为基础资产

根据发行的市场不同,存量结构中又分为银行间市场的ABN(资产支持票据)

结构、交易所市场的常规 ABS 结构和私募类 ABS 结构。

（1）存量 ABN 结构（见图 4－26－1）

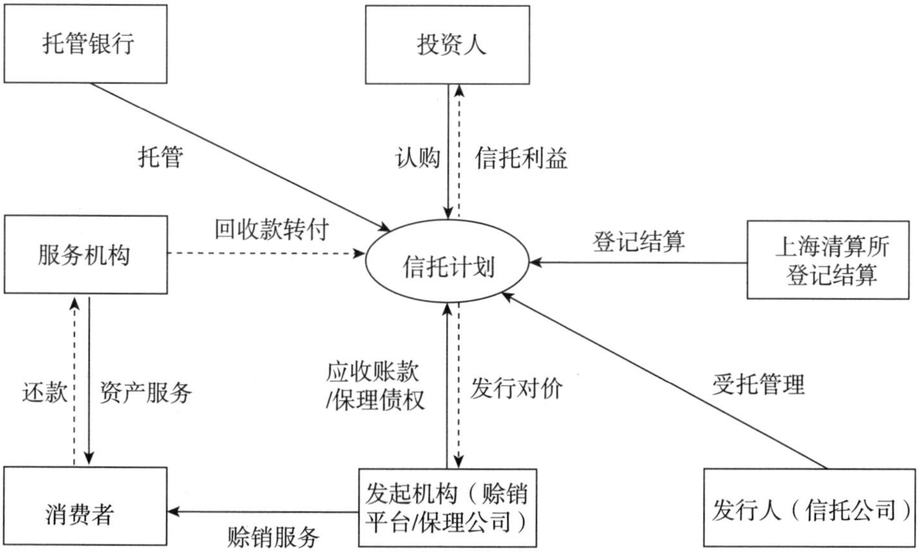

图 4－26－1 存量应收账款/保理债权 ABN 结构

该等交易结构的发行典型为京东白条信托资产支持票据。以 2017 年第一期京东白条 ABN 为例，由北京京东世纪贸易有限公司作为发起机构，以其在京东网商平台上形成的对用户的存量赊销应收账款债权为基础资产发起设立财产权信托计划，向投资者发行资产支持票据获得募资，发行规模为 15 亿元。同时，在产品设计上，采用了循环＋摊还的结构设计，前 18 个月为循环期，以入池标准挑选合格基础资产进行循环购买，循环期内每季度兑付优先级投资人收益；后 6 个月为摊还期，摊还期内按月兑付优先级的利息和本金，待优先级本金全部偿付，将剩余收益支付给次级投资人。

（2）存量交易所 ABS 结构（见图 4－26－2）

根据目前发行的实例，互金 ABS 领域的存量基础资产大多在上交所和深交所以上述结构发行。参考中国资产证券化分析网截至 2017 年 12 月 31 日的数据，仅就阿里小贷一家发行主体，在两大交易所发行的"花呗"和"借呗"系列 ABS 产品的规模就高达几千亿元，基础资产为阿里旗下重庆市阿里小微小额贷款有限公司和重庆市阿里巴巴小额贷款有限公司（以下合称阿里小贷）两家网络小贷公司分别在花呗和借呗产品中发放的对用户的分散的小额贷款债权。在交易结构的设计上，和京东白条 ABN 一样，也是采用循环购买结构，以解决基础资产期限短和资金沉

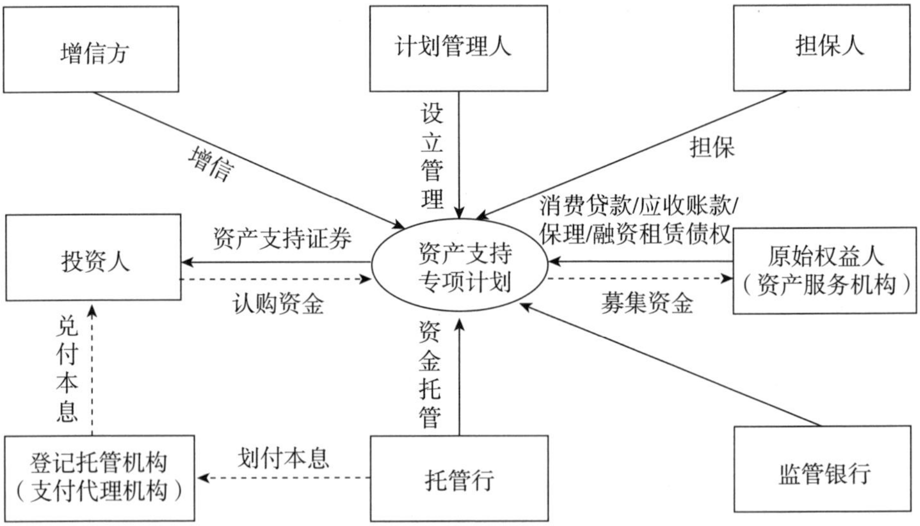

图 4－26－2　存量交易所 ABS 结构

淀等问题，以降低融资成本，扩大融资规模。除阿里系列在互金 ABS 领域表现抢眼外，2016 年和 2017 年，以京东金融、小米小贷、唯品会、分期乐为代表的电商和互金平台也纷纷参与到 ABS 的融资大军中，截至 2017 年 12 月 31 日，京东金融已在沪深两大交易所共获得近 200 亿元的发行额度，其中还不包括私募发行的规模，基础资产为京东白条项下通过赊销形成的应收账款债权或者保理债权。

（3）存量私募类 ABS 结构（见图 4－26－3）

存量私募结构的交易逻辑和交易所 ABS 相同，以阿里系列鑫宝产品为例，其通过由信托公司设立集合资金信托计划受让阿里小贷享有的通过淘宝网、天猫网平台向用户提供的消费贷款服务项下向用户实际发放的，并且用户已选择通过分期方式还款的人民币信用贷款而合法享有的债权，从而实现阿里小贷的融资目的。和公募结构一样，通过循环购买的方式延长融资期限，扩大融资规模。同时，为了保障基础资产的偿还和信托计划的按期兑付，作为一种增信方式，在交易结构的设计中还引入了保险公司为信托计划中优先级受益人的偿付提供保证保险担保。

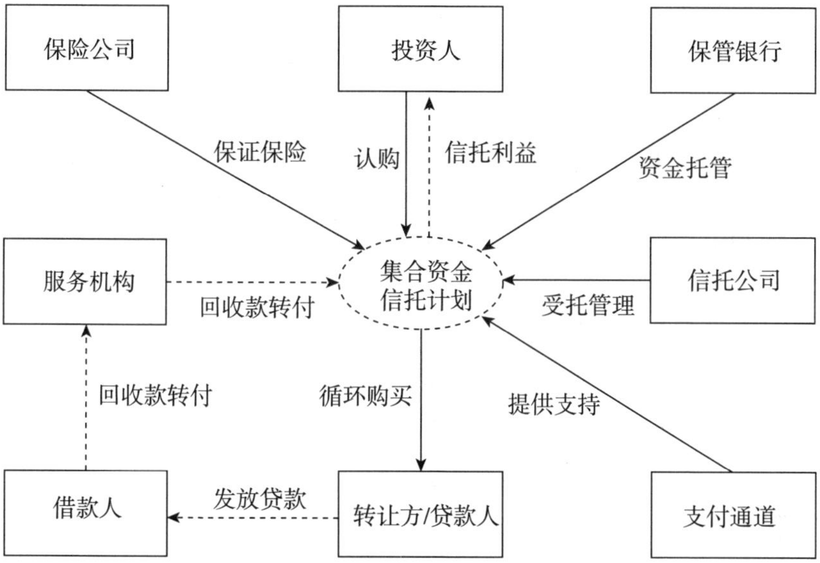

图 4-26-3 存量私募类 ABS 结构

2. 增量结构:以信托受益权为基础资产

受限于资产证券化业务结构的相对复杂性以及交易所申报流程的必备性,一个成熟的互金 ABS 产品从资产池的挑选、尽职调查、申报材料的准备、交易所反馈和取得无异议函、路演及产品成立,最快也需要一个月的时间。对于一家互金/电商平台而言,资产证券化中较长的融资流程无法满足其对放款频率的高效要求,同时平台本身有限的融资渠道在实际中亦无法完全利用自有资金完成存量债权的生成。基于前述两个方面的原因,在实践中催生出 Pre-ABS 这一特殊的融资结构。Pre-ABS 是一种建仓行为,实际操作流程是通过自有资金或主动管理的表外资金,先通过交易将适于证券化的金融资产控制下来,再通过发行证券化产品把主动管理的存量资产盘活。① 其结构在实践中主要有两种形式:(1)使用过桥资金通过信托通道放款形成底层债权资产,然后以该等债权资产形成的信托受益权作为基础资产转让给专项计划实现过桥资金的退出,这一形式的特点是底层资产的形成完全依赖于外部过桥资金方,平台方主要是通过对底层债权资产的服务以及投资 ABS 的次级部分获得收益;(2)互金/电商平台先利用自有资金在底层形成债权资

① 摘自孙鑫:《融资难?! 看看 Pre-ABS 怎么玩》,载 http://www.sohu.com/a/210774173_739558,最后访问日期:2019 年 2 月 17 日。

产,然后通过将债权资产转让给过桥资金方设立的信托计划的形式完成互金/电商平台的融资,后续过桥资金方以其持有的信托受益权作为基础资产转让给资产支持计划完成过桥资金方的退出。在 Pre - ABS 中,就过桥资金方而言,一方面可以获得基础资产与 ABS 标准资产间的利差收益;另一方面,通过对 ABS 产品夹层进行直接投资,在风险可控的情况下赚取更高收益,发掘 ABS 夹层投资价值。两种形式的交易结构如图 4 - 26 - 4 和图 4 - 26 - 5 所示。

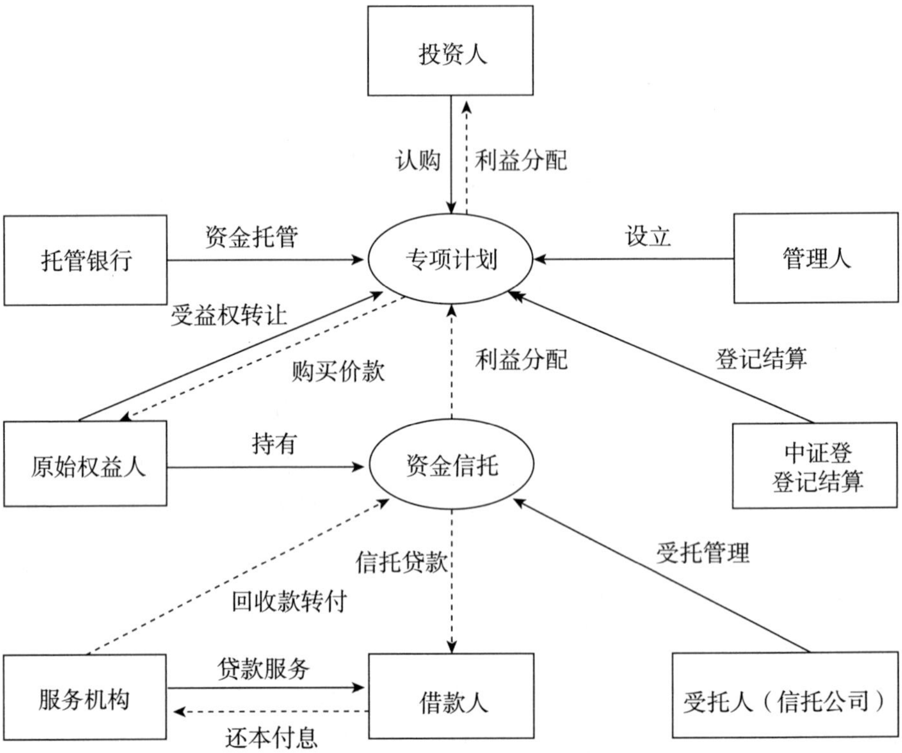

图 4 - 26 - 4　增量结构——形式 1

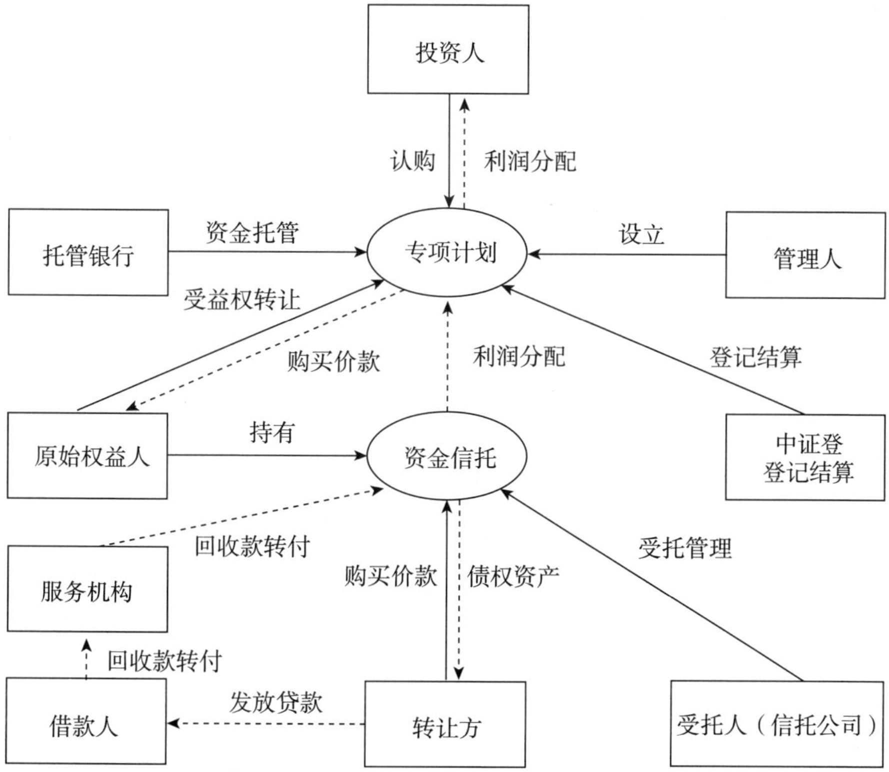

图 4－26－5　增量结构——形式 2

以这一结构发行的典型案例为“中金—宜人精英贷信托受益权资产支持专项计划”，其于 2016 年设立，发行规模为人民币 2.5 亿元。在交易结构设计上，通过结构化分层、超额覆盖、信托账户保证金与专项计划账户资金留存等多种内外部增信方式，并通过信托—专项计划双 SPV 结构设计，获得了较好的风险隔离效果，有效地避免了资金混同风险，最大限度地保障了投资人利益。

当然，上述两种形式在上层主要通过资产支持计划、交易所挂牌的形式实现过桥资金方的退出，在私募市场，亦存在由两个信托计划构成的私募 pre－ABS 结构，具体如图 4－26－6 所示：

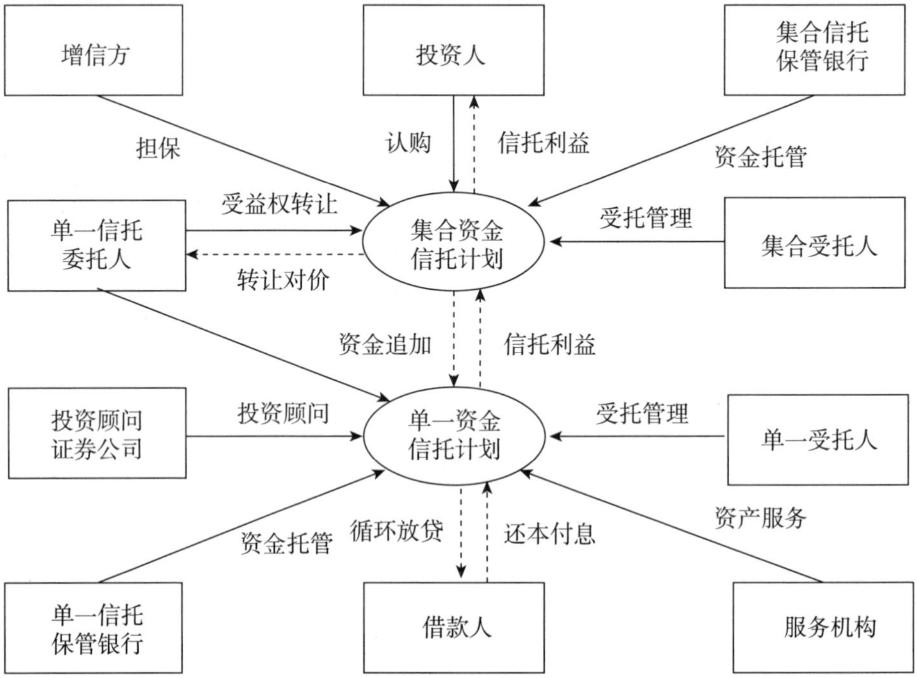

图 4－26－6　增量结构——形式 3

通过 Pre－ABS 和后续 ABS 发行相结合的方式,一方面能够获得资金拓展业务,扩大基础资产规模;另一方面平滑 ABS 发行前的现金流,可以盘活存量资产。Pre－ABS 特殊的融资优势使其在 2017 年成为 ABS 领域的一大风口,很多外部资金方将其作为一级市场的资产证券化业务进行大力发展。如江苏银行与德邦证券共同发起设立的"江苏银行—德邦证券消费金融 ABS 创新投资基金"就是一只专注于消费金融领域,以 Pre－ABS 投资和夹层投资作为主要投资策略的基金,其规模达 200 亿元。基金以 Pre－ABS 形式为不同类型的消费金融公司制定系统的风控标准、放款流程标准、资产筛选标准、资产隔离标准、信息披露标准,资产服务标准等,帮助各类消费金融机构规范化运作,形成标准化的资产包,从而在后端的资产证券化过程中间弱化对主体资质的要求。同时,基金使消费金融机构可以通过 Pre-ABS 在资产形成规模以前就获得周转资金,解决了融资难的问题。

二、特点

互金 ABS 是资产证券化产品中的一种,有其共性特征,但从其基础资产的形成、筛选、后期产品的设计以及基础资产的服务方面,亦有其鲜明的特点。

1. 基础资产的形成与筛选

互金 ABS 的基础资产大多在线上形成，基础资产的规模和质量往往取决于互金/电商平台本身的获客能力、大数据风控能力以及反欺诈能力。就用户角度而言，其风险主要表现为欺诈风险和信用风险。其中，衡量欺诈风险的一个核心环节是判断一笔互金的信用消费申请是否由申请人本人完成。这时常见的做法是让申请人提供身份证明以及对第三方数据使用的授权，更加复杂的可能也会使用人脸识别等进一步的技术。

在基础资产的筛选上，随着越来越多的 ABS 基础服务商的出现，基础资产的筛选已经不仅是原始权益人和券商之间的事情，目前市场上出现的京东金融的 ABS 云平台、厦门国金的 ABS Cloud 以及百度金融的 ABS 平台和众安保险的宇宙立方 ABS 对接系统均可以通过其各自的技术实现基础资产的筛选，使资产通过可定义的、多维度的过滤引擎后成为合格资产。

2. 产品设计

不同于其他类型的 ABS 业务，互金 ABS 的基础资产呈现出小额、分散、信用化的特点，同时基础资产的质量也决定着在产品端的增信要求和循环购买机制等的设定。在目前已经发行的多单互金 ABS 中，我们可以看到受限于资产支持证券固定收益类凭证和中国独特的市场投资环境，大多的互金资产证券化产品很难完全与原始权益人的主体信用脱离，且相较于其他类型的产品，互金领域的这一属性表现得更加明显。因而，这也造成了目前已经发行的互金 ABS 产品多集中于部分互联网巨头，如阿里、京东、小米等，或由该等巨头实际控制的平台，如趣店、读秒等。

考虑互金资产的期限一般短于拟发行的资产证券化产品的期限，互金 ABS 中通常采用循环购买的方式解决这一问题。常规的机制设定为：在循环期，基础资产的现金流回款不用于偿还资产支持证券的本息，而是用来进行循环购买原始权益人手中的基础资产；在摊还期，则停止循环购买，完成资产支持证券的本息分配。

另外，由于大多互金资产特征的相似性，且具备庞大的资产池，在互金 ABS 中部分股东背景强大的平台亦会采用储价发行的方式以解决交易所审批流程的烦琐性，提高融资频率和效率。典型的如阿里旗下的“花呗”“借呗”产品均在 2017 年取得了上交所 300 亿元的储价发行额度；而京东旗下的“京东白条”产品也斩获了 100 亿元的储价额度。

3. 基础资产的服务

无论是存量还是增量结构，在互金 ABS 中平台在服务层面的作用较一般的

ABS 体现得更加明显。图 4 - 26 - 7 列示了一个互金 ABS 中平台在各个环节的作用以及提供的服务。

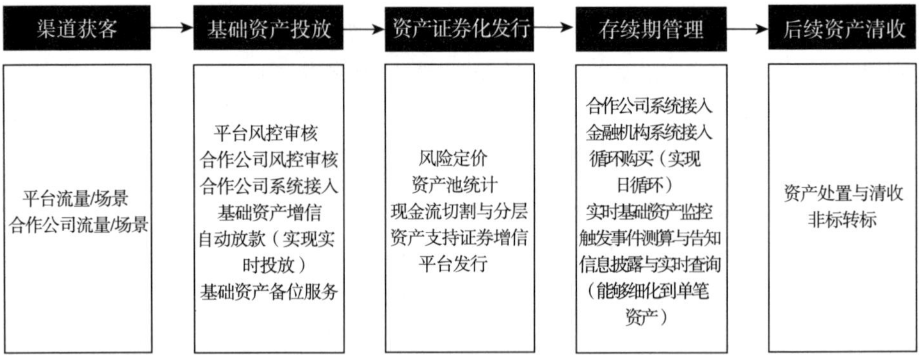

图 4 - 26 - 7　互金平台在各个环节的服务

从图 4 - 26 - 7 中我们可以清晰地看到,当资产支持计划设立后,互金平台作为资产服务机构主要提供的服务主要可以分为存续期的管理以及后续资产清收两个方面。从存续期的管理来看,平台可以充分依赖于其在基础资产投放阶段的优势,接入外部征信公司,乃至金融机构的征信系统、数据系统、模型系统对基础资产中涉及的相应指标进行实时监控,发现基础资产的相应指标,如不良率和违约率超过资产支持计划交易文件设定的比例时,其可以切实履行资产服务的职能,及时告知管理人,并在其资产服务报告中进行披露;同时平台拥有的线上、流程化操作系统也有利于在存续期进行后续的基础资产的购买,能够确保后续入池的基础资产严格按照合格标准入池,保证基础资产池相关特征的统一性。正是由于该等数据、模型以及成熟的线上流程化操作的优势,使在互金 ABS 中可以实现日均循环一次的频率,更优者,可以实现时时循环,最大限度地提高资金使用效率,防止资金沉淀,扩大融资规模。

第四节　监管趋势与法律关注点

2017 年 12 月,接连下发的《关于规范整顿"现金贷"业务的通知》和《关于印发小额贷款公司网络小额贷款业务风险专项整治实施方案的通知》两个监管文件对互金 ABS,尤其是对网络小贷公司发行的消费贷款债权 ABS 产生了重大的影响。在《关于规范整顿"现金贷"业务的通知》中,其提出了必须持牌、息费合并计算融资成本、KYC(了解你的客户)、审慎经营、不得暴力催收、信息保护几大核心原则。其中对于互金 ABS 影响比较深远的一条为“以信贷资产转让、资产证券化等名义融入的资金应与表内融资合并计算,合并后的融资总额与资本净额的比例暂按当地现行比例规定执行,各地不得进一步放宽或变相放宽小额贷款公司融入资金的比例规定”,该条通过杠杆限制,实际上使目前很多网络(互联网)小额贷款公司通过场内资产证券化方式不断释放资本以开展业务的模式很可能无法维继。在现金贷通知公布后不久颁布的《关于印发小额贷款公司网络小额贷款业务风险专项整治实施方案的通知》又进一步对网络小贷业务提出了更为细致的要求。在其通知的开头,开宗明义提出“网络小额贷款是指互联网企业通过其控制的小额贷款公司,利用互联网向客户提供的小额贷款,具有通过互联网平台上获取借款人,运用互联网平台积累的客户经营、网络消费等特定场景信息等评定信用风险,在线上完成贷款全业务流程等特点”,这一定义强调了“特定场景”的概念,明确网络小额贷款业务必须依托于特定场景。此外,在贷款排查范围中,也要求排查是否发放无特定场景依托、无指定用途的网络小额贷款,不过该通知对场景并没有给出更细的定义。

在上述两个规定出台后,市场对于是否能够继续发行此类以网络小额贷款公司为原始权益人/发起机构,以线上小额贷款债权为基础资产的 ABS 产品多有讨论,但 2018 年 1 ~ 3 月花呗和借呗系列多期资产支持证券的发行在一定程度上表明了监管并非采取“一刀切”的态度,对于部分股东背景强大的平台而言仍存在一定的发行机会。不过,在目前监管严格要求小贷公司的杠杆比例和放款的特定场景的情况下,以网络小贷公司为放款主体的互金 ABS 究竟能走多远仍然是这个市场的未知数。

表 4-26-3 目前发行的交易所互金 ABS 产品汇总表(部分)

时间	计划名称	原始权益人	金额(总额)	利率	期限	基础资产	主要场景	增信措施	静态/循环
2018 年 12 月	中金借呗 2018 年第六期消费贷款资产支持专项计划	重庆市蚂蚁商诚小额贷款有限公司	20	4.72%	/	个人消费贷款	个人消费	优先/次级分档	静态
2018 年 12 月	东方借呗第 2 期消费贷款资产支持专项计划	重庆市蚂蚁商诚小额贷款有限公司	20	4.80%	/	个人消费贷款	个人消费	优先/次级分档	静态
2018 年 12 月	京东金融—华泰资管【23】号京东白条应收账款债权资产支持专项计划	北京京东世纪贸易有限公司	20	4.62%	/	个人消费贷款	个人消费	优先/次级分档	循环
2018 年 12 月	中信证券—小米小贷 2 号第 3 期资产支持专项计划	重庆市小米小额贷款有限公司	10	5.1%	/	个人消费贷款	个人消费	优先/次级分档	循环
2018 年 2 月	天风证券—易鑫租赁一期资产支持专项计划	上海易鑫融资租赁有限公司	20.07 亿元	6.08%	1 年	汽车融资租赁债权	新车融资租赁	优先/次级分档 差额支付承诺	静态
2016 年 1 月/2016 年 9 月	上海人人融资租赁资产支持专项计划	上海人人融资租赁有限公司	3 亿元/5 亿元	5.5%	11 个月/45 个月	融资租赁债权	二手车	优先/次级分档	循环

续表

时间	计划名称	原始权益人	金额(总额)	利率	期限	基础资产	主要场景	增信措施	静态/循环
2016 年 3 月	嘉实资本—分期乐资产支持证券	深圳分期乐网络科技有限公司	2 亿元	5.05%	4 年	个人消费赊销应收账款	个人消费	优先/次级分档 差额支付承诺 储备金账户 中合担保	循环
2016 年 7 月	德邦借呗消费贷款资产支持专项计划	重庆市阿里巴巴小额贷款有限公司	300 亿元(额度)	5.5%浮动	1 年	个人消费贷款	个人消费	优先/次级分档 现金流超额覆盖	循环
2016 年 8 月	德邦花呗消费贷款资产支持专项计划	重庆市阿里小微小额贷款有限公司	300 亿元(额度)	5.5%浮动	1 年	个人消费贷款	个人消费	优先/次级分档 现金流超额覆盖	循环
2016 年 8 月	京东金融—华泰资管保理合同债权资产支持证券	上海邦汇商业保理有限公司	20 亿元	4.1%	2 年	供应链保理融资	京保贝供应链	优先/次级分档	循环
2016 年 10 月	德邦证券小米小贷资产支持证券	重庆市小米小额贷款有限公司	5 亿元	4.2%	2 年	个人消费贷款	个人消费	优先/次级分档	循环
2017 年 2 月	中金—唯品花第一期资产支持专项计划	上海品众商业保理有限公司	3 亿元	4.59%	15 个月	消费保理债权	个人消费	优先/次级分档 现金流超额覆盖 差额支付	循环

续表

时间	计划名称	原始权益人	金额(总额)	利率	期限	基础资产	主要场景	增信措施	静态/循环
2017年6月	中信证券—小米小贷1号资产支持专项计划	重庆市小米小额贷款有限公司	30亿元（额度）	5.7%	1年	个人消费贷款	个人消费	优先/次级分档	循环
2017年6月	“读秒去哪儿网‘拿去花’”消费分期资产支持专项计划	深圳前海敏恒商业保理有限公司	2.45亿元	6%	1年	消费保理债权	旅游消费	优先/次级分档 差额支付	循环
2013年6月	东证资管—阿里巴巴专项计划（共10期）	阿里小微金融服务集团	共50亿元	5.1%	12～15个月	个人消费贷款	个人消费	优先/次级分档 差额支付 第三方担保 回购	循环
2015年6月	中金—蚂蚁微贷小额贷款资产支持专项计划(共8期)	重庆市阿里巴巴小额贷款有限公司	50亿元（计划）	5.1%	1年	小额贷款债权	个人消费	优先/次级分档 差额支付 第三方担保	循环
2015年6月	东证资管—蚂蚁微贷1号资产支持专项计划	重庆市阿里巴巴小额贷款有限公司	5亿元	5.1%	1年	小额贷款债权	个人消费	优先/次级分档 超额利差 第三方担保	循环
2015年10月	中腾信微贷信托收益权资产支持专项计划	中信产业基金管理有限公司等	5.2亿元	7.2%	44个月	个人小额贷款信托受益权	个人消费	优先/次级分档 超额覆盖/回购	静态

续表

时间	计划名称	原始权益人	金额(总额)	利率	期限	基础资产	主要场景	增信措施	静态/循环
2015年9月	京东白条应收账款债权资产支持专项计划	北京京东世纪贸易有限公司	20亿元	3.8%	4年	个人消费债权	个人消费	优先/次级分档 超额覆盖 信用触发机制	循环
2016年1月	京东金融—华鑫白条应收账款债权资产支持专项计划	北京京东世纪贸易有限公司	20亿元	3.92%	2年	个人消费债权	个人消费	优先/次级分档 信用触发机制	循环
2016年4月	中金—宜人精英贷信托受益权资产支持专项计划	喆颢资产管理(上海)有限公司	2.5亿元	5.2%	3年	个人消费债权 信托受益权	个人资金周转	优先/次级分档 超额覆盖 保证金	静态
2016年6月	京东金融—华泰资管京东白条应收账款债权资产支持专项计划(共12期)	北京京东世纪贸易有限公司	100亿元(额度)	浮动	1年及以上	个人消费债权	个人消费	优先/次级分档 超额覆盖 信用触发机制	循环

CHAPTER 27

第二十七章

金融科技企业海外上市

2015年12月18日,宜人贷在美国纽交所成功上市,打响了中国金融科技企业海外上市第一枪。在此之后,不断有中国金融科技企业登上境外资本市场的舞台,包括趣店、和信贷、拍拍贷及简普科技在内的多家金融科技企业相继登陆美国、中国香港等境外市场。金融科技企业境外上市的热潮背后,凸显的是国内整个金融科技行业的崛起,以及国内整个金融科技市场的发展空间和巨大潜力。

在本章中,我们将从我国金融科技企业海外上市的基本情况、主营业务、上市动因分析、上市标准对比及上市地取舍等方面,对金融科技企业海外上市进行介绍。

第一节 金融科技企业海外上市的宏观背景及动因

2017年以来国内大批的金融科技企业实现海外上市具有特定的历史背景及原因,其中主要包括以下三个方面。

一、金融科技相关市场快速发展

近年来,我国金融科技相关市场快速发展。以消费金融市场为例,其规模已由2010年1月的6798亿元攀升至2018年10月的8.45万亿元,占境内贷款比重由1.7%上升至6.3%。①

消费金融市场的快速发展使众多与此相关的金融科技企业获益颇丰。如根据和信贷招股说明书披露,②和信贷的信用贷款产品总额在2015~2016财年增长了1552.8%,在2016~2017财年增长了253.7%。此外,和信贷的借款人数量也在2015~2016财年增长了579.7%,在2016~2017财年增长了158.4%。就收益而

① 中国网财经:《2018中国消费信贷市场研究报告:中国消费金融市场发展空间 巨大万亿蓝海待爆发》,载http://finance.china.com.cn//news/20190118/4874981.shtml。

② 参见和信贷《招股说明书》,载https://www.sec.gov/Archives/edgar/data/1702318/000104746917006527/a2233550z424b4.htm。

言,截至2015年3月,和信贷尚且净亏损35万美元,然而截至2016年3月,和信贷却实现了350万美元的净收益;截至2017年3月,和信贷的净收益继续高速增长142.2%,达到了860万美元。

在我国金融科技领域快速发展的背景下,众多企业成为这一领域的参与者及受益者。有部分企业希望借助资本市场的力量进一步拓展业务,谋求更大发展,这便构成了国内金融科技企业上市潮的其中一个动因。

二、合规性背书考量

通过上市以提升用户对业务合规性的评价也是许多金融科技企业选择进行上市的重要考量之一。金融科技企业通过资本市场的审核并最终成功登陆资本市场,一定程度上可以增加投资人和借款人对其合规性的认知并加深对其商业模式可持续性的信心。[①]

此外,上市企业的身份对金融科技企业将来在"强监管"下获得所需相关资质或备案亦有裨益。2016年10月,国务院办公厅印发互联网金融风险专项整治工作实施方案后,金融科技进入"强监管"阶段。以P2P网络借贷为例,中国银行业监督管理委员会(现为中国银行保险监督管理委员会)等部门制定了《网络借贷信息中介机构业务活动管理暂行办法》,并配套出台资金存管、信息披露、备案登记3个指引,形成了"1+3"的制度框架。但截至目前,相关专项整治工作仍然处于清理整顿、督查评估等阶段,尚未进入收官阶段,P2P备案工作亦尚未正式展开,处于较为缓和的阶段。在这一背景下,依靠上市后的信息披露和各上市地的监管规则,将企业纳入上市监管体系下,实际上也是一种"阳光化"措施,在某种层度上,与国内监管属于相辅相成。

三、上市地考量

就资本市场而言,目前我国A股市场目前尚不接受P2P网络借贷等类型的金融科技企业的上市申请。相较而言,境外资本市场近年来快速发展,且对于合规性要求相对较低,秉承发行人充分披露风险并由投资者自行判断的审核理念,因此合规性不会构成上市发行的实质性障碍(关于这一动因的具体分析,可参见本章第四节"上市地的选择")。鉴于此,我国许多金融科技企业选择海外作为企业的上市地。

---

① 图解金融:《金融科技企业上市,看这一篇就够了》,载https://mp.weixin.qq.com/s/sbo-HRtlPytMdKaq8od2z8g。

第二节　金融科技企业上市情况概览

按照时间轴梳理，我国 2017 ~ 2018 年已经成功登陆海外市场的金融科技企业如表 4 – 27 – 1 所示。

表 4 – 27 – 1　2017 年以来登陆海外市场的金融科技企业

序号	上市日期	企业名称	交易所	主要业务类型
1	2017 年 4 月 28 日	信而富	美国纽交所	P2P 业务
2	2017 年 9 月 28 日	众安在线	香港联交所	互联网保险业务
3	2017 年 10 月 18 日	趣店	美国纽交所	助贷/导流业务（消费分期）
4	2017 年 11 月 3 日	和信贷	美国纳斯达克	P2P 业务
5	2017 年 11 月 10 日	拍拍贷	美国纽交所	P2P 业务
6	2017 年 11 月 16 日	易鑫集团	香港联交所	汽车金融业务
7	2017 年 11 月 16 日	简普科技	美国纽交所	助贷/导流业务（贷款、信用卡、理财等金融产品的搜索比价及申请服务）
8	2017 年 12 月 21 日	乐信	美国纳斯达克	助贷/导流业务（消费分期）、P2P 业务
9	2018 年 3 月 16 日	爱鸿森	美国纳斯达克	P2P 业务
10	2018 年 3 月 20 日	点牛金融	美国纳斯达克	P2P 业务
11	2018 年 6 月 15 日	汇付天下	香港联交所	第三方支付业务
12	2018 年 6 月 21 日	维信金科	香港联交所	助贷/导流业务（信用卡余额代偿）、小额贷款业务
13	2018 年 7 月 13 日	51 信用卡	香港联交所	P2P 业务、导流业务（信用卡申请）
14	2018 年 9 月 19 日	小赢科技	美国纽交所	P2P 业务、理财产品销售业务
15	2018 年 10 月 25 日	品钛	美国纳斯达克	助贷/导流业务、金融科技解决方案
16	2018 年 11 月 15 日	微贷网	美国纽交所	P2P 业务
17	2018 年 12 月 14 日	360 金融	美国纳斯达克	助贷业务、小额贷款业务

此外，2017～2018 年，我国亦有部分金融科技企业已向海外市场递交了上市申请（见表 4－27－2）。

表 4－27－2　已向海外市场递交上市申请的金融科技企业

序号	递交申请日期	企业名称	交易所	主要业务类型
1	2018 年 3 月 27 日	天逸金融	香港联交所	保理业务
2	2018 年 4 月 24 日（招股书显示为失效状态）	凡普金科（爱钱进）	香港联交所	P2P 业务
3	2018 年 6 月 20 日	中新控股	香港联交所	P2P 业务、助贷业务
4	2018 年 7 月 3 日（招股书显示为失效状态）	Welab（我来贷）	香港联交所	助贷业务
5	2018 年 9 月 29 日	萨摩耶金服	美国纽交所	助贷业务（信用卡代偿）
6	2018 年 11 月 15 日	泰然金融	美国纳斯达克	P2P 业务
7	2018 年 12 月 20 日	嘉银金科（你我贷）	美国纳斯达克	P2P 业务

第三节　已上市金融科技企业的主营业务

已赴海外上市的金融科技企业从事的业务种类各不相同。总体而言，所涉及的主要业务领域可以分为以下几种。

一、P2P 业务

P2P 业务是已上市金融科技企业主要开展的业务，包括宜人贷、信而富、和信贷、拍拍贷、乐信、爱鸿森、点牛金融、51 信用卡、小赢科技及微贷网在内的企业均以 P2P 业务作为主营业务。

以信而富及乐信为例。根据信而富的招股说明书①及其官方网站披露的信息，信而富的核心目标客群是被传统金融机构所忽视的“爱码族”（emerging middle－

① 金杜研究院：《金杜 Fintech 法律主题月丨金融科技企业近期上市趋势分析》，载 https://mp.weixin.qq.com/s/QnfDf－mMtALIZ_II9mMpmA。

class, mobile active consumers,EMMA;即新兴中产阶级,移动端活跃消费者)。信而富认为这些"爱码族"代表着全球最大的尚未开发的消费信贷市场机遇之一。就信贷产品而言,信而富提供"消费贷"及"生活贷"等不同种类的信贷产品:"消费贷"的期限为两周至三个月,额度一般为人民币500~6000元;"生活贷"的期限则为三个月至三年,额度一般为人民币6000~100,000元。

根据乐信的招股说明书,①乐信则把目标客户定位在"潜在高收入、高学历、高消费需求、有强烈的建立良好信用记录渴望的18~36岁的群体",这个群体构成了当前90%以上的乐信客户。乐信的业务包括两个板块:(1)"分期乐商城",为客户提供商品分期付款服务;(2)"桔子理财"平台,为客户提供P2P类的投资产品。两个业务板块之间又有联系,能够形成资金交易闭环:一部分用户在"分期乐商城"产生的债务,将对应"桔子理财"中的借款撮合服务。乐信的收入由两部分构成:(1)网络直销与服务收入,即分期乐销售商品的收入及第三方卖家在分期乐销售商品缴纳的佣金;(2)金融服务收入,包括分期付款产生的利息及贷款服务费。

二、助贷/导流业务

目前已赴海外上市的金融科技企业所从事的另一大业务领域是助贷/导流业务,包括趣店、简普科技(融360)、维信金科、品钛及360金融在内的企业均从事这一业务。

以简普科技为例。根据简普科技的招股说明书,②简普科技运营有一个独立的开放平台,金融服务提供商可以在该平台上提供各种金融产品。该平台在2017年前9个月拥有超过170,000种金融产品,包括超过70,600种"贷款产品",2900种"信用卡产品"和96,500种"理财产品":(1)就"贷款产品"而言,简普科技提供的产品种类包括消费贷款产品、中小企业贷款产品、抵押贷款产品以及汽车贷款产品。2016年,用户通过简普科技平台提交了大约1680万份贷款申请,其中1530万份(占91%)是消费贷款申请。(2)就"信用卡产品"而言,简普科技与在我国接受在线申请的22家最大的信用卡发卡机构中的21家达成了合作,其中包括五大国有银行中的四家银行。2016年,用户通过简普科技平台发起了约650万张信用卡申

---

① 参见乐信《说股说明书》,载https://www.sec.gov/Archives/edgar/data/1708259/000104746917007717/a2234079zf-1a.htm。

② 参见简普科技的《招股说明书》,载https://www.sec.gov/Archives/edgar/data/1713923/000104746917007008/a2233725zf-1a.htm。

请。(3)就“理财产品”而言,与贷款和信用卡不同,理财产品项下的用户是投资者而非借款人。用户必须点击进入金融服务提供商的平台或线下联系金融服务提供商才能购买相应的服务。简普科技目前专注于风险较低的理财产品,包括存单、货币市场基金和一些 P2P 类的投资产品。

三、其他金融科技相关业务

在我国已赴海外上市的金融科技企业中,还有部分企业从事与互联网金融相关的其他业务。例如,众安在线主要从事互联网保险业务;易鑫集团的主要业务为汽车金融业务;汇付天下则从事第三方支付业务。

根据众安在线(以下简称众安保险)的招股说明书,[①]众安保险是中国最大的互联网保险公司,于 2016 年收取总保费人民币 34.08 亿元。截至 2016 年底,众安保险累计销售逾 72 亿份保单,服务约 4.92 亿名保单持有人及被保险人。众安保险主要于五个核心生态系统提供相关产品及解决方案:(1)生活消费生态:与中国的电子商务平台(如淘宝及微店)合作,就有关交易的产品质量、物流及安全性的风险提供保险产品,亦与领先的电子产品制造商(如小米)合作,为手机及其他智能装置等消费电子产品提供意外损坏及维修服务保险;(2)消费金融生态:提供保险产品及解决方案,使资金提供方免受违约损害,并促进包括招财宝及小赢理财等在内的互联网融资平台上的消费者借贷及消费;(3)健康生态:针对客户产生医疗开支的风险,提供保险产品及解决方案;(4)汽车生态:就车辆损坏、人身伤亡及车辆失窃提供保险产品;(5)航旅生态:针对因旅行产生的各类风险,如旅行意外、航班延误及航班取消,提供保障。

根据易鑫集团的招股说明书,[②]按 2016 年的汽车零售交易辆次及金额计算,易鑫集团是中国最大的互联网汽车零售交易平台。易鑫集团经营的业务分为两大分部:(1)交易平台业务,主要包含促成消费者汽车购买交易,促成易鑫集团的汽车融资合作伙伴向消费者提供汽车贷款,为汽车经销商提供销售车联网系统等增值服务,为汽车制造商、汽车经销商、汽车融资合作伙伴及保险公司提供广告及会员服务;及(2)自营融资业务,即主要透过融资租赁及经营租赁为消费者提供汽车融资

---

① 参见众安在线的《招股说明书》,载 http://www.hkexnews.hk/listedco/listconews/SEHK/2017/0918/LTN20170918024_C.pdf。

② 参见易鑫集团的《招股说明书》,载 http://www.hkexnews.hk/listedco/listconews/SEHK/2017/1106/LTN20171106014_C.pdf。

解决方案。2016 年,易鑫集团的两大业务分部共促成逾 260,000 笔汽车零售交易及汽车相关交易,涉及的汽车总值估计逾人民币 260 亿元。

根据汇付天下的招股说明书,①汇付天下的业务领域包括:(1)支付服务,具体分为 POS、互联网支付、移动 POS、移动支付及跨境支付服务五种类型;(2)金融科技服务,向互联网金融提供商及商业银行提供金融科技服务以帮助其提高信息可视化、运营效率及信息安全性,使其在向客户提供服务时更加灵活便捷。截至 2017 年,支付服务所得收入占汇付天下总收入的 94%,金融科技服务所得收入占总收入的 5.8%。

第四节 上市地的选择

一、各地市场的上市标准对比

为何我国金融科技企业主要选择美国、中国香港等境外市场进行上市,而非登陆我国的 A 股市场,这与各地的上市标准有着重要的联系。

我国 A 股市场及港股、美股市场目前主要的上市标准如表 4-27-3 所示。

二、境内外资本市场上市标准分析

我们认为,相较于国内 A 股市场,港股与美股市场在现阶段对于我国金融科技企业的上市所设置的审核标准相对较为宽松,具体如下。

1. 企业盈利要求和持续经营能力方面

如表 4-27-3 所示,我国 A 股主板、中小板市场在盈利指标方面要求企业近三个会计年度净利润为正,累计超过 3000 万元,净利润以扣除非经常损失后较低者为计算依据;现金流方面要求企业近三个会计年度现金流累计超过 5000 万元,或近三个会计年度营业收入累计超过 3 亿元;净资产方面要求企业最近一期末无形资产占净资产比例不高于 20%。此外,我国 A 股创业板在盈利指标方面要求企业近两年连续盈利,最近两年净利润累计不少于 1000 万元;或近一年营业收入不少于 5000 万元;在净资产方面要求企业最近一期末净资产不少于 2000 万元,且不存在

① 参见汇付天下的《招股说明书》,载 http://www.hkexnews.hk/listedco/listconews/SEHK/2018/0601/LTN20180601026_C.pdf。

表 4－27－3　我国 A 股市场及港股、美股市场的上市标准

<table>
<tr><th rowspan="2">分类</th><th colspan="2">A 股</th><th colspan="2">港股</th><th colspan="2">美股</th></tr>
<tr><th>主板、中小板</th><th>创业板</th><th>主板</th><th>创业板</th><th>纳斯达克（全球市场）</th><th>纽交所</th></tr>
<tr><td>存续时间要求</td><td>满三年</td><td>满三年</td><td>不少于三个会计年度</td><td>申请前 24 个月或 12 个月的“活跃业务记录”</td><td>不少于三个会计年度</td><td>两年或无要求</td></tr>
<tr><td rowspan="3">财务要求</td><td>盈利指标要求：最近 3 个会计年度净利润均为正数且累计超过人民币3000 万元，净利润以扣除非经常性损益前后较低者为计算依据</td><td>盈利指标要求：最近两年连续盈利，最近两年净利润累计不少于 1000 万元人民币；或最近一年盈利，最近一年营业收入不少于 5000 万元。净利润以扣除非经常性损益前后孰低者为计算依据</td><td rowspan="3">满足下述三项标准之一：
1. 盈利测试：最近一年的股东应占盈利不得低于 2000 万港元，及其前两年累计的股东应占盈利亦不得低于 3000 万港元。
2. 市值/收益/现金流量测试：（1）上市时市值至少为 20 亿港元；（2）经审计的最近 1 个会计年度的收益至少为 5 亿港元；（3）前3 个会计年度的现金流入合计至少为 1 亿港元。
3. 市值/收益测试：除非被豁免，否则：（1）上市时市值至少为 40 亿港元；（2）经审计的最近 1 个会计年度的收益至少为 5 亿港元</td><td rowspan="3">（1）上市文件刊发前 2 个财政年度从经营业务所得的净现金流入总额必须最少达 3000 万港元。
（2）上市市值至少达 1.5 亿港元</td><td rowspan="3">满足下述三项标准之一：
1. 收入标准：（1）上市前净资产不少于 1500 万美元；（2）最近 1 年或过往 3 年中的 2 年的税前利润不少于 100 万美元；（3）无存续时间要求。
2. 股本标准：（1）上市前净资产不少于 3000 万美元；（2）业务记录不少于 2 年。
3. 市值标准：（1）股票市值不少于 7500 万美元；（2）总资产和销售收入均不少于 7500 万美元；（3）无存续时间要求。
4. 总资产/总收入标准：最近 1 年或过往 3 年中的 2 年的总资产和总收入不少于 7500 万美元</td><td rowspan="3">满足下述四项标准之一：
1. 盈利测试：最近 3 年税前收入总和不少于 1 亿美元，最近 2 年每年不少于 2500 万美元。
2. 带现金流的市值/收益测试：全球市场总额不低于 5 亿美元，最近 12 个月收入不少于 1 亿美元，最近 3 年的现金流总和不少于 1 亿美元，最近 2 年每年不少于 2500 万美元。
3. 纯市值/收益测试：全球市场总额达 7.5 亿美元，最近一个财政年度的收入不少于 7500万美元。
4. 关联公司测试：全球市场总额不低于 5 亿美元，业务记录不少于 2 年</td></tr>
<tr><td>现金流要求：最近 3 个会计年度经营活动产生的现金流量净额累计超过人民币 5000 万元；或者最近 3 个会计年度营业收入累计超过人民币 3 亿元</td><td>现金流要求：无</td></tr>
<tr><td>净资产要求：最近一期末无形资产占净资产的比例不高于 20%</td><td>净资产要求：最近一期末净资产不少于 2000 万元，且不存在未弥补亏损</td></tr>
</table>

未弥补亏损。我国金融科技企业尽管发展较快，但多数企业盈利表现平平，部分企业还处于持续亏损状态，盈利能力尚无法达到 A 股的要求。相较而言，港股和美股对企业财务数据要求较低。尤其是纳斯达克市场，更是鼓励创新型高成长型企业，特别是互联网公司的发展。

2. 业务模式合规性方面

我国金融科技企业正处于行业监管逐步加强和合规经营要求逐步提高的阶段，互联网金融行业的监管政策随着行业快速发展也在不断调整。由于监管规定处于不断更新和细化的过程之中，招股说明书中需根据最新监管要求对现有业务的合规性、历史问题的整改情况及影响进行充分披露和说明，监管机关也需要就拟上市企业的业务合规性进行独立的审核和判断。这些问题都使得金融科技企业在境内上市较为困难，我国 A 股市场目前尚不接受此类企业的发行上市。相较而言，境外资本市场（以美股市场为例）对于合规性要求相对较低，秉承发行人充分披露风险并由投资者自行判断的审核理念，因此合规性不会构成上市发行的实质性障碍。

3. 股权架构方面

金融科技企业发展前期需要强有力的资金支持，在上市前，企业一般会通过私募股权融资引入投资人。许多金融科技企业是获得美元基金投资的互联网金融企业，此类企业出于需要持有增值电信业务经营许可证（ICP 证）等原因，多数在设立之初即完成了境外持股结构及/或 VIE 架构的搭建。因此，如果此类金融科技企业选择在我国 A 股上市，就需要解决 VIE 结构拆除、境内外重组等问题，程序复杂且耗时持久。另外，就拟上市企业前期引入的境外投资人而言，通过境外资本市场实现变现退出因较为成熟、稳定且可控，也是境外投资人普遍倾向于采用的一种退出模式。

图书在版编目（CIP）数据

图解金融科技 ：法律实务操作要点与难点 / 宛俊主编. -- 北京 ：法律出版社, 2019
ISBN 978 - 7 - 5197 - 3589 - 0

Ⅰ. ①图… Ⅱ. ①宛… Ⅲ. ①金融－科学技术－法律－图解 Ⅳ. ①D912.28 - 64②D912.17 - 64

中国版本图书馆 CIP 数据核字（2019）第 122694 号

图解金融科技：
法律实务操作要点与难点
TUJIE JINRONG KEJI:
FALÜ SHIWU CAOZUO YAODIAN YU NANDIAN

宛　俊 主编

策划编辑 冯雨春 李沂蔚
责任编辑 李沂蔚
装帧设计 马　帅

出版 法律出版社
总发行 中国法律图书有限公司
经销 新华书店
印刷 中煤（北京）印务有限公司
责任校对 李景美
责任印制 吕亚莉

编辑统筹 法律应用出版分社
开本 710 毫米 × 1000 毫米　1/16
印张 31.25
字数 456 千
版本 2019 年 8 月第 1 版
印次 2019 年 8 月第 1 次印刷

法律出版社／北京市丰台区莲花池西里 7 号（100073）
网址／www. lawpress. com. cn
投稿邮箱／info@ lawpress. com. cn
举报维权邮箱／jbwq@ lawpress. com. cn
销售热线／400 - 660 - 8393
咨询电话／010 - 63939796

中国法律图书有限公司／北京市丰台区莲花池西里 7 号（100073）
全国各地中法图分、子公司销售电话：
统一销售客服／400 - 660 - 8393/6393
第一法律书店／010 - 83938432/8433
西安分公司／029 - 85330678
重庆分公司／023 - 67453036
上海分公司／021 - 62071639/1636
深圳分公司／0755 - 83072995

书号：ISBN 978 - 7 - 5197 - 3589 - 0
定价：128.00 元
（如有缺页或倒装，中国法律图书有限公司负责退换）

图解金融法律实务系列丛书

图解投融资:
法律实务操作要点
与难点

雷霆 著

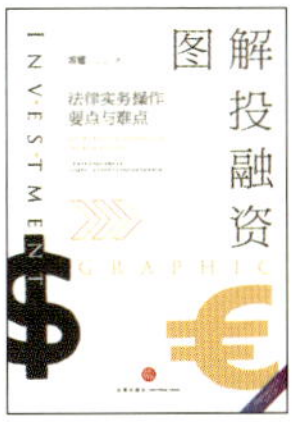

图解并购重组:
法律实务操作要点
与难点

雷霆 著

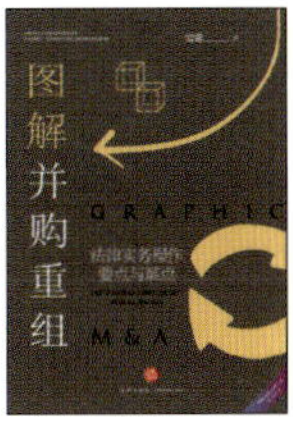

图解金融科技:
法律实务操作要点
与难点

宛俊 主编

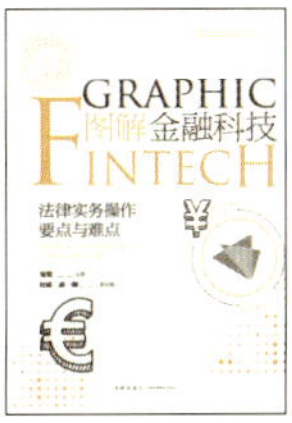

图解私募股权基金:
法律实务操作要点
与难点

耿志宏 著

即将出版:

《图解股权:法律实务操作要点与难点》

《图解资产证券化:法律实务操作要点与难点(第二版)》